中国可持续发展研究会人居环境专业委员会
中国可持续发展研究会创新与绿色发展专业委员会　联合策划

中国落实2030年可持续发展议程目标11评估报告

中国城市人居蓝皮书（2023）

张晓彤　邵超峰　周　亮　主编

中国城市出版社

图书在版编目（CIP）数据

中国城市人居蓝皮书. 2023 / 张晓彤，邵超峰，周亮主编. —北京：中国城市出版社，2023.11
中国落实2030年可持续发展议程目标11评估报告
ISBN 978-7-5074-3652-5

Ⅰ.①中… Ⅱ.①张… ②邵… ③周… Ⅲ.①城市—可持续发展—研究报告—中国　Ⅳ.①F299.2

中国国家版本馆CIP数据核字（2023）第203945号

责任编辑：宋　凯　毕凤鸣
责任校对：芦欣甜
校对整理：张惠雯

中国落实2030年可持续发展议程目标11评估报告
中国城市人居蓝皮书（2023）
张晓彤　邵超峰　周　亮　主编

*

中国城市出版社出版、发行（北京海淀三里河路9号）
各地新华书店、建筑书店经销
华之逸品书装设计制版
建工社（河北）印刷有限公司印刷

*

开本：880毫米×1230毫米　1/16　印张：17½　字数：392千字
2023年11月第一版　　2023年11月第一次印刷
定价：138.00元
ISBN 978-7-5074-3652-5
（904674）

版权所有　翻印必究
如有内容及印装质量问题，请联系本社读者服务中心退换
电话：（010）58337283　QQ：2885381756
（地址：北京海淀三里河路9号中国建筑工业出版社604室　邮政编码：100037）

编制机构及撰稿人

策划机构：中国可持续发展研究会人居环境专业委员会
中国可持续发展研究会创新与绿色发展专业委员会

发布机构：国家住宅与居住环境工程技术研究中心
南开大学环境科学与工程学院
新华社《经济参考报》社

主　编：张晓彤　邵超峰　周亮

撰稿人：曹蕊　陈健　陈思含　邓林如　丁为桐　董锐煜
高俊丽　高秀秀　郭莹洁　胡景慧　胡文浩　李婕
李晓燕　李阳　李易珏　蔺昆　芦志睿　钱炳宏
邵超峰　王陈栋　王芳　王芳芳　王宁　吴泓蕾
吴燕川　辛姝琪　伊文婷　于航　于天舒　战雪松
张晶　张晓彤

支持机构：中国可持续发展研究会
中国建筑设计研究院有限公司
临沧市科学技术局
桂林市科学技术局
浙江农林大学

序言一

2015年，习近平主席在纽约联合国总部同全球百余位国家领导人共同签署了《改变我们的世界：2030年可持续发展议程》，并庄严承诺中国将为实现2015年后发展议程做出努力。此后，中国政府发布了《中国落实2030年可持续发展议程国别方案》，并定期发布《中国落实2030年可持续发展议程进展报告》，向国际社会全面介绍中国落实2030年可持续发展议程所取得的进展。

2020年，中国成功地使全体农村贫困人口脱贫，提前十年完成了联合国可持续发展议程目标，受到了联合国和国际社会的广泛赞誉。

可持续发展目标11"建设包容、安全、有抵御灾害能力和可持续的城市和人类住区"，对与人类活动最休戚相关的生产和生活场所提出了发展方向和具体要求。令人欣喜的是，中国可持续发展研究会人居环境专业委员会和创新绿色发展专业委员会联合策划了《中国落实2030年可持续发展议程目标11评估报告：中国城市人居蓝皮书》，从专业角度对我国各个城市落实目标11的成效进行评估，帮助找出短板，并确定未来城市可持续发展的重点和方向。该报告充分展示了我国民间组织落实可持续发展的积极态度、严谨作风和强大的专业能力。

全球76亿人的55%住在城市，到2050年将达68%。城市虽仅占地球面积3%，却创造了全球80%的财富，消耗60%的能源，80%的粮食，并排放了70%的二氧化碳。因此，城市是人类实现可持续发展的主战场。

根据国际经验，一个现代国家的城市化率要达到80%以上。2022年末，中国城镇化率65.22%，因此城镇化仍是今后我国最主要的发展趋势。但是，快速城镇化也导致空气污染、交通拥挤、基础设施缺乏等诸多问题和挑战。如何及时诊断出问题并找到有效解决方案，是我国城市实现可持续发展所迫切需要的。因此，《中国落实2030年可持续发展议程目标11评估报告：中国城市人居蓝皮书》的发布意义重大。该蓝皮书客观地反映了我国城市存在的问题，并有针对性地提出指导意见或解决方案。我希望该蓝皮书对我国城市决策者、设计者、建设者以至城市居民会有所启发。

可持续的城市是人类的未来；可持续的城市需要科学技术支撑；可持续的城市更需要每一个人的努力。

前联合国副秘书长
中国欧洲事务特别代表
清华大学全球可持续发展研究院联席院长

序言二

获悉中国可持续发展研究会人居环境专业委员会和创新绿色发展专业委员会联合策划《中国落实2030年可持续发展议程目标11评估报告：中国城市人居蓝皮书》的消息，令我十分振奋。在担任联合国人居署中国办公室项目主任的这些年中，能够深刻地体会到"可持续发展"从一个抽象的理念到摸索出有效方法和路径进而去推进和实现的艰难，这当中除了中国政府制定的可持续发展战略的引导，更离不开致力于中国可持续发展事业的机构。

中国可持续发展研究会是联合国人居署紧密的合作伙伴，持续关注和参与世界可持续发展领域的重大活动，对标《21世纪议程》《千年发展议程》和《2030年可持续发展议程》，展示和宣传中国人居环境可持续发展领域的优秀案例，为推动中国人居环境可持续发展方面做了大量工作，这次《中国落实2030年可持续发展议程目标11评估报告：中国城市人居蓝皮书》的发布，更进一步推动人居环境可持续发展工作。可持续发展目标11"建设包容、安全、有抵御灾害能力和可持续的城市和人类住区"中的10个分项目标在蓝皮书的三个篇章中均有涉及，从政策、评估和案例不同的方面体现中国在落实可持续发展目标11的举措、进展和成绩。

期待评估报告的发布，也希望中国可持续发展研究会能持续地把中国好的经验和实践进行汇编，为全球可持续发展提供宝贵的经验。

联合国人居署　中国项目主任　张振山

序言三

中国可持续发展研究会（Chinese Society for Sustainable Development,CSSD）是全国性学术类社会团体，自1991年经民政部批准成立以来，始终以普及和宣传可持续发展理念、促进可持续发展实践为基本出发点，积极探索和推广多样化的可持续发展模式。在国内，努力促进可持续发展战略的理论创新、知识普及、技术经验模式的推广和各类人才培养，为相关部门提供决策依据、为行业发展与企业成长提供技术支持；在国际上，通过联合国经社理事会咨商地位、联合国新闻部联系单位等渠道，努力为中国社会响应联合国《21世纪议程》《2030年可持续发展议程》等积极发声。

我会人居环境专业委员会一直积极参与国家和地方人居环境问题诊断与可持续发展等咨询工作，从派员参加里约全球环境发展大会、里约+10、里约+20，到承办1996年"人居二"最佳范例展、2016年"人居三"专题展、2020年第十届世界城市论坛"共筑未来，中国有我"专题展等国际活动，充分展现了专业团队的专业水平以及对可持续发展相关问题的敏锐洞察力。

为向社会各界展示我国人居环境可持续发展的进程和成果，我会人居环境专业委员会、创新与绿色发展专业委员会于2019年联合策划了《中国落实2030年可持续发展议程目标11评估报告：中国城市人居蓝皮书》。蓝皮书对我国在人居环境领域所做的工作进行了系统的梳理，分别从政策篇、评估篇和案例篇三部分进行了分述，为讲好中国人居可持续发展故事提供了很好的素材。我衷心希望团队继续努力，为可持续发展目标的实现、讲好中国故事作出更多贡献。

中国可持续发展研究会 秘书长

序言四

改革开放以来，中国人的居住水平有了显著提升，这不仅仅体现在城镇居民人均住房建筑面积的大幅提高，也体现在室内外居住环境更加健康宜居，基础设施和公共服务设施更加完善等各个方面。作为长期从事住房和居住环境建设领域研究和实践的工作者，我和我的团队亲历并参与了中国人居环境持续改善的过程。在这个过程中，经历了诸多挑战，而目前我们正面临着新的目标和要求——人居环境的可持续发展。

近年来，党中央提出生态文明，创新、协调、绿色、开放、共享的新发展理念，绿色循环低碳发展，以及"两山理论"等，使可持续发展理念渐入人心并不断深化，也使我们对人居环境可持续发展，落实可持续发展目标11"建设包容、安全、有抵御灾害能力和可持续的城市和人类住区"有了更加清晰的努力方向。

在参与国家和地方人居环境问题诊断和咨询的过程中，可以看到越来越多的地区对可持续发展的理解和实际行动，以及取得的成果和实践经验。亟待针对落实可持续发展目标11的进展进行总结和提炼。中国可持续发展研究会有责任和义务做这样的事情。由中国可持续发展研究会的人居环境专业委员会和创新与绿色发展专业委员会联合策划的《中国落实2030年可持续发展议程目标11评估报告：中国城市人居蓝皮书》，对中国在落实可持续发展目标11的不同方面进行了梳理。对人居环境相关领域的文件和政策整理和解读，体现了我国在落实《2030可持续发展议程》中从国家到地方各级政府的导向和执行力度，城市评估和优秀案例则展示了不同地区落实可持续发展目标11的进展和因地制宜进行的可持续发展实践，可以非常直观地总结经验、找出差距、明确方向。

人居环境与每个人密切相关，它承载着人类所有的重要活动，也反映着人类不断变迁的过程，这个过程需要记录、梳理、提炼、总结，并进行不断的反思，希望本报告能够起到这样的作用。

中国可持续发展研究会 常务理事／人居环境专业委员会 主任委员
国家住宅与居住环境工程技术研究中心 总建筑师

前 言

自2015年在联合国大会上，习近平主席同全球百余位国家元首共同签署了2015年后发展议程《改变我们的世界：2030年可持续发展议程》（以下简称《2030年可持续发展议程》）以来，习近平主席历次出席重要国际活动中，必提及"可持续发展"。作为一项国家议题，"可持续发展"理念进一步伴随着联合国《2030年可持续发展议程》在全球的不断推进进入了寻常大众的视野。

中国是将可持续发展理念融入城镇建设领域最早的国家之一，不断探索城镇可持续发展路径，同时，作为全球人口最多、城市化进程最为迅速的国家，中国的城乡建设和发展深刻影响着全球可持续发展进程。中国建成了世界上最大的住房保障体系，帮助2亿多居民解决了住房困难；形成了规模最大的农耕文明遗产保护群；深入推进以人为核心的新型城镇化；城乡人居环境显著改善，为城乡社区高质量和可持续发展作出了积极贡献。此外，面对国内外发展趋势，中国城镇在提升灾害抵抗能力、加强数字化信息化建设、推动绿色低碳转型等方面积极探索经验，很多工作机制和地方实践已经形成了各国学习的先进范式。

2023年是联合国可持续发展目标实施的中期评估年，全球范围内对于按时实现可持续发展目标（Sustainable Development Goals，以下简称"SDGs"）呈现出程度不一的悲观化趋势。城市和人类住区的可持续发展与人的未来密切相关，对于应对全球发展所面临的社会和环境挑战更是具有重要作用。在这个关键阶段，系统梳理和分析SDG11在中国城市尺度落实的情况，对于中国城市及时调整应对措施和路径、甚至着手考虑《2030年可持续发展议程》后可持续发展议题中对于城市和人类住区发展预期都具有现实意义。

为了助力联合国《2030年可持续发展议程》和《新城市议程》在中国的落实，评估地方城乡建设过程中对于SDG11"建设包容、安全、有抵御灾害能力和可持续的城市和人类住区"工作的实践效果，更好地梳理地方经验，凝练中国故事，为联合国最佳实践案例提供素材，由中国可持续发展研究会人居环境专业委员会、创新与绿色发展专业委员会策划，国家住宅与居住环境工程技术研究中心、南开大学环境科学与工程学院、新华社《经济参考报》社联合编著了《中国落实2030年可持续发展议程目标11评估报告：中国城市人居蓝皮书（2023）》（以下简称"蓝皮书"），以中英文双语版面向全球出版发行（英文版以电子版形式发布）。

本报告分为三个篇章：首先，通过对国家、地方两个层面针对SDG11制订的相关政策进行梳理，为地方落实SDG11提供快速政策索引；其次，对副省级城市、省会城市和具备国家级可持续发展实验示范建设基础的地级城市，在2022年度住房保障、公共交通、规划管理、遗产保护、防灾减灾、环境改善、公共空间等领域的成效进行综合评估，并进行发展趋势分析；最后，选择地方在落实SDG11过程中政策制定、技术应用、工程实践和能力建设等方面的先进经验和案例进行梳理总结，为讲好中国城市人居故事提供关键素材。本年度案例关注中国城市通过推进应对气候变化行动、构建景观资源可持续利用模式、创新应用绿色建筑技术、支持利用集体土地建设租赁住房等方面对城镇可持续发展起到的支撑作用，展示了不同类型城市将可持续发展理念融入经济和社会发展，因地制宜解决实际发展问题、推动科技创新和理念普及的经验。

在本书编著过程中，我们特别感谢中国可持续发展研究会、中国建筑设计研究院有限公司、临沧市科学技术局、桂林市科学技术局、浙江农林大学等机构提供的大力支持。本报告受到了"十四五"国家重点研发计划项目"城镇可持续发展评估与决策支持关键技术"（2022YFC3802900）的支持。

蓝皮书英文版以电子文档的形式进行发布，您可以扫描以下二维码，获取全文。您还可以关注中国可持续发展研究会人居环境专业委员会微信公众号，了解国内外城乡建设领域可持续发展最新进展和我们的相关工作实践。

衷心感谢您的关注和支持，让我们一起推动2030年可持续发展目标的实现，携手创造我们共同的世界。

《中国落实2030年可持续发展议程目标11评估报告：中国城市人居蓝皮书（2023）》英文版

中国可持续发展研究会人居环境专业委员会微信公众号

中国可持续发展研究会　理事/人居环境专业委员会　秘书长　张晓彤

国家住宅与居住环境工程技术研究中心　博士/研究员

2023年10月

执行摘要

本报告回顾了2022年度我国在城市和人类住区建设方面取得的进展，对各级政府针对可持续发展目标11制订和发布的相关政策进行了导向分析；基于国家落实2030年可持续发展议程相关工作及地方具体举措，对参评城市在住房保障、公共交通、规划管理、遗产保护、防灾减灾、环境改善、公共空间等领域的工作成效进行了综合评估；对地方在落实SDG11过程中政策制定、技术应用、工程实践和能力建设等方面进行了案例解析。报告发现，2022年中国城市落实SDG11的情况向好发展，由于城市间存在发展不均衡，在城市层面整体实现可持续发展目标仍面临一系列挑战。76%的参评城市在落实SDG11过程中步入正轨，有希望在2030年实现可持续发展；16%的参评城市处于停滞、甚至倒退发展的趋势；另有8%的城市适度改善。分区域看，南方城市落实SDG11的总体表现优于北方城市，东部城市表现较为均衡，西部城市间差别较大；分专题看，中国城市在规划管理、遗产保护、环境改善、公共空间发展方面呈现相对明显的改善趋势，其中公共空间发展最为显著，住房保障方面呈现明显的倒退趋势，仍是制约中国城市实现可持续发展的关键因素。

住房保障方面，我国继续实施农村危房改造，持续提升农房质量；总结政策机制经验，全面推进城镇老旧小区改造；建立实施房地产长效机制，扩大保障性住房供给，推进长租房市场建设；调整和实施政策机制，发挥住房公积金的民生保障作用。根据评估结果，人口规模越大、经济发展水平越高的城市在住房保障方面面临越大的压力，得分普遍较低。反映出，快速城镇化带来了大量的住房需求，解决大城市住房突出问题仍是我国现阶段住房保障政策的重点之一。

公共交通方面，我国加快建设交通强国，构建现代综合交通运输体系；增强交通领域科技创新能力，为交通强国建设提供有力支撑；优化交通运输结构、推广节能低碳型交通工具、积极引导低碳出行，着力推动交通运输绿色低碳发展；优化完善公路网布局，持续推进公路交通发展。根据评估结果，城市规模和经济发展水平与公共交通发展呈现明显的相关性，人口规模越大、经济发展水平越高的城市在公共交通专题得分越高（除小城市外）。反映出城市经济的良好运行对城市交通基础设施建设提供了有力的支撑。

规划管理方面，各地巩固和深化"多规合一"改革成果，加强各级国土空间规划编制报批，强化国土空间规划实施的监督管理；聚焦建设宜居、创新、智慧、绿色、人文、韧性城市和美丽宜居乡村的需求，着力提升住房和城乡建设领域科技创新能力；以体系化建设、共建共享、绿色低碳、智慧化转型为重点，推动城市基础设施高质量发展；全面开展城市体检工作，推动实施城市更新行动；加强基层治理体系和治理能力现代化建设，进一步健全完善城市社区服务功能；打造更加包容的社会环境，推进全民健身和养老服务体系建设、推进青年发展型城市建设，推动城市儿童友好空间建设；扎实推进乡村建设行动，加强农村基础性服务能力、乡村建设工匠队伍建设，进一步提升乡村宜居宜业水平。根据评估结果，城市人口规模和经济发展水平与城市规划管理水平呈现一定的相关性，人口规模大、经济发展水平高的城市在城市规划和管理方面能够提供更多支持，表现普遍较好。

遗产保护方面，我国持续推进中国世界遗产、自然和文化遗产、非物质文化遗产申报和保护工作；明确了中国国家公园体系建设的时间表、路线图；推进非遗系统性保护工作，实施中国传统工艺振兴项目；传承和弘扬中华优秀传统文化，持续推进古籍、文物保护和国家文化公园建设工作。根据评估结果，参评城市在遗产保护方面普遍存在短板，遗产保护仍是制约中国城市落实SDG11的关键因素，其中人口规模较小的城市在遗产保护方面表现明显好于其他规模城市。

防灾减灾方面，我国着力推进应急管理体系和能力现代化；深入开展各类自然灾害风险隐患排查治理，健全完善应急物资保障机制；加强气象灾害预警工作，进一步强化自然灾害预警和应急响应联动机制。着力提升重大安全风险防范和应急处置能力，全面加强应急救援力量队伍建设。广泛开展防灾减灾宣传教育，提升全社会灾害风险防范意识和能力。根据评估结果，人口规模大、经济发展水平高的城市在防灾减灾基础设施等建设方面能够提供更多支持，表现相对较好。

环境改善方面，我国持续改善生态环境，协同推进多种污染物治理和减污降碳；推进城镇垃圾处理基础设施建设，强化城镇污水处理设施运维；推进治理城市黑臭水体，加强污水排放管理及监管，提高污泥无害化处理和资源化利用水平；持续推进农村人居环境整治，统筹提升县、乡、村三级生活垃圾收运处置设施建设和服务。根据评估结果，各类型参评城市在环境改善方面没有明显的差距，整体表现优异，且保持良好的发展趋势。反映出我国推动绿色发展和生态文明建设取得了积极的成效。

公共空间方面，科学推进城乡绿化美化，推进公园城市、园林城市建设；积极推进无障碍环境建设高质量发展，为残疾人、老年人等弱势群体打造建设安全便捷、健康舒适、多元包容的无障碍环境；满足居民对公共空间多样化的需求，推进旅游休闲、户外运动场地建设。根据评估结果，参评城市在公共空间方面呈现出相对明显的改善趋势；除中等城市外，人口规模较小的城市在公共空间方面表现较好。

城乡融合方面，我国持续推进以人为核心的新型城镇化，增强县城综合承载能力、提升县城发展质量；提升城乡交通运输公共服务均等化水平，深入开展城乡交通运输一体化示范创建工程；着力缩小区域发展差距，支持特殊类型地区振兴发展；深入实施区域重大战略，增强区域发展协调性。

低碳韧性方面，我国积极应对气候变化，在城乡建设领域推进碳达峰碳中和，加快实现城乡绿色低碳发展；推动城乡建设节水、节地、节能，建设资源节约型社会；明确海绵城市建设的内涵和建设要求，着力增强城市防洪排涝能力；积极推广应用绿色建筑和绿色建材，大力发展装配式、智能化等新型建筑工业化建造方式，推动建材和建筑产业绿色低碳发展。

对外援助方面，我国大力推动和支持"一带一路"框架下的基础设施建设，不断推进各领域务实合作，加强互联互通、促进全球合作；应对全球重大灾害挑战，构建全球灾害治理伙伴关系，切实加强自然灾害防治和应急管理国际合作；开展亚洲文化遗产保护合作，促进文明交流互鉴；推动绿色低碳能源、节能设施、低碳示范区等领域国际合作。

目录

3 编制机构及撰稿人
5 序言一
6 序言二
7 序言三
8 序言四
9 前　言
11 执行摘要

第一篇　政策指引

002　1.1 住房保障方向政策
005　1.2 公共交通方向政策
009　1.3 规划管理方向政策
017　1.4 遗产保护方向政策
021　1.5 防灾减灾方向政策
026　1.6 环境改善方向政策
031　1.7 公共空间方向政策
035　1.8 城乡融合方向政策
038　1.9 低碳韧性方向政策
042　1.10 对外援助方向政策

第二篇　城市评估

- 046　2.1 城市层面落实SDG11评估技术方法
- 046　2.1.1 全球SDGs评估实践
- 059　2.1.2 城市落实SDG11评估指标体系设计
- 063　2.1.3 中国城市落实SDG11评估方法
- 068　2.2 参评城市整体情况
- 068　2.2.1 总体进展分析
- 069　2.2.2 城市分类分析
- 072　2.2.3 数据缺失分析
- 073　2.3 　副省级及省会城市评估
- 073　2.3.1 2022年副省级及省会城市现状评估
- 084　2.3.2 近七年副省级及省会城市变化趋势分析
- 092　2.4 　地级市评估
- 092　2.4.1 2022年地级市现状评估
- 119　2.4.2 近七年地级市变化趋势分析

第三篇　实践案例

140　3.1　国家可持续发展议程创新示范区应对气候变化行动进展及"十四五"规划应对概览

159　3.2　依托国家湿地公园建设的湿地景观资源可持续利用模式
　　　　——以广西桂林会仙喀斯特湿地为例

170　3.3　多角度实施绿色建筑技术，助力山地滑雪场馆生态建设
　　　　——以国家高山滑雪中心为例

179　3.4　利用集体土地建设租赁住房，探索解决大城市住房困难问题
　　　　——以北京市成寿寺集体土地租赁住房项目为例

187　3.5　生态型绿道助力城市新区生物多样性提升与可持续发展
　　　　——以杭州市临安区青山湖绿道为例

195　3.6　边疆多民族欠发达地区乡村可持续发展
　　　　——以临沧市现代化边境小康（幸福）村为例

206　总结与展望

208　主编简介

211　附　录　2022年地方政府发布可持续发展目标11相关政策摘要

221　附　表　参评城市落实SDG11评估具体得分及排名

第一篇 政策指引

- 住房保障方向政策
- 公共交通方向政策
- 规划管理方向政策
- 遗产保护方向政策
- 防灾减灾方向政策
- 环境改善方向政策
- 公共空间方向政策
- 城乡融合方向政策
- 低碳韧性方向政策
- 对外援助方向政策

1.1 住房保障方向政策

SDG11.1：到2030年，确保人人获得适当、安全和负担得起的住房和基本服务，并改造贫民窟。

《中国落实2030年可持续发展议程国别方案》承诺：推动公共租赁住房发展。到2030年，基本完成现有城镇棚户区、城中村和危房改造任务。加大农村危房改造力度，对贫困农户维修、加固、翻建危险住房给予补助。

建立实施房地产长效机制，扩大保障性住房供给，推进长租房市场建设，切实促进房地产市场健康发展。 为进一步提升工程质量，保障人民群众切身利益，住房和城乡建设部办公厅印发《关于加强保障性住房质量常见问题防治的通知》，要求各单位提高认识，坚持以人民为中心的发展思想，深刻认识提升保障性住房工程质量的重要意义，切实解决质量常见问题，制定便于监督检查工程质量的技术要点，强化责任落实和监督管理。

在资金风险调控方面，中国人民银行、中国银行保险监督管理委员会印发《关于保障性租赁住房有关贷款不纳入房地产贷款集中度管理的通知》，强调银行业金融机构要加大对保障性租赁住房的支持力度，按照依法合规、风险可控、商业可持续的原则，提供金融产品和金融服务。银行业金融机构要严格执行人民银行、银保监会有关统计制度，确保数据真实准确。

在监测管理方面，为做好发展保障性租赁住房情况年度监测评价工作，住房和城乡建设部办公厅、国家发展改革委办公厅、财政部办公厅印发《关于做好发展保障性租赁住房情况年度监测评价工作的通知》，明确了年度重点监测评价内容及评分参考，要求各部门加强组织实施监测评价工作。

住房和城乡建设部从土地支持、财政支持、管理运营等十六个方面总结了部分地方加快发展保障性租赁住房的经验做法，形成《发展保障性租赁住房可复制可推广经验清单（第二批）》。

发挥公积金服务和保障作用，构建便捷高效的数字化服务新模式，保障疫情期间住房公积金服务平稳运行。 为了解全国住房公积金管理的基本情况，住房和城乡建设部办公厅印发《住房公积金统计调查制度》，指导各地展开住房公积金有关机构、人员、业务等方面的统计调查，为各级住房公积金监管部门制定政策和进行监管提供依据。

住房和城乡建设部印发《关于加快住房公积金数字化发展的指导意见》，旨在加快推进全系统数字化发展，推进业务流程优化、模式创新和履职能力提升,让数字化发展成果更多更公平地惠及住房公积金缴存人和缴存单位。

为进一步加大住房公积金助企纾困力度,帮助受疫情影响的企业和缴存人共同渡过难关,住房和城乡建设部等三部门印发《关于实施住房公积金阶段性支持政策的通知》,允许企业按规定申请缓缴住房公积金,中央国家机关住房资金管理中心印发《关于落实阶段性支持政策加强中央国家机关住房公积金服务保障工作的通知》,进一步作出详细部署,更好地发挥住房公积金民生保障功能,对受疫情影响存在困难的企业和职工给予政策支持,为疫情防控期间中央国家机关缴存单位和广大干部职工办理住房公积金业务提供了更多便利。

明确改造统计调查制度,加强配套设施建设,全面推进城镇老旧小区改造。为指导各地有序展开统计工作,及时全面的掌握新开工改造城镇老旧小区情况,住房和城乡建设部印发《城镇老旧小区改造统计调查制度》,从调查目的、对象、范围、内容、频率、方法等方面明确了整个统计流程。

2022年1—12月,全国新开工改造老旧小区5.25万个、876万户。住房和城乡建设部总结了优化项目组织实施促开工、着力服务"一老一小"惠民生、多渠道筹措改造资金稳投资、加大排查和监管力度保安全、完善长效管理促发展、加强宣传引导聚民心六方面可复制政策机制,形成了《可复制政策机制清单(第五批)》《可复制政策机制清单(第六批)》。

继续实施农村危房改造,持续提升农房质量,规范农房补助资金支持。住房和城乡建设部等11部门印发《农房质量安全提升工程专项推进方案》,提出了继续实施农村危房改造、深入推进农村房屋安全隐患排查整治、完善农房建设管理法规制度、建立农村房屋建设管理长效机制、提高农房建设品质、加强乡村建设工匠培育和管理、推进农房建设管理信息化建设七个方面重点任务。

在资金支持方面,财政部、住房和城乡建设部修订并印发了《中央财政农村危房改造补助资金管理暂行办法》,明确了适用范围、管理部门、分配方式等方面,进一步规范和加强了中央财政农村危房改造补助资金管理,提高了资金使用效益。

为全面消除自建房安全隐患,保障居民生命财产安全和社会稳定,全国开展自建房安全专项整治行动。国务院办公厅印发《全国自建房安全专项整治工作方案》,要求全面排查摸底、开展"百日行动"、彻底整治隐患、加强安全管理。在信息交流方面,住房和城乡建设部办公厅扩展开发了城乡自建房安全专项整治信息归集平台,并印发《关于启动城乡自建房安全专项整治信息归集平台的通知》,方便各地开展排查工作,及时汇总整治情况,实现线上线下融合管理。在排查标准方面,住房和城乡建设部办公厅编制印发《自建房结构安全排查技术要点(暂行)》,指导各地做好城乡居民自建房安全专项整治工作,遏制重特大事故发生。在人员支持方面,住房和城乡建设部建筑市场监管司印发《关于组织动员工程建设类注册执业人员服务各地自建房安全专项整治工作的通知》,充分发挥工程建设类注册执业人员专业优势,进一步加强基层排查力量,对排查过程进行技术指导和专业支持(表1.1)。

2022年中央政府发布住房保障方向政策一览　　表1.1

发布时间	发布政策	发布机构
2022年1月	《关于保障性租赁住房有关贷款不纳入房地产贷款集中度管理的通知》	中国人民银行、银保监会
2022年1月	《发展保障性租赁住房可复制可推广经验清单（第二批）》	住房和城乡建设部
2022年2月	《关于加强保障性住房质量常见问题防治的通知》	住房和城乡建设部办公厅
2022年2月	《关于银行保险机构支持保障性租赁住房发展的指导意见》	中国银保监会、住房和城乡建设部
2022年3月	《关于印发全国城镇老旧小区改造统计调查制度的通知》	住房和城乡建设部
2022年4月	《中央财政农村危房改造补助资金管理暂行办法》	财政部、住房和城乡建设部
2022年5月	《关于实施住房公积金阶段性支持政策的通知》	住房和城乡建设部、财政部、人民银行
2022年5月	《关于印发全国自建房安全专项整治工作方案的通知》	国务院办公厅
2022年5月	《关于启动城乡自建房安全专项整治信息归集平台的通知》	住房和城乡建设部办公厅
2022年5月	《关于落实阶段性支持政策加强中央国家机关住房公积金服务保障工作的通知》	中央国家机关住房资金管理中心
2022年6月	《关于印发〈自建房结构安全排查技术要点（暂行）〉的通知》	住房和城乡建设部办公厅
2022年7月	《关于组织动员工程建设类注册执业人员服务各地自建房安全专项整治工作的通知》	住房和城乡建设部建筑市场监管司
2022年7月	《关于印发〈住房公积金统计调查制度〉的通知》	住房和城乡建设部办公厅
2022年9月	《关于印发城镇老旧小区改造可复制政策机制清单（第五批）的通知》	住房和城乡建设部办公厅
2022年10月	《关于做好发展保障性租赁住房情况年度监测评价工作的通知》	住房和城乡建设部办公厅、国家发展改革委办公厅、财政部办公厅
2022年11月	《关于印发城镇老旧小区改造可复制政策机制清单（第六批）的通知》	住房和城乡建设部办公厅
2022年12月	《关于加快住房公积金数字化发展的指导意见》	住房和城乡建设部
2022年12月	《关于印发农房质量安全提升工程专项推进方案的通知》	住房和城乡建设部、财政部、自然资源部、农业农村部、应急管理部、工业和信息化部、民政部、人力资源社会保障部、市场监管总局、国家乡村振兴局、国家能源局

1.2 公共交通方向政策

SDG11.2：到2030年，向所有人提供安全、负担得起的、易于利用、可持续的交通运输系统，改善道路安全，特别是扩大公共交通，要特别关注处境脆弱者、妇女、儿童、残疾人和老年人的需要。

《中国落实2030年可持续发展议程国别方案》承诺：实施公共交通优先发展战略，完善公共交通工具无障碍功能，推动可持续城市交通体系建设。2020年初步建成适应小康社会需求的现代化城市公共交通体系。

持续开展公交都市建设，改善步行交通系统环境，推进城市绿色出行，不断增强人民群众在城市交通出行中的获得感、幸福感和安全感。 为深入实施城市公共交通优先发展战略，推动城市公共交通高质量发展，有力支撑加快建设交通强国和实现碳达峰碳中和目标，交通运输部办公厅印发《关于组织开展"十四五"期国家公交都市建设示范工程创建工作的通知》，深化国家公交都市建设，通过提质扩面，有效推进城市公共交通基础设施布局完善和衔接顺畅，全面提升城市公共交通服务能力和品质，持续构建适应城市特点的公共交通出行服务体系，为公众提供安全、便捷、高效、绿色、经济的城市公共交通服务。

针对国家公交都市建设示范工程管理，交通运输部印发《国家公交都市建设示范工程管理办法》。对公交都市的城市交通出行结构、体系规划、枢纽建设、覆盖率、运力调配、绿色出行、管理制度、应急预案、发展特色、建设目标等方面提出了要求，促进国家公交都市提质扩面。

经评估验收、社会公示等程序，交通运输部发布通报，认定成都、南宁、鞍山、昆山、湖州等13个城市达到国家公交都市创建预期目标。保留北京市、上海市、南京市、苏州市长沙市等14个城市的"国家公交都市建设示范城市"称号。

加快建设交通强国，构建现代综合交通运输体系，提升道路运输服务品质。 国务院印发《"十四五"现代综合交通运输体系发展规划》，要求兼顾基本需求和多样化需求，推动运输服务多元化、品质化发展，逐步实现人享其行、物畅其流，不断满足人民日益增长的美好生活需要。

在评价标准方面，交通运输部印发《交通强国建设评价指标体系》，按照1个国家综合指标、5个行业指标和31个省域指标进行设置。综合考虑各地区、各行业特点，注重交通运输与经济社会、生态环境相协调，统筹发展和安全，充分发挥评价指标体系的衡量作用，科学引导各地区、各行业加快建设交通强国。

在交通规划方面，交通运输部、国家铁路局、中国民用航空局、国家邮政局印发《关于加快建设国家综合立体交通网主骨架的意见》。意见提出，强化交通规划与国土空间规划动态衔接和信息互通共享，做好在国土空间规划"一张图"上的信息核对和上图入库。

统筹推进"十四五"交通领域科技创新发展，加快建设科技强国、交通强国，全面增强科技创新能力，以创新驱动交通运输高质量发展。交通运输部、科学技术部印发《"十四五"交通领域科技创新规划》，布局了六大领域18个重点研发方向，7项科技工程。力争到2025年，交通运输技术研发应用取得新突破，科技创新能力全面增强，创新环境明显优化，初步构建适应加快建设交通强国需要的科技创新体系，创新驱动交通运输高质量发展取得明显成效。

为推动科技成果落地转化，交通运输部办公厅公布第一批智能交通先导应用试点项目（自动驾驶和智能航运方向），同意将"北京城市出行服务与物流自动驾驶先导应用试点"等18个项目作为第一批智能交通先导应用试点项目。

交通运输部同意北京工业大学开展城市公共交通智能化技术等交通强国建设试点工作，预期通过1~2年时间，初步建成城市公共交通仿真与决策支持平台。通过3~5年时间，多层次公共交通线网优化、多方式公共交通协同调度等技术得到推广应用。城市公共交通领域综合型人才培养机制和模式方面取得典型经验。

继续发挥公路交通先行引领和基础保障作用，提高供给有效性和适配性，提升出行服务品质和货运物流效率，进一步推动公路交通高质量发展。国家发展改革委、交通运输部印发《国家公路网规划》，重点围绕支撑构建新发展格局、新型城镇化、高水平对外开放等国家重大战略，对国家公路网布局进行优化和完善。与2013年版相比，此次国家公路网规划总规模增加了约6万公里，路网总规模约46.1万公里，高速公路网整体覆盖范围延伸至城区人口10万以上的市县。

交通运输部正式印发《公路"十四五"发展规划》，明确了"十四五"时期我国公路交通发展的总体思路、发展目标、重点任务和政策措施，涵盖建设、管理、养护、运营、运输等多个领域。展望2035年，基本建成安全、便捷、高效、绿色、经济的现代化公路交通运输体系，基础设施网络趋于完善，运输服务质量效率全面提升，先进科学技术深度赋能公路交通发展，平安、绿色、共享交通发展水平和行业治理能力明显提高，人民满意度大幅提升，支撑"全国123出行交通圈""全球123快货物流圈"和国家现代化建设能力显著增强。

普通公路是公路网络的主体和基础，针对普通公路，交通运输部印发《关于进一步加强普通公路勘察设计和建设管理工作的指导意见》，重点围绕落实勘察设计主体责任、强化设计管理与审查等提出要求。

针对公路养护管理，交通运输部印发《"十四五"公路养护管理发展纲要》，要求推进设施数字化，推进养护专业化，推进管理现代化，推进运行高效化，推进服务优质化，更好地服务公众安全便捷出行。

支持农村公路发展，全面推动农村基础设施建设和交通运输服务品质提升，深化"四好农村路"示范创建。交通运输部办公厅组织开展2022年"四好农村路"全国示范县创建工作，交通运输部、财政部、农业农村部、国家邮政局、国家乡村振兴局联合印发《"四好农村路"全国示范县创建管理办法》，建立完善创建指标评分体系和管理制度，加强对创建工作的政策引领和监督指导。

为引导社会各界关注和支持农村公路发展，

交通运输部办公厅公布2021年度"十大最美农村路"等名单，确定北京市密云区密云水库南线等10条农村公路为2021年度"十大最美农村路"，山西省吕梁市兴县沿黄扶贫旅游公路等7条农村公路为2021年度"我家门口那条路——最具人气的路"。

加强生态文明建设、服务国家碳达峰碳中和目标，深入打好污染防治攻坚战，推进交通运输行业绿色低碳发展。 交通运输部印发《绿色交通"十四五"发展规划》，提出到2025年，交通运输领域绿色低碳生产方式初步形成，基本实现基础设施环境友好、运输装备清洁低碳、运输组织集约高效，重点领域取得突破性进展，绿色发展水平总体适应交通强国建设阶段性要求。

进一步细化落实交通领域的碳达峰碳中和工作，交通运输部等四部门联合印发《贯彻落实〈中共中央 国务院关于完整准确全面贯彻新发展理念做好碳达峰碳中和工作的意见〉的实施意见》，要求优化交通运输结构、推广节能低碳型交通工具、积极引导低碳出行、增强交通运输绿色转型新动能，助力如期实现碳达峰碳中和目标，推动交通运输高质量发展。

在建设标准方面，交通运输部发布了《绿色交通标准体系（2022年）》。标准体系包括5个部分，共收录242项绿色交通国家标准和行业标准，充分发挥标准的基础支撑作用，全面对接推进交通运输行业绿色发展的目标任务，优化完善适应加快交通强国建设的绿色交通标准体系，加快形成绿色低碳运输方式，为加快建设交通强国提供有力支撑。

在宣传方面，交通运输部办公厅等四部门联合举办"绿色出行宣传月和公交出行宣传周"公益设计大赛，组织开展公交出行宣传周活动，开展绿色出行创建主题宣传，组织有关企业集中宣传，开展安全文明绿色出行活动，推广适老化、无障碍交通出行服务，营造关心关爱城市公共交通行业职工良好氛围。

在考核评价方面，交通运输部运输服务司会同国家发展改革委印发《关于做好绿色出行创建行动考核评价有关工作的通知》，组织开展绿色出行创建行动考核评价工作。经综合评价，北京等97个城市已达到绿色出行创建目标（表1.2）。

2022年中央政府发布公共交通方向政策一览　　表1.2

发布时间	发布政策	发布机构
2022年1月	《关于印发〈绿色交通"十四五"发展规划〉的通知》	交通运输部
2022年1月	《公路"十四五"发展规划》	交通运输部
2022年3月	《关于印发〈交通强国建设评价指标体系〉的通知》	交通运输部
2022年3月	《交通运输部办公厅关于公布2021年度"十大最美农村路"等名单的通知》	交通运输部办公厅
2022年4月	《关于印发〈"十四五"公路养护管理发展纲要〉的通知》	交通运输部
2022年4月	《关于印发〈"十四五"交通领域科技创新规划〉的通知》	交通运输部 科学技术部
2022年4月	《关于印发〈国家公交都市建设示范工程管理办法〉的通知》	交通运输部
2022年4月	《关于组织开展2022年"四好农村路"全国示范县创建工作的通知》	交通运输部办公厅
2022年5月	《关于组织开展"十四五"期国家公交都市建设示范工程创建工作的通知》	交通运输部办公厅

续表

发布时间	发布政策	发布机构
2022年5月	《关于做好绿色出行创建行动考核评价有关工作的通知》	交通运输部办公厅、国家发展改革委办公厅
2022年6月	《关于进一步加强普通公路勘察设计和建设管理工作的指导意见》	交通运输部
2022年6月	《贯彻落实〈中共中央 国务院关于完整准确全面贯彻新发展理念做好碳达峰碳中和工作的意见〉的实施意见》	交通运输部、国家铁路局、中国民用航空局、国家邮政局
2022年6月	《关于保留北京市等14个城市"国家公交都市建设示范城市"称号的通报》	交通运输部
2022年7月	《关于印发〈国家公路网规划〉的通知》	国家发展改革委、交通运输部
2022年8月	《关于命名成都市等13个城市国家公交都市建设示范城市的通报》	交通运输部
2022年8月	《关于组织开展2022年绿色出行宣传月和公交出行宣传周活动的通知》	交通运输部办公厅、公安部办公厅、国家机关事务管理局办公室、中华全国总工会办公厅
2022年8月	《绿色交通标准体系（2022年）》	交通运输部办公厅
2022年9月	《关于公布第一批智能交通先导应用试点项目（自动驾驶和智能航运方向）的通知》	交通运输部办公厅
2022年9月	《关于北京工业大学开展城市公共交通智能化技术等交通强国建设试点工作的意见》	交通运输部
2022年10月	《关于公布第二批交通运输行业重点科技项目清单成果登记项目的通知》	交通运输部科技司
2022年10月	《关于印发〈"四好农村路"全国示范县创建管理办法〉的通知》	交通运输部、财政部、农业农村部、国家邮政局、国家乡村振兴局
2022年10月	《关于加快建设国家综合立体交通网主骨架的意见》	交通运输部、国家铁路局、中国民用航空局、国家邮政局
2022年12月	《关于公布绿色出行创建考核评价达标城市名单的公示》	交通运输部、国家发展改革委

1.3 规划管理方向政策

SDG11.3：到2030年，在所有国家加强包容和可持续的城市建设，加强参与性、综合性、可持续的人类住区规划和管理能力。

《中国落实2030年可持续发展议程国别方案》承诺：推进以人为核心的新型城镇化，提高城市规划、建设、管理水平。到2020年，通过城市群、中小城市和小城镇建设优化城市布局，努力打造和谐宜居、富有活力、各具特色的城市。完善社会治理体系，实现政府治理和社会调节、居民自治良性互动。

全面开展城市体检工作，推动实施城市更新行动。综合评价城市发展建设状况，优化城市发展目标，住房和城乡建设部印发《关于开展2022年城市体检工作的通知》，在历年城市体检工作基础上决定继续选取直辖市、计划单列市、省会城市和部分设区城市开展2022年城市体检工作，从生态宜居、健康舒适、安全韧性、交通便捷、风貌特色、整洁有序、多元包容、创新活力8方面建立城市体检指标体系，建立与实施城市更新行动相适应的城市规划建设管理体制机制和政策体系，促进城市高质量发展。

为积极稳妥实施城市更新行动，引领各城市转型发展、高质量发展，住房和城乡建设部总结城市更新试点城市和各地经验做法，形成《城市更新行动可复制经验做法清单（第一批）》。

支持城市更新结合文化产业发展，实现社会效益和经济效益相统一，文化和旅游部、自然资源部、住房城乡建设部联合印发《关于开展国家文化产业和旅游产业融合发展示范区建设工作的通知》，决定开展国家文化产业和旅游产业融合发展示范区建设工作，支持示范区及建设单位结合实施城市更新行动盘活存量建设用地，统筹各方资源，形成工作合力。

排除城市市政基础设施建设安全隐患，加快城市燃气管道等老化更新改造。国务院办公厅印发《城市燃气管道等老化更新改造实施方案（2022—2025年）》，提出明确更新改造对象范围、合理确定更新改造标准、组织开展城市燃气等管道和设施普查、编制地方城市燃气管道等老化更新改造方案的任务。

在排查评估方面，住房和城乡建设部办公厅、国家发展和改革委员会办公厅印发《城市燃气管道老化评估工作指南》，指导各地评估工作有序展开，要求各地根据评估结果区分轻重缓急，立即改造存在严重安全隐患的燃气管道和设施。

在资金支持方面，国家发展改革委印发《城市燃气管道等老化更新改造和保障性安居工程中央预算内投资专项管理暂行办法》，规范中央预算内投资支持城市燃气管道等老化更新改造和保障性安居工程建设有关项目管理，提高资金使用效益，推进中央预算内投资管理制度化、规范化、科学化。

为进一步扎实开展工作，住房和城乡建设部办公厅、国家发展改革委办公厅印发《关于进一步明确城市燃气管道等老化更新改造工作要求的通知》，要求把牢底线要求，确保更新改造工作安全有序；聚焦难题攻坚，统筹推进更新改造工作；兼顾需要与可能，合理安排2023年更新改造计划任务。

强化国土空间规划实施的监督管理，坚决遏制耕地"非农化"，强化国土空间规划对黑土耕地的特殊管控，促进耕地保护。 为巩固和深化"多规合一"改革成果，自然资源部印发《关于进一步加强国土空间规划编制和实施管理的通知》，要求加快国土空间总体规划编制报批，严格规划实施监督管理，进一步落实国家战略。

针对保障重大建设项目落地的问题，自然资源部印发《关于积极做好用地用海要素保障的通知》，共7个方面26条政策，有效解决当前重大项目用地用海等要素保障中存在的突出矛盾和问题，进一步提高自然资源要素保障能力。

针对工业用地的供应管理问题，自然资源部印发《关于完善工业用地供应政策支持实体经济发展的通知》，首次提出在国土空间规划中划定工业用地控制线。

针对自然资源标准订制问题，自然资源部办公厅印发《自然资源标准体系》，确立了在自然资源标准体系大框架下的国土空间规划标准子体系结构。截至2022年4月底，自然资源标准范围包括自然资源领域现行、在研和未来一段时间内需制修订的国家标准和行业标准3700余项。2022年9月，自然资源部办公厅印发《2022年度自然资源标准制修订工作计划》，包括294项行业标准和68项拟申请立项国家标准。

针对用地审批问题，自然资源部等7部门印发《关于加强用地审批前期工作积极推进基础设施项目建设的通知》全面加强基础设施建设，强化用地要素保障，做实做细做优交通、能源、水利等项目前期工作，提升用地审批质量和效率。自然资源部印发《关于用地要素保障接续政策的通知》，对阶段性实行先行用地审批承诺事宜作出规定，旨在加快推进有效投资重要项目及时开工，尽早形成实物工作量，助力巩固经济恢复发展基础。

为贯彻落实《黑土地保护法》有关规定，自然资源部办公厅印发《关于进一步加强黑土耕地保护的通知》，要求内蒙古、辽宁、吉林、黑龙江等四省（区）自然资源厅切实加强黑土耕地保护，强化国土空间规划对黑土耕地的特殊管控，从严控制建设项目占用黑土耕地，严格耕地用途管制。

科学规范推进农田防护林建设，国家林业和草原局、自然资源部、农业农村部印发《关于加强农田防护林建设管理工作的通知》，支持各地结合林业草原生态保护修复、全域土地综合整治、高标准农田建设等项目统筹开展农田防护林建设，积极构建适应现代农业发展需要的农田防护林体系。

适应新时代科技革命和产业变革趋势，建设网络强国、数字中国，通过加快数字化发展，推进国家治理体系和治理能力现代化。 把握数字化发展新机遇，拓展经济发展新空间，国务院印发《"十四五"数字经济发展规划》，推动我国数字经济产业健康有序发展。创新政府治理理念和方式、形成数字治理新格局，国务院印发《关于加强数字政府建设的指导意见》，要求加强党对数字政府建设工作的领导，以数字政府建设全面引领驱动数字化发展。

加快推进全国一体化政务大数据体系建设的决策部署,国务院办公厅印发《全国一体化政务大数据体系建设指南》,为推进国家治理体系和治理能力现代化提供有力支撑。

全面推进实景三维中国建设,自然资源部办公厅印发《关于全面推进实景三维中国建设的通知》,对2022—2025年实景三维中国建设的建设任务、技术路线与方法、主要成果与汇集、组织实施等进行说明。为保障实景三维中国建设顺利实施,自然资源部编写《实景三维中国建设总体实施方案(2022—2025年)》,经专家审核后,顺利通过评审。

加强基层治理体系和治理能力现代化建设,进一步健全完善城市社区服务功能。深入推进物业管理行业转型升级,营造共建美好家园,住房和城乡建设部办公厅积极开展"加强物业管理 共建美好家园"活动。活动开展以来,各地积极响应、主动参与,涌现出一批特色鲜明的美好家园典型案例。住房和城乡建设部办公厅、中央文明办秘书局总结并印发《关于公布"加强物业管理 共建美好家园"典型案例的通知》,更好地发挥典型示范和引导作用。

为推进完整社区建设,住房和城乡建设部办公厅、民政部办公厅印发《关于开展完整社区建设试点工作的通知》,要求各单位统筹推动完整社区建设试点,因地制宜探索建设方法、创新建设模式、完善建设标准,以点带面提升完整社区覆盖率。

整合社区各类服务资源,打造智能化社区治理新形态。住房城乡建设部、农业农村部等九部门印发《关于深入推进智慧社区建设的意见》的通知(以下简称《意见》)。《意见》明确了集约建设智慧社区平台、拓展智慧社区治理场景、构筑社区数字生活新图景、推进大数据在社区应用、精简归并社区数据录入、加强智慧社区基础设施建设改造6项重点任务。

优化科技创新生态,完善科技创新体系,提升住房和城乡建设领域科技创新能力,带动新型城镇化发展。为促进住房和城乡建设领域科技发展,进一步强化科技创新支撑引领作用,住房和城乡建设部印发《"十四五"住房和城乡建设科技发展规划》,到2025年,住房和城乡建设领域科技创新能力大幅提升,关键技术和重大装备取得突破,科技力量大幅增强,科技创新体系化水平显著提高。

在平台建设管理方面,住房和城乡建设部印发《国家城乡建设科技创新平台管理暂行办法》。办法适用于科技创新平台的申报、建设、验收、运行、绩效评价、撤销等管理工作。科技创新平台的组建坚持"整体部署、聚焦重点、协同创新、开放共享"的原则,分为重点实验室和工程技术创新中心两类。

在新型城镇化方面,科技部、住房和城乡建设部印发《"十四五"城镇化与城市发展科技创新专项规划》,着力提升城镇化与城市发展领域的科技支撑能力,破解城镇化发展难题,开创城镇化与城市发展领域科技创新工作新局面。

加强城市基础设施建设,做好安全运行管理,构建系统完备、高效实用、智能绿色、安全可靠的现代化基础设施体系。为指导各地城市基础设施健康有序发展,住房和城乡建设部、国家发展改革委印发《"十四五"全国城市基础设施建设规划》,提出4方面重点任务和8项重大行动,着力补短板、强弱项、提品质、增效益,保障居民享有完善的基础设施配套服务体系。

在城镇环境基础设施方面,国务院办公厅转发国家发展改革委等部门印发的《关于加快推进城镇环境基础设施建设指导意见的通知》，为提高城镇环境基础设施运营市场化水平和保障体系高质量发展提出了指导。

在标准规范方面，住房和城乡建设部发布国家标准《建筑与市政工程施工质量控制通用规范》，支撑高标准的城市基础设施建设。

在运行管理方面，住房和城乡建设部办公厅印发《关于进一步做好市政基础设施安全运行管理的通知》，要求加强城镇燃气、供水排水行业、园林绿化、环境卫生、供热运行安全保障，加强安全监管和监督检查，统筹做好经济发展、疫情防控和安全生产工作。

为进一步提升城市供水安全保障水平，近日，住房和城乡建设部办公厅、国家发展改革委办公厅、国家疾病预防控制局综合司联合印发了《关于加强城市供水安全保障工作的通知》（以下简称《通知》）。《通知》提出推进供水设施改造、提高供水检测与应急能力、优化提升城市供水服务、健全保障措施。2023年4月1日，城市供水全面执行《生活饮用水卫生标准》GB 5749—2022。

为进一步加强公共供水管网漏损控制，提高水资源利用效率，住房和城乡建设部办公厅、国家发展改革委办公厅印发《关于组织开展公共供水管网漏损治理试点建设的通知》《关于加强公共供水管网漏损控制的通知》，提出要实施供水管网改造工程、推动供水管网分区计量工程、推进供水管网压力调控工程、开展供水管网智能化建设工程、完善供水管网管理制度。

加快完善公共服务体系，持续推进以人为核心的全民健身和养老服务体系建设，不断满足人民日益增长的多层次、高品质公共服务体系需求。 为增强人民体质，提高全民健康水平，中共中央办公厅、国务院办公厅印发《关于构建更高水平的全民健身公共服务体系的意见》，要求完善支持社会力量发展全民健身的体制机制、推动全民健身公共服务城乡区域均衡发展、打造绿色便捷的全民健身新载体、构建多层次多样化的赛事活动体系、夯实广泛参与全民健身运动的群众基础、提高全民健身标准化科学化水平、营造人人参与体育锻炼的社会氛围。

实施积极应对人口老龄化国家战略，推动老龄事业和产业协同发展，构建和完善兜底性、普惠型、多样化的养老服务体系，国务院印发《"十四五"国家老龄事业发展和养老服务体系规划》，要求织牢社会保障和兜底性养老服务网、扩大普惠型养老服务覆盖面、强化居家社区养老服务能力、完善老年健康支撑体系、大力发展银发经济、践行积极老龄观、营造老年友好型社会环境、增强发展要素支撑体系、维护老年人合法权益。

关注青少年发展成长问题，推进青年发展型城市建设，城市儿童友好空间建设。为促进青年高质量发展、让城市对青年更友好，中国社科院、共青团中央等17部门联合印发《关于开展青年发展型城市建设试点的意见》，提出要扎实推进以人为核心的新型城镇化战略，积极践行青年优先发展理念，更好满足青年多样化、多层次发展需求。到2025年，城市青年发展规划工作机制比较健全，青年优先发展理念得到社会广泛认同，青年发展型城市评价体系逐步建立并完善，城市青年发展政策更具体系化、更有普惠性，青年投身城市发展的主动性和贡献度明显提升。

为适应儿童健康成长与发展需求，推动城市儿童友好空间建设，国家发展改革委、住房和城乡建设部、国务院妇儿工委办公室印发《城市儿童友好空间建设导则（试行）》，提出要结合城市更新行动，以"儿童优先、普惠公平""安全健康、自然趣味""因地制宜、探索创新"为原则，构建城市、街区、社区不同层级儿童友好空间体系。

扎实推进乡村建设行动，加强农村基础性服务能力、乡村建设工匠队伍建设，进一步提升乡村宜居宜业水平。为扎实推进乡村建设行动，进一步提升乡村宜居宜业水平，中共中央办公厅、国务院办公厅印发《乡村建设行动实施方案》，提出加强道路、供水、能源、物流、信息化、综合服务、农房、人居环境等农村重点领域基础设施建设，改善农村公共服务和乡村治理。努力让农村具备更好生活条件，建设宜居宜业美丽乡村。农业农村部办公厅、住房和城乡建设部办公厅印发《关于开展美丽宜居村庄创建示范工作的通知》以美丽宜居村庄创建示范为载体，以点带面推进乡村建设，明确了创建示范标准、创建示范程序、完善了保障措施。

为全面掌握乡村建设状况和水平，住房和城乡建设部印发《关于开展2022年乡村建设评价工作的通知》，以县域为单元开展评价工作，深入查找乡村建设中存在的问题和短板，推动有关部门尽快解决，不断增强人民群众的获得感。

在加强农村基础性服务能力建设方面，民政部、国家发展改革委、住房和城乡建设部等16部门联合印发《关于健全完善村级综合服务功能的意见》推进基本公共服务均等化，提出到2025年，村级综合服务设施覆盖率达到80%以上，农村地区村级综合服务保障持续改善，农民生产生活需求进一步满足，获得感、幸福感和安全感不断增强。

在乡村建设工匠队伍建设方面，住房和城乡建设部办公厅、人力资源社会保障部办公厅印发《关于开展万名"乡村建设带头工匠"培训活动的通知》，开展万名"乡村建设带头工匠"培训活动，带动乡村建设工匠职业技能和综合素质提升。通知明确培训对象和数量、培训组织、培训内容和形式等。

国家乡村振兴局等八部门联合印发《关于推进乡村工匠培育工作的指导意见》，提出要遵循传承优秀传统文化、服务产业就业、弘扬工匠精神、统筹协调推进、因地因人制宜等基本原则，明确相关认定条件和程序，围绕目标部署挖掘乡村工匠资源、实施"双百双千"培育工程、支持创办特色企业、打造乡村工匠品牌等重点工作，并提出系列激励措施，包括支持乡村工匠培育、加大人才支持力度等。

全面推进乡村振兴，积极推动乡村产业、人才、文化、生态、组织振兴。国务院印发《"十四五"推进农业农村现代化规划》提出包括聚焦产业促进乡村发展、扎实稳妥推进乡村建设、突出实效改进乡村治理在内的八项要求，推动乡村振兴取得新进展、农业农村现代化迈出新步伐。中共中央、国务院印发《关于做好2022年全面推进乡村振兴重点工作的意见》，要求必须着眼国家重大战略需要，稳住农业基本盘、坚持和加强党对"三农"工作的全面领导、做好"三农"工作，接续全面推进乡村振兴，全力抓好粮食生产和重要农产品供给、强化现代农业基础支撑、坚决守住不发生规模性返贫底线、聚焦产业促进乡村发展、扎实稳妥推进乡村建设、突出实效改进乡村治理、加大政策保障和体制机制创新力度。为全面落实乡村振兴责任制，中共中央办公厅、国务院办公厅印发《乡村振兴责任制实施办法》，明确部门和地方责任。

为加快推进乡村人才振兴，住房和城乡建设部总结各地在完善设计下乡政策机制、强化设计下乡人才队伍建设、健全落实激励措施、保障工作经费、提升服务能力和水平、加强宣传推广等方面的经验做法，形成《设计下乡可复制经验清单（第一批）》。

为推动文化产业赋能乡村经济社会发展，文化和旅游部、农业农村部、国家乡村振兴局等六部门印发《关于推动文化产业赋能乡村振兴的意见》，在八个重点领域促进乡村文化发展，在四个方面进行政策扶持。《意见》提出，到2025年，文化产业赋能乡村振兴的有效机制基本建立，优秀传统乡土文化得到有效激活，文化产业对乡村经济社会发展的综合带动作用更加显著。

乡村民宿是助力全面推进乡村振兴的重要抓手。文化和旅游部、国家乡村振兴局等十部门印发《关于促进乡村民宿高质量发展的指导意见》，提出到2025年，初步形成布局合理、规模适度、内涵丰富、特色鲜明、服务优质的乡村民宿发展格局，成为旅游业高质量发展和助力全面推进乡村振兴的标志性产品（表1.3）。

2022年中央政府发布规划管理方向政策一览　　　　表1.3

发布时间	发布政策	发布机构
2022年1月	《关于印发"十四五"数字经济发展规划的通知》	国务院
2022年1月	《关于印发国家城乡建设科技创新平台管理暂行办法的通知》	住房和城乡建设部
2022年1月	《关于公布"加强物业管理 共建美好家园"典型案例的通知》	住房和城乡建设部办公厅 中央文明办秘书局
2022年1月	《关于发布行业标准〈城市信息模型基础平台技术标准〉的公告》	住房和城乡建设部
2022年1月	《关于加强公共供水管网漏损控制的通知》	住房和城乡建设部办公厅、国家发展改革委办公厅
2022年2月	《关于印发"十四五"国家老龄事业发展和养老服务体系规划的通知》	国务院
2022年2月	《关于加快推进城镇环境基础设施建设指导意见的通知》	国家发展改革委、生态环境部、住房和城乡建设部、国家卫生健康委
2022年2月	《关于做好2022年全面推进乡村振兴重点工作的意见》	中共中央、国务院
2022年2月	《关于全面推进实景三维中国建设的通知》	自然资源部办公厅
2022年2月	《关于印发"十四五"推进农业农村现代化规划的通知》	国务院
2022年2月	《关于组织开展公共供水管网漏损治理试点建设的通知》	国家发展改革委办公厅、住房和城乡建设部办公厅
2022年3月	《关于印发"十四五"住房和城乡建设科技发展规划的通知》	住房和城乡建设部
2022年3月	《关于构建更高水平的全民健身公共服务体系的意见》	中共中央办公厅、国务院办公厅
2022年3月	《关于推动文化产业赋能乡村振兴的意见》	文化和旅游部、教育部、自然资源部、农业农村部、国家乡村振兴局、国家开发银行
2022年4月	《关于进一步做好市政基础设施安全运行管理的通知》	住房和城乡建设部办公厅
2022年4月	《关于开展青年发展型城市建设试点的意见》	共青团中央、中央宣传部、中央网信办、中央文明办、国家发展改革委、教育部、国家民委、民政部、财政部、人力资源社会保障部、住房和城乡建设部、文化和旅游部、国家卫生健康委、国家体育总局、国家统计局、国家乡村振兴局、中国社科院

续表

发布时间	发布政策	发布机构
2022年5月	《乡村建设行动实施方案》	中共中央办公厅、国务院办公厅
2022年5月	《关于深入推进智慧社区建设的意见》	民政部、中央政法委、中央网信办、国家发展改革委、工业和信息化部、公安部、财政部、住房城乡建设部、农业农村部
2022年5月	《关于印发〈自然资源标准体系〉的通知》	自然资源部办公厅
2022年6月	《城市燃气管道等老化更新改造和保障性安居工程中央预算内投资专项管理暂行办法》	国家发展改革委
2022年6月	《关于加强农田防护林建设管理工作的通知》	国家林业和草原局、自然资源部、农业农村部
2022年6月	《关于加强数字政府建设的指导意见》	国务院
2022年6月	《关于印发城市燃气管道等老化更新改造实施方案（2022—2025年）的通知》	国务院办公厅
2022年6月	《关于印发城市燃气管道老化评估工作指南的通知》	住房和城乡建设部办公厅、国家发展改革委办公厅
2022年6月	《关于开展2022年乡村建设评价工作的通知》	住房和城乡建设部
2022年7月	《建筑与市政工程施工质量控制通用规范》	住房和城乡建设部
2022年7月	《关于印发"十四五"全国城市基础设施建设规划的通知》	住房和城乡建设部、国家发展改革委
2022年7月	《关于进一步加强黑土耕地保护的通知》	自然资源部办公厅
2022年7月	《关于开展2022年城市体检工作的通知》	住房和城乡建设部
2022年7月	《关于健全完善村级综合服务功能的意见》	民政部、国家发展改革委、教育部、公安部、司法部、财政部、人力资源社会保障部、住房和城乡建设部、交通运输部、农业农村部、文化和旅游部、卫生健康委、退役军人部、应急管理部、国家体育总局、国家医保局
2022年8月	《关于加强用地审批前期工作积极推进基础设施项目建设的通知》	自然资源部、国家发展改革委、交通运输部、水利部、国家能源局、国家铁路局、中国民用航空局
2022年8月	《关于加强城市供水安全保障工作的通知》	住房和城乡建设部办公厅、国家发展改革委办公厅、国家疾病预防控制局综合司
2022年8月	《关于积极做好用地用海要素保障的通知》	自然资源部
2022年9月	《关于开展美丽宜居村庄创建示范工作的通知》	农业农村部办公厅、住房和城乡建设部办公厅
2022年9月	《关于用地要素保障接续政策的通知》	自然资源部
2022年9月	《关于进一步明确城市燃气管道等老化更新改造工作要求的通知》	住房和城乡建设部办公厅、国家发展改革委办公厅
2022年9月	《关于印发2022年度自然资源标准制修订工作计划的通知》	自然资源部办公厅
2022年10月	《关于开展完整社区建设试点工作的通知》	住房和城乡建设部办公厅、民政部办公厅
2022年10月	《关于开展万名"乡村建设带头工匠"培训活动的通知》	住房和城乡建设部办公厅、人力资源社会和保障部办公厅

续表

发布时间	发布政策	发布机构
2022年10月	《关于进一步加强国土空间规划编制和实施管理的通知》	自然资源部
2022年10月	《关于印发设计下乡可复制经验清单（第一批）的通知》	住房和城乡建设部办公厅
2022年10月	《关于印发全国一体化政务大数据体系建设指南的通知》	国务院办公厅
2022年11月	《关于印发〈"十四五"城镇化与城市发展科技创新专项规划〉的通知》	科技部、住房和城乡建设部
2022年11月	《关于印发实施城市更新行动可复制经验做法清单（第一批）的通知》	住房和城乡建设部办公厅
2022年11月	《关于完善工业用地供应政策支持实体经济发展的通知》	自然资源部
2022年11月	《乡村振兴责任制实施办法》	中共中央办公厅、国务院办公厅
2022年11月	《关于推进乡村工匠培育工作的指导意见》	国家乡村振兴局、教育部、工业和信息化部、人力资源社会保障部、住房城乡建设部、农业农村部、文化和旅游部、全国妇联
2022年12月	《城市儿童友好空间建设导则（试行）》	国家发展改革委、住房和城乡建设部、国务院妇儿工委办公室
2022年12月	《关于开展国家文化产业和旅游产业融合发展示范区建设工作的通知》	文化和旅游部、自然资源部、住房和城乡建设部

1.4 遗产保护方向政策

SDG11.4：进一步努力保护和捍卫世界文化和自然遗产。

《中国落实2030年可持续发展议程国别方案》承诺：执行《文物保护法》《非物质文化遗产法》《风景名胜区条例》和《博物馆条例》，到2030年，保障公众的基本文化服务，满足多样化的文化生活需求。提高非物质文化遗产保护水平，到2020年，参加研修、研习和培训的非遗传承人群争取达到10万人次。

持续推进中国世界遗产、自然和文化遗产、非物质文化遗产的申报和保护工作。 联合国粮农组织首次通过线上方式完成考察，正式认定我国3个传统农业系统为全球重要农业文化遗产，分别是福建安溪铁观音茶文化系统、内蒙古阿鲁科尔沁草原游牧系统和河北涉县旱作石堰梯田系统。截至2022年5月，我国全球重要农业文化遗产增至18项，数量居世界首位。

2022年度（第九批）世界灌溉工程遗产名录公布，四川省通济堰灌区、江苏省兴化垛田灌排工程体系、浙江省松阳松古灌区和江西省崇义上堡梯田4处工程全部申报成功。至此，我国世界灌溉工程遗产已达30处。我国是灌溉工程遗产类型最丰富、分布最广泛、灌溉效益最突出的国家。这些世界灌溉工程遗产几乎涵盖了灌溉工程的所有类型。

11月29日，我国申报的"中国传统制茶技艺及其相关习俗"在摩洛哥拉巴特召开的联合国教科文组织保护非物质文化遗产政府间委员会第17届常会上通过评审，列入联合国教科文组织人类非物质文化遗产代表作名录。截至2022年12月，我国共有43个项目列入联合国教科文组织非物质文化遗产名录、名册，居世界第一。

推进非遗系统性保护工作，实施中国传统工艺振兴项目，持续推进非遗传承人队伍建设，营造保护传承弘扬非遗社会氛围。 文化和旅游部印发《关于认真学习宣传贯彻落实习近平总书记重要指示精神、扎实推进非物质文化遗产系统性保护的通知》，强调非遗保护工作的重大意义、目标任务、方法路径。

为推进中国传统工艺振兴，文化和旅游部、教育部、科技部等十部门印发《关于推动传统工艺高质量传承发展的通知》，努力推动传统工艺实现创造性转化、创新性发展，更好服务经济社会发展和人民高品质生活。推动非遗经营主体积极融入现代生活，文化和旅游部办公厅印发《关于开展国家级非物质文化遗产生产性保护示范基地推荐工作的通知》，认定一批示范基地，推动传统工艺实现高质量传承发展。

在推进非遗传承人队伍建设方面，文化和旅

游部办公厅印发《文化和旅游部办公厅关于开展第六批国家级非物质文化遗产代表性传承人推荐申报工作的通知》《关于开展中央和国家机关直属单位国家级非物质文化遗产代表性传承人推荐申报工作的通知》，开展非遗代表性传承人申报，着力加强国家级非遗代表性传承人梯队建设。

在社会宣传方面，文化和旅游部办公厅印发《关于开展2022年"文化和自然遗产日"非遗宣传展示活动的通知》，活动以"连接现代生活，绽放迷人光彩"为主题，以线上、线下相结合的方式策划开展人民群众喜闻乐见、便于参与的非遗宣传展示体验活动。

推动构建以国家公园为主体的自然保护地体系，进一步发挥财政职能作用，支持国家公园建设，促进人与自然和谐共生。 为加快推进国家公园高质量发展，努力建设全世界最大的国家公园体系，国家林草局、财政部、自然资源部、生态环境部联合印发《国家公园空间布局方案》，确定中国国家公园建设的发展目标、空间布局、创建设立、主要任务和实施保障等内容。方案遴选出49个国家公园候选区，总面积约110万平方公里，保护面积居世界首位。

在管理方面，国家林业和草原局印发《国家公园管理暂行办法》，要求国家公园应当根据功能定位进行合理分区，划为核心保护区和一般控制区，实行分区管控。

在财政支持方面，财政部、国家林草局（国家公园局）印发《关于推进国家公园建设若干财政政策的意见》，提出要坚持多措并举、加强政策协同，明晰支出责任、统筹多元资金，实行"一类一策"、分类有序推进，注重预算绩效、强化监督管理，推动建立以国家公园为主体的自然保护地体系财政保障制度。

探索中国传统村落保护利用和传承发展的有效方法和路径，构建传统村落保护利用传承体系，形成一批可复制可推广的活化利用经验。 财政部办公厅、住房和城乡建设部办公厅印发《关于组织申报2022年传统村落集中连片保护利用示范的通知》要求各地认真组织申报传统村落保护利用示范工作，把保护传承和开发利用有机结合起来，择优推荐符合条件的示范县。

经住房和城乡建设部、财政部组织专家评审并向社会公示，住房和城乡建设部、财政部印发《关于做好2022年传统村落集中连片保护利用示范工作的通知》，确定北京市门头沟区等40个县（市、区）为2022年传统村落集中连片保护利用示范县。要求各示范县编制并印发县域传统村落集中连片保护利用规划，落实主体责任，积极引导和支持设计下乡，及时总结推广传统村落保护利用可复制可推广经验。

为加强中国传统村落保护发展，住房和城乡建设部办公厅等六部门印发《关于做好第六批中国传统村落调查推荐工作的通知》要求各地要充分利用现有资料，组织做好传统村落调查推荐工作，调动社会各方面力量，开展深入调查，确保推荐的传统村落具有保护价值。国家文物局印发《关于鼓励和支持社会力量参与文物建筑保护利用的意见》，将社会力量参与文物建筑保护利用范围明确为县级文物保护单位及尚未核定公布为文物保护单位的文物建筑。

经国务院批准，2022年我国新增2座历史文化名城，分别为江西省抚州市和江西省九江市。截至2022年12月31日，国务院已将141座城市列为国家历史文化名城，并对这些城市的文化遗迹进行了重点保护。

传承和弘扬中华优秀传统文化，持续推进古籍、文物保护和国家文化公园建设工作。 中共中央办公厅、国务院办公厅印发《"十四五"文化发展规划》，系统谋划了"十四五"时期文化发展的重点目标任务、重要政策举措和重大工程项目，为全面建设社会主义现代化国家提供了强大思想保证、舆论支持、精神动力和文化条件。

在文化传承方面，国家发展改革委下达文化保护传承利用工程2022年第一批中央预算内投资，安排中央预算内投资64.9亿元，支持国家文化公园、国家重点文物保护和考古发掘、国家公园等重要自然遗产保护展示、重大旅游基础设施、重点公共文化设施等288个项目。在大运河文化传承方面，大运河国家文化公园（江苏段）数字云平台建设完成，以"保护传承利用相统筹、开发与运营相兼顾、线上与线下相融合、公益与市场相结合"为总原则，打造数字化、虚拟化、可视化、智能化云端大运河国家文化公园。在红色文化传承方面，国家文物局、国家林业和草原局印发《关于公布第一批"红色草原"名单的通知》，确定12处草原入选第一批"红色草原"名单。中央宣传部、国家文物局近日联合印发《关于持续开展革命文物名录公布工作的通知》，推动各部门各地方持续开展革命文物名录核定公布工作。

在考古工作方面，国家文物局印发《"十四五"考古工作专项规划》，明确新时代中国考古工作发展的目标任务。为进一步保护考古遗址，国家文物局组织修订了《国家考古遗址公园管理办法》，并印发《关于公布第四批国家考古遗址公园名单和立项名单的通知》，将泥河湾等19处考古遗址公园列入国家考古遗址公园名单，琉璃河等32处考古遗址公园列入国家考古遗址公园立项名单。

为进一步推进古籍保护工作，中共中央办公厅、国务院办公厅印发《关于推进新时代古籍工作的意见》，全面论述了新时代古籍工作的总体要求，作为新时代古籍工作的纲领性文件（表1.4）。

2022年中央政府发布遗产保护方向政策一览 表1.4

发布时间	发布政策	发布机构
2022年1月	《关于同意将江西省抚州市列为国家历史文化名城的批复》	国务院
2022年2月	《关于学习贯彻习近平总书记重要讲话精神 全面加强历史文化遗产保护的通知》	中共中央宣传部、文化和旅游部、国家文物局
2022年3月	《关于组织申报2022年传统村落集中连片保护利用示范的通知》	财政部办公厅、住房和城乡建设部办公厅
2022年3月	《关于公布〈国家考古遗址公园管理办法〉的通知》	国家文物局
2022年4月	《关于印发〈"十四五"考古工作专项规划〉的通知》	国家文物局
2022年4月	《关于推进新时代古籍工作的意见》	中共中央办公厅、国务院办公厅
2022年4月	《住房和城乡建设部 财政部关于做好2022年传统村落集中连片保护利用示范工作的通知》	住房和城乡建设部、财政部
2022年4月	《关于同意将江西省九江市列为国家历史文化名城的批复》	国务院
2022年4月	《关于持续开展革命文物名录公布工作的通知》	中央宣传部、国家文物局
2022年5月	《关于开展2022年"文化和自然遗产日"非遗宣传展示活动的通知》	文化和旅游部办公厅
2022年5月	《关于开展第六批国家级非物质文化遗产代表性传承人推荐申报工作的通知》	文化和旅游部办公厅

续表

发布时间	发布政策	发布机构
2022年5月	《关于开展中央和国家机关直属单位国家级非物质文化遗产代表性传承人推荐申报工作的通知》	文化和旅游部办公厅
2022年6月	《关于推动传统工艺高质量传承发展的通知》	文化和旅游部、教育部、科技部、工业和信息化部、国家民委、财政部、人力资源社会保障部、商务部、国家知识产权局、国家乡村振兴局
2022年6月	《关于印发〈国家公园管理暂行办法〉的通知》	国家林业和草原局
2022年7月	《关于做好第六批中国传统村落调查推荐工作的通知》	住房和城乡建设部办公厅、文化和旅游部办公厅、国家文物局办公室、财政部办公厅、自然资源部办公厅、农业农村部办公厅
2022年7月	《关于鼓励和支持社会力量参与文物建筑保护利用的意见》	国家文物局
2022年8月	《"十四五"文化发展规划》	中共中央办公厅、国务院办公厅
2022年8月	《关于公布第一批"红色草原"名单的通知》	国家文物局、国家林业和草原局
2022年9月	《关于推进国家公园建设若干财政政策意见的通知》	财政部、国家林草局（国家公园局）
2022年10月	《关于开展国家级非物质文化遗产生产性保护示范基地推荐工作的通知》	文化和旅游部
2022年11月	《关于国家公园空间布局方案的批复》	国务院
2022年12月	《国家公园空间布局方案》	国家林草局、财政部、自然资源部、生态环境部
2022年12月	《关于公布第四批国家考古遗址公园名单和立项名单的通知》	国家文物局
2022年12月	《关于认真学习宣传贯彻落实习近平总书记重要指示精神 扎实推进非物质文化遗产系统性保护的通知》	文化和旅游部

1.5 防灾减灾方向政策

SDG11.5：到2030年，大幅减少包括水灾在内的各种灾害造成的死亡人数和受灾人数，大幅减少上述灾害造成的与全球国内生产总值（GDP）有关的直接经济损失，重点保护穷人和处境脆弱群体。

《中国落实2030年可持续发展议程国别方案》承诺：依照《突发事件应对法》《气象法》《森林防火条例》《道路交通安全法》等法律法规科学减灾，重点保护受灾弱势群体。按照全面规划、统筹兼顾、预防为主、综合治理、局部利益服从全局利益的原则做好防洪工作，大幅减少洪灾造成的死亡人数、受灾人数和经济损失。

防范化解重大风险，深化改革应急管理体制，推进应急管理体系和能力现代化。

国务院印发《"十四五"国家综合防灾减灾规划》，围绕完善体制机制、减轻灾害风险、高效救灾救助、夯实防灾减灾基础明确了6个分项目标、2大板块12项主要任务，提出力争到2035年基本实现自然灾害防治体系和防治能力现代化。

在科技创新方面，科技部、应急管理部制定《"十四五"公共安全与防灾减灾科技创新专项规划》加强公共安全与防灾减灾领域前瞻性、基础性和原创性研究，重点开展巨灾及复合链生灾害成因与风险防控机理、复合灾害事故致灾机理等基础理论与科学问题研究，为关键技术研发提供坚实理论基础。

在标准化管理方面，应急管理部印发《"十四五"应急管理标准化发展计划》，要求健全优化应急管理标准体系，健全优化应急管理标准体系，密切跟踪研究事故灾害暴露的标准化短板问题，对标落实法律法规要求，集中力量加快与人民生命安全关系最直接的标准供给。

着力提升重大安全风险防范和应急处置能力，全面加强应急救援力量队伍建设。 应急管理部印发《"十四五"应急救援力量建设规划》，进一步明确了"十四五"期间专业应急救援力量、社会应急力量、基层应急救援力量建设思路、发展目标、主要任务、重点工程和保障措施。

在社会应急力量方面，应急管理部、中央文明办、民政部、共青团中央印发《进一步推进社会应急力量健康发展的意见》，要求坚持依法依规推动社会应急力量建设，强化灾害现场救援协调保障，提炼形成法规制度和政策标准，实现权威高效、公平有序。应急管理部发布了《社会应急力量建设基础规范 第1部分：总体要求》等6项标准，为规范社会应急力量建设、引导开展救援行动提供科学参考。标准包括总体要求、建筑物倒塌搜救、山地搜救、水上搜救、潜水救援、应急医疗救护六部分内容。

在基层应急救援力量方面，国家广播电视总局等五部门联合发布《关于加快推动农村应急广播主动发布终端建设的通知》，要求到2025年底，全国70%以上的行政村部署2套以上应急广播主动发布终端；灾害事故多发易发地区和乡村治理重点地区行政村主动发布终端覆盖率达到100%。

针对极端暴雨防范应对中基层暴露出的问题，国家防办印发《关于加强基层防范应对极端暴雨工作的指导意见》，从责任落实等八个方面提出明确要求，保障受极端暴雨影响形成救援孤岛的情况下，基层要能够第一时间先期果断处置突发险情灾情，努力实现"不死人、少伤人"目标，最大限度减轻暴雨洪涝灾害损失。到2022年7月，我国已构建完成省、市、县、乡、村五级灾害信息员体系，总量达100余万人，多为基层干部兼职，覆盖全国所有城乡社区，多灾易灾地区还实现至少配备2名人员。

防范应对洪涝灾害，提升防汛抗旱能力，减小极端天气带来的损失，做好灾后恢复工作。2021年7月中下旬，河南郑州等地持续遭遇历史罕见的极端强降雨天气，引发特大暴雨洪涝灾害，为有力有序有效做好灾后恢复重建工作，国务院批准《河南郑州等地特大暴雨洪涝灾害灾后恢复重建总体规划》。督促指导相关市、县级人民政府制定灾后恢复重建实施方案，如期完成各项恢复重建任务。

国务院办公厅印发《国家防汛抗旱应急预案》，明确防汛抗旱工作的组织指挥体系及职责、预防和预警机制，应急响应、应急保障等主要环节，提供了分灾种、分级操作的准则和规范，推动依法高效有序做好水旱灾害突发事件防范与处置工作。针对农村区域，水利部、住房和城乡建设部等十部门印发《强化农村防汛抗旱和供水保障专项推进方案》，对强化农村防汛抗旱和供水保障工作进行部署推进，明确到2025年，乡村水旱灾害防御能力明显增强。

为进一步加强城市排水防涝体系建设，推动城市内涝治理，住房和城乡建设部、国家发展改革委、水利部印发《"十四五"城市排水防涝体系建设行动计划》，提出全面排查城市防洪排涝设施薄弱环节、系统建设城市排水防涝工程体系、加快构建城市防洪和排涝统筹体系、着力完善城市内涝应急处置体系、强化实施保障。在信息发布方面，住房和城乡建设部办公厅、国家发展改革委办公厅、中国气象局办公室印发《关于进一步规范城市内涝防治信息发布等有关工作的通知》，要求及时准确发布气象预警预报等信息，规范城市排水防涝相关标准表述，强化防灾避险提醒，提高公众防灾避险意识。

为应对2022年极端天气影响，住房和城乡建设部办公厅、国家发展改革委办公厅印发《关于做好2022年城市排水防涝工作的通知》并发布2022年全国城市排水防涝安全责任人名单，要求各地有关主管部门严格落实工作责任，加强设施清疏养护，强化安全隐患整改，全力做好防汛应急准备和处置，尽全力避免人员伤亡事故。交通运输部印发《关于做好2022年防汛防台风工作的通知》确保交通运输行业安全平稳运行。

加强气象灾害预警工作，开展自然灾害综合风险普查，进一步强化自然灾害预警和应急响应联动机制。气象及衍生灾害占自然灾害的70%以上，气象防灾减灾是自然灾害防御的重点。国务院印发《气象高质量发展纲要（2022—2035年）》，要求提高气象灾害监测预报预警能力，提高全社会气象灾害防御应对能力，提升人工影响天气能力，加强气象防灾减灾机制建设。应急管理部与中国气象局联合印发《强化气象预警和应急响应联动工作的意见》明确，要强化气象预警与应急响应信息横向互通，强化气象红色预警县域防范应对指导；强化气象预警与应急响应联动机制；强化气象预警和应急响应信息社会发布机制。

为保证第一次全国自然灾害综合风险普查房屋建筑和市政设施调查得到的数据质量，住房和城乡建设部工程质量安全监管司印发《关于加强第一次全国自然灾害综合风险普查房屋建筑和市政设施调查数据质量管控的通知》，要求各地进一步提高对调查数据质量重要性的认识，切实做好全过程数据质量管控工作。

2022年，我国全年各种自然灾害共造成1.12亿人次受灾，因灾死亡失踪554人，紧急转移安置242.8万人次；倒塌房屋4.7万间，不同程度损坏79.6万间；农作物受灾面积1207.16万公顷；直接经济损失2386.5亿元。与近5年均值相比，因灾死亡失踪人数、倒塌房屋数量和直接经济损失分别下降30.8%、63.3%和25.3%。

深入开展各类自然灾害风险隐患排查治理，健全完善应急物资保障机制，加强灾害防治能力建设。 在防火方面，为增强防范抵御森林草原火灾风险能力，进一步加强森林草原防火物资储备管理工作，国家林业和草原局印发《关于进一步加强森林草原防火物资储备管理工作的通知》，要求深刻认识做好森林草原防火物资储备的重要意义、建立健全森林草原防火物资储备体系、严格落实责任、科学构建管理机制、强化安全管理，保障人民生命财产安全和生态安全。为夯实森林草原防火责任，国家林业和草原局制定了《国家林业和草原局森林草原防火约谈暂行办法》。

在防沙方面，为切实做好2022年沙尘暴灾害应急处置工作，国家林业和草原局印发《关于认真做好2022年沙尘暴灾害应急处置工作的通知》，要求准确研判2022年春季沙尘天气总体趋势、认真编制应急处置工作方案、科学开展监测预警工作，最大限度减少灾害损失。国家林业和草原局印发《关于进一步加强全国防沙治沙综合示范区建设的通知》，确定保留6个地市级和35个县级示范区。

在防震减灾方面，应急管理部、中国地震局联合印发《"十四五"国家防震减灾规划的通知》，要求提高地震监测、风险防治、应急救援能力，加大科技攻关、数字技术赋能。到2025年，初步形成防震减灾事业现代化体系。

积极开展防灾减灾活动，广泛开展防灾减灾宣传教育，提升全社会灾害风险防范意识和能力。 2022年2月，国家减灾委员会办公室印发《关于做好2022年全国防灾减灾日有关工作的通知》，以"减轻灾害风险 守护美好家园"为主题，要求各地组织开展防灾减灾宣传周活动。2022年3月，应急管理部办公厅举办第三届应急管理新媒体作品征集展播活动，充分展示我国安全生产、防灾减灾救灾和应急救援工作改革发展成就，进一步提高社会公众安全意识和应急避险能力。2022年7月，应急管理部和司法部共同举办主题为"讲述应急法治故事，传播应急法治理念"的应急管理普法作品征集展播活动，努力推动全社会形成浓厚的应急管理法治氛围。2022年11月，国家减灾委员会、应急管理部、中国气象局、中国地震局决定命名北京市东城区北新桥街道九道湾社区等642个社区为2021年度全国综合减灾示范社区（表1.5）。

2022年中央政府发布防灾减灾方向政策一览　　　　　　表1.5

发布时间	发布政策	发布机构
2022年1月	《关于河南郑州等地特大暴雨洪涝灾害灾后恢复重建总体规划的批复》	国务院
2022年1月	《关于认真做好2022年沙尘暴灾害应急处置工作的通知》	国家林业和草原局
2022年2月	《关于做好2022年全国防灾减灾日有关工作的通知》	国家减灾委员会办公室
2022年2月	《关于印发"十四五"国家应急体系规划的通知》	国务院
2022年3月	《关于加强第一次全国自然灾害综合风险普查房屋建筑和市政设施调查数据质量管控的通知》	住房和城乡建设部工程质量安全监管司
2022年3月	《关于2022年全国城市排水防涝安全责任人名单的通告》	住房和城乡建设部
2022年3月	《关于做好2022年城市排水防涝工作的通知》	住房和城乡建设部办公厅、国家发展改革委办公厅
2022年3月	《关于印发〈国家林业和草原局森林草原防火约谈暂行办法〉的通知》	国家林业和草原局
2022年3月	《关于举办第三届应急管理新媒体作品征集展播活动的通知》	应急管理部办公厅
2022年4月	《关于印发气象高质量发展纲要（2022—2035年）的通知》	国务院
2022年4月	《关于印发〈"十四五"应急管理标准化发展计划〉的通知》	应急管理部
2022年4月	《关于印发"十四五"国家防震减灾规划的通知》	应急管理部、中国地震局
2022年4月	《关于做好2022年防汛防台风工作的通知》	交通运输部
2022年4月	《关于加强基层防范应对极端暴雨工作的指导意见》	国家防汛抗旱总指挥部办公室
2022年4月	《关于印发"十四五"城市排水防涝体系建设行动计划的通知》	住房和城乡建设部、国家发展改革委、水利部
2022年5月	《关于进一步加强森林草原防火物资储备管理工作的通知》	国家林业和草原局
2022年6月	《关于进一步规范城市内涝防治信息发布等有关工作的通知》	住房和城乡建设部办公厅、国家发展改革委办公厅、中国气象局办公室
2022年6月	《关于印发〈"十四五"国家综合防灾减灾规划〉的通知》	国家减灾委员会
2022年6月	《关于印发〈"十四五"应急救援力量建设规划〉的通知》	应急管理部
2022年6月	《强化气象预警和应急响应联动工作的意见》	应急管理部、中国气象局
2022年7月	《关于印发国家防汛抗旱应急预案的通知》	国务院办公厅
2022年7月	《关于开展第三届应急管理普法作品征集展播活动的通知》	应急管理部办公厅、司法部办公厅
2022年8月	《关于进一步加强全国防沙治沙综合示范区建设的通知》	国家林业和草原局
2022年9月	《社会应急力量建设基础规范 第1部分：总体要求》等6项标准	应急管理部
2022年10月	《强化农村防汛抗旱和供水保障专项推进方案》	水利部、国家发展改革委、财政部、生态环境部、住房和城乡建设部、农业农村部、应急管理部、中国气象局、国家疾病预防控制局、国家乡村振兴局
2022年10月	《关于加快推动农村应急广播主动发布终端建设的通知》	国家广播电视总局、国家乡村振兴局、公安部、财政部、应急管理部
2022年10月	《关于重点督办消防安全问题突出的村（居）民自建房集中连片地区的通知》	国务院安委会办公室

续表

发布时间	发布政策	发布机构
2022年11月	《"十四五"公共安全与防灾减灾科技创新专项规划》	科技部、应急管理部
2022年11月	《关于命名北京市东城区北新桥街道九道湾社区等642个社区为2021年度全国综合减灾示范社区的通知》	国家减灾委员会、应急管理部、中国气象局、中国地震局
2022年11月	《关于进一步推进社会应急力量健康发展的意见》	应急管理部、中央文明办、民政部、共青团中央
2022年12月	《关于进一步加强国家安全生产应急救援队伍建设的指导意见》	国务院安委会办公室
2022年12月	《关于印发〈交通运输安全应急标准体系（2022年）〉的通知》	交通运输部办公厅

1.6 环境改善方向政策

SDG11.6：到2030年，减少城市的人均负面环境影响，包括特别关注空气质量，以及城市废物管理等。

《中国落实2030年可持续发展议程国别方案》承诺：积极推动城乡绿化建设，人均公园绿地面积持续增加。全面提升城市生活垃圾管理水平，全面推进农村生活垃圾治理，不断提高治理质量。制定城市空气质量达标计划，到2020年，地级及以上城市重污染天数减少25%。

持续改善生态环境，协同推进多种污染物治理和减污降碳。 生态环境部等7部门联合印发《减污降碳协同增效实施方案》（以下简称《方案》），对推动减污降碳协同增效作出系统部署。其中，《方案》提出，优化环境治理，推进大气污染防治协同控制、水环境治理协同控制、土壤污染治理协同控制、固体废物污染防治协同控制。生态环境与国民健康息息相关。国务院办公厅印发的《"十四五"国民健康规划》中，在环境健康管理方面，要求深入开展污染防治行动，完善水污染防治流域协同机制，基本消除劣V类国控断面和城市黑臭水体。

在重金属污染治理方面，生态环境部印发《关于进一步加强重金属污染防控的意见》，完善重金属污染物排放管理制度，严格准入，优化涉重金属产业结构和布局，突出重点，深化重点行业重金属污染治理，健全标准，加强重金属污染监管执法，落实责任，促进信息公开和社会共治，在噪声污染治理方面，生态环境部印发《关于宣传贯彻〈中华人民共和国噪声污染防治法〉的通知》。要求各有关单位高度重视，广泛宣传，严格执法，完善配套措施，防治噪声污染，切实保障《噪声法》的落实。

在大气污染治理方面，生态环境部等十五部门印发《深入打好重污染天气消除、臭氧污染防治和柴油货车污染治理攻坚战行动方案》（以下简称《行动方案》）。《行动方案》包括1个总体文件，3个行动方案，即《重污染天气消除攻坚行动方案》《臭氧污染防治攻坚行动方案》《柴油货车污染治理攻坚行动方案》对污染物治理的目标、思路和具体任务措施进行了部署。

在新污染物治理方面，为切实保障生态环境安全和人民健康，国务院办公厅印发《新污染物治理行动方案》要求，系统构建新污染物治理长效机制，形成贯穿全过程、涵盖各类别、采取多举措的治理体系，统筹推动大气、水、土壤多环境介质协同治理。同时，对一批重点管控新污染物开展专项治理。生态环境部等六部门发布《重点管控新污染物清单（2023年版）》，对重点管控的新污染物种类作出了规定。

加强生态保护监管，严守生态保护红线，保障国家生态安全。 生态环境部印发《"十四五"生态保护监管规划》，明确了"十四五"生态保护监管的五项重点任务，包括深入开展重点区域监督性监测、推进生态状况及生态保护修复成效评估、完善生态保护监督执法制度、强化生态保护监管基础保障能力建设和提升生态保护监管协同能力等。

在监督有关部门执行情况方面，生态环境部印发《生态保护红线生态环境监督办法（试行）》明确生态保护红线生态环境监督制度安排和具体工作要求，规范生态环境部门生态保护红线生态环境监督工作，最终目的是加强生态保护红线生态环境监督，确保生态保护红线生态功能不降低、面积不减少、性质不改变，提升生态系统多样性、稳定性、持续性，保障国家生态安全。

推进城镇垃圾处理基础设施建设，改善城乡人居环境，强化城镇污水处理设施运维。 国务院办公厅转发国家发展改革委等四部门《关于加快推进城镇环境基础设施建设的指导意见》，提出到2025年，城镇环境基础设施供给能力和水平显著提升，加快补齐重点地区、重点领域短板弱项，构建集污水、垃圾、固体废物、危险废物、医疗废物处理处置设施和监测监管能力于一体的环境基础设施体系。到2030年，基本建立系统完备、高效实用、智能绿色、安全可靠的现代化环境基础设施体系。

在城镇生活垃圾及污水垃圾处理方面，国家发展改革委等三部门印发《关于推进建制镇生活污水垃圾处理设施建设和管理的实施方案》的通知，要求提高生活污水收集处理能力、完善生活垃圾收运处置体系、提升资源化利用水平、强化设施运行管理、健全保障措施。住房和城乡建设部、国家开发银行联合印发《关于推进开发性金融支持县域生活垃圾污水处理设施建设的通知》，推进开发性金融支持县域生活垃圾污水处理设施建设工作，重点支持县域生活垃圾收运处理设施和生活污水收集处理设施的建设和运行。

在县域生活垃圾焚烧处理方面，国家发展改革委等五部门联合印发《关于加强县级地区生活垃圾焚烧处理设施建设的指导意见》，要求强化设施规划布局、加快健全收运和回收利用体系、分类施策加快提升焚烧处理设施能力、积极开展小型焚烧试点、加强设施建设运行监管、探索提升设施可持续运营能力。

加强污水排放管理及监管，提高污泥无害化处理和资源化利用水平，推进治理城市黑臭水体。 为加强对污水排入城镇排水管网的管理，保障城镇排水与污水处理设施安全运行，防治城镇水污染，住房和城乡建设部印发《关于修改〈城镇污水排入排水管网许可管理办法〉的决定》，修改并重新发布《城镇污水排入排水管网许可管理办法》。在排污口方面，国务院办公厅印发《关于加强入河入海排污口监督管理工作的实施意见》，提出开展排查溯源、实施分类整治、严格监督管理、加强支撑保障等工作要求，加强和规范排污口监督管理。在排污许可执法方面，生态环境部印发《关于加强排污许可执法监管的指导意见》，明确了地方政府、有关部门、排污单位在排污许可执法监管中的责任，系统性推进排污许可执法监管。在环境影响评价方面，生态环境部印发《"十四五"环境影响评价与排污许可工作实施方案》，明确"十四五"时期将持续做好生态环境准入，在推进绿色转型发展、减污降碳协同增效、生态系统保护等方面，进一步提升环评的源头预防效能。

针对污泥处理设施总体滞后问题，提高污泥无害化处理和资源化利用水平，国家发展改革委、住房和城乡建设部、生态环境部印发《污泥无害化处理和资源化利用实施方案》提出了到2025年的目标，重点围绕优化处理结构和加强设施建设部署了七项任务针对从源头到末端处置的全流程管理提出要求。

针对城市黑臭水体，住房和城乡建设部等四部门联合印发《深入打好城市黑臭水体治理攻坚战实施方案》，明确了"十四五"时期城市黑臭水体治理的重点任务和措施。提出了加快城市黑臭水体排查及方案制定、强化流域统筹治理、持续推进污染源头治理、系统开展水系治理、建立长效机制、强化监督检查、保障措施八项内容。

切实改善城市生态和人居环境，提高资源再生利用水平，协同垃圾处理和资源化利用。 为提高园林绿化垃圾处理和资源化利用水平，住房和城乡建设部办公厅印发《关于开展城市园林绿化垃圾处理和资源化利用试点工作的通知》，通过开展城市园林绿化垃圾处理和资源化利用试点，力争用2年左右时间，深入探索提高城市园林绿化垃圾处理和资源化利用水平的方法和举措，形成一批可复制可推广的经验。

在水资源再生利用方面，水利部办公厅等四部门联合印发《关于公布2022年区域再生水循环利用试点城市名单的通知》，公布典型地区再生水利用配置试点城市名单，明确在29个省区市的78个城市开展典型地区再生水利用配置试点。

在废旧物资再生利用方面，国家发展改革委办公厅等七部门联合印发《关于组织开展废旧物资循环利用体系示范城市建设的通知》，完善废旧物资回收网络，提升再生资源加工利用水平，推动二手商品交易和再制造产业发展。

持续推进农村人居环境整治，统筹提升县乡村三级生活垃圾收运处置设施建设和服务，健全长效管护机制，深入推进厕所革命，提高农村有机物废弃物无害化和利用。 生态环境部等五部门联合印发《农业农村污染治理攻坚战行动方案（2021—2025年）》以农村生活污水垃圾治理等五个领域为重点领域，持续推进农村人居环境整治提升和农业面源污染防治，争取到2025年，农村环境整治水平显著提升，农业面源污染得到初步管控，农村生态环境持续改善。2022年，全国新增完成8万个行政村环境整治，农村生活污水治理率达到40%，基本消除较大面积农村黑臭水体；化肥农药使用量持续减少，主要农作物化肥、农药利用率均达到43%，农膜回收率达到85%；畜禽粪污综合利用率达到80%以上。

在农村生活垃圾治理方面，住房和城乡建设部等六部门联合印发《关于进一步加强农村生活垃圾收运处置体系建设管理的通知》，要求明确农村生活垃圾收运处置体系建设管理工作目标、统筹谋划农村生活垃圾收运处置体系建设和运行管理、推动农村生活垃圾源头分类和资源化利用、完善农村生活垃圾收运处置设施、提高农村生活垃圾收运处置体系运行管理水平、建立共建共治共享工作机制、形成农村生活垃圾收运处置体系建设管理工作合力，促进乡村人居环境整治提升。

在农村有机废弃物资源化利用方面，农业农村部办公厅、国家乡村振兴局综合司联合印发《农村有机废弃物资源化利用典型技术模式与案例》总结了4种农村有机废弃物资源化利用典型技术模式和7个典型案例，旨在提高农村易腐垃圾、厕所粪污等有机废弃物无害化处理和资源化利用水平。

在农村厕所建设方面，农业农村部办公厅等七部门联合印发《关于加强农村公共厕所建设和管理的通知》，合理规划农村厕所建设，因地制宜选择厕所技术模式，明确农村公共厕所管护标准，引导农民群众参与厕所建设与管理（表1.6）。

2022年中央政府发布环境改善方向政策一览　　　　表1.6

发布时间	发布政策	发布机构
2022年1月	《关于印发〈农村有机废弃物资源化利用典型技术模式与案例〉的通知》	农业农村部办公厅、国家乡村振兴局综合司
2022年1月	《关于组织开展废旧物资循环利用体系示范城市建设的通知》	国家发展改革委办公厅、商务部办公厅、工业和信息化部办公厅、财政部办公厅、自然资源部办公厅、生态环境部办公厅、住房和城乡建设部办公厅
2022年1月	《关于印发〈农业农村污染治理攻坚战行动方案（2021—2025年）〉的通知》	生态环境部、农业农村部、住房和城乡建设部、水利部、国家乡村振兴局
2022年1月	《关于加快废旧物资循环利用体系建设的指导意见》	国家发展改革委、商务部、工业和信息化部、财政部、自然资源部、生态环境部、住房和城乡建设部
2022年2月	《关于加快推进城镇环境基础设施建设的指导意见》	国务院办公厅
2022年2月	《关于宣传贯彻〈中华人民共和国噪声污染防治法〉的通知》	生态环境部
2022年3月	《关于印发深入打好城市黑臭水体治理攻坚战实施方案的通知》	住房和城乡建设部、生态环境部、国家发展和改革委员会、水利部
2022年3月	《关于印发〈"十四五"生态保护监管规划〉的通知》	生态环境部
2022年3月	《关于进一步加强重金属污染防控的意见》	生态环境部
2022年3月	《关于加强入河入海排污口监督管理工作的实施意见》	国务院办公厅
2022年4月	《关于印发〈关于加强排污许可执法监管的指导意见〉的通知》	生态环境部
2022年4月	《关于印发〈"十四五"环境影响评价与排污许可工作实施方案〉的通知》	生态环境部
2022年5月	《关于进一步加强农村生活垃圾收运处置体系建设管理的通知》	住房和城乡建设部、农业农村部、国家发展改革委、生态环境部、国家乡村振兴局、中华全国供销合作总社
2022年5月	《关于印发新污染物治理行动方案的通知》	国务院办公厅
2022年5月	《"十四五"国民健康规划》	国务院办公厅
2022年6月	《关于推进开发性金融支持县域生活垃圾污水处理设施建设的通知》	住房和城乡建设部、国家开发银行
2022年6月	《关于印发〈减污降碳协同增效实施方案〉的通知》	生态环境部、国家发展和改革委员会、工业和信息化部、住房和城乡建设部、交通运输部、农业农村部、国家能源局
2022年8月	《关于加强农村公共厕所建设和管理的通知》	农业农村部办公厅、自然资源部办公厅、生态环境部办公厅、住房和城乡建设部办公厅、文化和旅游部办公厅、国家卫生健康委办公厅、国家乡村振兴局综合司
2022年9月	《关于印发〈污泥无害化处理和资源化利用实施方案〉的通知》	国家发展改革委、住房和城乡建设部、生态环境部

续表

发布时间	发布政策	发布机构
2022年11月	《关于加强县级地区生活垃圾焚烧处理设施建设的指导意见》	国家发展改革委、住房和城乡建设部、生态环境部、财政部、中国人民银行
2022年11月	《关于开展城市园林绿化垃圾处理和资源化利用试点工作的通知》	住房和城乡建设部办公厅
2022年11月	《关于印发〈深入打好重污染天气消除、臭氧污染防治和柴油货车污染治理攻坚战行动方案〉的通知》	生态环境部、国家发展和改革委员会、科学技术部、工业和信息化部、公安部、财政部、住房和城乡建设部、交通运输部、农业农村部、商务部、海关总署、国家市场监督管理总局、中国气象局、国家能源局、中国民用航空局
2022年12月	《关于修改〈城镇污水排入排水管网许可管理办法〉的决定》	住房和城乡建设部
2022年12月	《关于公布2022年区域再生水循环利用试点城市名单的通知》	生态环境部办公厅、国家发展改革委办公厅、住房和城乡建设部办公厅、水利部办公厅
2022年12月	《重点管控新污染物清单（2023年版）》	生态环境部、工业和信息化部、农业农村部、商务部、海关总署、国家市场监督管理总局
2022年12月	《关于印发〈生态保护红线生态环境监督办法（试行）〉的通知》	生态环境部
2022年12月	《关于推进建制镇生活污水垃圾处理设施建设和管理的实施方案》	国家发展改革委、住房和城乡建设部、生态环境部

1.7 公共空间方向政策

SDG11.7：到2030年，向所有人，特别是妇女、儿童、老年人和残疾人，普遍提供安全、包容、无障碍、绿色的公共空间。

《中国落实2030年可持续发展议程国别方案》承诺：严格控制城市开发强度，保护城乡绿色生态空间。结合水体湿地修复治理、道路交通系统建设、风景名胜资源保护等工作，推进环城绿带、生态廊道建设。到2020年，城市建成区绿地率达到38.9%，人均公园绿地面积达14.6平方米。

科学推进城乡绿化美化，推进公园城市、园林城市建设。 国家林业和草原局、农业农村部、自然资源部、国家乡村振兴局印发《"十四五"乡村绿化美化行动方案》，部署了科学编制相关规划、保护乡村自然生态、稳步增加乡村绿量等9项主要任务，根据不同地区的经济社会发展水平和乡村绿化美化现状，分别提出行动目标。

为丰富城市绿化景观，住房和城乡建设部办公厅印发《关于推动"口袋公园"建设的通知》，推进2022年全国建设不少于1000个城市"口袋公园"，促进解决群众身边公园绿化活动场地不足的问题。根据住房和城乡建设部最新统计数据显示，按照居民出行"300米见绿、500米见园"的目标要求，各地因地制宜规划建设或改造"口袋公园"近3万个，建设绿道8万多公里，城市人均公园绿地面积约为15平方米。"口袋公园"建设得到快速发展。

促进城市风貌与公园形态交织相融，打造山水人城和谐相融的公园城市。国务院批复同意成都建设践行新发展理念的公园城市示范区，国家发展改革委等三部门印发《成都建设践行新发展理念的公园城市示范区总体方案》指导公园城市建设。住房和城乡建设部发布2022版《国家园林城市评选标准》，标准由2016版的56项，大幅缩减为18项指标。并且正式将国家园林县城纳入国家园林城市称号统一管理，同时取消国家园林县城称号。

积极推进无障碍环境建设高质量发展，为残疾人、老年人等全体社会成员打造建设安全便捷、健康舒适、多元包容的无障碍环境。 住房和城乡建设部、中国残联印发《创建全国无障碍建设示范城市（县）管理办法》，加强对创建全国无障碍建设示范城市（县）活动的指导监督，规范申报与认定管理。

国家市场监管总局、中国残联印发《无障碍环境认证实施方案》，推进实施无障碍环境认证，提升无障碍环境服务水平，健全残疾人、老年人等社会成员关爱服务体系和设施。

满足居民对公共空间多样化的需求，推进旅游休闲、户外运动场地建设。 文化和旅游部等

14部门联合印发《关于推动露营旅游休闲健康有序发展的指导意见》提出，鼓励各地在符合管理要求的前提下利用各类空间建设公共营地，提升公共营地建设水平和服务品质。鼓励各地用好相关政策，支持经营性营地项目建设。

为加强户外运动场地设施建设，国家体育总局等八部门联合印发《户外运动产业发展规划（2022—2025年）》提出，到2025年，建设各类户外运动营地1万个，户外运动参与人数不断增长。到2035年，户外运动产业成为促进人民群众身心健康、提升获得感和幸福感、推进体育产业高质量发展和体育强国建设的重要力量。

推进区域生态保护修复和综合治理，构筑生态安全屏障，为生态文明建设提供支撑。 为筑牢南方生态安全屏障，全面提升北方防沙带自然生态系统稳定性和服务功能，全面提升以东北森林为主体的自然生态系统功能稳定性，国家林业和草原局等四部门印发《南方丘陵山地带生态保护和修复重大工程建设规划（2021—2035年）》《北方防沙带生态保护和修复重大工程建设规划（2021—2035年）》《东北森林带生态保护和修复重大工程建设规划（2021—2035年）》。提出推进自然生态系统一体化保护和修复的主要思路和重点措施，初步匡算了有关工程量，并明确了相关支持政策。

为促进长江黄河流域生态保护和高质量发展，生态环境部等17部门联合印发《深入打好长江保护修复攻坚战行动方案》，要求到2025年年底，长江流域总体水质保持优良，干流水质保持Ⅱ类，饮用水安全保障水平持续提升，重要河湖生态用水得到有效保障，水生态质量明显提升。生态环境部等12部门联合印发《黄河生态保护治理攻坚战行动方案》，要求通过攻坚，黄河流域生态系统质量和稳定性稳步提升，干流及主要支流生态流量得到有效保障，水环境质量持续改善，污染治理水平得到明显提升，生态环境风险有效控制，共同抓好大保护、协同推进大治理的格局基本形成。

为推进海洋生态环境保护工作，强化精准治污，生态环境部等6部门联合印发《"十四五"海洋生态环境保护规划》，进一步推进和加强海洋生态环境保护工作。生态环境部会同发展改革委、自然资源部等部门编制了《重点海域综合治理攻坚战行动方案》，通过区域重点攻坚，推动全国近岸海域生态环境质量整体改善，不断提升广大公众临海亲海的获得感和幸福感，促进海洋生态环境治理体系和治理能力现代化。

统筹推进森林、草原、湿地等陆地生态系统生态保护、管理和修复。 在调查监测方面，自然资源部、国家林业和草原局联合印发《关于共同做好森林、草原、湿地调查监测工作的意见》，明确自然资源部和国家林草局共同组建工作专班，统一部署安排，国家林草局负责组织实施调查监测。

在林草生态保护及产业发展方面，国家林业和草原局印发《林草产业发展规划（2021—2025年）》，重点领域聚焦于经济林、木材加工、生态旅游、国家储备林工程、种苗花卉、竹产业、林下经济、森林康养、林草中药材、林业生物质能源、草产业、沙产业。为加快推进以林草生态网络感知系统建设和应用为统领的林草网络安全和信息化工作，国家林业和草原局决定开展"全国林草信息化示范区"创建工作。国家发展改革委、国家林业和草原局联合印发《"十四五"大小兴安岭林区生态保护与经济转型行动方案》，要求加强自然生态系统恢复、加快建设林区城镇基础设施、转变发展方式，建设美丽宜居家园。经地方人民政府和省级林业和草原主管部门申报、现场查验、专家评审、社会公示等环节，国家林业和草原局办公室公布第二批认定命名国家林业产业示范园区名单，认定命名河北省安国中药材产业示范园区等59家园区为国家林业产业示范园区。

国家林业和草原局批复同意《内蒙古图博勒国家森林公园总体规划（2021—2030年）》等10个国家级森林公园总体规划，并要求维护国家级森林公园总体规划的严肃性、权威性；加强自然和人文资源保护；加强森林公园建设和管理；加强建设项目管控；加强相关信息公开。

在湿地保护方面，国家林业和草原局、自然资源部联合印发《全国湿地保护规划（2022—2030年）》，提出到2025年，全国湿地保有量总体稳定，湿地保护率达到55%，提高湿地生态系统质量和稳定性。国家林业和草原局等6部门联合印发《重要湿地修复方案编制指南》，对重要湿地的修复方案编制作出指导。国家林业和草原局印发《国家湿地公园管理办法》，要求国家湿地公园的湿地面积原则上不低于100公顷，湿地率不低于30%；根据自然条件和管理需要，可划分恢复重建区、合理利用区，实行分区管理等（表1.7）。

2022年中央政府发布公共空间方向政策一览 表1.7

发布时间	发布政策	发布机构
2022年1月	《林草产业发展规划（2021—2025年）》	国家林业和草原局
2022年1月	《"十四五"大小兴安岭林区生态保护与经济转型行动方案》	国家发展改革委、国家林草局
2022年1月	《关于共同做好森林、草原、湿地调查监测工作的意见》	自然资源部、国家林业和草原局
2022年1月	《东北森林带生态保护和修复重大工程建设规划（2021—2035年）》	国家林业和草原局、国家发展改革委、自然资源部、水利部
2022年1月	《南方丘陵山地带生态保护和修复重大工程建设规划（2021—2035年）》	国家林业和草原局、国家发展改革委、自然资源部、水利部
2022年1月	《北方防沙带生态保护和修复重大工程建设规划（2021—2035年）》	国家林业和草原局、国家发展改革委、自然资源部、水利部
2022年1月	《关于印发国家园林城市申报与评选管理办法的通知》	住房和城乡建设部
2022年1月	《"十四五"海洋生态环境保护规划》	生态环境部、国家发展和改革委员会、自然资源部、交通运输部、农业农村部、中国海警局
2022年2月	《关于同意成都建设践行新发展理念的公园城市示范区的批复》	国务院
2022年2月	《关于公布第二批认定命名国家林业产业示范园区名单的通知》	国家林业和草原局办公室
2022年2月	《关于印发成都建设践行新发展理念的公园城市示范区总体方案的通知》	国家发展改革委、自然资源部、住房和城乡建设部
2022年2月	《关于印发〈重点海域综合治理攻坚战行动方案〉的通知》	生态环境部、国家发展和改革委员会、自然资源部、住房和城乡建设部、交通运输部、农业农村部、中国海警局

续表

发布时间	发布政策	发布机构
2022年5月	《关于印发〈生态环境损害赔偿管理规定〉的通知》	生态环境部、最高人民法院、最高人民检察院、科学技术部、公安部、司法部、财政部、自然资源部、住房和城乡建设部、水利部、农业农村部、国家卫生健康委员会、国家市场监督管理总局、国家林业和草原局
2022年5月	《关于发布行业标准〈湿地公园设计标准〉的公告》	住房和城乡建设部
2022年5月	《关于内蒙古图博勒等10个国家级森林公园总体规划的批复》	国家林业和草原局
2022年7月	《关于推动"口袋公园"建设的通知》	住房和城乡建设部办公厅
2022年7月	《关于印发创建全国无障碍建设示范城市（县）管理办法的通知》	住房和城乡建设部、中国残联
2022年8月	《关于印发〈全国林草信息化示范区创建方案〉的通知》	国家林业和草原局办公室
2022年8月	《关于印发〈深入打好长江保护修复攻坚战行动方案〉的通知》	生态环境部、国家发展和改革委员会、最高人民法院、最高人民检察院、科技部、工业和信息化部、公安部、财政部、人社部、自然资源部、住房和城乡建设部、交通运输部、水利部、农业农村部、应急管理部、国家林业和草原局、国家矿山安监局
2022年8月	《关于印发〈黄河生态保护治理攻坚战行动方案〉的通知》	生态环境部、最高人民法院、最高人民检察院、国家发展和改革委员会、工业和信息化部、公安部、自然资源部、住房和城乡建设部、水利部、农业农村部、中国气象局、国家林业和草原局
2022年10月	《关于印发〈"十四五"乡村绿化美化行动方案〉的通知》	国家林业和草原局、农业农村部、自然资源部、国家乡村振兴局
2022年10月	《关于印发〈全国湿地保护规划（2022—2030年）〉的通知》	国家林业和草原局、自然资源部
2022年10月	《关于印发〈户外运动产业发展规划(2022—2025年)〉的通知》	国家体育总局、国家发展改革委、工业和信息化部、自然资源部、住房和城乡建设部、文化和旅游部、国家林业和草原局、国铁集团
2022年11月	《关于印发〈无障碍环境认证实施方案〉的通知》	国家市场监管总局、中国残联
2022年11月	《关于推动露营旅游休闲健康有序发展的指导意见》	文化和旅游部、中央文明办、国家发展改革委、工业和信息化部、公安部、自然资源部、生态环境部、住房和城乡建设部、农业农村部、应急管理部、国家市场监管总局、国家体育总局、国家林业和草原局、国家乡村振兴局
2022年12月	《关于印发〈重要湿地修复方案编制指南〉的通知》	国家林业和草原局、自然资源部、生态环境部、住房和城乡建设部、水利部、农业农村部
2022年12月	《国家林业和草原局关于印发〈国家湿地公园管理办法〉的通知》	国家林业和草原局

1.8 城乡融合方向政策

SDG11.a：通过加强国家和区域发展规划，支持在城市、近郊和农村地区之间建立积极的经济、社会和环境联系。

《中国落实2030年可持续发展议程国别方案》承诺：推动新型城镇化和新型农村建设协调发展，促进公共资源在城乡间均衡配置。统筹规划城乡基础设施网络，推动城镇公共服务向农村延伸，逐步实现城乡基本公共服务制度并轨、标准统一。"十三五"期间推进有能力在城镇稳定就业和生活的农村转移人口举家进城落户，并与城镇居民享有同等权利和义务。

持续推进以人为核心的新型城镇化。完善城市特别是县城功能，增强综合承载能力。 国家发展改革委报请国务院批复了《"十四五"新型城镇化实施方案》，明确"十四五"时期推进新型城镇化的目标任务和政策举措，推动城镇化质量不断提高。国家发展改革委印发《2022年新型城镇化和城乡融合发展重点任务》，要求提高农业转移人口市民化质量，持续优化城镇化空间布局和形态，加快推进新型城市建设，促进城乡融合发展。

中共中央办公厅、国务院办公厅印发了《关于推进以县城为重要载体的城镇化建设的意见》，要求因地制宜补齐县城短板弱项，促进县城产业配套设施提质增效、增强县城综合承载能力、提升县城发展质量，为实施扩大内需战略、协同推进新型城镇化和乡村振兴提供有力支撑。

以点带面提升城乡交通运输公共服务均等化水平，深入开展城乡交通运输一体化示范创建工作。 交通运输部印发《关于组织开展第三批城乡交通运输一体化示范县创建工作的通知》《关于命名江西省贵溪市等8个县（市、区）城乡交通运输一体化示范县的通知》组织开展第三批城乡交通运输一体化示范县创建和延续创建的第一批城乡交通运输一体化示范创建县验收工作，并命名江西省贵溪市等8个县（市、区）为城乡交通运输一体化示范县。为进一步规范创建要求，交通运输部印发《城乡交通运输一体化示范县创建管理办法》，要求各地建立长效机制，深入推进城乡交通运输一体化发展，持续提升城乡交通运输均等化水平，为全面推进乡村振兴、加快农业农村现代化提供有力的运输服务支撑。

持续缩小城乡区域发展差距，支持特殊类型地区高质量发展。 为探索新时代革命老区振兴发展的有效路径，国务院批复同意建设赣州、闽西革命老区高质量发展示范区，国家发展改革委印发《闽西革命老区高质量发展示范区建设方案》《赣州革命老区高质量发展示范区建设方案》，为革命老区高质量发展探索可复制可推广的经验。国家发展改革委、文化和旅游部、国家文物局联合印发《推动革命老区红色旅游高质量发展有关方案》，积极发展红色旅游，促进革命老区走出新时代振兴发展新路。

增强区域发展协调性，推进京津冀协同发展、长江经济带发展、长三角一体化发展，推动黄河流域生态保护和高质量发展。住房和城乡建设部印发《"十四五"推动长江经济带发展城乡建设行动方案》，明确城市建设绿色低碳转型发展行动、流域区域协调发展建设行动、城市防洪排涝能力提升行动、城乡建设品质提升行动、城市建设创新发展行动、山水人城和谐相融建设行动；印发《"十四五"黄河流域生态保护和高质量发展城乡建设行动方案》明确实施城镇生态保护治理行动、实施安全韧性城镇建设行动、实施城乡水资源节约集约利用行动、实施城乡人居环境高质量建设行动、实施历史文化保护利用与传承行动。

具体到黄河流域发展，第十三届全国人民代表大会常务委员会第三十七次会议通过了《中华人民共和国黄河保护法（2022）》，从法治上保障黄河流域生态保护和高质量发展。生态环境部等四部门联合印发《黄河流域生态环境保护规划》，提出了四大类重点任务，将分类推进黄河上中下游生态保护。生态环境部等12部门联合印发《黄河生态保护治理攻坚战行动方案》，聚焦当前黄河生态保护治理的短板和弱项，提出5大重点攻坚行动和23项具体任务，为"十四五"时期黄河生态保护治理工作明确实现路径。工业和信息化部等四部委印发《关于深入推进黄河流域工业绿色发展的指导意见》，从推动产业结构布局调整、推动水资源集约化利用、推动能源消费低碳化转型、推动传统制造业绿色化提升、推动产业数字化升级、保障措施6个方面提出多项具体任务，指导黄河流域工业绿色发展。

具体到长江流域发展，国家发展改革委印发《关于推动长江三角洲区域公共资源交易一体化发展的意见》《长三角国际一流营商环境建设三年行动方案》，推动长三角区域率先形成统一开放、竞争有序的交易市场。经国务院批复同意，国家发展改革委印发《长江中游城市群发展"十四五"实施方案》。

在推进京津冀协同发展方面，国家发展改革委等部门同意京津冀地区启动建设全国一体化算力网络国家枢纽节点，发展高密度、高能效、低碳数据中心集群，实现大规模算力部署与土地、用能、水、电等资源的协调可持续。

在支持粤港澳大湾区建设方面，国务院印发《广州南沙深化面向世界的粤港澳全面合作总体方案》，加快建设高水平对外开放门户、推动创新发展、打造优质生活圈（表1.8）。

2022年中央政府发布城乡融合方向政策一览 表1.8

发布时间	发布政策	发布机构
2022年1月	《关于印发〈"十四五"推动长江经济带发展城乡建设行动方案〉〈"十四五"黄河流域生态保护和高质量发展城乡建设行动方案〉的通知》	住房和城乡建设部
2022年1月	《推动革命老区红色旅游高质量发展有关方案》	国家发展改革委、文化和旅游部、国家文物局
2022年2月	《关于同意京津冀地区启动建设全国一体化算力网络国家枢纽节点的复函》	国家发展改革委、中央网信办、工业和信息化部、国家能源局
2022年2月	《关于印发长江中游城市群发展"十四五"实施方案的通知》	国家发展改革委

续表

发布时间	发布政策	发布机构
2022年3月	《2022年新型城镇化和城乡融合发展重点任务》	国家发展改革委
2022年3月	《关于推动长江三角洲区域公共资源交易一体化发展的意见》	国家发展改革委
2022年3月	《关于印发〈城乡交通运输一体化示范县创建管理办法〉的通知》	交通运输部
2022年3月	《关于同意建设赣州、闽西革命老区高质量发展示范区的批复》	国务院
2022年3月	《关于印发〈闽西革命老区高质量发展示范区建设方案〉的通知》	国家发展改革委
2022年5月	《关于推进以县城为重要载体的城镇化建设的意见》	中共中央办公厅、国务院办公厅
2022年6月	《关于印发广州南沙深化面向世界的粤港澳全面合作总体方案的通知》	国务院
2022年6月	《国家发展改革委关于印发"十四五"新型城镇化实施方案的通知》	国家发展改革委
2022年6月	《关于"十四五"新型城镇化实施方案的批复》	国务院
2022年6月	《关于印发〈黄河流域生态环境保护规划〉的通知》	生态环境部、国家发展改革委、自然资源部、水利部
2022年8月	《关于印发〈黄河生态保护治理攻坚战行动方案〉的通知》	生态环境部、最高人民法院、最高人民检察院、国家发展改革委、工业和信息化部、公安部、自然资源部、住房和城乡建设部、水利部、农业农村部、国家气象局、国家林业和草原局
2022年9月	《关于命名江西省贵溪市等8个县（市、区）城乡交通运输一体化示范县的通知》	交通运输部
2022年10月	《关于印发长三角国际一流营商环境建设三年行动方案的通知》	国家发展改革委
2022年10月	《中华人民共和国黄河保护法》	全国人民代表大会常务委员会
2022年11月	《关于组织开展第三批城乡交通运输一体化示范县创建工作的通知》	交通运输部
2022年12月	《关于深入推进黄河流域工业绿色发展的指导意见》	工业和信息化部、国家发展改革委、住房和城乡建设部、水利部

1.9 低碳韧性方向政策

SDG11.b：到2020年，大幅增加采取和实施综合政策和计划以构建包容、资源使用效率高、减缓和适应气候变化、具有抵御灾害能力的城市和人类住区数量，并根据《2015—2030年仙台减少灾害风险框架》在各级建立和实施全面的灾害风险管理。

《中国落实2030年可持续发展议程国别方案》承诺：完善住房保障制度，大力推进棚户区和危房改造。提高建筑节能标准，推广超低能耗、零能耗建筑。开展既有建筑节能改造，推广绿色建材，大力发展装配式建筑。加强自然灾害监测预警体系、工程防御能力建设，完善防灾减灾社会动员机制，建立畅通的防灾减灾社会参与渠道。全面推广海绵城市建设，在省市、城镇、园区、社区等区域开展全方位低碳试点，开展气候适应型城市建设试点。

在城乡建设领域推进碳达峰碳中和，加快实现城乡绿色低碳发展。 住房和城乡建设部、国家发展改革委印发《城乡建设领域碳达峰实施方案》推动城市绿色低碳建设，打造绿色低碳乡村。农业农村部、国家发展改革委印发《农业农村减排固碳实施方案》，进一步推进农业农村绿色低碳发展。生态环境部等七部门印发《减污降碳协同增效实施方案》，推动绿色建筑规模化发展，推动建筑废弃物再生利用。开展城市减污降碳协同创新，在城市建设、生产生活各领域加强减污降碳协同增效，加快实现城市绿色低碳发展。

在城市交通领域，交通运输部、国家铁路局、中国民用航空局、国家邮政局联合印发《贯彻落实〈中共中央 国务院关于完整准确全面贯彻新发展理念做好碳达峰碳中和工作的意见〉的实施意见》，切实推动交通运输转型升级、提质增效，加快形成绿色低碳生产生活方式。

在建筑能源领域，工业和信息化部、住房和城乡建设部等五部门印发通知开展第三批智能光伏试点示范活动，支持培育一批智能光伏示范企业、建设一批智能光伏示范项目。国家发展改革委等10部门联合印发《关于进一步推进电能替代的指导意见》，鼓励有关行业推广建筑综合能量管理和工业系统能源综合服务，引导企业和园区推进多能高效互补利用。

在绿色技术领域，国家发展改革委、科技部印发《关于进一步完善市场导向的绿色技术创新体系实施方案（2023—2025年）》，进一步完善市场导向的绿色技术创新体系，加快节能降碳先进技术研发和推广应用。市场监管总局等9部门印发《建立健全碳达峰碳中和标准计量体系实施方案》，提出到2025年，碳达峰碳中和标准计量体系基本建立。到2030年，碳达峰碳中和标准计量体系更加健全。

大力推动节能减排，扎实推进城乡建筑领域节水、节地、节能，建设资源节约型社会。 在节能方面，国务院印发《"十四五"节能减排综合工作方案》，要求实施节能减排重点工程、健全节能减排政策机制、强化工作落实。国家发展改革委等4部门联合印发《高耗能行业重点领域节能降碳改造升级实施指南（2022年版）》，其中包括引导建筑、卫生陶瓷行业改造升级实施指南。为掌握全国民用建筑能耗情况，推进民用建筑节能工作，住房和城乡建设部办公厅开展2021年度全国民用建筑能源资源消耗统计调查工作。

在节地方面，自然资源部办公厅印发《节地技术和节地模式推荐目录（第三批）》，推广包括工业厂房节地技术，基础设施建设节地技术，新能源环保产业节地技术，地上地下空间综合开发模式，城镇低效用地再开发模式，农村集体建设用地节约挖潜模式6种类型，共23个典型案例。

在节水方面，住房和城乡建设部、国家发展改革委联合印发《国家节水型城市申报与评选管理办法》，坚持"以水定城、以水定地、以水定人、以水定产"，按照目标将评选标准分为生态宜居、安全韧性、综合类。

为加强再生资源回收利用水平，加强对再生资源回收加工利用行业的提质改造和环境监管，国家发展改革委等七部门联合印发《关于加快废旧物资循环利用体系建设的指导意见》，部署了完善废旧物资回收网络、提升再生资源加工利用水平、推动二手商品交易和再制造产业发展3项任务。国家发展改革委、住房和城乡建设部等七部门近日联合印发通知，确定北京市等60个城市为废旧物资循环利用体系建设重点城市。并要求各城市要健全废旧物资回收网络体系，因地制宜提升再生资源分拣加工利用水平，推动二手商品交易和再制造产业发展。

扎实推动海绵城市建设，增强城市防洪排涝能力，促进形成生态、安全、可持续的城市水循环系统。 住房和城乡建设部办公厅印发《关于进一步明确海绵城市建设工作有关要求的通知》，进一步明晰了海绵城市的内涵和特征、明确了哪些是海绵城市的内容、进一步明确了海绵城市有何作用、如何建设，首次明确提出了海绵城市建设的"正面清单"和"负面清单"。财政部办公厅、住房和城乡建设部办公厅、水利部办公厅印发通知明确，开展"十四五"第二批系统化全域推进海绵城市建设示范工作。

积极推广应用绿色建筑和绿色建材，大力发展装配式、智能化等新型建筑工业化建造方式，引领建材和建筑产业高质量发展。 为贯彻落实党中央、国务院关于大力发展装配式建筑的决策部署，将标准化理念贯穿装配式建筑项目的设计、生产、施工、装修、运营维护全过程，住房和城乡建设部发布行业标准《装配式住宅设计选型标准》，住房和城乡建设部办公厅印发《装配式钢结构模块建筑技术指南》，推动装配式钢结构模块建筑发展。住房和城乡建设部办公厅总结各地在政策引导、技术支撑、产业发展、能力提升、监督管理、创新发展等方面的工作机制、主要举措与经验做法，形成《装配式建筑发展可复制推广经验清单（第一批）》。

为加大绿色低碳产品采购力度，全面推广绿色建筑和绿色建材，财政部、住房和城乡建设部、工业和信息化部联合印发《关于扩大政府采购支持绿色建材促进建筑品质提升政策实施范围的通知》。其中，纳入政策实施范围的政府采购工程涉及使用《绿色建筑和绿色建材政府采购需求标准》中的绿色建材的，应当全部采购和使用符合相关标准的建材。工业和信息化部等四部门联合印发《建材行业碳达峰实施方案》，旨在指导行业科学有序开展碳达峰工作（表1.9）。

2022年中央政府发布低碳韧性方向政策一览 表1.9

发布时间	发布政策	发布机构
2022年1月	《关于印发"十四五"节能减排综合工作方案的通知》	国务院
2022年1月	《关于加快废旧物资循环利用体系建设的指导意见》	国家发展改革委、商务部、工业和信息化部、财政部、自然资源部、生态环境部、住房和城乡建设部
2022年1月	《关于印发国家节水型城市申报与评选管理办法的通知》	住房和城乡建设部、国家发展改革委
2022年1月	《关于印发〈节地技术和节地模式推荐目录（第三批）〉的通知》	自然资源部办公厅
2022年2月	《关于发布〈高耗能行业重点领域节能降碳改造升级实施指南（2022年版）〉的通知》	国家发展改革委、工业和信息化部、生态环境部、国家能源局
2022年3月	《关于进一步推进电能替代的指导意见》	国家发展改革委、国家能源局、工业和信息化部、财政部、生态环境部、住房和城乡建设部、交通运输部、农业农村部、国家机关事务管理局、中国民用航空局
2022年3月	《关于发布行业标准〈装配式住宅设计选型标准〉的公告》	住房和城乡建设部
2022年4月	《关于进一步明确海绵城市建设工作有关要求的通知》	住房和城乡建设部办公厅
2022年4月	《关于开展2021年度全国民用建筑能源资源消耗统计调查的通知》	住房和城乡建设部办公厅
2022年4月	《关于开展"十四五"第二批系统化全域推进海绵城市建设示范工作的通知》	财政部办公厅、住房城乡建设部办公厅、水利部办公厅
2022年4月	《关于加快建立统一规范的碳排放统计核算体系实施方案的通知》	国家发展改革委、国家统计局、生态环境部
2022年5月	《关于征集遴选智能建造试点城市的通知》	住房和城乡建设部办公厅
2022年5月	《关于促进新时代新能源高质量发展的实施方案》	国家发展改革委、国家能源局
2022年5月	《关于印发〈农业农村减排固碳实施方案〉的通知》	农业农村部、国家发展改革委
2022年6月	《关于印发城乡建设领域碳达峰实施方案的通知》	住房和城乡建设部、国家发展改革委
2022年6月	《关于印发装配式钢结构模块建筑技术指南的通知》	住房和城乡建设部办公厅
2022年6月	《减污降碳协同增效实施方案》	生态环境部、国家发展改革委、工业和信息化部、住房和城乡建设部、交通运输部、农业农村部、国家能源局
2022年7月	《关于印发废旧物资循环利用体系建设重点城市名单的通知》	国家发展改革委办公厅、商务部办公厅、工业和信息化部办公厅、财政部办公厅、自然资源部办公厅、生态环境部办公厅、住房和城乡建设部办公厅
2022年8月	《关于印发〈科技支撑碳达峰碳中和实施方案（2022—2030年）〉的通知》	科技部、国家发展改革委、工业和信息化部、生态环境部、住房和城乡建设部、交通运输部、中科院、工程院、国家能源局

续表

发布时间	发布政策	发布机构
2022年9月	《关于支持山东深化新旧动能转换推动绿色低碳高质量发展的意见》	国务院
2022年10月	《关于扩大政府采购支持绿色建材促进建筑品质提升政策实施范围的通知》	财政部、住房和城乡建设部、工业和信息化部
2022年10月	《关于公布智能建造试点城市的通知》	住房和城乡建设部
2022年10月	《建立健全碳达峰碳中和标准计量体系实施方案》	国家市场监管总局、国家发展改革委、工业和信息化部、自然资源部、生态环境部、住房和城乡建设部、交通运输部、中国气象局、国家林业和草原局
2022年11月	《关于印发建材行业碳达峰实施方案的通知》	工业和信息化部、国家发展改革委、生态环境部、住房和城乡建设部
2022年11月	《关于印发装配式建筑发展可复制推广经验清单（第一批）的通知》	住房和城乡建设部办公厅
2022年11月	《关于开展第三批智能光伏试点示范活动的通知》	工业和信息化部办公厅、住房和城乡建设部办公厅、交通运输部办公厅、农业农村部办公厅、国家能源局综合司
2022年12月	《关于进一步完善市场导向的绿色技术创新体系实施方案（2023—2025年）》	国家发展改革委、科技部

1.10 对外援助方向政策

SDG11.c：通过财政和技术援助等方式，支持最不发达国家就地取材，建造可持续的，有抵御灾害能力的建筑。

《中国落实2030年可持续发展议程国别方案》承诺：支持最不发达国家建造可持续的基础设施，在节能建筑领域推动与相关国家技术合作，帮助最不发达国家培养本地技术工人。

大力推动和支持"一带一路"框架下的基础设施建设，不断推进各领域务实合作，加强互联互通、推动全球发展。 2022年，在推动共建国家基础设施互联互通方面，"一带一路"建设可谓硕果累累。雅万高铁作为东盟第一条高速铁路试验运行，柬埔寨第一条高速公路正式通车，尼日利亚拉各斯轻轨蓝线一期项目顺利竣工，东盟第一条高速铁路试验运行，克罗地亚佩列沙茨大桥通车，巴基斯坦卡洛特水电站投入运营等；同时，中国积极推进共建"一带一路"国家标准领域对接合作，已有超过三分之一"一带一路"沿线国家和地区在建重点基础设施项目采用中国标准，中国行业或企业在全球市场主导能力显著提升。

切实加强自然灾害防治和应急管理国际合作顶层设计，打造国际交流与合作的总平台和全球灾害治理合作的新平台。 为应对重大灾害挑战，构建全球灾害治理伙伴关系，第三次金砖国家灾害管理部长级会议以"推进灾害防治能力现代化，助力金砖国家高质量发展"为主题，由中方主办，南非、巴西、俄罗斯、印度等金砖国家灾害管理部门负责人在线参会。各方共同发表《金砖国家灾害管理部长级会议北京宣言》。

自20世纪70年代建立外交关系以来，中国同太平洋岛国交流合作不断拓宽，涵盖了贸易投资、海洋环境、防灾减灾、减贫扶贫、医疗卫生、教育、旅游、文化、体育、地方等20多个领域。中国向岛国提供不附加任何政治条件的经济技术援助，实施了100多个援助项目，提供了200多批物资援助，为岛国培养各领域人才约1万人次。

2022年7月4日，澜沧江-湄公河合作第七次外长会在缅甸蒲甘举行，各国外长基于澜湄合作第三次领导人会议有关共识，支持深化灾害管理合作，六国灾害管理部门愿探索成立澜湄灾害管理合作机制，在风险评估、早期预警预报和监测、预防和减轻、备灾和响应、韧性恢复等领域深化务实合作，加强政策一致性和能力建设，更好维护各国人民生命财产安全，助力区域可持续发展。

中国充分践行人道主义精神，在"全球发展和南南合作基金"的框架下同有关国际机构合作，对巴基斯坦、多米尼克进行灾后援助，协调紧急物资等资源并及时开展灾后援助项目。在多米尼克，已有472户家庭住所、3所学校等在中国南南基金项目的支持下得到了修复。

开展亚洲文化遗产保护合作，促进文明交流互鉴。中国国家文物局与叙利亚文化部于2022年9月26日在中国国家图书馆签署《关于协同开展"亚洲文化遗产保护行动"的联合声明》。这是两国文化遗产主管部门签署的第一份双边文件，具有里程碑意义。根据联合声明，中叙将在"亚洲文化遗产保护行动"框架下，开展濒危文化遗产保护、联合考古、文物保护修复、博物馆展览交流、打击文物非法贩运及青年人才培养等领域务实合作。

2022年11月9日，文化和旅游部副部长、国家文物局局长李群与柬埔寨文化艺术大臣彭萨格娜分别代表两国政府在金边和平宫续签《中华人民共和国政府和柬埔寨王国政府关于防止盗窃、盗掘和非法进出境文化财产的协定》。文件签署后，两国将在"亚洲文化遗产保护行动"框架下，继续开展防止文化财产非法进出境、历史古迹保护修复等领域的务实合作。

积极应对气候变化，推动绿色低碳能源、节能设施、低碳示范区等领域国际合作。2022年11月11日，中国和东南亚国家联盟（东盟）成员国齐聚在柬埔寨金边举行第25次中国－东盟领导人会议。会议一致同意，各国要推进基础设施建设合作，推动能源转型和产业结构升级，实现低碳经济发展和绿色可持续增长；坚持在促进可持续和包容性发展中保障和改善民生；继续举办中国－东盟社会发展与减贫论坛、村干部交流项目等机制性交流活动和试点示范项目，促进社会发展、减贫和区域粮食安全。

金砖国家应对气候变化高级别会议于2022年5月13日以视频方式举行。会议由中国主办，由生态环境部部长黄润秋主持。金砖各国就加快低碳和气候韧性转型、推进气候多边进程、强化应对气候变化领域团结协作等内容达成了广泛共识，审议并通过了《金砖国家应对气候变化高级别会议联合声明》。

中国与哥斯达黎加、斐济签署南南合作物资援助谅解备忘录。截至2022年6月3日，中国已与非洲、亚洲、大洋洲、拉丁美洲的38个国家签署43份应对气候变化合作文件，尽己所能帮助发展中国家提高应对气候变化能力，赢得受援国和国际社会广泛赞誉（表1.10）。

2022年中央政府发布对外援助方向政策一览 表1.10

发布时间	发布政策	发布机构/会议
2022年3月	《中华人民共和国生态环境部与哥斯达黎加共和国环境和能源部关于应对气候变化南南合作物资援助的谅解备忘录》	中华人民共和国生态环境部、哥斯达黎加共和国环境和能源部
2022年5月	《金砖国家应对气候变化高级别会议联合声明》	金砖国家应对气候变化高级别会议
2022年5月	《中国—太平洋岛国合作事实清单》	外交部
2022年5月	《中华人民共和国生态环境部与斐济总理办公室关于应对气候变化南南合作物资援助的谅解备忘录》	中华人民共和国生态环境部、斐济总理办公室

续表

发布时间	发布政策	发布机构/会议
2022年7月	《关于在澜沧江—湄公河合作框架下深化灾害管理合作的联合声明》	澜沧江—湄公河合作第七次外长会
2022年9月	《关于协同开展"亚洲文化遗产保护行动"的联合声明》	中国国家文物局、叙利亚文化部
2022年9月	《金砖国家灾害管理部长级会议北京宣言》	第三次金砖国家灾害管理部长级会议
2022年11月	《中华人民共和国政府和柬埔寨王国政府关于防止盗窃、盗掘和非法进出境文化财产的协定》	中华人民共和国政府、柬埔寨王国政府
2022年11月	《中华人民共和国生态环境部与柬埔寨王国环境部关于开展应对气候变化南南合作低碳示范区第二批物资援助项目的合作谅解备忘录》	中华人民共和国生态环境部、柬埔寨王国环境部
2022年11月	《关于加强中国—东盟共同的可持续发展联合声明》	第25次中国—东盟领导人会议

第二篇 城市评估

- ▼ 城市层面落实SDG11评估技术方法
- ▼ 参评城市整体情况
- ▼ 副省级及省会城市评估
- ▼ 地级市评估

2.1 城市层面落实SDG11评估技术方法

《中国落实2030年可持续发展目标11评估报告：中国城市人居蓝皮书》使用公开、来源可靠的最新数据，概述了中国城市在落实联合国SDG11方面的进展情况和发展趋势。本报告评估体系基于IAEG-SDGs提出的全球指标框架和中国德清县、美国纽约市、日本富山市、日本北海道下川町、澳大利亚悉尼市等典型城市的SDGs评估的本土化实践，结合联合国《新城市议程》和《中华人民共和国国民经济和社会发展第十四个五年（2021—2025年）规划和2035年远景目标纲要》《国家新型城镇化规划（2021—2035年）》等国家中长期专项规划明确提出的城市人居环境相关的考核指标、《中国落实2030年可持续发展议程进展报告》中对外发布国家行动中明确的指标，形成了一套符合SDGs语境、针对SDG11目标要求的中国城市人居领域的本土化指标体系。指标体系包含城市住房保障、公共交通、规划管理、遗产保护、防灾减灾、环境改善、公共空间七个专题，全面反映"SDG11：可持续城市和社区"中对可持续城市和社区提出的目标和要求。

2.1.1 全球SDGs评估实践

2.1.1.1 区域及国际组织实践

（1）联合国可持续发展目标指标机构间专家组

为了测度联合国目标和具体目标的落实情况，动态监测可持续发展进程，在《2030年可持续发展议程》指导下，联合国统计委员会组织了一个可持续发展目标指标机构间专家组（Inter-agency Expert Group on SDG Indicators，IAEG-SDGs），就目标和具体目标的后续行动以及审查工作，制定了一套全球指标框架，旨在客观评估可持续发展目标的年度进展情况，寻找差距，以保证可持续发展的行动措施始终在《2030年可持续发展议程》目标的指导之下进行。

基于可持续发展目标和指标之间的相关关系研究，出于评价有限目标的考虑，2015年IAEG-SDGs初步形成了229个指标，其中149个指标带有未决问题，但专家组对评价应用普遍意见一致，还有80个指标仍需深入探讨。2016年，IAEG-SDGs提出要对全球可持续发展进展情况在2020年和2025年进行全面审查，针对使用中仍有问题的指标，专家组成3个工作组，一是解决统计数据和元数据结构的问题，包括指标在全球和国家尺度上的使用差异，不同的国际机构提供的指标数据交换等；二是采用地理空间信息系统作为评价的补充手段；三是对有关联的、多用途的指标目标之间进行协调评价。2016年3月，联合国在现有17个目标、169个具体目标的基础上，提出了包含232个指标的全球指标框架，并于2017年7月6日由联合国大会通过（A/RES/71/313），以评估全球层面的进展情况。根据此次决议，指标框架将每年进行完善，2019年IAEG-SDGs以替换、修订、增加和删除的形式对框架提出了36项重大修改，并于2020年3月获得联合国统计委员会第五十一届会议的批准，指标也由最初的229个修改为231个，并将指标属性由原来的三级调整为二级，保留Tier I（广泛认可的评价方法和标准，也有相应的统计基础）和Tier II（有广泛认可的评价方法和标准，但数据不完善或不定期发布）、取消了Tier III（没有国际广泛认可的评价方法或标准），如图2.1所示。可持续发展目标指标对应的现有的全球、地区和国家数据以及元数据的数据库由联合国统计司负责维护。纳入全球可持续发展目标数据库的指标数量从2016年的115个增加到2022年的217个。在地理覆盖面、及时性和分类水平方面仍然存在巨大的数据缺口，因而使我们难以完全了解实现《2030年可持续发展议程》的进展速度、各地区之间的差异以及落后的国家等问题。

图2.1　全球指标框架修订历程

由于统计体系和数据可得性的差异，联合国"全球SDG指标框架"并不能适用于具体国家层面的SDGs监测评估，各国需要构建本土化的SDGs指标体系，以全面、科学地评估SDGs的进展，制定相关规划和政策，从而推动实现2030年可持续发展目标。IAEG-SDGs确定的全球可持续发展监测统计指标体系，提供了一套全球统一的衡量体系，但这不可避免地与各国诉求存在一定差异，对于指导具体国家的政策制定的作用较为有限，因此联合国鼓励各国因地制宜制定本土化的SDGs指标体系。联合国开发计划署、人居署和地方和区域政府全球工作队提出本土化是在实现《2030年可持续发展议程》时考虑国家及国家以下各级情况的过程，包括两个主要的进程：规划和执行可持续发展目标以及监测可持续发展的进展情况。

（2）联合国经济及社会理事会

联合国经济及社会理事会（United Nations Economic and Social Council），是根据《联合国宪章》处理人口、世界贸易、经济、社会福利、文化、自然资源、工业化、人权、教育科技、妇女地位、卫生及其他有关事项的联合国机构，与致力于可持续发展的各类联合国实体保持联系，为之提供全面指导和协调。

以IAEG-SDGs形成的SDGs框架及指标体系结果为基础，联合国经济和社会事务部每年动态发布《可持续发展目标报告》（自2016年以来，先后发布7次）和《秘书长报告：实现可持续发展目标进展情况》，同时提供可持续发展目标及选定指标的最新数据、分析结果和全球现状，从全球层面展示SDGs实施的主要进展，并对每个目标及选定指标进行深入分析，明确存在困难的目标与指标和需要进一步改革努力的事项。《可持续发展目标报告》的数据来源涉及经济和社会事务部、海洋事务和海洋法司、联合国粮食及农业组织、国际民航组织、国际能源署、国际劳工组织、国际货币基金组织、国际可再生能源机构、国际电信联盟、国际贸易中心、国际自然保护联盟、各国议会联盟、联合国艾滋病毒/艾滋病联合规划署、和平行动部法治和安全机构厅、联合国难民事务高级专员办事处、经济合作与发展组织、21世纪促进发展统计伙伴关系、政治和建设和平事务部建设和平支助办公室、生物多样性公约秘书处、联合国气候变化框架公约秘书处、人人享有可持续能源倡议、联合国资本发展基金、联合国儿童基金会、联合国贸易和发展会议、联合国开发计划署、联合国教育、科学及文化组织、联合国促进性别平等和增强妇女权能署、联合国环境规划署、联合国人类住区规划署、联合国工业发展组织、联合国地雷行动处、联合国减少灾害风险办公室、联合国毒品和犯罪问题办公室、联合国人口基金、联合国能源机制、联合国海洋网络、联合国水资源组织、世界银行集团、世界卫生组织、世界气象组织、世界旅游组织、世界贸易组织等多个机构。

《2022年可持续发展目标报告》描述了实现17个目标的进展情况。该报告是基于200多个国家和地区提供的数百万个数据点，由联合国经济和社会事务部与50多个国际和地区机构合作编写的。报告揭示出多重、纷至沓来和相互交织的危机使《2030年可持续发展议程》处于极度危险之中。新冠肺炎疫情、气候变化和冲突是主要的危机。这些主要危机之中的每一个及其之间复杂的相互作用，都影响着所有的目标，从而在粮食和营养、卫生、教育、环境以及和平与安全方面产生了派生危机。要使世界走上可持续发展的轨道，需要在全球范围内采取协调一致的行动。该报告还特别强调了对于指标数据的关注，及时、高质量和分类的数据有助于触发更有针对性地应对措施，预测未来的发展需求，并完善对迫切需要的行动的设计，因此要求各国政府和国际社会必须将为统计发展提供资金作为优先事项。

新冠疫情危机对于可持续发展所产生的严重影响充分说明发展中国家在应对重大突发性事件上的脆弱性、全球治理体系的不适应性，各国在面对疫情危机时所展现出来的抵御力、适应能力和创新合作精神明显不足，更好的复苏需要全球团结和采用多边方法——包括通过加强国际合作来支持各国的复苏努力，发展中国家需要财政空间来启动有效的复苏计划。为了使可持续发展议程重回轨道，政府、城市、企业和行业必须利用疫情后复苏的契机，走上低碳、包容和具有抵御力的发展之路，以减少碳排放、保护自然资源、创造更加体面的就业、推进性别平等，并应对日益增加的不平等。

（3）联合国人类住区规划署

自2015年以来，联合国已将联合国人类住区规划署（UN-Habitat，以下简称"人居署"）纳入《2030年可持续发展议程》战略，尤其是可持续发展目标11，即旨在"建设包容、安全、有抵御灾害能力和可持续的城市和人类住区"。联合国大会赋予人居署的任务是推动建设社会和环境可持续发展的城市和社区。

《新城市议程》在联合国住房和城市可持续发展大会（人居三）通过，随后于2016年12月23日得到联合国大会的批准。该议程旨在动员会员国和其他主要利益攸关方在地方层面推动可持续城市发展，代表了对更美好、更可持续未来的共同愿景，如果规划管理得当，城市化能助力实现发展中国家和发达国家的可持续发展。《新城市议程》的实施将有助于全面促进《2030年可持续发展议程》的地方化，并助力实现可持续发展目标。

人居署致力于帮助各国获取有关城市状况和趋势的可靠数据和信息，率先垂范，有效监测并报告《2030年可持续发展议程》和《新城市议程》等全球议程（例如）。人居署的相关努力包括开发工具和方法，例如，全球城市观察站、城市繁荣倡议和国家城市样本方法，建设国家和地方政府能力，建立地方、区域和全球城市监测机制，支持城市数据收集、分析和传播。2018年5月，人居署向联合国大会提交了关于《新城市议程》执行进展情况的五次四年期报告中的第一次报告，首次对《新城市议程》执行进展进行了定性和定量分析。随后，人居署进行持续改进，推动地方采用支持SDG11和《新城市议程》报告工作的新数据来源，帮助展示了新兴数据编制方法、包括需要使用地理空间技术的方法的价值。作为其全球监测职能的一部分，人居署将最初的全球200个城市样本扩大到1000多个城市，以支持衡量世界城市化趋势以及在执行《新城市议程》和《2030年可持续发展议程》方面取得的进展。

同时，人居署也协调开展了机构间讨论，探讨如何制定一个与可持续发展目标相关具体目标的指标相一致的《新城市议程》指标框架，以及《新城市议程》执行情况报告准则，并制定了一个全球城市监测框架。如图2.2所示，该框架涵盖城市发展的5个重点领域（社会、经济、环境、文化和治理与执行）和4个地方城市目标（安全与和平、包容性、韧性、可持续性），使得各级能够以综合全面的方式报告城市可持续发展情况。《新城市议程》的监测过程借鉴了由秘书处经济和社会事务部统计司协调的《2030年可持续发展议程》监测框架中的指标和数据体系，而《新城市议程》的做法也对《2030年可持续发展议程》的执行和本地化起到了补充作用。

（4）联合国可持续发展解决方案网络

联合国可持续发展解决方案网络（Sustainable Development Solutions Network，SDSN）是2012年在联合国秘书长潘基文推动下成立的全球网络性组织，自2016年起，每年与贝塔斯曼基金会联合发布可

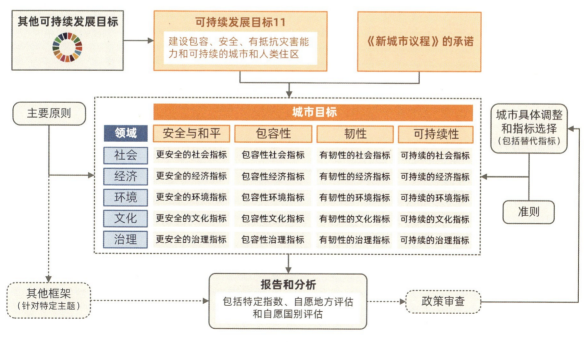

图2.2 全球城市监测框架

持续发展目标指数和指示板全球报告，在联合国SDGs跨机构专家组（IAEG-SDGs）提出的全球指标框架基础上构建评估体系，提出了SDG指数（SDG Index）和SDG指示板（SDG Dashboards），为国别层面SDGs进展测量提供了方法的同时，对各国实际落实情况进行比较分析。

1）指标选择

为筛选出适用于SDG指数和指示板中的指标，SDSN与贝塔斯曼基金会就每项目标提出了基于技术的定量指标，并确保指标筛选符合以下5项标准：①相关性和普适性：所选指标与监测SDGs进展相关联，且适用于所有国家。它们可以直接对国家表现进行评估，并能在国家间进行比较。它们能定义表明SDGs进展的数量阈值。②统计的准确性：采用有效可信的方法选择指标。③时效性：数据序列必须具有时效性，近些年的数据有效且能够获取。④数据质量：必须采用针对某一问题最有效的测量方法获取数据。数据须是国家或国际官方数据以及其他国际知名来源的数据。例如，国家统计局、国际组织数据以及同行评议的出版物。⑤覆盖面：数据至少覆盖80%联合国成员国，覆盖国家的人口规模均超过百万。2016—2023年报告评估采用的指标如表2.1所示（由于篇幅限制，在此仅列出SDG11评估指标）。

2016—2023年间报告中SDG11指标选择情况（全球国家适用） 表2.1

年份	指标			
2016	$PM_{2.5}$年均浓度（ug/m³）	城市管网供水覆盖率（%）	—	—
2017	$PM_{2.5}$年均浓度（ug/m³）	城市管网供水覆盖率（%）	—	—
2018				
2019	$PM_{2.5}$年均浓度（ug/m³）	城市管网供水覆盖率（%）	对公共交通的满意程度	—
2020				
2021	$PM_{2.5}$年均浓度（ug/m³）	城市管网供水覆盖率（%）	对公共交通的满意程度	居住在贫民窟的城市人口比例（%）
2022	$PM_{2.5}$年均浓度（ug/m³）	城市管网供水覆盖率（%）	对公共交通的满意程度	—
2023	$PM_{2.5}$年均浓度（ug/m³）	城市管网供水覆盖率（%）	对公共交通的满意程度	居住在贫民窟的城市人口比例（%）

2）评估方法及评估标准

为确保与联合国官方框架的一致性，基于联合国发布可持续发展目标体系和全球指标框架，并根据IAEG-SDGs对指标的动态调整结果，SDSN和贝塔斯曼基金会动态调整SDG指数和指示板的评估技术体系。

构建SDG指数的方法：SDG指数由17项可持续发展目标构成，每项目标至少有一项用于表现其现状的指标，个别情况下一项目标对应多项指标。通过两次求取平均值可以得出SDG指数得分，即第一次是将对应的指标分别求平均值得出每项目标的得分，第二次是将17项目标的得分加总求平均值得出该国的SDG指数。

针对每一个具体评估指标，首选确定最优值和最差值的方式，然后采用插值法确定每一个国家的指标评分值。其中，最差值的确定是在评估年份对当前的每一项指标从低到高进行排名，剔除"最差"中2.5%的观测值以消除异常值对评分的干扰后即得到。最优值的选择基于"不落下任何人"原则，按照自然状态下最佳、技术上可行的原则确定，在具体实施过程中主要分为两类：对于有明确量化目标的指标，例如，既定目标或理论最优值，则直接采用该值；对于没有明确量化目标的指标，将评估年度表现最好的五个国家的平均值作为最优值。

构建SDG指示板的方法：SDG指示板是利用可获取的数据，通过红、橙、黄、绿四种颜色编码来体现17项SDGs的整体实施情况。其中，绿色表示接近实现目标；黄色表示存在一定差距；橙色表示存在明显差距；红色表示距实现2030年的目标面临严峻挑战。

从评估方法和评估标准设计上看，这套SDG指数和指示板难免出现数据缺失、分类错误、时效性滞后等问题，例如，从一些国家的发展现状来看若干年前的数据往往并不准确；一些强调SDGs优先性问题的指标数据可能无法获取，或已失去时效性。解决该类问题需要更好的数据和指标，因此SDG实施过程中也在不断增加在数据收集和统计能力方面的投入。

（5）联合国亚洲及太平洋经济社会委员会

联合国亚洲及太平洋经济社会委员会（United Nations Economic and Social Commission for Asia and Pacific，UNESCAP）是联合国促进各国合作、实现包容和可持续发展的区域中心。其战略重点是落实《2030年可持续发展议程》，加强和深化区域合作和一体化，推进互联互通、金融合作和市场一体化。面向各国政府提供政策咨询服务、能力建设和技术援助，支持各国实现可持续发展目标。

自2017年起，亚太经社会开始发布可持续发展进展报告，并于2023年3月发布最新的《2023年亚太地区可持续发展目标进展报告：在逆境中倡导可持续发展》。指标选取方面，亚太可持续发展目标进展评估所采用的指标来源于联合国的全球指标框架。指标值大多来自全球可持续发展目标数据库。当指标缺乏充分的数据时，报告使用国际公认的其他指标。指标选取遵循3个原则：①数据可用性：过半数的亚太地区国家具有2个或以上的数据点时，可选用该指标；②可设置明显的目标值；③元数据明确：选取的指标可由元数据支持。所选择的指标必须全部满足以上三项目标。

《2023年亚太地区可持续发展目标进展报告》共选取了165项指标，见表2.2（由于篇幅限制，在此仅列出SDG11评估指标）。为了更好地重建，各国政府应重申对可持续发展目标监控框架的承诺，以使复苏能够加速实现《2030年可持续发展议程》所承诺的全球转型。

UNESCAP发布报告中SDG11相关指标　　表2.2

SDG	指标名称
SDG11	城市贫民窟人口占城市人口的百分比
	每10万人口道路交通死亡率
	灾害造成的死亡、失踪人员和直接受影响的人员数量
	灾害造成的直接经济损失，以及灾害造成的关键基础设施受损和基本服务中断数量
	PM$_{2.5}$年平均浓度
	根据《仙台框架》采纳和实施国家减灾战略得分指数
	根据国家减灾战略采用和实施地方减灾战略的地方政府比例

指标监测从两方面进行评估：①当前状况指数：自2000年以来所取得的进展。②预期进展指数：2030年实现这些目标的可能性。在进展评估年报中，当前状况指数从目标层面呈现，

预期进展指数以目标和指标两个层面进行汇报。

（6）欧盟

欧盟可持续发展战略启动于2001年，2010年起，可持续发展已成为欧洲2020战略的主流，始终致力于成为全球《2030年可持续发展议程》的领跑者。围绕可持续发展，其工作主要有两个方向。一是将联合国可持续发展目标与欧盟政策框架、欧盟委员会的优先目标（10 commission's priorities）整合，识别与可持续发展最为相关的目标，评估欧盟的可持续发展目标完成情况。第二类工作是发布2020年之后的长期发展规划及各部门政策的侧重点。

2017年，由欧盟委员会SDGs相关工作组商定了欧盟SDGs指标集，以监测欧盟的可持续发展进程。该指标集被欧盟统计局发布的《欧盟可持续发展目标监测报告》等采用。受到了欧洲统计系统委员会（European Statistical System Committee，ESSC）的好评。欧盟SDGs指标集是一个广泛协商的结果，涉及包括委员会、成员国、理事会委员会、用户、非政府组织、学术界和国际组织在内的诸多利益攸关方。2023年，欧盟统计局发布了关于SDGs的第七版监测报告。最新的报告评估了欧盟在实现可持续发展目标方面的进展，并根据其与欧盟的政策相关性及其统计质量选择了一套约100个指标。欧盟可持续发展目标指标集与联合国全球可持续发展目标指标清单保持一致，但不完全相同。见表2.3（由于篇幅限制，在此仅列出SDG11评估指标）。许多选定的指标已用于监测现有政策，如欧洲社会权利支柱或第八个环境行动方案。这使得欧盟可持续发展目标指标能够监测在欧盟范围内特别相关的政策和现象。

关于数据质量要求，欧盟SDGs指标只采用了目前可用的或将定期发布的数据。要求数据能够在线访问，元数据必须公开可用。指标选取也考虑了欧洲统计的标准质量原则：普及率、及时性、地理范围、国家间和随时间的可比性以及时间序列的长度。在气候变化、海洋或陆地生态系统等领域，指标集中的部分指标虽并非出自欧洲统计系统，但采用的是满足质量要求的外部数据。

欧盟报告中SDG11相关指标及数据来源　　表2.3

目标	领域	指标
SDG11	城市和社区的生活质量	严重的住房剥夺率
		居住在受噪声影响的家庭中的人
		接触细颗粒物（$PM_{2.5}$）导致的过早死亡
		在其所在地区举报犯罪、暴力或破坏行为的人口
	可持续机动性	道路交通死亡人数
		公共汽车及火车在内陆客运中所占的份额
	环境影响	城市垃圾回收率
		至少经过二次处理的污水处理系统覆盖的人口比例

为保持政策相关性，提高指标集的统计质量，指标集每年进行一次审查。评审遵循以下原则：①应保留欧盟SDG指标集的主要特征，即基于17个SDGs构建，每个目标限制6个指标。因此，每一个目标都由5~12个指标进行监控。②指标集每个目标至多包含6个指标。以便将总指标控制在100左右的同时，对所有目标一视同仁，从社会、经济、环境和体制层面上平衡地衡量进展。③新指标只能通过删除同一目标中已包含的指标来添加。④新指标必须符合：可用性，比其前任指标更具政策相关性或更好的统计质量，才考虑更换指标。

2.1.1.2 国家及城市层面SDGs本土化评估方法研究及实践进展

（1）德国

德国自2006年开始每两年发布一次可持续发展指标报告，自2015年《2030年可持续发展议程》发布后，德国先后发布了多版《德国可持续发展指标报告》。报告生动地描绘了德国已经走过的道路、德国前面的道路以及德国走向政治商定的目标的速度，这些目标的实现将有助于使德国更加可持续，从而使其具有前瞻性。《德国可持续发展指标报告》从三个层面提出了包括气候和生物多样性保护、资源效率和移动解决方案等领域以及减少贫困、卫生保健、教育、性别平等、稳健的国家财政、公平分配和反腐等17个可持续发展目标下多项发展领域的具体实施措施。报告详细介绍了指标所反映的内容，并以天气标志——从阳光到雷雨——以一种简单而容易理解的方式说明了该指标在向目标迈进的"天气状况"，将指标的发展在图形中可视化，并对指标的变化及价值进行陈述。最新报告中德国可持续发展指标体系见表2.4（由于篇幅限制，在此仅列出SDG11评估指标）。

最新《德国可持续发展指标报告》中SDG11指标 表2.4

序号	指标范围可持续发展要求	目标
SDG11.1.a		居住用地和交通用地的增加
SDG11.1.b	土地使用可持续的土地使用	自由空间的损失（平方米/每个居民）
SDG11.1.c		单位住宅面积和交通面积的居民人数（居住密度）
SDG11.2.a		货物流通的终端能源消费量
SDG11.2.b	交通运输保障交通运输，保护环境	客运的终端能源消费量
SDG11.2.c		中央和区域中心的公共交通可达性
SDG11.3	居住为所有人提供可负担的住房	居住费用造成的过重负担
SDG11.4	文化遗产改善对文化遗产的利用	德国数字图书馆中的文物数量

（2）日本

日本政府根据国情，对可持续发展目标进行重组，确定了日本应该关注的SDGs目标和指标中的8个优先领域：①赋予所有人权力（相关SDGs：1、4、5、8、10、12）。②实现健康长寿（相关SDGs：3）。③创造增长型市场，振兴农村，促进科学技术与创新（相关SDGs：2、8、9、11）。④可持续和有弹性的土地利用，促进质量基础设施（相关SDGs：2、6、9、11）。⑤节能、可再生能源及气候变化对策和健全的物质循环社会（相关SDGs：7、12、13）。⑥环境保护，包括生物多样性，森林和海洋（相关SDGs：2、3、14、15）。⑦实现和平，安全和安全的社会（相关SDGs：16）。⑧加强实施可持续发展目标的手段和框架（相关SDGs：17）。

日本重视指标的监测与量化，其可持续发展目标促进总部于2017年7月发布了《日本关于可持续发展目标实施情况的国家自愿审查报告》，报告中提到2017年日本对可持续发展现状的评估，选取了80个指标见表2.5，（由于篇幅限制，在此仅列出SDG11评估指标），并对每个指标进行了打分并划分了等级。

日本自愿审查报告中SDG11评估指标　　表2.5

目标	指标
SDG11	城市地区PM$_{2.5}$年平均浓度
	每人拥有房间数
	改善水源的管道占比

（3）美国纽约

2015年4月，为解决纽约仍然面临的很多问题，例如，生活成本不断升高、收入不平等也在不断加剧；贫困和无家可归的数量居高不下；气候变化等，纽约市政府基于增长、公平、可持续性和恢复力四个相互依赖的愿景发布了第四版《PlaNYC2015》。同年9月，世界各国领导人通过了《2030年可持续发展议程》。在认识到《一个纽约》与可持续发展目标之间的协同作用后，纽约市市长办公室利用这一共同框架，与世界各地的城市和国家分享纽约市可持续发展的创新。为了跟踪纽约市在实现OneNYC详细目标方面的进展，纽约市制定了一套关键绩效指标，每年公开报告，旨在让纽约市对实现具体的量化目标负责，同时提供有关OneNYC计划和政策有效性的指导性数据。最新"一个纽约"规划——《一个纽约2050》战略的30个倡议和监测指标集见表2.6。

《一个纽约2050》战略的30个倡议和监测指标集　　表2.6

目标	倡议	指标
1.充满活力的民主	1. 授权所有纽约人参与我们的民主	• 年度报告中参与的志愿者人数 • 投票人登记数 • 在当地选举中投票人出席率
	2. 欢迎来自世界各地的纽约人，让他们充分参与公民生活	• 入籍的移民纽约人 • 移民和美国本土家庭的贫富差距
	3. 促进正义和平等权利，在纽约人和政府之间建立信任	• 每日平均入狱人数 • 重大犯罪数
	4. 在全球舞台上促进民主和公民创新	• 向联合国提交一份自愿的地方审查报告
2.包容经济	5. 以高薪工作促进经济增长，让纽约人做好填补空缺的准备	• 按种族划分的收入差距 • 通过城市劳动力系统就业的人数 • 劳动力就业率 • 证券行业工资收入占总工资的比重 • 总就业人数
	6. 通过合理的工资和扩大的福利为所有人提供经济保障	• 粮食不安全率 • 脱离贫困或接近贫困的纽约人数 • 生活在或接近贫困的纽约人的百分比
	7. 扩大工人和社区的发言权、所有权和决策权	• 授予城市认证的M/WBE业务的金额，包括分包合同 • 少数民族和妇女独资企业认证总数 • 通过职工合作社业务发展倡议创建的职工合作社总数
	8. 加强城市财政健康，以满足当前和未来的需要	• 纽约市的一般债务债券信用评级 • 证券行业工资收入占总工资的比重
3.繁荣社区	9. 确保所有纽约人都能获得安全、可靠和负担得起的住房	• 新建或保留的经济适用房数（自2014年纽约住房计划推出以来） • 承受沉重的租金负担的低收入租户家庭百分比 • 拆迁住户数
	10. 确保所有纽约人都能获得社区开放空间和文化资源	• 居住在公园步行距离内的纽约人数百分数

续表

目标	倡议	指标
3.繁荣社区	11. 促进社区安全的共同责任，促进社区治安	• 平均每日入狱人数 • 重大犯罪数
	12. 推广以地点为基础的社区规划和策略	• 纽约市房屋维护及发展局向市民提出经济发展、房屋及改善社区的提议数
4.健康生活	13. 确保所有纽约人享有高质量、负担得起和可获得的医疗保健	• 觉得自己在过去的12个月里得到了他们所需要的医疗护理的纽约人比例 • 拥有纽约市保障的人数 • 有健康保险的纽约人比例
	14. 通过解决所有社区的卫生和精神卫生需求促进公平	• 成年纽约人高血压比例 • 没有接受治疗的有心理困扰的成年人 • 全市范围鸦片类药物过量致死比例 • 黑人和白人妇女所生婴儿死亡率的差距 • 婴儿死亡率 • 可预防的严重产妇发病率
	15. 让所有社区的健康生活更容易	• 在过去30天里锻炼的成年纽约人 • 纽约人食用推荐的水果和蔬菜的数量 • 达到推荐体育活动水平的纽约高中生比例
	16. 设计一个为健康和幸福创造条件的物理环境	• 来自内部和外部来源的全市3年平均$PM_{2.5}$水平 • 全市NO_2水平 • 污水溢流综合截留率 • 城市社区黑碳(black carbon)含量的差异 • 在过去12个月，证实有污水渠经常堵塞的街道段
5.公平与卓越教育	17. 使纽约市成为全国领先的幼儿教育模式	• 能够读"三岁学前班"的儿童人数 • 参加了全日制学前教育的四岁孩子数量 • 二年级文化水平
	18. 提高K-12机会和成绩的公平性	• 读大学意愿 • 按时毕业的纽约公立学校学生 • 六年内取得副学士或以上学位的公立学校学生 • 种族毕业率差距
	19. 增加纽约市学校的融合、多样性和包容性	• 平均停课时间 • 推行多元化计划的地区 • 接受内隐偏见训练的教师
6.宜居气候	20. 实现碳平衡和100%清洁电力	• 路缘边改道速度 • 消除、减少或抵消温室气体排放百分比 • 来自清洁能源的电力百分比
	21. 加强社区、建筑、基础设施和滨水区建设，增强抗灾能力	• 客户平均中断时间指数(CAIDI)，单位为小时 • 洪水保险登记，以2019年1月生效的NFIP政策为基准 • 每1000个客户的系统平均中断频率指数(SAIFI)
	22. 通过气候行动为所有纽约人创造经济机会	• 投资于可再生能源、能源效率等气候变化解决方案的城市资金
	23. 为气候问责和正义而战	• 投资化石燃料储备持有者的城市资金
7.高效移动性	24. 现代化纽约市的公共交通网络	• 每年巴士客运量(NYCT及MTA巴士公司) • 纽约年度渡轮乘客 • 全市平均公交速度

续表

目标	倡议	指标
7.高效移动性	25.确保纽约的街道安全畅通	• 居住在自行车网络1/4英里范围内的纽约人的比例 • 交通死亡事故
	26.减少交通堵塞及废气排放	• 交通部门的温室气体排放 • 通过可持续方式(步行、骑自行车和公共交通)出行的比例
	27.加强与本地区和世界的联系	• 铁路货运量的比例 • 水路货运量的比例
8.现代化基础设施	28.在核心实体基础设施和减灾方面进行前瞻性投资	• 电动汽车占新车销售比例 • 来自清洁能源的电力比例
	29.改善数字基建设施,以配合21世纪的需要	• 网络安全工作 • 拥有免费公共Wi-Fi的商业走廊 • 有三个或三个以上可供选择的商业光纤服务区域的社区 • 纽约市的家庭与住宅宽带订阅 • 纽约市拥有三个或三个以上住宅宽带提供商选项的家庭 • 纽约安全应用下载 • 纽约市公共计算机中心的使用
	30.实施资产维护和资本项目交付的最佳实践	• 基本按期完成桥梁工程(结构工程) • 全部DDC建设项目提前/按时完成

(4)意大利

为了实现国际层面和国家层面的可持续发展目标,必须辅以城市层面的战略。自2015年发布《2030年可持续发展议程》以来,意大利从城市层面探索了如何以协调的方式解决城市的关键问题:从消除贫困到提高能效,从可持续流动到社会包容。为了使城市政策以及对城市和领土有影响的社区政策与国际可持续发展议程保持一致,建设惠及最勤劳、可持续、包容的城市,意大利探索了城市层面的SDG指数。2018年发布了《可持续的意大利:2018年SDSN意大利SDGs城市指数》。将可持续发展的17个目标全部纳入了评估指标体系,构建了适合意大利的城市一级可持续发展指标体系。此后又发布了《两年后的SDSN意大利SDGs城市指数:更新报告》《了解现状,创造可持续的未来:意大利各省和大都市可持续发展目标指数》等报告。2022年11月,SDSN意大利发布最新的《SDSN意大利可持续发展目标城市指数:了解我们的现状,才能理解我们的方向——2022年更新报告》。各报告监测指标见表2.7(由于篇幅限制,在此仅列出SDG11评估指标)。

意大利城市层面SDGs评价SDG11相关指标 表2.7

报告	指标
《可持续的意大利:2018年SDSN意大利SDGs城市指数》	每百人单车道密度
	住房质量
	PM$_{2.5}$浓度
《两年后的SDSN意大利SDGs城市指数:更新报告》	每百人单车道密度
	PM$_{2.5}$浓度
	PM$_{10}$浓度
	噪声污染(每10万居民投诉数)
	NO$_2$浓度
	灾害造成的死亡和失踪(每十万居民)
《了解现状,创造可持续的未来:意大利各省和大都市可持续发展目标指数》	城市绿化可用性(m³/人)
	无厕所住宅居民比例(每10万人)
	PM$_{10}$浓度
	NO$_2$浓度

续表

报告	指标
《SDSN意大利可持续发展目标城市指数：了解我们的现状，才能理解我们的方向——2022年更新报告》	每百人单车道密度
	无厕所住宅居民比例（每10万人）
	NO_2浓度
	因灾害死亡、失踪人员和直接受灾害影响人员数量（每10万人）

（5）中国

作为其后续行动和审查机制的一部分，《2030年可持续发展议程》鼓励成员国在国家和次国家一级由国家主导和驱动，对进展情况进行定期和包容性审查。除此之外，议程还呼吁地方当局主动报告其对《2030年可持续发展议程》推进实施的贡献。中国积极通过次国家审查机制——地方自愿审查（VLR）报告城市层面落实《2030年可持续发展议程》的进展情况，截至2023年，中国共提交了9份VLR，向世界讲述了落实联合国2030年可持续发展目标的"中国故事"，分享中国9个城市在城市践行可持续发展过程中的成果和经验。

1) 浙江省湖州市德清县

国家基础地理信息中心联合国内多所高校和高新技术企业，依据联合国SDGs全球指标框架，综合利用地理和统计信息，对德清县践行SDGs实施情况进行了定量、定性和定位相结合的评估分析，并发布了中国首个践行联合国2030可持续发展目标定量评估报告——《德清践行 2030年可持续发展议程进展报告（2017）》，提出了适合德清县情的SDGs指标群，进行了102个指标量化计算，完成了16个SDGs（不包含SDG14）的单目标评估以及经济、社会和环境三大领域总体发展水平和协调程度综合分析。

a. SDG11相关指标选择

在理解联合国SDGs和各别国别方案的基础上，通过分析德清县可持续发展状况，对联合国SDGs全球指标框架的244个指标进行筛选和调整，形成适合德清县情的SDGs指标集，共含有102个指标。其中，直接采纳的指标47个，扩展的指标6个，修改的指标42个，替代的指标7个。中国浙江省德清县SDGs评估的指标见表2.8（由于篇幅限制，在此仅列出SDG11评估指标）。

德清县评估报告中SDG11相关指标 表2.8

内容	指标
居住条件	11.1.1 居住在贫民窟和非正规住区内或者住房不足的城市人口比例
	11.3.1 土地使用率与人口增长率之间的比率
宜居环境	11.2.1 可便利使用公共交通的人口比例
居住安全	11.4.1 政府在文化和自然遗产的公共财政支出比例
	11.5.1 每十万人中因灾害死亡、失踪和直接影响的人数
	11.5.2 灾害造成的直接经济损失
	11.6.1 定期收集并得到适当最终排放的城市固体废物占废物总量的比例
	11.6.2 城市细颗粒物年均浓度及空气重污染物天数减少占比
	11.7.1 城市建设区中供人使用的人均公共开放空间、绿地率及人均公园绿地

统计数据主要来源于《德清县统计公报》《德清县政府工作报告》《水资源公报》等官方资料，或由政府相关部门提供。地理空间数据主要由德清地理信息中心提供，也采用遥感等手段获取数据资料。

b. 评估分析方法：

①单目标评价：为便于进行单目标评价，根据区域实际情况将其包含的具体目标分为2~3个子集，凝练出对应的基本内涵、分析重点及其指标；继而采用量化的指标和事实（数据和实况），进行有针对性、有重点的评估。基于指标的量化评估结果，按照最小因子原理对单个目标进行评级，每个目标的实现程度均受目标内最低指标的实现程度约束和决定。并按照确定的分析重点，阐述德清践行该项目标的基本情况、具体措施和经验做法或特色、分析存在问题和改进方向。②多目标评估：为便于进行经济—社会—环境综合评估分析，按照各目标所含指标对环境、经济、社会的贡献和影响程度，参考联合国贸发会议可持续发展目标结构和斯德哥尔摩应变中心提出的可持续发展综合概念框架，借鉴David Le Blanc等学术专家相关研究成果，并结合德清践行SDGs实际，将16项SDGs（不包含SDG14）分归为环境、经济和社会三个目标群，如图2.3所示。③指标和事实相结合的分析：依据SDGs单目标和多目标评估结果结合德清践行SDGs的经验做法，分析德清县SDGs的总体发展水平、发展经验、德清特色，讲述德清可持续发展的故事，讨论今后的努力。

2）江苏省扬州市

2021年，联合国开发计划署与世界运河历史文化城市合作组织、中国社科院可持续发展研究中心等合作，构建了全球首个运河城市实施联合国2030可持续发展议程的评估指标体系。该指标体系首先应用于中国大运河申遗牵头城市、中国大运河原点城市扬州，完成了《运河城市实施联合国2030可持续发展议程——扬州可持续发展报告（2021）》。报告基于《2030年可持续发展议程》的5P愿景，构建了应用于运河城市的联合国SDGs进展评估指标体系，该指标体系共包含86项指标，基于运河的保护、研究、传承、文化弘扬和利用五个维度，选择了19个运河城市SDGs进展评估特色指标。在该报告构建的指标体系中，有56项指标是目前可以量化评估的，这些指标涵盖了SDG14（保护和可持续利用海洋生物资源）之外的其他16个可持续发展目标，评估指标见表2.9（由于篇幅限制，在此仅列出SDG11评估指标）。报告对每个可量化评估指标进行了相对于2000年基线值的进展评估和相对于2030年发展目标的差距评估，并对扬州可持续发展的总体进展进行了综合评估。

2.1.1.3 经验借鉴

（1）纵观其他国家或区域或城市公布的报告，其可持续发展实践过程中大多根据自身实际情况，重点关注自身表现较差的几个目标或目标中的较差指标，例如，日本重点关注在《2018

图2.3 SDGs的经济—环境—社会目标群聚类

资料来源：《德清践行2030年可持续发展议程进展报告（2017）》

扬州VLR报告中SDG11相关评估指标 表2.9

目标	指标
SDG11	城镇新建绿色建筑占比
	$PM_{2.5}$年平均浓度
	城市是否已将运河文化思想写入城市经济和社会发展规划
	城市是否制定灾害应急预案
	城市是否已设立以民主方式定期运作的、民间社会直接参与的城市规划架构
	建成区绿化覆盖率
	城市是否执行人口预测和资源需求一体化的城市和区域发展计划
	每人拥有的图书藏量
	灾害造成的直接经济损失占GDP比例
	城市是否已制定运河遗产保护法律法规，建立运河文化遗产分级分类名录和档案，以及文物资源和保护成果信息数据库

年可持续发展目标指数和指示板报告》中日本指标得分较低、表现较差的几方面，即SDG1（消除贫困）、SDG5（性别平等）、SDG7（经济适用的清洁能源）、SDG13（气候行动）、SDG14（水下生物）、SDG15（陆地生物）和SDG17（促进目标实现的伙伴关系）等。本报告依据此经验，在指标选择过程中也会纳入中国城市层面表现较差的指标。

（2）欧盟指标的选择考虑到其政策相关性，从欧盟的角度，可用性，国家覆盖面，数据的新鲜度和质量。除了少数例外，这些指标源自用于监测欧盟长期政策的现有指标集，例如，《欧洲2020总体指标》《2016—2020年战略计划影响指标集》(10个委员会优先事项）等。所以本报告在选取指标时，首先考虑的是国家中长期规划中明确要考核的指标，看其与联合国给出的指标能否对接，并重点考虑数据的可获得性、数据的质量以及连续性。

（3）城市VLR评估实践时将可持续发展目标下细分为几大专题内容，例如，德清实践将SDG11这一目标下分了"居住条件""宜居环境"及"居住安全"等三个专题，在本报告建立指标体系时参考此种做法将SDG11目标进行专题划分。

（4）在指标选取方面，部分国家及城市的做法可以提供一些经验。用于选择和衡量可持续发展目标指标的标准考虑以下因素：原则上，可持续发展目标指标在全球指标框架中进行衡量，如果列表中的指标无法测量，则会寻求一个替代指标，用于说明中国城市层面在有关目标方面的位置。有时增加额外的指标，用来更好地反映该目标的现状。所有测量的指标最好满足以下每个标准：与SDG有关系；可以显示中国城市之间的明显差异（区分）；可以直接测量；符合统计质量的要求（大多数指标来自官方统计来源，公众咨询产生的指标也符合统计要求）；优先使用存在国际公认定义的指标。

（5）在指标数据来源方面，要注重指标的统计质量。数据必须具有可靠来源，以可复制和可靠的方式获取。优先考虑定期更新和可以分解数据的数据集。数据必须是近期公布的，优先考虑覆盖2015年之后的数据。

2.1.2 城市落实SDG11评估指标体系设计

2.1.2.1 城市落实SDG11评估指标体系构架

SDG11旨在针对城镇化进程中城市无序扩张、居住条件差、大气污染等严重制约城市可持续发展的问题，涉及居民居住条件改善、公共交通发展、城乡绿色发展、城市治理能力等方面，具体目标及关键词见表2.10。借鉴已有可持续发展评估和SDGs本土化经验，结合SDG11目标及具体目标要求，将中国城市SDG11评估指标体系划分为7个专题。同时，为方便对城市进行统计分析、分类评估，增加基础指标反映城市的基本背景。最终评估指标体系由"基础指标+7个专题"构成。

SDG11目标及具体目标关键词 表2.10

目标	具体目标	关键词
建设包容、安全、有抵御灾害能力和可持续的城市和人类住区	11.1 到2030年，确保人人获得适当、安全和负担得起的住房和基本服务，并改造贫民窟	住房保障
	11.2 到2030年，向所有人提供安全、负担得起的、易于利用、可持续的交通运输系统，改善道路安全，特别是扩大公共交通，要特别关注处境脆弱者、妇女、儿童、残疾人和老年人的需要	公共交通
	11.3 到2030年，在所有国家加强包容和可持续的城市建设，加强参与性、综合性、可持续的人类住区规划和管理能力	规划管理
	11.4 进一步努力保护和捍卫世界文化和自然遗产	遗产保护
	11.5 到2030年，大幅减少包括水灾在内的各种灾害造成的死亡人数和受灾人数，大幅减少上述灾害造成的与全球国内生产总值有关的直接经济损失，重点保护穷人和处境脆弱群体	防灾减灾
	11.6 到2030年，减少城市的人均负面环境影响，包括特别关注空气质量，以及城市废物管理等	环境改善
	11.7 到2030年，向所有人，特别是妇女、儿童、老年人和残疾人，普遍提供安全、包容、无障碍、绿色的公共空间	公共空间
	11.a* 通过加强国家和区域发展规划，支持在城市、近郊和农村地区之间建立积极的经济、社会和环境联系	城乡融合
	11.b* 到2020年，大幅增加采取和实施综合政策和计划以构建包容、资源使用效率高、减缓和适应气候变化、具有抵御灾害能力的城市和人类住区数量，并根据《2015—2030年仙台减少灾害风险框架》在各级建立和实施全面的灾害风险管理	低碳韧性
	11.c* 通过财政和技术援助等方式，支持最不发达国家就地取材，建造可持续的、有抵御灾害能力的建筑	对外援助

*目标执行手段

2.1.2.2 城市落实SDG11评估指标体系设计

（1）指标体系的构建流程

SDGs是一个普适性的框架，各国、各地区在追踪评估SDGs的过程中，也纷纷对SDGs展开本土化，目前而言SDGs本土化的概念已经从在地方（即国家以下）一级实施可持续发展目标演变为调整可持续发展目标及其指标，以适应当地的实际情况。

系统梳理国内外SDGs的重要实践。整理全球针对SDGs的本土化实践，重点关注欧洲城市、美国城市、意大利城市、德国、美国纽约市、中国浙江省德清县等适合其城市现状的SDG11本土化指标体系。整理中国官方发布的可持续发展相关评估指标。以中国统计年鉴的统计指标为基准，统筹考虑绿色发展、生态文明建设、循环经济发展、美丽中国建设等中国现有可持续发展相关评估指标，汇总国家发布的《能源生产和消费革命战略（2016—2030）》《全国国土规划纲要（2016—2030年）》等中长期专项发展战略规划与行动计划里针对城市提出的主要目标。结合外交部三次发布的中国进展报告，对接绿色低碳重点小城镇建设评价、国家生态文明建设试点示范区建设、中国人居环境奖评价、城市体检指标体系等城市层面的评估指标，构建中国官方可持续发展相关指标库。梳理国内外关于城市可持续发展评估指标体系的重要研究，构建城市可持续发展研究指标库。

汇总"SDGs评估指标库""中国官方可持续发展相关指标库"和"城市可持续发展研究指标库"的所有指标，删除不能适用于中国城市可持续发展评估或无可靠数据来源的指标，剔除重复指标，并依据权威性、普及性和数据来源的可靠性删去具有相同内涵的相似指标，即保留来源权威性高、检索频次高、数据来源可靠的指标，组建中国城市可持续发展评估基础指标库，作为城市层面可持续发展评估的备选指标库。最终基于指标筛选原则确定SDG11进展评估指标体系。SDG11进展评估指标体系创建路径如图2.4所示。

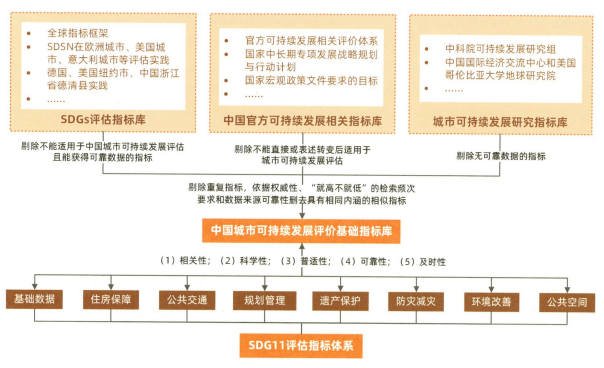

图2.4　SDG11进展评估指标体系创建路径

（2）指标选择原则

相关性：所选指标应当与SDG11实施情况相关联，且适用于中国绝大多数城市。指标体系在给出的SDG11的相关列表中选择与城市背景最相关的，不包括"11.b.1依照《2015—2030年仙台减少灾害风险框架》通过和执行国家减少灾害风险战略的国家数目"等明显是国家级别或涉及国际合作的指标。最后，在可能的情况下，指标应与政策背景相关或支持领导人的决策。

科学性：指标体系应建立在科学基础上，既能够客观地反映对应专题城市的发展水平和状况，整体上能够形成可持续发展内部的相互联系，又要保证其研究方法具有一定的科学依据。

普适性：一般指标的数据覆盖度须达到所选城市的70%以上；选择的数据具有合理或科学确定的阈值，这些指标还应当能够在中国范围内直接用于城市间的绩效评估和比较。

可靠性：数据的收集处理基于有效和可靠的统计学方法，优先考虑定期更新的数据集，以便可以跟踪到2030年的进展；数据还必须是针对某一问题最有效的测度，且来源于国家或地方上的官方数据（例如，国家、地方统计局），或其他国家相关知名数据库。

及时性：数据序列必须具有时效性，近些年的数据有效且能够获取，所选指标为最新且按合理计划适时公布的指标。

（3）评估指标体系的构建

最终构建的SDG11进展评估指标体系如表2.11所示。

SDG11进展评估指标体系　　　　表2.11

专题	指标	单位	指标解释
基础数据	常住人口	万人	实际居住在某地区半年以上的人口
	人均GDP	万元	一定时期内GDP与同期常住人口平均数的比值
	GDP增长率	%	GDP的年度增长率，按可比价格计算的国内生产总值计算
	辖区面积	平方公里	行政区域土地面积
	城镇化率	%	城镇常住人口占总人口的比例
11.1-住房保障	城镇居民人均住房建筑面积	平方米	城镇地区按居住人口计算的平均每人拥有的住宅建筑面积
	售租比	—	每平方米建筑面积房价与每平方米使用面积的月租金之间的比值
	房价收入比	—	住房价格与城市居民家庭年收入之比
11.2-公共交通	公共交通发展指数	—	由"每万人拥有公共交通车辆""公交车出行分担率""建成区公交站点500米覆盖率"三项子指标得分等权聚合
	道路网密度	公里/平方公里	道路网的总里程与该区域面积的比值
	交通事故发生率	%	交通事故数量与常住人口的比值
11.3-规划管理	国家贫困线以下人口比例	%	贫困线以下人口占总人口的比重
	财政自给率	%	地方财政一般预算内收入与地方财政一般预算内支出的比值
	基本公共服务保障能力	%	城乡基本公共服务支出占财政支出比重
	单位GDP能耗	吨标准煤/万元	每生产万元地区生产总值消耗的能源量
	单位GDP水耗	立方米/万元	每生产万元地区生产总值消耗的水资源量
	国土开发强度	GDP/平方公里	每平方公里辖区地区生产总值产生量
	人均日生活用水量	升	每一用水人口平均每天的生活用水量
11.4-遗产保护	每万人国家A级景区数量	个/万人	每万常住人口国家A级景区拥有量
	万人非物质文化遗产数量	个/万人	每万常住人口非物质文化遗产拥有量
	自然保护地面积占陆域国土面积比例	%	自然保护地面积与陆域国土面积的比值

续表

专题	指标	单位	指标解释
11.5-防灾减灾	人均水利、环境和公共设施管理业固定投资	万元/万人	水利、环境和公共设施管理业固定投资与常住人口的比值
	单位GDP碳排放	万吨/万元	产生万元GDP排放的二氧化碳数量
	人均碳排放	万吨/万人	每万常住人口二氧化碳排放量
11.6-环境改善	城市空气质量优良天数比率	%	一年内城市空气质量为优或者良的天数比例
	生活垃圾无害化处理率	%	生活垃圾中进行无害化处理的比例
	生态环境状况指数	—	反映被评价区域生态环境质量状况的一系列指数的综合
	地表水水质优良比例	%	根据全市主要河湖水质断面状况计算得出的断面达到或好于Ⅲ类水质的百分比
	城市污水处理率	%	经管网进入污水处理厂处理的城市污水量占污水排放总量的百分比
	PM$_{2.5}$年均浓度	微克/立方米	指每立方米空气中空气动力学直径小于或等于2.5微米的颗粒物含量的年平均值
11.7-公共空间	人均公园绿地面积	平方米	城镇公园绿地面积的人均占有量
	建成区绿地率	%	建成区内绿化用地所占比例

2.1.3 中国城市落实SDG11评估方法

2.1.3.1 指标数据来源

数据来源主要为国家及地方统计年鉴、地方国民经济及社会发展统计公报、生态环境状况公报、地方政府工作报告、地方预算执行情况和预算草案报告等官方公布的统计报告，若官方指标还存在数据缺失等问题，则通过其他可靠数据来源和测量方法加以完善，包括安居客、中国房价行情网等网站及中国经济社会大数据研究平台、中国经济与社会发展统计数据库、前瞻数据库等国内数据库，以及正式发布的期刊文献，以及家庭调查或民间社会组织。指标数据均为评估年度能获取的最新数据。

2.1.3.2 数据处理及标准化

为了对数据进行重新标度和标准化，采用改进的离差标准化法进行数据处理，具体如下：为了使不同指标的数据具有可比性，将各个指标的数据都重新标度为0~100的数值，0表示与目标最远（最差），100表示与目标最接近（最优）。该步骤旨在将所有指标的取值约束到可以进行比较和汇总成综合指数的通用数值范围内。

（1）确定指标上限及下限的方法

重新缩放数据的上限和下限的选择是一个敏感的问题，如果不考虑极值和异常值，可能会给评估结果带来意想不到的影响。在确定指标阈值上限时，将《2030年可持续发展议程》中"不落下任何人"的原则作为基本准则，参考目前国内外关于SDGs进展评估的实践探索和典型经验，结合中国实际情况，最优值确定具体规则见表2.12。在确定指标下限时，考虑到最差值对异常值比较敏感，采用全部城市剔除表现最差中2.5%的观测值后的最差值作为指标下限。需要说明的是，部分指标的最优值、最差值是基于评估年份的所有数据确定的。因此，新增评估年份的数据会导致指标最优值、最差值的变动。由于变动对于各个指标的得分影响程度不同，导致本年度城市得分和排名与上一年度蓝皮书有一定差异。各年度评估结果不具横向对比性，以本年度评估结果为准。

表2.12 最优值确定规则

指标情况	最优值设定	举例
SDGs中有明确标准导向的指标	使用其绝对数值	贫困发生率的最优值为0
SDGs中无明确要求，但具有公认理想值的指标	选取公认理想值	空气质量优良天数比率的最优值为公认理想值100%
对于其他所有的指标	使用全国表现最好的5个城市数据平均值	—

（2）数据标准化

建立上限和下限之后，运用该公式对变量进行[0，100]范围内的线性转换：

$$x' = \frac{x - \min(x)}{\max(x) - \min(x)}$$

其中，x是原始数据值；max/min分别表示同一指标下所有数据最优和最差表现的极值，而x'是计算之后的标准化值。

经过这一计算过程，指标分数可以解释为实现可持续发展目标的进展百分比，所有指标的数据都能够按照升序进行比较，即更高的数值意味着距离实现目标更近，100分意味着指标（目标）已经实现。如果使用前5名的平均值来确定100分，则"100分"仅表示在中国背景下可以合理预期这一阈值水平的成就。

2.1.3.3 计算得分和分配颜色

通过取归一化指标得分的算术平均值来创建七个专题得分。总分是通过计算七个专题的平均得分出来的。颜色是通过创建内部阈值来制定的，这些阈值是实现SDGs的基准。

（1）指标加权及聚合

由于要求到2030年实现所有目标，所以选择固定的权重赋予SDG11目标下的每一项指标，以此反映决策者对这些可持续发展目标平等对待的承诺，并将其作为"完整且不可分割"的目标集。这意味着为了提高SDG11的分数，各城市需要将注意力平等集中在所有指标上，并需要特别关注得分较低的指标，因为这些指标距离实现最遥远，也因此预期实现进展最快。

指标加权聚合主要分为两个步骤：①利用标准化后的指标数值计算算数平均值，得出每项专题的得分；②用算术平均来对每一项专题进行聚合，得出SDG11得分。

具体加权及聚合的方法见下式：

$$I_i = \sum_{j=1}^{N_{ij}} \frac{1}{N_{ij}} I_{ij}$$

$$I = \sum_{i=1}^{N_i} \frac{1}{N_i} I_i$$

其中，I_i表示第i个专题的分数，N_i表示一个城市有数据的专题数（一般，所有城市七个专题的数据及得分均有）。N_{ij}表示每个城市的第i个专题内包含的指标数，I_{ij}表示第i个专题内的指标j的分数。第i个专题的分数I_{ij}由该城市重新调整的指标j的分数确定。接下来，将第i个专题上的I_{ij}进行聚合。第i个专题的分数I_i由该城市分数I_{ij}的算术平均值确定。各城市的SDG11指数的分数I由分数I_i的算术平均值确定。

（2）内部阈值的确定及颜色分配

为了评估一个城市在特定专题和可持续发展目标方面的进展，构建了可持续发展目标指示板，并在一个有四个色带的"交通灯"（包含红色、橙色、黄色、绿色）表中对各城市进行分组，由红色色带到绿色色带表示城市可持续发展表现由差到优,构建可持续发展目标指示板的目的是确定面临重大挑战并需要每个城市给予更多关注的目标。指示板用于对不同城市的绩效进行比较评估,并确定落后于全国其他城市的城市。"绿色"类别意味着一个城市与一系列城市相比表现相对较好。相反,"红色"类别意味着一个城市与一系列城市相比表现相对较差。增加灰色表示数据缺失。如表2.13所示。

可持续发展目标指示板含义　　表2.13

指示板	指示板含义
●	实现SDG面临严峻挑战
●	距离实现SDG存在明显差距
●	距离实现SDG存在一定差距
●	接近实现SDG
●	数据缺失

1)指标内部阈值的确定及颜色分配

使用以下方法确定内部阈值:0~30分为红色,30~50分为橙色,50~65分为黄色,65~100分是绿色,并保证每一个间隔的连续性,如图2.5所示。

图2.5　指标数值阈值与颜色示意图

2)专题颜色分配

①如果某个专题下只有一个指标,那么该指标的颜色决定了专题的总体评级。

②如果某个专题下不止一个指标,那么利用所有指标的平均值来确定专题的评级,其中0~30分为红色,30~50分为橙色,50~65分为黄色,65~100分是绿色,并保证每一个间隔的连续性。

(3)趋势判断

为衡量各城市在SDG11上的实现情况,进行得分趋势判断,即利用近五年历史数据来估算城市向SDG11迈进的速度,并推断该速度能否保证城市在2030年前实现SDG11。利用各城市最近一段时间(2016—2022年)SDG11得分的面板数据混合回归预测2030年得分情况,比较城市2022年的实际得分和2030年的预测得分差异,利用"四箭头系统"来描述SDGs实现的趋势。具体见表2.14。

描述SDGs实现趋势的"四箭头系统"　　表2.14

四箭头系统	箭头含义
↑	**步入正轨**:2030年预测得分指示板达到绿色
↗	**适度改善**:2030年预测得分高于2022年得分,且2030年模拟得分指示板颜色改善(不为绿色)
→	**停滞**:2030年预测得分高于2020年得分,且2030年模拟得分指示板颜色与2022年相同(不为绿色)
↓	**下降**:2030年预测得分低于2022年得分,2030年预测得分指示板颜色不为绿色

参考文献

[1] ARCADIS. Sustainable Cities Index[R]. Amsterdam:2011.

[2] BILLIE G C,MELANIE L,JONATHAN A. Achieving the SDGs:Evaluating indicators to be used to benchmark and monitor progress towards creating healthy and sustainable cities[J]. Health Policy,2020,6(124):581-590.

[3] BRAULIO M. Sustainability on the urban scale:Proposal of a structure of indicators for the Spanish context[J]. Environmental Impact Assessment Review,2015,53:16-30.

[4] Cavalli L,Farnia L,Boeri C. L'SDSN Italia SDGs City Index per un' Italia Sostenibile:

comprendere dove siamo per capire dove andare-Report di Aggiornamento 2022[R]. 2022.

[5] DIZDAROGLU D. The Role of Indicator-Based Sustainability Assessment in Policy and the Decision-Making Process: A Review and Outlook[J]. Sustainability, 2017(6): 1018.

[6] Economist Intelligence Unit. Green City Index[R]. München, 2009.

[7] ESCAP. Asia and the Pacific SDG progress report 2023: Championing sustainability despite adversities[R]. 2023.

[8] European Commission. Europe 2020 Strategy[R]. 2010.

[9] European Commission. Next steps for a sustainable European future[R]. 2016.

[10] Eurostat. Sustainable development in the European Union: Monitoring report on progress towards the SDGs in an EU context (2023 edition)[R]. Luxembourg: Publications Office of the European Union, 2023.

[11] FLORIAN K, KERSTIN K. How to Contextualize SDG 11? Looking at Indicators for Sustainable Urban Development in Germany[J]. International Journal of Geo-Information, 2018, 7(12): 1-16.

[12] Gomes F B, Moraes J C, Neri D. A sustainable Europe for a Better World. A European Union Strategy for Sustainable Development. The Commission's proposal to the Gothenburg European Council[J]. Proceedings of the Institution of Mechanical Engineers Part H Journal of Engineering in Medicine, 2001, 228(4): 330-341.

[13] Institute for Global Environmental Strategies. Achieving the Sustainable Development Goals: From Agenda to Action[R]. Japan: Institute for Global Environmental Strategies, 2015.

[14] LUCA C, LARS F, ANDERSON S, et.al. Going beyond Gross Domestic Product as an indicator to bring coherence to the Sustainable Development Goals[J]. Journal of Cleaner Production, 2019, 248: 6.

[15] NATHALIE B R, ELAINE A S, José MachadoMoita Neto. Sustainable development goals in mining[J]. Journal of Cleaner Production, 2019(228): 509-520.

[16] New York Mayor's Office for International Affairs. New York City's Implemention of the 2030 Agenda for Sustainable Development[R]. New York, 2018.

[17] PITTMANA S J, RODWELLA L D, SHELLOCK R J, et.al. Marine parks for coastal cities: A concept for enhanced community wellbeing, prosperity and sustainable city living[J]. Marine Policy, 2019(103): 160-171.

[18] RANJULA B S, AMIN K. Renewable electricity and sustainable development goals in the EU[J]. World Development, 2020(125): 5-9.

[19] Statistisches Bundesamt. Nachhaltige entwicklung in Deutschland Indikatorenbericht 2016-2022[R]. 2016-2022.

[20] STEFAN S, ELIZABETH W, FRANCISCO B, et al. Localising urban sustainability indicators: The CEDEUS indicator set, and lessons from an expert-driven process[J].

Cities, 2020(101): 1-15.

[21] SUN L, CHEN J, LI Q, et al. Dramatic uneven urbanization of large cities throughout the world in recent decades[J]. Nature Communications, 2020, 11(1): 5366.

[22] Sustainable Development Solutions Network, Bertelsmann Foundation. Sustainable Development Report of the United States 2018[R]. 2018.

[23] Sustainable Development Solutions Network, Bertelsmann Foundation. SDG Index and Dashboards 2016-2018[R]. 2016-2018.

[24] Sustainable Development Solutions Network, Bertelsmann Foundation. Sustainable Development Report 2019-2023[R]. 2019-2023.

[25] The City of New York Mayor Bill de Blasio. One New York: The Plan for a strong and Just City[R]. New York, 2015.

[26] The City of New York Mayor Bill de Blasio. OneNYC 2050: Building a strong and fair city[R]. 2019.

[27] The Inter-agency and Expert Group on SDG Indicators. Global indicator framework for the Sustainable Development Goals and targets of the 2030 Agenda for Sustainable Development [EB/OL]. (2020-02-01)[2022-03-01]. https://unstats.un.org/sdgs/indicators/indicators-list/.

[28] The United Nations Development Programme. Sustainable Development Goals in motion: China's progress and the 13th Five-Year Plan[R]. 2016.

[29] TOMISLAV. K. The Concept of Sustainable Development: From its Beginning to the Contemporary Issues[J]. Zagreb International Review of Economics and Business, 2018(5): 67-94.

[30] United Nations. SDG Indicators: global indicator framework for the Sustainable Development Goals and targets of the 2030 Agenda for Sustainable Development[R]. NewYork: UN, 2015.

[31] United Nations. Transforming our World: The 2030 Agenda for Sustainable Development[R]. NewYork: UN, 2015.

[32] 陈军, 彭舒, 赵学胜, 等. 顾及地理空间视角的区域SDGs综合评估方法与示范[J]. 测绘学报, 2019, 48(4): 473-479.

[33] 联合国经济和社会理事会. 联合国人类住区规划署（人居署）关于人类住区统计的报告[R]. 2021.

[34] 联合国经济和社会事务部. 世界人口展望2019[R]. 纽约, 2019.

[35] 联合国开发计划署, 世界运河历史文化城市合作组织, 中国社会科学院可持续发展研究中心. 运河城市实施联合国2030可持续发展议程——扬州可持续发展报告（2021）[R]. 2021.

[36] 邵超峰, 陈思含, 高俊丽, 等. 基于SDGs的中国可持续发展评价指标体系设计[J]. 中国人口·资源与环境, 2021, 31(4): 1-12.

[37] 杨锋. 加快构建城市可持续发展标准新格局[J]. 质量与认证, 2019(4): 33-35.

2.2 参评城市整体情况

考虑到数据的可获取性和评估的科学性，本报告选择了139个城市作为中国城市落实SDG11评估对象，包含副省级及省会城市和典型地级城市。评估对象包含全国32个副省级城市及省会城市（不含台北市）。与一般城市相比，副省级城市政府在国民经济和社会发展规划上，已经部分拥有了相当于省级政府的职权。而省会城市作为一个省的政治、决策中心，相较于地级市，在享有的政策和资源方面具有较多的优势，要素集聚性和规模化效益更显著，经济社会发展水平在省内较高。在进行参评地级市的筛选过程中，主要综合考虑了地域分布及城市可持续发展基础，最终选择了107个有国家级可持续发展实验示范建设基础的地级城市作为评估对象。

2.2.1 总体进展分析

从整体上看（图2.6），中国城市落实SDG11的情况向好发展。2016—2022年，参评城市落实SDG11平均分提高了6.71%。从发展趋势看（图2.7），中国城市在实现SDG11的趋势上两极分化较为严重。76%的城市在SDG11落实上步入正轨；同时有7%的城市处于停滞发展状态；有9%的城市向相反方向发展；另外有8%的城市适度改善。基于近7年中国城市落实SDG11得分趋势模拟2030年SDG11得分情况，中国城市距离实现SDG11还存在明显差距。主要原因在于地区发展不均衡，2030年城市整体实现SDG11还颇具挑战。此外疫情等突发事件也在一定程度上对城市治理和城市韧性等方面提出了挑战，影响了中国城市落实SDG11的建设成效。

从得分排名看，前15名城市呈现出不同程度的升降变化。仍在前15名的城市中，黄山、海南藏族自治州、郴州、抚州4座城市排名上升，株洲和湖州排名下降。同时，有9座城市为新上榜城市，见图2.8。

从城市区域分布看，参评城市2022年落实

图2.6 参评城市2016—2022年落实SDG11平均得分

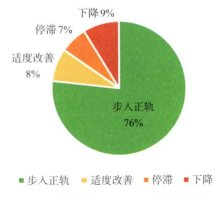

图2.7 参评城市落实SDG11发展趋势占比

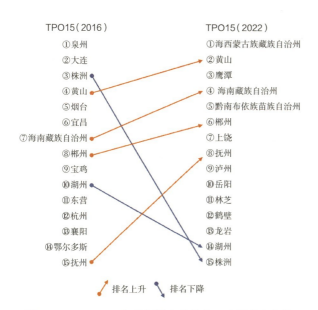

图 2.8　2016—2022 年参评城市总分前 15 名及排名变化

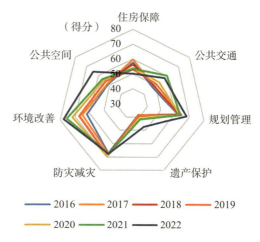

图 2.9　2016—2022 年参评城市各专题平均得分

SDG11 得分呈现以下特征：①城市总体得分呈现明显的南北差异，南方城市总体表现优于北方城市。表现相对薄弱的地区主要集中在北方，尤其是西北及东北地区；表现较好的地区主要集中在中部地区及东南地区。②东西部城市得分差距明显。东部城市得分比较均衡，差距较小；西部地区城市得分跨度较大，涵盖了四种指示板颜色。总体上看，东西部城市差距逐渐减小。

从专题得分看，只有住房保障专题呈现明显的倒退趋势。遗产保护、环境改善、公共空间、规划管理四个专题呈现出相对明显的改善趋势，其中以公共空间专题最为明显。公共交通和防灾减灾两个专题变化相对不明显。由此可见，我国近年来重视生态环境保护，大力推动的生态文明建设等举措产生了显著效果，城市生态环境质量改善明显。但是随着城市化进程的推进，城市人口的增多导致住房问题更加突出，多数城市在住房保障专题表现欠佳。此外，遗产保护专题总体得分较低。住房保障和遗产保护两个专题目前是制约中国城市实现 SDG11 的关键因素（图 2.9）。

表 2.15 展示了各专题排名前十的城市及其与前一年排名相比的升降变化。参评城市中存在一个城市在几个专题中表现较好的情况，但并未出现一个城市在多数或全部专题都进入前十的情况。可见目前我国城市人居环境仍处于发展和改善阶段，几乎所有城市都存在优势方面和弱势方面，面临发展不平衡的问题。经济发展水平较高的城市在基础设施建设等方面表现较好，但由于城市人口数量压力，在住房保障方面往往表现不佳，同时生态环境改善也存在较大压力。而经济水平暂时落后的地区，在住房保障、生态环境以及遗产保护等专题通常有较好的表现。此外，一些专题中的领先城市中也存在退步的情况，在改善城市人居环境的过程中，不仅要推动弱势专题的改善，也要关注现有优势的保持。

2.2.2　城市分类分析

2.2.2.1　按城市规模划分

参考 2014 年 10 月国务院发布的《关于调整城市规模划分标准的通知》（国发〔2014〕51 号），可将城市按照常住人口划分为六类：常住人口 50 万以下为小城市；常住人口 50 万以上

2022年各专题排名前10的城市及其排名变化　　　　表2.15

排名	11.1 住房保障		11.2 公共交通		11.3 规划管理		11.4 遗产保护		11.5 防灾减灾		11.6 环境改善		11.7 公共空间	
1	巴音郭楞蒙古自治州	↑	深圳	–	昌吉回族自治州	↑	海南藏族自治州	↑	丽江	↑	丽水	↑	鄂尔多斯	↑
2	克拉玛依	↓	海西蒙古族藏族自治州	↑	深圳	↑	拉萨	↓	厦门	↑	赣州	↑	林芝	↑
3	黔南布依族苗族自治州	↑	成都	↓	济南	↑	林芝	↓	黄山	↑	黄山	↑	固原	↑
4	邵阳	↓	济南	↑	石家庄	↑	海西蒙古族藏族自治州	↑	临沧	↓	福州	↑	德州	↑
5	大庆	↑	广州	↑	青岛	↑	黄山	↓	泸州	↑	林芝	↑	中卫	–
6	郴州	↑	营口	↑	厦门	↑	酒泉	–	桂林	↓	海口	↓	鹤壁	↑
7	焦作	↑	海口	–	东莞	↓	东营	↓	宝鸡	–	桂林	↑	广州	↑
8	鹰潭	↓	嘉兴	↑	鹤壁	↑	银川	–	株洲	–	南平	↓	吉安	↑
9	上饶	↓	长沙	↑	枣庄	↑	巴音郭楞蒙古自治州	↑	盐城	–	上饶	↑	上饶	↑
10	襄阳	↑	铜陵	↓	郑州	↓	本溪	↓	龙岩	↑	吉安	↑	黄山	↑

注：箭头表示2022年分专题排名与2021年比较的情况，↑表示排名上升，↓表示排名下降，-表示无变动。

100万以下的城市为中等城市；常住人口100万以上500万以下的城市为大城市，其中300万以上500万以下的城市为Ⅰ型大城市，100万以上300万以下的城市为Ⅱ型大城市；常住人口500万以上1000万以下的城市为特大城市；常住人口1000万以上的城市为超大城市。进行城市规模分类的人口数据以评估年份中最新一年的数据为准，因此，各规模包含的城市会发生变动，由此导致各规模城市分数与上一年蓝皮书的结论有所差异。

建设可持续发展的城市实质上就是建设以人为本的宜居城市，因此要关注对于人均指标的考察。不同人口规模的城市在SDG11上表现出显著的差异。如图2.10所示，除中等城市在2022年分数下降以外，不同规模的城市总体上呈现出一定的上升趋势，其中以小城市的发展趋势最不稳定，可能的原因是参评城市中小城市的数量较少，个别城市的变化对总体发展趋势的影响较大。同时，不同规模的城市呈现出明显的得分差异。总体上看，人口规模较小的城市得分要高于大规模城市。这也与以人为本的宜居城市建设的内涵相符，契合未来适度控制城市规模的发展趋势，中小型城市将成为宜居城市的优选。

图2.11展示了不同规模城市2022年各专题得分情况。不同规模城市在各专题上的表现呈现出比较明显的差异。在住房保障、公共空间、遗产保护专题，人口规模较小的城市表现较好，这类城市通常面临较小的人口数量压力，而自然

和文化遗产资源较丰富。而在规划管理、公共交通、防灾减灾专题，则是人口规模较大的城市表现较好，这类城市通常经济发展水平较高，相对应的基础设施等建设情况较好，城市的规划管理也处于较高水平。

图2.10 2016—2022年不同规模城市分数变化

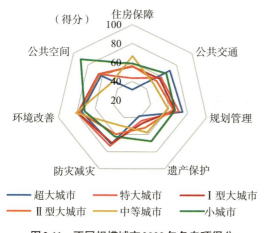

图2.11 不同规模城市2022年各专项得分

2.2.2.2 按经济发展水平划分

根据经济社会发展状况及人均GDP水平，参照联合国人均GDP评定国家富裕程度的分级标准，将参评城市分为四类：一类城市，年人均GDP高于70000元；二类城市，年人均GDP40000~70000元；三类城市，年人均GDP30000~40000元；四类城市，年人均GDP低于30000元。由于当前参评城市仅有1个城市属于四类城市，为了保证分析的准确性、可靠性和可比性，将三类城市和四类城市统一合并为三类城市。

如图2.12所示，不同经济发展水平的城市在SDG11的总体得分呈现明显差异。其中一类城市得分最高，其次是二类城市，三类城市得分最低。此外，所有类型城市的总体得分呈现一定的增长趋势，以三类城市的增幅最高，一、二类城市则相对平稳上升。

图2.12 2016—2022年不同经济发展水平城市得分及趋势

图2.13展示了2022年不同经济发展水平城市在各专题中的表现。在环境改善和规划管理专题，各类型城市间没有明显的差距。遗产保护专题各类型城市得分均较低，需要进一步加强相关自然遗产和文化遗产的认证与保护工作。在住房保障专题，经济发展水平较低的城市往往得分较高，这类城市面临的住房压力相对较小；而经济发展水平较高的城市人口压力通常较大，因此住房方面表现不佳。不同经济发展水平的城市在公共交通、防灾减灾专题也表现出明显差距。其中，经济发展水平较高的一类和二类城市表现较好，这两类城市在城市基础设施建设和公共服务方面发展水平较高，而经济发展水平较低的三类城市受财政等因素制约，还有较大的进步空间。

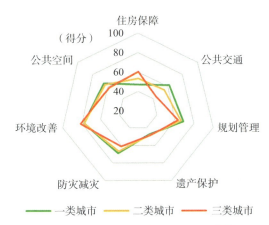

图2.13 不同经济发展水平城市分专题得分

2.2.3 数据缺失分析

在实际评估中，一些城市的部分指标由于统计口径、统计条件的限制，存在数据缺失的情况，具体缺失比例如表2.16所示。其中，"交通事故发生率""单位GDP能耗""人均水利、环境和公共设施管理业固定投资"的数据缺失率高于10%。其中"交通事故发生率"指标缺失率最大，这项指标目前数据收集或公开情况较差。

评估指标数据缺失情况　　表2.16

专题	指标	缺失率（%）
住房保障	城镇居民人均住房建筑面积	1.44
	租售比	0.00
	房价收入比	1.44

续表

专题	指标	缺失率（%）
公共交通	公共交通发展指数	1.44
	道路网密度	3.60
	交通事故发生率	43.88
规划管理	国家贫困线以下人口比例	0.00
	财政自给率	5.76
	基本公共服务保障能力	0.00
	单位GDP能耗	10.7
	单位GDP水耗	3.60
	国土开发强度	2.16
	人均日生活用水量	2.16
遗产保护	每万人国家A级景区数量	1.44
	万人非物质文化遗产数量	1.44
	自然保护地面积占陆域国土面积比例	3.60
防灾减灾	人均水利、环境和公共设施管理业固定投资	20.86
	单位GDP碳排放	3.60
	人均碳排放	5.76
环境改善	城市空气质量优良天数比率	5.04
	生活垃圾无害化处理率	4.32
	生态环境状况指数	0.00
	地表水水质优良比例	3.60
	城市污水处理率	2.88
	年均$PM_{2.5}$浓度	4.32
公共空间	人均公园绿地面积	3.60
	建成区绿地率	4.32

2.3 副省级及省会城市评估

2.3.1 2022年副省级及省会城市现状评估

2.3.1.1 总体情况

（1）SDG11得分情况

选择32个副省级城市及省会城市进行评估，整体得分情况如图2.14所示。

在参评城市中，得分最高的为西宁——68.40分，得分最低的是石家庄——52.83分，分差为15.57分，整体上差距不大。如图2.15所示，约72%的城市SDG11总体得分介于55~65分之间。

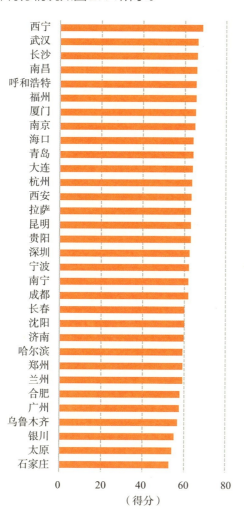

图2.14 副省级及省会城市总体得分

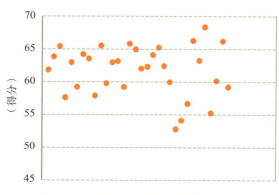

图2.15 副省级及省会城市总体得分区间

按照经济发展水平划分，32座副省级及省会城市分属于一类城市和二类城市。一类城市和二类城市平均得分情况如图2.16所示。一类城市中，SDG11得分最高的是武汉，分数为66.30，得分最低的是太原，分数为54.11；二

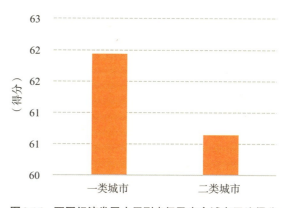

图2.16 不同经济发展水平副省级及省会城市平均得分

类城市中，SDG11得分最高的是西宁，分数为68.40，得分最低的是石家庄，分数为52.83；总体而言，一类城市SDG11平均得分高于二类城市。

按照城市规模划分，32座副省级及省会城市分属于中等城市、Ⅱ型大城市、Ⅰ型大城市、特大城市和超大城市[1]。由于中等城市只包含拉萨一座城市，为保证分析结果的客观性和准确性，将中等城市和Ⅱ型大城市合并进行分析。不同规模城市平均得分情况如图2.17所示。超大城市中，SDG11得分最高的是武汉，分数为66.30，得分最低的是石家庄，分数为52.83；特大城市中，SDG11得分最高的是南昌，分数为65.85，得分最低的是太原，分数为54.11；Ⅰ型大城市中，SDG11得分最高的是呼和浩特，分数为65.57，得分最低的是乌鲁木齐，分数为56.72；Ⅱ型大城市及中等城市中，SDG11得分最高的是西宁，分数为68.40，得分最低的是银川，分数为55.24。对于副省级及省会城市而言，人口规模较小的Ⅱ型大城市及中等城市SDG11得分最高，而规模更大的城市，从平均得分上看均处于相对不利的状况。

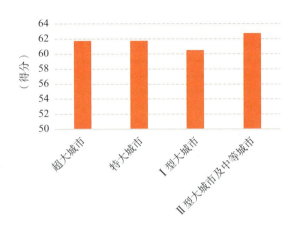

图2.17 不同规模副省级及省会城市平均得分

（2）专题情况

从住房保障、公共交通、规划管理、遗产保护、防灾减灾、环境改善、公共空间7个专题得分情况上看（图2.18），中国城市落实SDG11具有明显的不均衡特征，大部分城市在各专题的发展上存在明显短板，迫切需要采取有效的改革措施补齐发展短板，提升落实SDG11的水平。副省级及省会城市各专题具体得分及排名见附表1。

城市	住房保障	公共交通	规划管理	遗产保护	防灾减灾	环境改善	公共空间
长春	🟡	🟡	🟢	🔴	🟢	🟢	🟡
成都	🔴	🟢	🟢	🟢	🔴	🟢	🟡
长沙	🟡	🟢	🟢	🟢	🟢	🟢	🟡
大连	🔴	🔴	🟢	🟢	🟡	🟢	🟢
福州	🔴	🟢	🟢	🟢	🔴	🟢	🟢
贵阳	🟡	🟢	🟢	🔴	🟢	🟢	🟢
广州	🔴	🟢	🟢	🔴	🟡	🟢	🟢

---

[1] 城市规模按照《中国城市统计年鉴2021》中2020年人口数据进行分类，具体名单如下：
　　超大城市：成都、广州、深圳、西安、郑州、武汉、杭州、石家庄、青岛、长沙、哈尔滨。
　　特大城市：宁波、合肥、南京、济南、沈阳、长春、南宁、昆明、福州、大连、南昌、贵阳、太原、厦门。
　　Ⅰ型大城市：兰州、乌鲁木齐、呼和浩特。
　　Ⅱ型大城市及中等城市：海口、银川、西宁、拉萨。

城市	住房保障	公共交通	规划管理	遗产保护	防灾减灾	环境改善	公共空间
哈尔滨	●	●	●	●	●	●	●
合肥	●	●	●	●	●	●	●
呼和浩特	●	●	●	●	●	●	●
海口	●	●	●	●	●	●	●
杭州	●	●	●	●	●	●	●
济南	●	●	●	●	●	●	●
昆明	●	●	●	●	●	●	●
拉萨	●	●	●	●	●	●	●
兰州	●	●	●	●	●	●	●
宁波	●	●	●	●	●	●	●
南昌	●	●	●	●	●	●	●
南京	●	●	●	●	●	●	●
南宁	●	●	●	●	●	●	●
青岛	●	●	●	●	●	●	●
石家庄	●	●	●	●	●	●	●
沈阳	●	●	●	●	●	●	●
深圳	●	●	●	●	●	●	●
太原	●	●	●	●	●	●	●
武汉	●	●	●	●	●	●	●
乌鲁木齐	●	●	●	●	●	●	●
西安	●	●	●	●	●	●	●
厦门	●	●	●	●	●	●	●
西宁	●	●	●	●	●	●	●
银川	●	●	●	●	●	●	●
郑州	●	●	●	●	●	●	●

图2.18　副省级及省会城市分专题评估指示板

按照城市规模分析，不同规模城市在7个专题的平均得分上存在一定差距，其中，在遗产保护专题得分差距较为显著。随着城市规模增大，人口密度增加，城市在住房保障和遗产保护专题得分逐渐降低，但城市公共交通专题得分则提高。同时，随着国家及地方对生态环境问题的持续重视，副省级及省会城市环境质量整体较好，环境改善专题得分总体较高，如图2.19所示。

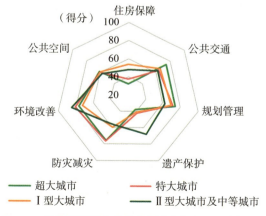

图2.19　不同规模副省级及省会城市各专题平均得分

2.3.1.2 各专题情况

（1）住房保障

住房保障专题考察了"城镇居民人均住房建筑面积""租售比"和"房价收入比"3项指标。随着城镇化率的不断提高，城市人口的增长带来了城市住房压力。参评城市中有10个城市（福州、广州、海口、杭州、合肥、南京、宁波、青岛、厦门、深圳）在住房保障专题表现为红色，即面临严峻挑战。如图2.20所示，大部分城市"城镇居民人均住房建筑面积"表现为红色和橙色，即该项指标亟待提升。

从整体发展的角度看，中国在城市居住方面一直稳步提升，2022年，全国城镇居民人均住房建筑面积超过41.0平方米。新建住房质量不断提高，住房功能和配套设施逐步完善。在住房租赁方面，各地因地制宜发展保障性租赁住房，为人民群众提供更加便捷高效的住房租赁服务。

城市	城镇居民人均住房建筑面积	租售比	房价收入比	专题评估
长春	红	绿	绿	黄
成都	红	黄	红	红
长沙	红	绿	绿	橙
大连	黄	橙	红	红
福州	绿	红	红	红
贵阳	红	绿	绿	黄
广州	红	红	红	红
哈尔滨	红	绿	黄	橙
合肥	红	红	红	红
呼和浩特	红	橙	黄	橙
海口	红	红	红	红
杭州	橙	红	红	红
济南	红	橙	橙	橙
昆明	橙	橙	橙	橙
拉萨	黄	黄	黄	黄
兰州	橙	绿	橙	橙
宁波	红	红	红	红
南昌	橙	橙	红	橙
南京	红	红	红	红
南宁	橙	黄	橙	橙
青岛	红	红	红	红
石家庄	橙	橙	绿	橙
沈阳	红	黄	黄	黄
深圳	红	红	红	红
太原	红	橙	绿	橙
武汉	橙	橙	橙	橙
乌鲁木齐	红	绿	绿	黄
西安	红	橙	红	橙
厦门	红	红	红	红
西宁	橙	绿	绿	黄
银川	红	黄	黄	黄
郑州	红	橙	绿	橙

图2.20 副省级及省会城市住房保障评估指示板

（2）公共交通

公共交通专题考察了"公共交通发展指数""道路网密度""交通事故发生率"3项指标。城市公共交通是城市基础设施的重要组成部分，它直接关系城市的经济发展与居民生活。发展城市交通不仅能为居民提供更好的便民服务，改善人居环境，也是提高交通资源利用率，节约资源和能源，缓解空气污染和气候变化的重要手段。道路网密度反映了城市路网发展规模和水平，也是实施公交优先、提高公共交通服务水平的前提。

从评估结果上看，绝大多数城市在公共交通方面表现良好。针对各项评估指标，从图2.21可以看出，各城市道路网密度反映出的城市路网发展水平普遍较好，而公共交通发展指数有待提高。另外，32座副省级及省会城市交通事故发生率的数据缺失率较高，应加强这一重要指标的信息统计和公开。

城市	公共交通发展指数	道路网密度	交通事故发生率	专题评估
长春	●	●	●	●
成都	●	●	●	●
长沙	●	●	●	●
大连	●	●	●	●
福州	●	●	●	●
贵阳	●	●	●	●
广州	●	●	●	●
哈尔滨	●	●	●	●
合肥	●	●	●	●
呼和浩特	●	●	●	●
海口	●	●	●	●
杭州	●	●	●	●
济南	●	●	●	●
昆明	●	●	●	●
拉萨	●	●	●	●
兰州	●	●	●	●
宁波	●	●	●	●
南昌	●	●	●	●
南京	●	●	●	●
南宁	●	●	●	●
青岛	●	●	●	●
石家庄	●	●	●	●
沈阳	●	●	●	●
深圳	●	●	●	●
太原	●	●	●	●
武汉	●	●	●	●
乌鲁木齐	●	●	●	●
西安	●	●	●	●
厦门	●	●	●	●
西宁	●	●	●	●
银川	●	●	●	●
郑州	●	●	●	●

图2.21 副省级及省会城市公共交通评估指示板

（3）规划管理

如图2.22所示，规划管理专题考察指标涉及财政收支、公共服务保障、国土开发、能源资源消耗等方面。从评估结果上看，大部分城市规划管理水平表现普遍良好。

"财政自给率"是判断一个城市发展健康与否的重要指标，财政自给率提高意味着地方财政"造血能力"改善。在参评城市中，拉萨该指标的得分较低，指示板呈红色，自给财政缺口大，面临严峻挑战。

"基本公共服务保障能力"是反映政府提供公共服务的指标，提高公共服务保障能力是提升民生水平的重点。在疫情带来持续挑战的形势下，政府的基本公共服务保障能力的重要性得以进一步凸显。参评城市中，有四个城市（太原、乌鲁木齐、长沙、郑州）在该指标表现为橙色，距离目标的实现存在明显差距。

"单位GDP能耗、水耗"和"人均日生活用水量"是反映城市发展对资源消费状况的主要指标，节约资源能源、提升其利用效率对于双碳目标的实现具有重要意义。从评估结果看，在参评城市中，银川在"单位GDP能耗"指标上表现为橙色，面临较大挑战，其余各城市单位GDP能耗和水耗表现普遍良好，体现了我国在发展节能降耗的集约型经济增长模式上取得的显著成效。在"人均日生活用水量"方面，南方水资源较为丰富的城市"人均日生活用水量"高于北方地区较为缺水的城市，这符合富水地区的城市资源禀赋条件，同时也表现出较高的节水潜力。

城市	财政自给率	基本公共服务保障能力	单位GDP能耗	单位GDP水耗	国土开发强度	人均日生活用水量	专题评估
长春	🟡	🟢	🟢	🟢	🔴	🟢	🟢
成都	🟢	🟡	🟢	🟢	🟡	🔴	🟢
长沙	🟢	🔴	🟢	🟢	🟡	🔴	🟢
大连	🟢	🟢	🟢	🟢	🟢	🟢	🟢
福州	🟢	🟢	🟢	🟢	🟢	🔴	🟢
贵阳	🟡	🟡	🟢	🟢	🟢	🟢	🟢
广州	🟡	🟢	🟢	🟢	🟢	🔴	🟢
哈尔滨	🔴	🟢	🟢	🟢	🔴	🟢	🟢
合肥	🟢	🟡	🟢	🟢	🟡	🟡	🟢
呼和浩特	🔴	🟢	🟢	🟢	🔴	🟢	🟢
海口	🟢	🟡	🟢	🟢	🟡	🔴	🟢
杭州	🟢	🟢	🟢	🟢	🟢	🔴	🟢
济南	🟢	🟢	🟢	🟢	🟡	🟢	🟢
昆明	🟢	🟡	🟢	🟢	🟢	🟢	🟢
拉萨	🔴	🟡	🟡	🟢	🔴	🟢	🟡
兰州	🟡	🟡	⚫	🟢	🟡	🟢	🟢
宁波	🟢	🟢	🟢	🟢	🟡	🟡	🟢
南昌	🟡	🟡	🟢	🟢	🟡	🔴	🟢

城市	财政自给率	基本公共服务保障能力	单位GDP能耗	单位GDP水耗	国土开发强度	人均日生活用水量	专题评估
南京	●	●	●	●	●	●	●
南宁	●	●	●	●	●	●	●
青岛	●	●	●	●	●	●	●
石家庄	●	●	●	●	●	●	●
沈阳	●	●	●	●	●	●	●
深圳	●	●	●	●	●	●	●
太原	●	●	●	●	●	●	●
武汉	●	●	●	●	●	●	●
乌鲁木齐	●	●	●	●	●	●	●
西安	●	●	●	●	●	●	●
厦门	●	●	●	●	●	●	●
西宁	●	●	●	●	●	●	●
银川	●	●	●	●	●	●	●
郑州	●	●	●	●	●	●	●

图2.22　副省级及省会城市规划管理评估指示板

(4) 遗产保护

如图2.23所示，遗产保护专题考察了"每万人国家A级景区数量""万人非物质文化遗产数量""自然保护地面积占陆域国土空间面积比例"3项指标。参评城市中有6个城市在遗产保护专题表现为红色，仅4个城市（呼和浩特、拉萨、西宁、银川）表现为绿色，绝大多数参评城市在遗产保护方面还有很大的提升空间。各城市要在遗产保护方面采取积极举措，加强对于各类遗产（自然遗产和文化遗产）的保护，提高在此专题相关指标的得分。

副省级及省会城市"每万人国家A级景区数量"整体表现存在较大提升空间，仅拉萨表现为绿色。由于中国人口众多且分布不均，目前的国家A级景区数量对于居民而言无法满足需求。绝大多数参评城市应持续推进国家A级景区建设，在开发新景区的同时，提高现有景区的质量，加强景区管理与保护。

参评城市"万人非物质文化遗产数量"整体表现较不理想，仅拉萨表现为绿色。非物质文化遗产是提升中华民族认同感的重要依据，保护非物质文化遗产就是保护人类的文化多样性。各地应加强非物质文化遗产的申报与保护工作，加强对非物质文化遗产重要性的认识。

参评城市在"自然保护地面积占辖区面积比例"指标方面差距较大。该指标与生态资源和自然遗产空间分布有一定联系，但也能在一定程度上反映出城市对自然保护地建设和管理的水平。

城市	每万人国家A级景区数量	万人非物质文化遗产数量	自然保护地面积占陆域国土面积比例	专题评估
长春	🔴	🔴	🟡	🔴
成都	🔴	🔴	🔴	🔴
长沙	🔴	🟡	🔴	🔴
大连	🔴	🔴	🟢	🟡
福州	🔴	🔴	🟡	🔴
贵阳	🔴	🔴	🔴	🔴
广州	🔴	🔴	🔴	🔴
哈尔滨	🔴	🔴	🟡	🔴
合肥	🔴	🔴	🔴	🔴
呼和浩特	🟡	🟡	🟢	🟢
海口	🔴	🔴	🔴	🔴
杭州	🟡	🟡	🟡	🟡
济南	🔴	🟡	🔴	🔴
昆明	🔴	🔴	🟡	🔴
拉萨	🟢	🟡	🟡	🟡
兰州	🔴	🔴	🟡	🔴
宁波	🔴	🟡	🟡	🔴
南昌	🟡	🔴	🔴	🔴
南京	🔴	🔴	🟢	🔴
南宁	🔴	🔴	🔴	🔴
青岛	🟡	🟡	🟢	🟡
石家庄	🔴	🔴	⚫	🔴
沈阳	🟡	🔴	🟢	🟡
深圳	🔴	🔴	🟢	🔴
太原	🔴	🔴	🟡	🔴
武汉	🔴	🟡	🟡	🔴
乌鲁木齐	🔴	🔴	🔴	🔴
西安	🔴	🟡	🟡	🟡
厦门	🔴	🔴	🟡	🔴
西宁	🔴	🟡	🟢	🟢
银川	🔴	🟡	🟢	🟢
郑州	🔴	🔴	🔴	🔴

图2.23 副省级及省会城市遗产保护评估指示板

（5）防灾减灾

如图2.24所示，防灾减灾专题考察了"人均水利、环境和公共设施管理业固定投资""单位GDP碳排放""人均碳排放"3项指标。参评城市中有1个城市（银川）表现为红色，存在严峻挑战。参评城市整体表现较好，大部分城市在该专题表现为绿色，体现了各城市在防灾减灾、减缓气候变化方面做出的努力。

参评城市"人均水利、环境和公共设施管理业固定投资"指标得分整体较低，仅6个城市表现为绿色。各城市应重视在人均水利、环境和公共设施管理业固定资金的投入，加强城市公共设施建设和管理水平，以提高各城市抵御自然灾害的能力。

自中国提出"2030年碳达峰，2060年碳中和"的"双碳"目标以来，各行业和领域聚焦目标的实现，制定举措，探索路径，积极应对全球气候变化。从评估结果来看，参评城市中有一个城市（银川）在"单位GDP排放""人均GDP排放"两项指标显示为红色，即面临严峻挑战，绝大部分城市表现较好，表明"双碳"目标的实现具有较好的基础，副省级及省会城市拥有实现"双碳"目标的乐观前景。

城市	人均水利、环境和公共设施管理业固定投资	单位GDP碳排放	人均碳排放	专题评估
长春	🟡	🟢	🟢	🟢
成都	🟡	🟢	🟢	🟢
长沙	🟡	🟢	🟢	🟢
大连	🔴	🟢	🟢	🟢
福州	🟡	🟢	🟢	🟢
贵阳	🟢	🟢	🟢	🟢
广州	🟡	🟢	🔴	🟡
哈尔滨	🔴	🟢	🟢	🟢
合肥	🟡	🟢	🟢	🟢
呼和浩特	🟢	🟢	🔴	🟡
海口	🟡	🟢	🟢	🟢
杭州	🟡	🟢	🟢	🟢
济南	🔴	🟢	🟢	🟡
昆明	🔴	🟢	🟢	🟢
拉萨	🟢	⚫	⚫	🟢
兰州	🔴	🟢	🟢	🟡
宁波	🟢	🟢	🟢	🟢
南昌	🟢	🟢	🟢	🟢
南京	🟢	🟢	🟢	🟢
南宁	🔴	🟢	🟢	🟢
青岛	🟡	🟢	🟢	🟢
石家庄	🔴	🟢	🟢	🟡
沈阳	🔴	🟢	🟢	🟡
深圳	🔴	🟢	🟢	🟢
太原	🟢	🟢	🟢	🟢
武汉	🟢	🟢	🟢	🟢
乌鲁木齐	🔴	🟢	🟢	🟡
西安	🔴	🟢	🟢	🟢
厦门	⚫	🟢	🟢	🟢
西宁	🟡	🟢	🟢	🟢
银川	🔴	🔴	🔴	🔴
郑州	🔴	🟢	🟢	🟢

图2.24 副省级及省会城市防灾减灾评估指示板

(6) 环境改善

如图2.25所示，环境改善专题考察了"城市空气质量优良天数比率""生活垃圾无害化处理率""生态环境状况指数""地表水水质优良比例""城市污水处理率""年均$PM_{2.5}$浓度"6项指标。副省级及省会城市在环境改善专题整体表现较好，所有城市均表现为绿色，体现了我国在生态环境质量改善方面取得的成效。

从环境改善专题的各个指标来看，副省级及省会城市在生活垃圾处理方面表现良好，可获取数据的城市在此项指标上均显示为绿色。在"城市污水处理率"这一指标上，除拉萨市表现为红色外，其余所有城市均表现为绿色。评估结果体现了各城市在城市生活垃圾和污水处理方面已取得显著成效，逐渐向"无废城市"趋势发展。生态环境状况指数和$PM_{2.5}$浓度是环境改善专题各指标中的弱项，部分城市生态环境状况指数表现为红色或橙色，有待进一步提高。在城市空气质量方面，有四个城市（济南、石家庄、太原、郑州）表现为橙色，空气质量亟待提升。2020年，石家庄城市空气质量优良天数比例为56%，与参评城市平均水平84.52%存在明显差距；在地表水水质方面，青岛市在"地表水水质优良比例"为50%，指标上表现为橙色，与全国平均水平存在较大差距。另有多个城市在生态环境状况指数上表现为红色和橙色。相应城市有待重视在该方面环境质量的改善。

城市	城市空气质量优良天数比率	生活垃圾无害化处理率	生态环境状况指数	地表水水质优良比例	城市污水处理率	年均PM$_{2.5}$浓度	专题评估
长春	🟢	🟢	🔴	🟢	🟢	🟢	🟢
成都	🟢	🟢	🔴	🟢	🟢	🟡	🟢
长沙	⚫	🟢	🟢	🟢	🟢	🟡	🟢
大连	🟢	🟢	🟡	🟢	🟢	🟢	🟢
福州	🟢	🟢	🟢	🟢	🟢	🟢	🟢
贵阳	🟢	🟢	🟡	🟢	🟢	🟢	🟢
广州	🟢	🟢	🔴	🟢	🟢	🟢	🟢
哈尔滨	🟢	🟢	🟢	🟢	🟢	🟡	🟢
合肥	🟢	🟢	🟢	🟢	🟢	🟡	🟢
呼和浩特	🟢	🟢	🔴	🟡	🟢	🟢	🟢
海口	🟢	🟢	🟢	🟢	🟢	🟢	🟢
杭州	🟢	🟢	🟡	🟢	🟢	🟢	🟢
济南	🔴	🟢	🔴	🟢	🟢	🟡	🟢
昆明	🟢	🟢	🟢	🟢	🟢	🟢	🟢
拉萨	🟢	🟢	🟢	🟢	🔴	🟢	🟢
兰州	🟢	🟢	🔴	🟢	🟢	🟡	🟢
宁波	🟢	🟢	🟢	🟢	🟢	🟢	🟢
南昌	🟢	🟢	🟡	🟢	🟢	🟢	🟢
南京	🟢	🟢	🔴	🟢	🟢	🟢	🟢
南宁	🟢	🟢	🟡	🟢	🟢	🟢	🟢
青岛	🟢	🟢	🔴	🔴	🟢	🟢	🟢
石家庄	🔴	🟢	🔴	🟡	🟢	🔴	🟢
沈阳	🟢	🟢	🔴	🟡	🟢	🟡	🟢
深圳	🟢	🟢	🔴	🟢	🟢	🟢	🟢
太原	🔴	🟢	🔴	🟢	🟢	🟢	🟢
武汉	🟢	🟢	🟢	🟢	🟢	🟢	🟢
乌鲁木齐	⚫	🟢	🔴	🟢	🟢	🟢	🟢
西安	🟡	🟢	🟢	🟢	🟢	🟢	🟢
厦门	🟢	🟢	🔴	🟢	🟢	🟢	🟢
西宁	⚫	🟢	🟢	🟢	🟢	🟡	🟢
银川	⚫	🟢	🔴	🟢	🟢	🟢	🟢
郑州	🔴	🟢	🔴	🟢	🟢	🟡	🟢

图 2.25 副省级及省会城市环境改善评估指示板

（7）公共空间

如图2.26所示，公共空间专题考察了"人均公园绿地面积""建成区绿地率"2项指标。参评城市在公共空间专题表现以橙色和黄色为主，表现相对欠佳，在公共空间建设和管理方面有待进一步加强。

对"人均公园绿地面积""建成区绿地率"2项指标进行综合比较可以看出，参评城市在"建成区绿地率"上的表现明显优于在"人均公园绿地面积"上的表现，表明尽管各城市不断加强绿化建设，但城市人口的增加仍然带来了人均公园绿地面积的紧张。参评城市在"人均公园绿地面积"上表现普遍较差，其中有25个城市表现为橙色，亟需加强城市公园和绿化建设，提高城市公共空间建设水平，营造绿色环境。

城市	人均公园绿地面积	建成区绿地率	专题评估
长春	橙	黄	橙
成都	橙	绿	橙
长沙	橙	绿	橙
大连	橙	绿	绿
福州	橙	绿	橙
贵阳	黄	绿	黄
广州	绿	绿	绿
哈尔滨	橙	橙	橙
合肥	橙	绿	黄
呼和浩特	绿	绿	绿
海口	橙	绿	橙
杭州	橙	绿	橙
济南	橙	绿	橙
昆明	橙	绿	黄
拉萨	橙	绿	橙
兰州	橙	绿	黄
宁波	橙	绿	橙
南昌	橙	绿	橙
南京	黄	绿	绿
南宁	橙	黄	橙
青岛	黄	绿	绿
石家庄	橙	黄	橙
沈阳	橙	绿	黄
深圳	橙	绿	绿
太原	橙	绿	黄
武汉	橙	绿	绿
乌鲁木齐	橙	黄	橙
西安	橙	绿	黄
厦门	橙	绿	绿
西宁	橙	绿	黄
银川	黄	绿	绿
郑州	黄	黄	黄

图2.26 副省级及省会城市公共空间评估指示板

2.3.2 近七年副省级及省会城市变化趋势分析

2.3.2.1 总体情况

如图2.27所示，2016—2022年7年中32座副省级和省会城市指示板整体呈黄色。从发展趋势看，有25个城市表现较好，为稳定上升趋势，说明其发展已进入稳步提升阶段，根据现有数据预测其2030年在SDG11上的综合评估指示板有希望达到绿色，占参评城市的78.13%。值得注意的是，大连为唯一发展趋势呈下降的城市，需要更加重视对城市人居环境的建设，特别是对住房保障和公共交通等退步专题的关注，否则将难以在2030年达到指示板为绿色的目标。有6个城市的发展趋势表现为停滞，即2030年的预测分数与2022年相比将有一定的提升，但由于其发展活力不足，很难实现指示板颜色的改变，该类城市占参评城市的18.75%，对于2030年达到指示板综合表现为绿色的目标面临较大的挑战。副省级及省会城市2016—2022年落实SDG11总体得分及排名见附表2。

城市	2016	2017	2018	2019	2020	2021	2022	趋势
长春	黄	黄	黄	黄	黄	黄	黄	↑
成都	黄	黄	黄	黄	黄	黄	黄	↑
长沙	黄	黄	黄	黄	黄	黄	绿	↑
大连	绿	黄	黄	黄	黄	绿	黄	↓
福州	黄	黄	黄	黄	黄	黄	黄	↑
贵阳	黄	黄	黄	黄	黄	黄	黄	↑
广州	黄	黄	黄	黄	黄	黄	黄	↑
哈尔滨	红	黄	黄	黄	黄	黄	黄	↑
合肥	黄	黄	黄	黄	黄	黄	黄	↑
呼和浩特	黄	黄	黄	黄	黄	黄	黄	↑
海口	黄	黄	黄	黄	黄	绿	黄	↑
杭州	黄	黄	黄	黄	黄	绿	黄	↑
济南	黄	黄	黄	红	黄	黄	黄	↑
昆明	黄	黄	黄	黄	黄	黄	黄	↑
拉萨	黄	黄	黄	黄	黄	绿	黄	↑
兰州	黄	黄	黄	黄	黄	黄	黄	↑
宁波	黄	黄	黄	黄	黄	绿	黄	↑
南昌	黄	黄	黄	黄	黄	黄	黄	↑
南京	黄	黄	黄	黄	黄	黄	黄	↑
南宁	黄	黄	黄	黄	黄	黄	黄	↑
青岛	黄	黄	黄	黄	黄	黄	黄	↑
石家庄	黄	红	黄	黄	黄	黄	黄	→
沈阳	黄	黄	黄	黄	黄	黄	黄	→

城市	2016	2017	2018	2019	2020	2021	2022	趋势
深圳	●	●	●	●	●	●	●	→
太原	●	●	●	●	●	●	●	→
武汉	●	●	●	●	●	●	●	↑
乌鲁木齐	●	●	●	●	●	●	●	→
西安	●	●	●	●	●	●	●	↑
厦门	●	●	●	●	●	●	●	↑
西宁	●	●	●	●	●	●	●	↑
银川	●	●	●	●	●	●	●	→
郑州	●	●	●	●	●	●	●	↑

图2.27　副省级及省会城市2016—2022年落实SDG11指示板及实现趋势

2.3.2.2 各专题情况

（1）住房保障

如图2.28所示，从2016—2022年指示板的颜色来看，六年间副省级及省会城市在住房保障专题得分呈停滞甚至下降趋势，多数城市指示板由黄色变为橙色（以成都为例），或由橙色变为红色（以海口为例）；在某些人口密集、经济发达的地区（以南京为例），七年间的指示板一直都显示为红色。由此可以看出，住房问题仍是制约副省级及省会城市可持续发展的突出短板，亟待进一步加强住房保障建设。副省级及省会城市2016—2022年住房保障专题得分及排名见附表3。

住房问题关系民生福祉，一直以来都是社会最关心的问题之一，既是伴随城市发展的长期问题，更是紧迫的现实问题。大城市的住房问题主要包括供需矛盾突出、供给结构不合理、房价收入比过高、住房消费压力大、租赁市场供应不足等。针对以上问题，各城市应在调研清楚真正住房需求的前提下，深化住房的供需匹配改革，完善住房市场体系。应加快构建以公租房、保障性租赁住房为主体的住房保障体系，加大住房保障力度，加大公租房精准保障实施力度，精准施策，逐步破解城市住房问题。

图2.28 副省级及省会城市2016—2022年住房保障专题指示板

（2）公共交通

如图2.29所示，从2016—2022年指示板的颜色来看，6年间副省级及省会城市在公共交通专题的得分情况较好，且不断发展完善。大部分城市指示板由黄色变为绿色，有6个城市七年内指示板颜色都表现为绿色，整体上看经济发展水平较高的城市公共交通表现也较好。副省级及省会城市2016—2022年公共交通专题得分及排名见附表4。

近年来，随着我国经济持续稳定发展，城市人口及城市规模不断扩大，对城市公共交通的需求也不断增加。随着我国人民生活水平的提高，机动车的保有量直线上升，交通设施规模不断地发展。公共交通不仅能为城市居民提供便民服务，也是提高交通资源利用率，节约能源消耗的重要方式。

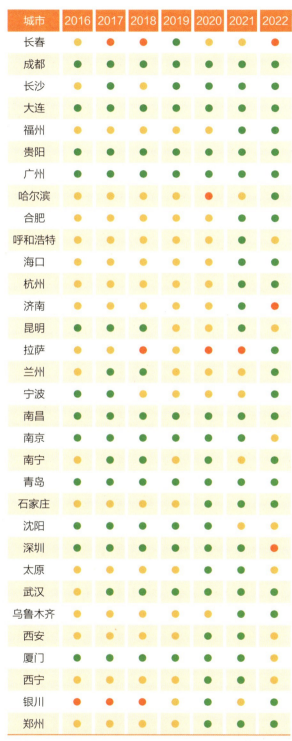

图2.29 副省级及省会城市2016—2022年公共交通专题指示板

（3）规划管理

如图2.30所示，绝大部分参评城市在规划管理专题表现较好，指示板整体以绿色为主，2016—2022年整体发展趋势向好。副省级及省会城市2016—2022年规划管理专题得分及排名见附表5。

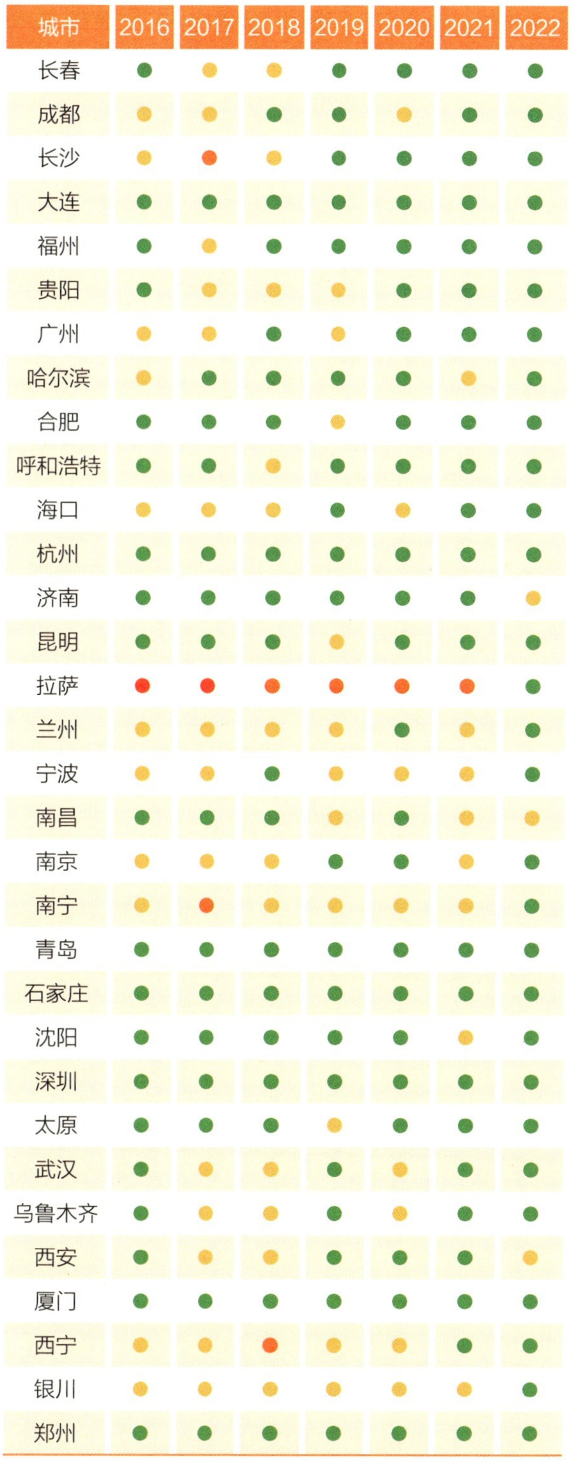

图2.30 副省级及省会城市2016—2022年规划管理专题指示板

（4）遗产保护

如图2.31所示，参评城市2016—2022年在遗产保护专题表现距离实现可持续发展目标有较大差距，其中有少数城市表现出向好趋势。在遗产保护专题，有4个城市（杭州、济南、武汉、西安）在2022年指示板颜色由橙色或黄色变为绿色，可以看出这些城市在遗产保护方面做出了持续的努力。由于各城市自然及文化遗产历史条件及发展条件不同，各城市在遗产保护方面发展存在不均衡。整体来看，大多数参评城市在遗产保护方面还有很大提升空间，遗产保护专题已成为近年来制约中国城市可持续发展的突出短板，各城市亟待采取积极行动，补齐这一短板。副省级及省会城市2016—2022年遗产保护专题得分及排名见附表6。

图2.31 副省级及省会城市2016—2022年遗产保护专题指示板

（5）防灾减灾

如图 2.32 所示，参评城市在防灾减灾专题七年间整体表现趋势向好，一半以上城市表现为绿色，但存在 1 个城市（西安）在防灾减灾专题表现为红色，5 个城市（大连、杭州、合肥、昆明、深圳）由绿色变为黄色，1 个城市（沈阳）连续几年表现为黄色，没有表现出向好趋势。各城市应在目前防灾减灾建设的基础上不断完善，以应对和降低自然灾害带来的风险。副省级及省会城市 2016—2022 年防灾减灾专题得分及排名见附表 7。

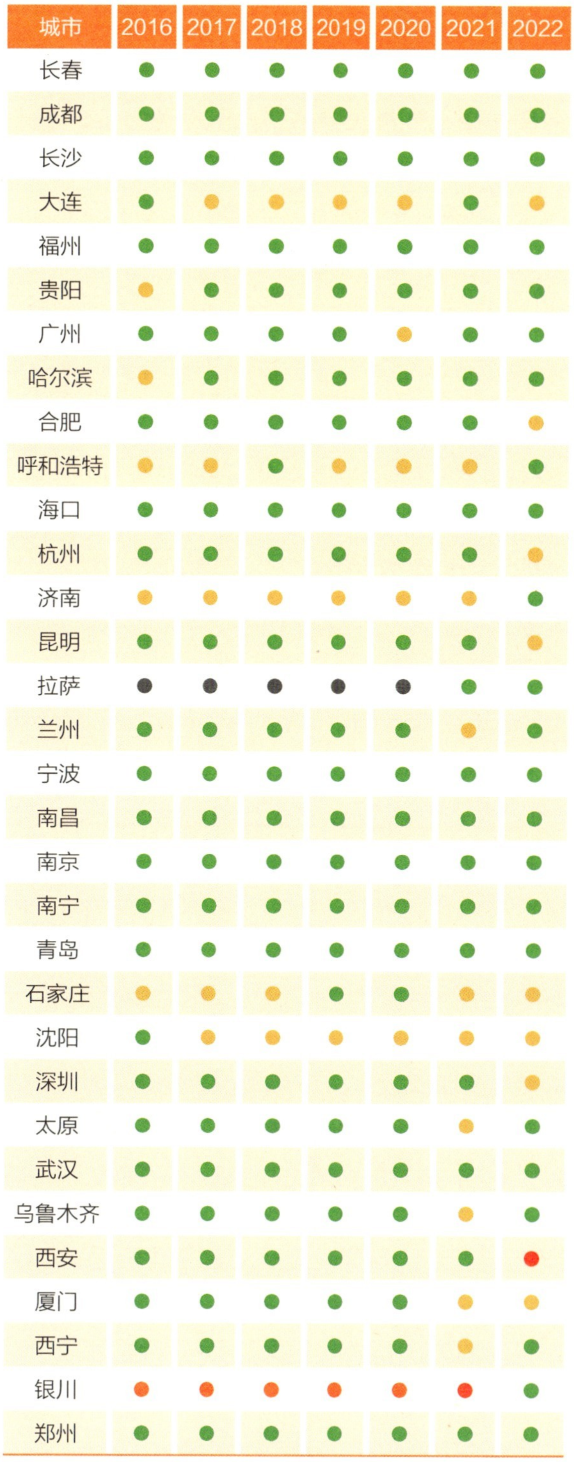

图 2.32　副省级及省会城市 2016—2022 年防灾减灾专题指示板

（6）环境改善

如图2.33所示，在环境改善方面，七年间参评城市整体上分数呈上升趋势，全部城市2022年指示板表现为绿色。根据评估结果可以看出，随着我国对生态环境质量的持续关注，出台的一系列环境政策得以实施落地，取得了显著的成效，城市环境质量改善成效显著，中国城市环境质量总体达到了较好的水平。由于地理条件和产业结构的布局，我国中部和北部在环境质量发展方面处于劣势，但随着北方城市产业结构调整、发展节能降耗的集约型经济，南北方城市在环境质量方面的差距也在不断缩小。副省级及省会城市2016—2022年环境改善专题得分及排名见附表8。

图2.33 副省级及省会城市2016—2022年环境改善专题指示板

（7）公共空间

如图2.34所示，参评城市七年间整体表现以黄色和橙色为主，在2022年表现出较为明显的向好趋势。在参评城市中，有7个城市（长春、长沙、杭州、兰州、南京、南宁、宁波）在2022年由橙色或黄色转为绿色，两个城市（大连、福州）连续两年表现为绿色。整体来看，32座副省级及省会城市在公共空间方面仍有待提升。副省级及省会城市2016—2022年公共空间专题得分及排名见附表9。

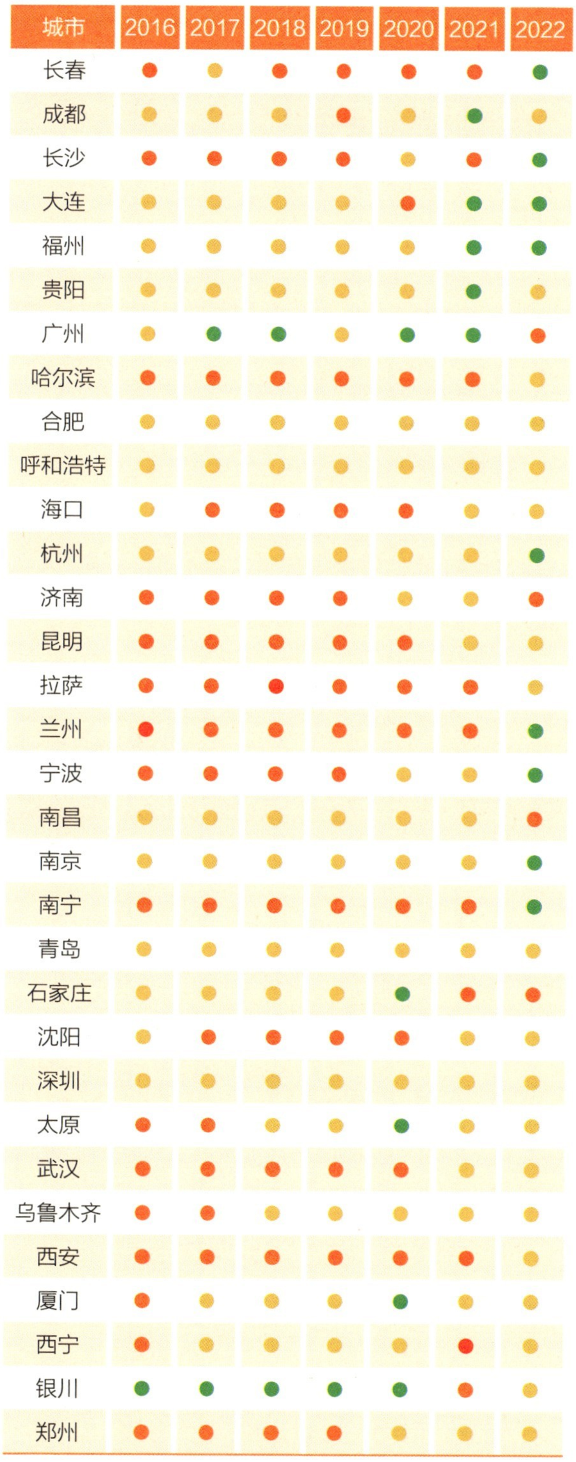

图2.34 副省级及省会城市2016—2022年公共空间专题指示板

2.4 地级市评估

2.4.1 2022年地级市现状评估

2.4.1.1 总体情况

在充分考虑地域分布及城市发展基础的背景下，选择了107个有国家级可持续发展实验示范建设基础的地级城市作为评估对象。整体得分前50名的城市及其得分见表2.17。

在所有城市中，得分最高的为海西蒙古族藏族自治州（76.32分），得分最低的是四平市（46.80分），分差达29.52分。与副省级城市及省会城市相比，地级市整体上呈现出了更为明显的分化趋势，共有15座城市的总体得分超过了副省级城市及省会城市中得分最高的西宁，但同时也有7座城市落后于副省级城市及省会城市中得分最低的石家庄。

根据城市规模将参评的107个地级市分为

地级市落实SDG11前50名及其得分　　　　　　　　　　表2.17

排名	城市	得分	排名	城市	得分
1	海西蒙古族藏族自治州	76.32	20	烟台	67.06
2	黄山	74.75	21	桂林	67.00
3	鹰潭	72.34	22	丽江	66.85
4	海南藏族自治州	71.89	23	宜昌	66.70
5	黔南布依族苗族自治州	71.82	24	丽水	66.47
6	郴州	71.19	25	东营	66.01
7	上饶	70.39	26	洛阳	65.93
8	抚州	70.33	27	焦作	65.85
9	泸州	70.00	28	台州	65.51
10	岳阳	69.87	29	三明	65.38
11	林芝	69.51	30	天水	65.33
12	鹤壁	69.03	31	邵阳	65.25
13	龙岩	68.79	32	酒泉	65.18
14	湖州	68.58	33	盐城	65.02
15	株洲	68.57	34	吉安	64.90
16	宝鸡	68.18	35	湘潭	64.29
17	乐山	67.76	36	漳州	64.21
18	南平	67.58	37	连云港	63.81
19	襄阳	67.49	38	泉州	63.78

续表

排名	城市	得分	排名	城市	得分
39	常州	63.75	45	德阳	63.35
40	徐州	63.65	46	平顶山	62.88
41	金华	63.54	47	信阳	62.71
42	江门	63.51	48	赣州	62.48
43	无锡	63.38	49	广安	62.47
44	铜陵	63.36	50	大庆	62.40

小城市、中等城市、Ⅱ型大城市、Ⅰ型大城市、特大城市和超大城市，划分结果如图2.35所示。不同规模地级市SDG11平均得分情况如图2.36所示。超大城市中，SDG11得分最高的是苏州，分数为58.39，得分最低的是东莞，分数为52.64；特大城市中，SDG11得分最高的是上饶，分数为70.39，得分最低的是唐山，分数为51.05；Ⅰ型大城市中，SDG11得分最高的是黔南布依族苗族自治州，分数为71.82，得分最低的是榆林，分数为41.52；Ⅱ型大城市中，SDG11得分最高的是黄山，分数为74.75，得分最低的是四平，分数为46.80；中等城市中，SDG11得分最高的是白山，分数为59.22，得分最低的是克拉玛依，分数为54.37；小城市中，SDG11得分最高的是海西蒙古族藏族自治州，分数为76.32，得分最低的是昌吉回族自治州，分数为48.03。对于地级市而言，小城市、特大城市、Ⅰ型大城市和Ⅱ型大城市SDG11得分较高，而规模更大的超大城市和人口规模较小的中等城市，从平均得分上看均处于相对不利的状况。

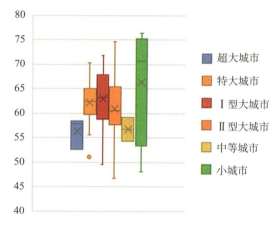

图2.36　不同规模地级市SDG11得分情况

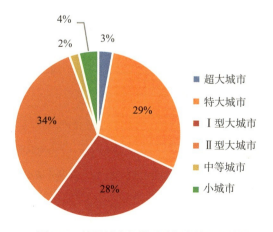

图2.35　按照城市规模对地级市的划分情况

根据经济发展水平将参评的107个地级市划为三类。其中，各类城市占比如图2.37所示，分类结果见表2.18。

从地级市的SDG11得分情况来看（图2.38），一类地级市得分＞二类地级市得分＞三类地级市得分。与2021年同类别地级市落实SDG11得分相比，一类和二类地级市有小幅度提升，三类地级市有小幅度下降。一类地级市中，SDG11得分最高的是海西蒙古族藏族自治

城市类型	城市	数量
一类地级市	巴音郭楞蒙古自治州、包头、宝鸡、昌吉回族自治州、常州、长治、大庆、德阳、东莞、东营、鄂尔多斯、佛山、海西蒙古族藏族自治州、湖州、黄山、嘉兴、江门、金华、晋城、荆门、酒泉、克拉玛依、连云港、林芝、龙岩、洛阳、南平、南通、泉州、日照、三明、绍兴、朔州、苏州、宿迁、台州、唐山、铜陵、潍坊、无锡、湘潭、襄阳、徐州、许昌、烟台、盐城、宜昌、鹰潭、榆林、岳阳、漳州、株洲、淄博	53
二类地级市	安阳、白山、本溪、郴州、承德、赤峰、德州、抚州、赣州、广安、桂林、海南藏族自治州、邯郸、鹤壁、呼伦贝尔、淮北、淮南、黄冈、吉安、焦作、晋中、廊坊、乐山、丽江、丽水、辽源、临沧、临沂、泸州、眉山、南阳、平顶山、濮阳、黔南布依族苗族自治州、曲靖、上饶、韶关、渭南、信阳、阳泉、营口、云浮、枣庄、中卫、遵义	45
三类地级市	毕节、固原、梅州、牡丹江、邵阳、四平、绥化、天水、铁岭	9

表 2.18 地级市分类结果

图 2.37 地级市类型划分

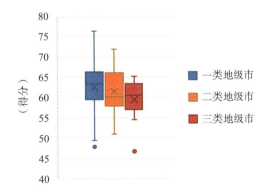

图 2.38 不同类型地级市 SDG11 得分情况

州,分数为 76.32,得分最低的是朔州,分数为 47.86;二类地级市中,SDG11 得分最高的是海南藏族自治州,分数为 71.89,得分最低的是呼伦贝尔,分数为 50.92;三类地级市中,SDG11 得分最高的是天水,分数为 65.33,得分最低的是四平,分数为 46.80。三类地级市经济发展水平较低,受财政等因素制约,在 SDG11 的整体表现上明显比一、二类地级市差。

分专题来看(图 2.39),地级市在规划管理和环境改善 2 个专题得分差距较小,特别是在环境改善专题,所有类型地级市得分均处于较高水平;遗产保护专题得分明显低于其他 6 个专题,需要着重关注和改善;住房保障专题得分除三类地级市外都偏低,亟须改善。公共交通、规划管理、防灾减灾和公共空间四个专题的得分受城市经济规模的影响较大,整体上呈现出经济发展水平较高的城市对应专题得分较高的特点。

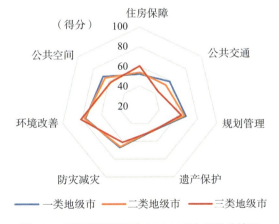

图 2.39 不同类型地级市 SDG11 各专题得分情况

(1)一类地级市

一类地级市总体得分及排名表 2.19。

一类地级市总体得分及排名 表2.19

排名	城市	得分	等级	排名	城市	得分	等级
1	海西蒙古族藏族自治州	76.32	●	28	无锡	63.38	●
2	黄山	74.75	●	29	铜陵	63.36	●
3	鹰潭	72.34	●	30	德阳	63.35	●
4	岳阳	69.87	●	31	大庆	62.40	●
5	林芝	69.51	●	32	南通	62.34	●
6	龙岩	68.79	●	33	宿迁	61.98	●
7	湖州	68.58	●	34	许昌	61.33	●
8	株洲	68.57	●	35	佛山	61.26	●
9	宝鸡	68.18	●	36	荆门	61.22	●
10	南平	67.58	●	37	绍兴	61.06	●
11	襄阳	67.49	●	38	鄂尔多斯	60.83	●
12	烟台	67.06	●	39	嘉兴	60.45	●
13	宜昌	66.70	●	40	包头	59.41	●
14	东营	66.01	●	41	日照	59.35	●
15	洛阳	65.93	●	42	长治	59.12	●
16	台州	65.51	●	43	苏州	58.39	●
17	三明	65.38	●	44	潍坊	58.06	●
18	酒泉	65.18	●	45	晋城	58.02	●
19	盐城	65.02	●	46	淄博	57.61	●
20	湘潭	64.29	●	47	克拉玛依	54.37	●
21	漳州	64.21	●	48	巴音郭楞蒙古自治州	52.94	●
22	连云港	63.81	●	49	东莞	52.64	●
23	泉州	63.78	●	50	唐山	51.05	●
24	常州	63.75	●	51	榆林	49.52	●
25	徐州	63.65	●	52	昌吉回族自治州	48.03	●
26	金华	63.54	●	53	朔州	47.86	●
27	江门	63.51	●				

一类地级市分专题指示板见图2.40，具体得分及排名见附表10。

参评城市	住房保障	公共交通	规划管理	遗产保护	防灾减灾	环境改善	公共空间
巴音郭楞蒙古自治州	●	●	●	●	●	●	●
包头	●	●	●	●	●	●	●
宝鸡	●	●	●	●	●	●	●
昌吉回族自治州	●	●	●	●	●	●	●
长治	●	●	●	●	●	●	●

参评城市	住房保障	公共交通	规划管理	遗产保护	防灾减灾	环境改善	公共空间
常州	🔴	🟡	🟢	🔴	🟢	🟢	🟢
大庆	🟢	🟡	🟢	🟢	🟢	🟡	🟢
德阳	🟡	🟡	🟢	🔴	🟢	🟢	🟡
东莞	🔴	🟡	🟢	🔴	🟢	🟢	🟢
东营	🟡	🟡	🟢	🟢	🟢	🟡	🟢
鄂尔多斯	🟡	🔴	🟡	🟢	🔴	🟢	🟢
佛山	🔴	🟢	🟡	🔴	🟢	🟢	🟢
海西蒙古族藏族自治州	🟡	🟢	🟢	🟢	⚫	🟢	⚫
湖州	🔴	🟢	🟢	🟡	🟢	🟢	🟢
黄山	🟡	🔴	🟢	🟢	🟢	🟢	🟢
嘉兴	🔴	🟢	🟢	🟡	🟢	🟢	🟡
江门	🟡	🟡	🟢	🔴	🟢	🟢	🟢
金华	🟢	🟡	🟢	🟡	🟢	🟢	🟢
晋城	🔴	🟢	🟡	🔴	🟡	🟢	🟢
荆门	🟡	🔴	🟡	🔴	🟡	🟢	🟢
酒泉	🟡	🟡	🟡	🟡	🟡	🟢	🟢
克拉玛依	🟢	🟡	🟡	🔴	🔴	🟢	🟡
连云港	🔴	🟢	🟢	🟢	🟢	🟢	🟢
林芝	🟡	🔴	🔴	🟢	⚫	🟢	🟢
龙岩	🟡	🟡	🟡	🟡	🟢	🟢	🟢
洛阳	🔴	🟢	🟢	🔴	🟢	🟢	🟢
南平	🟡	🟢	🟢	🟢	🟢	🟢	🟢
南通	🔴	🟢	🟢	🟡	🟡	🟢	🟢
泉州	🔴	🟢	🟢	🔴	🟢	🟢	🟢
日照	🔴	🔴	🟢	🟡	🟡	🟢	🟢
三明	🟡	🔴	🟡	🟡	🟢	🟢	🟢
绍兴	🔴	🟢	🟢	🟡	🟢	🟢	🟡
朔州	🟡	🔴	🟡	🔴	🔴	🟡	🟢
苏州	🔴	🟡	🟢	🟡	🟢	🟡	🟢
宿迁	🔴	🟢	🔴	🟢	🟢	🟢	🟢
台州	🔴	🟢	🟢	🟢	🟡	🟢	🟡
唐山	🔴	🟢	🟡	🟡	🔴	🟢	🟢
铜陵	🟡	🟢	🟢	🟡	🔴	🟡	🟢
潍坊	🔴	🟢	🟡	🟢	🟢	🟢	🟢
无锡	🔴	🟡	🟡	🟡	🔴	🟢	🟢
湘潭	🟢	🟢	🟡	🟢	🔴	🟢	🟡
襄阳	🟢	🟢	🟢	🟡	🟢	🟢	🟢

参评城市	住房保障	公共交通	规划管理	遗产保护	防灾减灾	环境改善	公共空间
徐州	🔴	🟡	🟢	🟡	🟢	🟢	🟢
许昌	🟡	🟢	🟢	🔴	🟢	🟢	🟢
烟台	🔴	🟢	🟢	🟡	🟢	🟢	🟢
盐城	🔴	🔴	🟢	🔴	🟢	🟢	🟢
宜昌	🟡	🔴	🟢	🟡	🟢	🟢	🟢
鹰潭	🟢	🟡	🟢	🟡	🟢	🟢	🟢
榆林	🟡	🔴	🟢	🔴	🔴	🟡	🟢
岳阳	🟢	🟡	🟢	🟡	🟡	🟢	🟢
漳州	🔴	🟡	🟢	🟡	🟢	🟢	🟢
株洲	🟢	🟡	🟢	🟡	🟢	🟢	🟢
淄博	🔴	🟡	🟢	🔴	🟡	🟢	🟢

图2.40 一类地级市各专题评估指示板

（2）二类地级市

二类地级市总体得分及排名见表2.20。

二类地级市总体得分及排名　　表2.20

排名	城市	得分	等级	排名	城市	得分	等级
1	海南藏族自治州	71.89	🟢	19	眉山	61.57	🟡
2	黔南布依族苗族自治州	71.82	🟢	20	黄冈	61.49	🟡
3	郴州	71.19	🟢	21	南阳	61.30	🟡
4	上饶	70.39	🟢	22	阳泉	60.54	🟡
5	抚州	70.33	🟢	23	韶关	60.12	🟡
6	泸州	70.00	🟢	24	承德	60.07	🟡
7	鹤壁	69.03	🟢	25	德州	59.83	🟡
8	乐山	67.76	🟢	26	邯郸	59.46	🟡
9	桂林	67.00	🟢	27	白山	59.22	🟡
10	丽江	66.85	🟢	28	云浮	59.20	🟡
11	丽水	66.47	🟢	29	营口	58.76	🟡
12	焦作	65.85	🟢	30	曲靖	58.70	🟡
13	吉安	64.90	🟡	31	廊坊	58.40	🟡
14	平顶山	62.88	🟡	32	遵义	58.04	🟡
15	信阳	62.71	🟡	33	临沂	57.93	🟡
16	赣州	62.48	🟡	34	本溪	57.88	🟡
17	广安	62.47	🟡	35	赤峰	57.74	🟡
18	渭南	61.97	🟡	36	辽源	57.43	🟡

排名	城市	得分	等级	排名	城市	得分	等级
37	淮南	57.28	●	42	枣庄	54.78	●
38	淮北	56.03	●	43	临沧	54.61	●
39	濮阳	55.80	●	44	中卫	54.12	●
40	晋中	55.80	●	45	呼伦贝尔	50.92	●
41	安阳	55.58	●				

二类地级市分专题指示板见图2.41，具体得分及排名见附表11。

参评城市	住房保障	公共交通	规划管理	遗产保护	防灾减灾	环境改善	公共空间
安阳	●	●	●	●	●	●	●
白山	●	●	●	●	●	●	●
本溪	●	●	●	●	●	●	●
郴州	●	●	●	●	●	●	●
承德	●	●	●	●	●	●	●
赤峰	●	●	●	●	●	●	●
德州	●	●	●	●	●	●	●
抚州	●	●	●	●	●	●	●
赣州	●	●	●	●	●	●	●
广安	●	●	●	●	●	●	●
桂林	●	●	●	●	●	●	●
海南藏族自治州	●	●	●	●	●	●	●
邯郸	●	●	●	●	●	●	●
鹤壁	●	●	●	●	●	●	●
呼伦贝尔	●	●	●	●	●	●	●
淮北	●	●	●	●	●	●	●
淮南	●	●	●	●	●	●	●
黄冈	●	●	●	●	●	●	●
吉安	●	●	●	●	●	●	●
焦作	●	●	●	●	●	●	●
晋中	●	●	●	●	●	●	●
廊坊	●	●	●	●	●	●	●
乐山	●	●	●	●	●	●	●
丽江	●	●	●	●	●	●	●
丽水	●	●	●	●	●	●	●
辽源	●	●	●	●	●	●	●
临沧	●	●	●	●	●	●	●

参评城市	住房保障	公共交通	规划管理	遗产保护	防灾减灾	环境改善	公共空间
临沂	🔴	🟡	🟢	🟡	🟡	🟡	🟢
泸州	🟡	🟢	🟢	🔴	🟢	🟢	🟡
眉山	🟡	🟡	🟢	🔴	🟢	🟢	🟡
南阳	🔴	🟡	🟢	🟡	🟢	🟢	🟢
平顶山	🟡	🟢	🟢	🔴	🟡	🟡	🟡
濮阳	🔴	🟡	🟢	🔴	🟡	🟢	🟡
黔南布依族苗族自治州	🟢	🟡	🟡	🟡	🟡	🟢	⚫
曲靖	🟡	🔴	🟡	🔴	🟢	🟡	🔴
上饶	🟢	🟡	🟡	🟡	🟢	🟡	🟡
韶关	🟡	🔴	🟡	🟡	🟡	🟡	🟡
渭南	🟢	🟡	🟡	🟡	🟢	🟢	🟡
信阳	🟡	🔴	🟡	🔴	🟡	🟡	🟡
阳泉	🟡	🟢	🟡	🟡	🟡	🟡	🟡
营口	🟡	🟡	🟡	🟡	🔴	🟡	🟡
云浮	🟡	🟡	🟢	🔴	🟡	🟢	🟢
枣庄	🔴	🟡	🟡	🟡	🔴	🟡	🟡
中卫	🔴	🟡	🔴	🟡	🔴	🟢	🟢
遵义	🟡	🔴	🟢	🟡	🟡	🟢	🟡

图 2.41 二类地级市各专题评估指标板

（3）三类地级市

三类地级市得分及排名见表 2.21。

三类地级市总体得分及排名　　表 2.21

排名	城市	得分	指示板	排名	城市	得分	指示板
1	邵阳	65.25	🟢	6	绥化	59.15	🟡
2	固原	61.75	🟡	7	铁岭	54.63	🟡
3	梅州	61.26	🟡	8	四平	46.80	🔴
4	牡丹江	60.56	🟡	9	天水	65.33	🟢
5	毕节	60.34	🟡				

三类地级市分专题指示板见图2.42，具体得分及排名见附表12。

参评城市	住房保障	公共交通	规划管理	遗产保护	防灾减灾	环境改善	公共空间
毕节	🟢	🟠	🟢	🔴	⚫	🟢	🟡
固原	🔴	🔴	🟡	🟡	🟡	🟢	🟢
梅州	🟡	🟡	🟡	🔴	🟡	🟢	🟡
牡丹江	🟡	🟡	🟡	🟡	🟡	🟢	🔴
邵阳	🟢	🟠	🟡	🟡	🟡	🟢	🟡
四平	🟡	🟠	🟡	🔴	🔴	🟢	🟡
绥化	🟢	🟠	🟢	🟡	🟡	🟢	🔴
天水	🔴	🟡	🟢	🟢	🟡	🟢	🟡
铁岭	🟡	🟡	🟡	🟡	🔴	🟢	🟡

图 2.42　三类地级市各专题评估指标板

2.4.1.2　各专题情况

（1）住房保障

住房保障专题得分排名前十的地级市分布在新疆、河南、湖南、贵州、湖北、江西和黑龙江（表2.22）。我国长三角地区、珠三角地区等经济发达地区的地级市在住房保障专题得分普遍不理想，出现区域经济发展与居民生活质量提升之间脱钩的现象。城市在保障经济良好发展的同时，应适当关注提升民生福祉，做到社会经济均衡发展。的地级市在住房保障专题得分普遍不理想，出现区域经济发展与居民生活质量提升之间脱钩的现象。城市在保障经济良好发展的同时，应适当关注提升民生福祉，做到社会经济均衡发展。

参评城市中，有3个城市（唐山、廊坊、东莞）在"住房保障"专题得分表现为红色，即面临严峻挑战，39个城市表现为橙色，即面临较大挑战（图2.43~图2.45）。所有参评城市的"城镇居民人均住宅建筑面积"为53.54平方米，相比2021年（40.72平方米）有所提升。该指

参评地级市住房保障专题前十位及得分　表2.22

排名	城市	得分
1	巴音郭楞蒙古自治州	95.98
2	克拉玛依	89.91
3	黔南布依族苗族自治州	82.84
4	邵阳	79.43
5	大庆	76.82
6	郴州	76.44
7	焦作	75.50
8	鹰潭	74.85
9	上饶	73.31
10	襄阳	69.92

标中有69个城市表现为红色或橙色，相比2021年减少了18个，可以看出尽管近些年来我国城市居民住房条件方面已经得到了一定程度的改善，但是对人均住房面积的提高仍然有较大的提升空间。目前我国社会经济处于平稳发展态势，"租售比"和"房价收入比"指标整体表现良好，在未来将有更多比例的人群拥有匹配其住房需求的住房支付实力，人均住房建筑面积指标将得到进一步改善。

参评城市	城镇居民人均住房建筑面积	租售比	房价收入比	专题评估
巴音郭楞蒙古自治州	黑	绿	黑	绿
包头	红	黄	绿	黄
宝鸡	红	绿	绿	黄
昌吉回族自治州	黑	绿	黑	绿
长治	红	红	绿	红
常州	绿	红	绿	红
大庆	黄	绿	绿	绿
德阳	红	绿	绿	绿
东莞	红	红	红	红
东营	红	橙	绿	橙
鄂尔多斯	红	绿	绿	绿
佛山	红	橙	橙	红
海西蒙古族藏族自治州	红	绿	绿	黄
湖州	红	黄	绿	红
黄山	绿	黄	橙	黄
嘉兴	红	红	绿	红
江门	红	绿	黄	黄
金华	红	橙	绿	红
晋城	红	绿	绿	绿
荆门	红	绿	绿	绿
酒泉	红	绿	绿	绿
克拉玛依	绿	绿	绿	绿
连云港	绿	绿	红	红
林芝	红	绿	绿	黄
龙岩	绿	绿	绿	绿
洛阳	黄	橙	红	红
南平	黄	黄	绿	黄
南通	绿	红	红	红
泉州	红	红	绿	红
日照	红	绿	绿	绿
三明	黄	黄	黄	黄
绍兴	红	红	绿	红
朔州	红	绿		
苏州	黄	红	红	红

参评城市	城镇居民人均住房建筑面积	租售比	房价收入比	专题评估
宿迁	黄	红	绿	橙
台州	红	橙	绿	红
唐山	红	绿	绿	绿
铜陵	红	黄	绿	黄
潍坊	红	绿	绿	绿
无锡	绿	橙	红	红
湘潭	红	绿	绿	绿
襄阳	红	绿	绿	绿
徐州	黄	红	红	红
许昌	红	绿	绿	绿
烟台	红	黄	绿	黄
盐城	红	红	绿	红
宜昌	黄	绿	绿	绿
鹰潭	绿	绿	绿	绿
榆林	红	绿	绿	绿
岳阳	黄	绿	绿	绿
漳州	红	橙	绿	红
株洲	红	绿	绿	绿
淄博	红	绿	绿	绿

图 2.43 一类地级市住房保障专题评估指示板

参评城市	城镇居民人均住房建筑面积	租售比	房价收入比	专题评估
安阳	黄	黄	绿	黄
白山	红	绿	绿	黄
本溪	红	绿	绿	绿
郴州	绿	绿	绿	绿
承德	红	绿	绿	绿
赤峰	红	橙	绿	橙
德州	红	红	绿	红
抚州	绿	绿	绿	绿
赣州	绿	绿	红	红
广安	红	黄	绿	黄
桂林	黄	红	绿	红
海南藏族自治州	红	绿	绿	绿

参评城市	城镇居民人均住房建筑面积	租售比	房价收入比	专题评估
邯郸	🔴	🔴	🔴	🔴
鹤壁	🟡	🟡	🟢	🔴
呼伦贝尔	🔴	🟢	🟢	🔴
淮北	🔴	🟢	🟡	🔴
淮南	🔴	🔴	🟢	🔴
黄冈	🔴	🟢	🟢	🔴
吉安	🔴	🟡	🟢	🟢
焦作	🟢	🟢	🟢	🟢
晋中	🔴	🟡	🟢	🟡
廊坊	🔴	🔴	🟢	🔴
乐山	🔴	🟢	🟢	🟡
丽江	🔴	🟢	🟢	🔴
丽水	🔴	🟢	🔴	🔴
辽源	🔴	🟢	🟢	🟡
临沧	🔴	🟡	🟢	🟢
临沂	🔴	🔴	🔴	🔴
泸州	🔴	🟢	🟢	🔴
眉山	🔴	🟢	🟢	🔴
南阳	🔴	🟢	🟢	🔴
平顶山	🟡	🟢	🟢	🟡
濮阳	🔴	🔴	🔴	🔴
黔南布依族苗族自治州	🟢	🟢	🟢	🟢
曲靖	🔴	🟡	🟢	🟡
上饶	🟢	🟢	🟢	🟢
韶关	🔴	🟢	🟢	🔴
渭南	🔴	🟢	🟢	🔴
信阳	🟡	🟢	🟢	🟡
阳泉	🔴	🟢	🟢	🟡
营口	🔴	🟢	🟢	🔴
云浮	🔴	🟢	🟢	🟡
枣庄	🔴	🟢	🟢	🔴
中卫	🔴	🟢	🟢	🔴
遵义	🔴	🟢	🔴	🔴

图2.44 二类地级市住房保障专题评估指示板

参评城市	城镇居民人均住房建筑面积	租售比	房价收入比	专题评估
毕节	🔴	🟢	🟢	🟢
固原	🔴	🟢	🟢	🔴
梅州	🟡	🟢	🟢	🔴
牡丹江	🔴	🟢	🟢	🔴
邵阳	🔴	🟢	🟢	🟢
四平	🔴	🟢	🟢	🔴
绥化	🟡	🟢	🟢	🔴
天水	🔴	🟢	🟡	🔴
铁岭	🔴	🟢	🟢	🔴

图2.45 三类地级市住房保障专题评估指示板

（2）公共交通

公共交通专题的指标选取不仅考虑到当地交通网络规划建设规模，也将城市交通服务落实到人均诉求的水平纳入到考核体系中，这使得经济发展水平高，交通网络庞大，但人群密度较高的城市在该专题的得分并不理想。在公共交通专题前十位的地级市中，有6个来自一类地级市，3个来自二类地级市，1个来自三类地级市（表2.23）。表明对于地级市而言，良好的宏观经济运行状态为城市的交通基础设施建设提供了有效保障，经济发展是城市公共交通事业发展的重要支撑（图2.46、图2.47）。

参评地级市公共交通专题前十位及得分　表2.23

排名	城市	得分
1	海西蒙古族藏族自治州	87.18
2	营口	79.82
3	嘉兴	79.61
4	铜陵	78.59
5	邯郸	74.67
6	淮北	73.79
7	鹤壁	73.69
8	洛阳	73.31

续表

排名	城市	得分
9	海南藏族自治州	73.30
10	平顶山	72.74

参评城市	公共交通发展指数	道路网密度	交通事故发生率	专题评估
巴音郭楞蒙古自治州	● 黑	● 黑	● 黑	● 黑
包头	● 黄	● 橙	● 绿	● 黄
宝鸡	● 黄	● 绿	● 黑	● 黄
昌吉回族自治州	● 黑	● 黑	● 黑	● 黑
长治	● 红	● 绿	● 黑	● 绿
常州	● 黄	● 绿	● 黄	● 黄
大庆	● 黄	● 黄	● 黑	● 黄
德阳	● 红	● 黄	● 黄	● 橙
东莞	● 红	● 绿	● 黄	● 黄
东营	● 黄	● 黄	● 绿	● 黄
鄂尔多斯	● 红	● 红	● 黄	● 橙
佛山	● 黄	● 绿	● 黄	● 绿
海西蒙古族藏族自治州	● 绿	● 黑	● 绿	● 绿
湖州	● 黄	● 绿	● 黑	● 绿
黄山	● 红	● 橙	● 黄	● 橙
嘉兴	● 红	● 绿	● 黄	● 黄
江门	● 橙	● 绿	● 绿	● 黄
金华	● 红	● 绿	● 黄	● 黄
晋城	● 黄	● 绿	● 绿	● 绿
荆门	● 红	● 黄	● 橙	● 橙
酒泉	● 红	● 黄	● 黄	● 橙
克拉玛依	● 黄	● 橙	● 黑	● 黄
连云港	● 黄	● 黄	● 绿	● 黄
林芝	● 红	● 黑	● 绿	● 橙
龙岩	● 红	● 黄	● 黑	● 黄
洛阳	● 黄	● 绿	● 黄	● 绿
南平	● 红	● 黄	● 黑	● 橙
南通	● 黄	● 绿	● 绿	● 黄
泉州	● 红	● 绿	● 绿	● 绿

参评城市	公共交通发展指数	道路网密度	交通事故发生率	专题评估
日照	● 黄	● 黄	● 绿	● 黄
三明	● 红	● 黄	● 黑	● 橙
绍兴	● 黄	● 绿	● 黑	● 黄
朔州	● 红	● 绿	● 黑	● 橙
苏州	● 黄	● 绿	● 黄	● 黄
宿迁	● 黄	● 黄	● 黄	● 黄
台州	● 橙	● 绿	● 黑	● 绿
唐山	● 黄	● 黄	● 黄	● 黄
铜陵	● 黄	● 绿	● 黄	● 绿
潍坊	● 红	● 黄	● 黄	● 橙
无锡	● 黄	● 绿	● 黄	● 黄
湘潭	● 黄	● 黄	● 黄	● 黑
襄阳	● 红	● 黄	● 绿	● 橙
徐州	● 橙	● 黄	● 黄	● 黄
许昌	● 红	● 黄	● 绿	● 绿
烟台	● 黄	● 绿	● 黄	● 绿
盐城	● 红	● 黄	● 绿	● 黄
宜昌	● 红	● 黄	● 黄	● 黄
鹰潭	● 红	● 黄	● 绿	● 橙
榆林	● 红	● 黄	● 黄	● 橙
岳阳	● 红	● 红	● 绿	● 黄
漳州	● 红	● 黄	● 绿	● 橙
株洲	● 黄	● 绿	● 绿	● 绿
淄博	● 黄	● 绿	● 黄	● 黄

图2.46 一类地级市公共交通专题评估指示板

参评城市	公共交通发展指数	道路网密度	交通事故发生率	专题评估
安阳	● 红	● 绿	● 黑	● 黄
白山	● 黄	● 橙	● 绿	● 橙
本溪	● 黄	● 黄	● 黑	● 黄
郴州	● 黄	● 红	● 黄	● 黄
承德	● 橙	● 黄	● 黑	● 橙
赤峰	● 红	● 橙	● 绿	● 橙
德州	● 橙	● 黄	● 黄	● 黄
抚州	● 红	● 橙	● 黄	● 黄

第二篇 城市评估

参评城市	公共交通发展指数	道路网密度	交通事故发生率	专题评估
赣州	红	橙	灰	红
广安	红	橙	绿	灰
桂林	红	黄	绿	黄
海南藏族自治州	黄	橙	灰	绿
邯郸	红	绿	绿	绿
鹤壁	黄	橙	绿	橙
呼伦贝尔	红	红	绿	橙
淮北	橙	黄	绿	黄
淮南	红	黄	绿	橙
黄冈	红	绿	绿	绿
吉安	红	橙	绿	红
焦作	橙	绿	灰	黄
晋中	红	橙	绿	橙
廊坊	红	绿	灰	黄
乐山	红	绿	绿	橙
丽江	橙	黄	绿	灰
丽水	橙	绿	绿	黄
辽源	黄	红	红	橙
临沧	橙	橙	灰	橙
临沂	红	绿	绿	黄
泸州	橙	绿	绿	绿
眉山	红	绿	绿	绿
南阳	红	绿	灰	黄
平顶山	红	黄	绿	绿
濮阳	红	黄	绿	黄
黔南布依族苗族自治州	黄	灰	绿	黄
曲靖	红	绿	绿	橙
上饶	红	橙	红	红
韶关	红	绿	红	红
渭南	红	黄	绿	黄
信阳	红	绿	灰	绿
阳泉	黄	绿	绿	黄
营口	黄	黄	绿	绿
云浮	红	橙	绿	绿

参评城市	公共交通发展指数	道路网密度	交通事故发生率	专题评估
枣庄	黄	橙	灰	黄
中卫	红	红	绿	黄
遵义	红	黄	绿	橙

图2.47 二类地级市公共交通专题评估指示板

参评城市	公共交通发展指数	道路网密度	交通事故发生率	专题评估
毕节	红	绿	绿	橙
固原	橙	橙	绿	橙
梅州	黄	绿	绿	绿
牡丹江	橙	橙	灰	灰
邵阳	红	绿	绿	红
四平	红	橙	灰	红
绥化	红	红	绿	橙
天水	黄	黄	绿	黄
铁岭	红	绿	绿	橙

图2.48 三类地级市公共交通专题评估指示板

（3）规划管理

规划管理专题排名前十位的地级市主要分布在我国中东部地区（表2.24），这些地区经济体量大，人口密度高，在城市长期的运营过程中探索出较好的社会经济规划管理政策措施，因此得分相对出色。该专题的具体指标受到人口因素影响程度高，如何有效应对人口压力配置资源，是城市规划管理需要重点探索的方向。

参评地级市规划管理专题前十位及得分　表2.24

排名	城市	得分
1	昌吉回族自治州	100.00
2	东莞	77.42
3	鹤壁	77.37
4	枣庄	76.82
5	许昌	76.55
6	南阳	76.29

续表

排名	城市	得分
7	廊坊	76.22
8	无锡	76.19
9	泉州	75.90
10	常州	75.87

参评城市中没有城市表现为红色，2021年唯一一个表现为红色的城市——巴音郭楞蒙古自治州，在2022年规划管理专题表现为黄色，有显著进步；林芝、中卫和海南藏族自治州3个城市表现为橙色，距离实现可持续发展目标存在明显差距。2021年，我国国家贫困线以下人口比例实现0，脱贫攻坚战取得了伟大胜利，提前实现了2030年可持续发展目标，是国家乃至世界在实现可持续发展道路上的重大成果。在2022年，我国持续发力，防止脱贫户、边缘户返贫，巩固了脱贫攻坚的成果。

"财政自给率"是衡量城市自我维持社会经济运行状态的重要指标，参评城市中该指标表现为红色或橙色的城市高达63个（图2.49~图2.51），且集中在二、三类地级市。目前三类地级市的财政自给率远低于参评城市的平均水平，面临较大挑战。

"单位GDP能耗"是反映城市能源利用效率的关键指标，参评城市中有15个城市在该指标表现为红色或橙色。从我国"双碳"目标的规划与具体进程来看，所有城市在降低单位GDP能耗刻不容缓。降低单位GDP能耗，也是推进能源清洁低碳转型、倒逼产业结构调整的现实需要，此项指标亟需各城市投入重点关注进行改善。

参评城市	国家贫困线以下人口比例	财政自给率	基本公共服务保障能力	单位GDP能耗	单位GDP水耗	国土开发强度	人均日生活用水量	专题评估
巴音郭楞蒙古自治州	绿	红	黄	黑	黑	黑	黑	黄
包头	绿	红	绿	红	绿	橙	绿	绿
宝鸡	绿	红	绿	红	绿	红	绿	绿
昌吉回族自治州	绿	黑	绿	黑	绿	黑	黑	黑
长治	绿	黄	绿	黄	绿	绿	绿	绿
常州	绿	绿	绿	绿	绿	红	绿	绿
大庆	绿	黄	绿	绿	绿	绿	绿	绿
德阳	绿	红	绿	绿	绿	红	黄	绿
东莞	绿	绿	绿	绿	绿	红	绿	绿
东营	绿	绿	黄	绿	绿	红	红	黄
鄂尔多斯	绿	绿	橙	橙	绿	绿	绿	绿
佛山	绿	绿	黄	绿	绿	红	绿	绿
海西蒙古族藏族自治州	绿	黑	绿	黑	黑	红	黑	绿
湖州	绿	绿	绿	绿	绿	红	黄	绿
黄山	绿	红	黄	绿	绿	绿	绿	绿
嘉兴	绿	绿	绿	绿	绿	红	黄	绿
江门	绿	黄	绿	绿	绿	绿	红	绿

参评城市	国家贫困线以下人口比例	财政自给率	基本公共服务保障能力	单位GDP能耗	单位GDP水耗	国土开发强度	人均日生活用水量	专题评估
金华	绿	黄	绿	绿	绿	红	红	黄
晋城	绿	黄	红	红	绿	绿	黄	绿
荆门	绿	红	绿	绿	绿	红	绿	绿
酒泉	绿	红	黄	黑	绿	红	绿	绿
克拉玛依	绿	绿	红	黑	绿	红	红	绿
连云港	绿	红	绿	绿	绿	绿	黄	绿
林芝	绿	红	绿	黑	绿	红	红	绿
龙岩	绿	绿	绿	绿	绿	红	红	绿
洛阳	绿	黄	绿	绿	绿	绿	黄	绿
南平	绿	红	绿	绿	绿	红	红	绿
南通	绿	绿	绿	绿	绿	红	绿	绿
泉州	绿	绿	绿	绿	绿	绿	红	绿
日照	绿	绿	绿	绿	黄	红	绿	绿
三明	绿	红	绿	绿	绿	绿	绿	绿
绍兴	绿	绿	黄	绿	绿	红	红	绿
朔州	绿	黄	红	红	绿	红	绿	绿
苏州	绿	绿	绿	绿	绿	红	绿	绿
宿迁	绿	红	绿	绿	绿	黄	绿	绿
台州	绿	黄	绿	绿	绿	红	红	绿
唐山	绿	黑	绿	红	绿	绿	绿	绿
铜陵	绿	红	绿	绿	绿	黄	红	绿
潍坊	绿	绿	绿	绿	绿	红	绿	绿
无锡	绿	绿	绿	黑	绿	红	黄	绿
湘潭	绿	红	黄	黄	绿	黄	黄	绿
襄阳	绿	红	绿	绿	绿	绿	绿	绿
徐州	绿	红	绿	绿	绿	绿	绿	绿
许昌	绿	绿	绿	绿	绿	绿	绿	绿
烟台	绿	绿	黄	绿	绿	红	绿	绿
盐城	绿	红	绿	绿	绿	绿	绿	绿
宜昌	绿	黄	绿	黄	绿	黄	黄	绿
鹰潭	绿	绿	绿	绿	绿	绿	绿	绿
榆林	绿	绿	绿	红	绿	红	绿	绿
岳阳	绿	红	绿	绿	绿	绿	红	绿
漳州	绿	黄	绿	绿	绿	绿	红	绿
株洲	绿	黄	黄	绿	绿	绿	绿	绿
淄博	绿	绿	绿	红	绿	红	绿	绿

图2.49　一类地级市规划管理专题评估指示板

参评城市	国家贫困线以下人口比例	财政自给率	基本公共服务保障能力	单位GDP能耗	单位GDP水耗	国土开发强度	人均日生活用水量	专题评估
安阳	🟢	🟡	🟢	🟡	🟢	🟡	🟡	🟢
白山	🟢	⚫	🟡	🟢	🟢	🔴	🟢	🟢
本溪	🟢	🟡	🟢	🔴	🟡	🔴	🟢	🟡
郴州	🟢	🔴	🟢	🟢	🟢	🔴	🟡	🟢
承德	🟢	🔴	🟢	🟡	🟢	🔴	🟢	🟢
赤峰	🟢	🔴	🟢	🔴	🟢	🔴	🟢	🟢
德州	🟢	🟡	🟢	🟢	🟢	🟢	🟡	🟢
抚州	🟢	🔴	🟢	🟢	🟢	🔴	🟡	🟡
赣州	🟢	🔴	🟢	🟢	🟢	🟢	🟢	🟢
广安	🟢	🔴	🟢	🟢	🟢	🔴	🟢	🟢
桂林	🟢	🔴	🟢	⚫	🟢	🔴	🔴	🟢
海南藏族自治州	🟢	⚫	🔴	🟢	⚫	🔴	⚫	🔴
邯郸	🟢	🟡	🟢	🟡	🟢	🔴	🟢	🟢
鹤壁	🟢	🟢	🟢	🟢	🟢	🟡	🟢	🟢
呼伦贝尔	🟢	🔴	🟢	🔴	🔴	🟢	🟡	🟢
淮北	🟢	🟡	🟢	🟢	🟢	🟢	🟢	🟢
淮南	🟢	🟡	🟢	🟢	🟢	🟢	🟢	🟢
黄冈	🔴	🔴	🟡	🟢	🟢	🔴	🟢	🟢
吉安	🟢	🔴	🟢	🟢	🟢	🔴	🟢	🟢
焦作	🟢	🟡	🟢	🟢	🟢	🟡	🟢	🟢
晋中	🟢	🔴	🟢	🔴	🟢	🔴	🟢	🟢
廊坊	🟢	🟡	🟢	🟢	🟢	🟡	🟢	🟢
乐山	🟢	🔴	🟢	🟢	🟢	🟡	🟢	🟢
丽江	🟢	🔴	🟢	🟢	🟢	🔴	🟡	🟡
丽水	🟢	🟡	🟢	🟢	🟢	🟢	🟢	🟢
辽源	🟢	⚫	🟡	🟡	🟢	🔴	🟢	🟢
临沧	🟢	🔴	🟢	🟢	🟢	🟢	🟢	🟢
临沂	🟢	🟡	🟢	🟢	🟢	🔴	🟢	🟢
泸州	🟢	🟡	🟢	🟢	🟢	🔴	🟢	🟢
眉山	🟢	🟢	🟢	🟢	🟢	🟢	🟢	🟢
南阳	🟢	🔴	🟢	🟢	🟢	🟢	🟢	🟢
平顶山	🟢	🟢	🟢	🟢	🟢	🟡	🟢	🟢
濮阳	🟢	🔴	🟡	🟢	🟢	🟡	🟢	🟢
黔南布依族苗族自治州	🟢	🔴	🟢	🟢	⚫	⚫	⚫	🟡
曲靖	🟢	🔴	🟢	🟢	🟢	🔴	🟢	🟢

参评城市	国家贫困线以下人口比例	财政自给率	基本公共服务保障能力	单位GDP能耗	单位GDP水耗	国土开发强度	人均日生活用水量	专题评估
上饶	绿	黑	橙	绿	绿	绿	黄	绿
韶关	绿	红	绿	黄	绿	红	红	黄
渭南	绿	红	绿	红	绿	绿	绿	黄
信阳	绿	红	绿	红	绿	绿	绿	绿
阳泉	绿	绿	红	红	绿	红	绿	黄
营口	绿	黄	黄	黑	绿	绿	黄	绿
云浮	绿	红	绿	绿	黄	绿	黄	绿
枣庄	绿	黄	绿	红	绿	红	绿	绿
中卫	绿	红	绿	红	绿	绿	绿	绿
遵义	绿	红	绿	绿	绿	红	绿	绿

图 2.50　二类地级市规划管理专题评估指示板

参评城市	国家贫困线以下人口比例	财政自给率	基本公共服务保障能力	单位GDP能耗	单位GDP水耗	国土开发强度	人均日生活用水量	专题评估
毕节	绿	绿	绿	黑	绿	绿	绿	绿
固原	绿	红	红	绿	绿	绿	绿	黄
梅州	绿	红	绿	黄	绿	红	红	绿
牡丹江	绿	红	绿	绿	绿	红	黄	绿
邵阳	绿	红	绿	绿	绿	绿	绿	绿
四平	绿	黑	绿	黄	黄	红	绿	绿
绥化	绿	红	绿	绿	绿	红	绿	绿
天水	绿	红	绿	黑	绿	绿	绿	绿
铁岭	绿	红	绿	绿	绿	红	绿	黄

图 2.51　三类地级市规划管理专题评估指示板

（4）遗产保护

遗产保护专题得分较高的城市中，少数民族聚集区占比较大，主要分布在我国中部及西部地区（表2.25）。少数民族聚集区注重自然资源和民俗文化保护型的经济发展，因此自然和人文遗产得到了一定程度的保护。

参评城市中有56个城市在遗产保护专题的表现为红色或橙色（图2.52~图2.54），说明多数城市在城市追求经济发展的同时较为忽视对遗产的有效保护和利用，需要在遗产保护方面采取积极行动，守护自然和文化遗产，提升相关指标得分。

参评地级市遗产保护专题前十位及得分　表 2.25

排名	城市	得分
1	海南藏族自治州	95.83
2	林芝	88.14
3	海西蒙古族藏族自治州	86.99
4	黄山	82.59
5	酒泉	78.36
6	东营	74.08
7	巴音郭楞蒙古自治州	67.72
8	本溪	67.53
9	渭南	66.91
10	呼伦贝尔	65.63

参评城市	每万人国家A级景区数量	万人非物质文化遗产数量	自然保护地面积占陆域国土面积比例	专题评估
巴音郭楞蒙古自治州	⚫	⚫	🟢	🟢
包头	🟠	🔴	🟠	🔴
宝鸡	🟡	🟡	🟡	🟡
昌吉回族自治州	⚫	⚫	🔴	🔴
长治	🔴	🟡	🟠	🟠
常州	🔴	🔴	🟠	🟠
大庆	🔴	🟡	🔴	🔴
德阳	🟠	🟡	⚫	🟠
东莞	🔴	🔴	🔴	🔴
东营	🟢	🟡	🟢	🟢
鄂尔多斯	🟢	🟢	🟢	🟢
佛山	🔴	🟡	🔴	🔴
海西蒙古族藏族自治州	🟢	🟢	🟢	⚫
湖州	🟢	🟢	🟠	🟢
黄山	🟢	🟢	🟡	🟢
嘉兴	🟡	🟠	🔴	🟠
江门	🔴	🔴	🔴	🔴
金华	🟡	🟢	🟢	🟡
晋城	🟠	🟢	🟠	🟠
荆门	🟠	🔴	🟡	🟠
酒泉	🟢	🟡	🟢	🟢
克拉玛依	🟢	🔴	🟠	🟠
连云港	🟡	🟡	🟠	🟡
林芝	🟢	🟡	🟠	🟠
龙岩	🟢	🟡	🟡	🟡
洛阳	🟠	🔴	🟡	🟠
南平	🟢	🟡	🟡	🟡
南通	🔴	🟠	🟡	🟠
泉州	🟠	🟡	🟠	🟠
日照	🟡	🟡	⚫	🟡
三明	🟢	🟡	🟠	🟡
绍兴	🟡	🟡	🔴	🟠
朔州	🔴	🟡	🔴	🔴

参评城市	每万人国家A级景区数量	万人非物质文化遗产数量	自然保护地面积占陆域国土面积比例	专题评估
苏州	🔴	🟠	🟠	🟠
宿迁	🟡	🔴	🟢	🟠
台州	🟡	🟡	🟢	🟡
唐山	🔴	🟠	🔴	🔴
铜陵	🟠	🔴	🟢	🟠
潍坊	🟡	🟡	🟠	🟡
无锡	🔴	🟠	🟢	🟠
湘潭	🟠	🔴	🟡	🟠
襄阳	🔴	🟠	🟡	🟠
徐州	🔴	🟠	🔴	🔴
许昌	🔴	🔴	🔴	🔴
烟台	🟡	🟡	🟡	🟡
盐城	🟠	🔴	🟠	🟠
宜昌	🟡	🟡	🟠	🟡
鹰潭	🟠	🟠	🟡	🟠
榆林	🟡	🟡	🔴	🟠
岳阳	🔴	🟠	🟢	🟠
漳州	🟠	🟡	🟡	🟡
株洲	🟠	🔴	🟢	🟡
淄博	🟡	🟡	🔴	🟠

图2.52 一类地级市遗产保护专题评估指示板

参评城市	每万人国家A级景区数量	万人非物质文化遗产数量	自然保护地面积占陆域国土面积比例	专题评估
安阳	🔴	🟠	🔴	🔴
白山	🟢	🔴	🟡	🟡
本溪	🟡	🟡	🟡	🟡
郴州	🟡	🟡	🟢	🟡
承德	🟡	🟡	🟡	🟡
赤峰	🟠	🟡	🟢	🟡
德州	🟡	🟡	🟡	🟠
抚州	🟢	🟡	🟡	🟡
赣州	🟠	🔴	🟡	🟠
广安	🟡	🔴	🟡	🟠
桂林	🟢	🔴	🟡	🟠

中国落实2030年可持续发展议程目标11评估报告

中国城市人居蓝皮书（2023）

参评城市	每万人国家A级景区数量	万人非物质文化遗产数量	自然保护地面积占陆域国土面积比例	专题评估
海南藏族自治州	🟢	🟢	⚫	🟢
邯郸	🔴	🟡	🟠	🔴
鹤壁	🟡	🟠	🔴	🟠
呼伦贝尔	🟢	🟡	🟠	🟢
淮北	🟡	🔴	🔴	🔴
淮南	🟡	🔴	🟠	🟠
黄冈	🟡	🟠	🟠	🟠
吉安	🟡	🟡	🟠	🟡
焦作	🟡	🟡	🟠	🟡
晋中	🟡	🟢	🟠	🟡
廊坊	🔴	🟡	🔴	🔴
乐山	🟡	🟡	🟠	🟡
丽江	🟡	🔴	🟢	🟠
丽水	🟢	🟡	🟢	🟢
辽源	🟡	🔴	🟢	🟠
临沧	🟡	🟡	🟢	🟡
临沂	🟡	🟠	🟢	🟡
泸州	🟡	🟡	🟢	🟡
眉山	🟡	🔴	🟢	🟠
南阳	🔴	🟠	🟠	🟠
平顶山	🟡	🟡	🔴	🟠
濮阳	🔴	🔴	🔴	🔴
黔南布依族苗族自治州	🟡	🟡	🟡	🟡
曲靖	🔴	🟠	🟢	🔴
上饶	🟠	🟡	🟠	🟠
韶关	🟠	🟡	🟡	🟡
渭南	🟠	🟡	🟢	🟢
信阳	🔴	🔴	🟡	🟠
阳泉	🟡	🟡	🟡	🟡
营口	🟠	🟡	🟡	🟡
云浮	🟡	🟡	🔴	🟠
枣庄	🟠	🔴	🔴	🔴
中卫	🔴	🟡	🟠	🟠
遵义	🟠	🟡	🟡	🟠

图 2.53 二类地级市遗产保护专题评估指示板

参评城市	每万人国家A级景区数量	万人非物质文化遗产数量	自然保护地面积占陆域国土面积比例	专题评估
毕节	🔴	🔴	🔴	🔴
固原	🟡	🟡	🟡	🟡
梅州	🟡	🟡	🔴	🟠
牡丹江	🟢	🟡	🟡	🟡
邵阳	🔴	🟠	🟢	🟠
四平	🔴	🔴	🔴	🔴
绥化	🟡	🟡	🟡	🟡
天水	🟢	🟡	🔴	🟠
铁岭	🟠	🟠	🟢	🟠

图 2.54 三类地级市遗产保护专题评估指示板

（5）防灾减灾

在地级市防灾减灾专题评估中，排名前十的城市分布区域广泛，包含一、二类地级市（表2.26），说明受我国灾种多样、灾次频发的自然灾害影响，并且这些城市采取了积极的防灾减灾建设管理行动，并取得了一定效果。参评城市中有16个城市在防灾减灾专题的表现为红色或橙色，全球气候变暖背景下，我国极端天气气候事件多发频发，这些城市仍需加强防灾减灾救灾体系建设。

参评地级市防灾减灾专题前十位及得分　表2.26

排名	城市	得分
1	丽江	99.43
2	黄山	96.90
3	临沧	95.74
4	泸州	95.59
5	桂林	94.59
6	宝鸡	92.61
7	株洲	92.22
8	盐城	90.74
9	龙岩	89.13
10	南平	88.88

从指示板（图2.55~图2.57）中看出，参评城市的人均水利、环境和公共设施管理业固定投资水平指标表现较为薄弱，城市需要适当加大该方面的投资，以保障防灾减灾设施的有效管理和运行，牢固城市抵御自然灾害的能力。单位GDP碳排放和人均碳排放是反映城市碳排放的核心指标，面向实现我国提出的"双碳"目标，所有城市应当重视这两项指标的优化。

参评城市	人均水利、环境和公共设施管理业固定投资	单位GDP碳排放	人均碳排放	专题评估
巴音郭楞蒙古自治州	⚫	🔴	⚫	🔴
包头	🟢	🔴	🔴	🟢
宝鸡	🟢	🟢	🟢	🟢
昌吉回族自治州	⚫	🔴	⚫	🔴
长治	🟡	🔴	🔴	🟡
常州	⚫	🟢	🟢	🟢
大庆	⚫	🟢	🟢	🟢
德阳	🟠	🟢	🟢	🟢
东莞	🔴	🟢	🟢	🟡
东营	🟢	🟢	🟡	🟢
鄂尔多斯	🟡	🔴	🔴	🔴
佛山	🟠	🟢	🟢	🟢
海西蒙古族藏族自治州	⚫	⚫	⚫	⚫
湖州	🟡	🟢	🟢	🟢
黄山	🟢	🟢	🟢	🟢
嘉兴	🟠	🟢	🟢	🟢
江门	🟠	🟢	🟢	🟢
金华	🟡	🟢	🟢	🟢
晋城	🟠	🟡	🟡	🟠
荆门	🟡	🟢	🟢	🟢
酒泉	⚫	🟢	🟢	🟢
克拉玛依	🔴	⚫	⚫	🔴
连云港	🟢			

参评城市	人均水利、环境和公共设施管理业固定投资	单位GDP碳排放	人均碳排放	专题评估
林芝	⚫	⚫	⚫	⚫
龙岩	⚫	🟢	🟢	🟢
洛阳	🟡	🟢	🟢	🟢
南平	🟢	🟢	🟢	🟢
南通	🟠	🟢	🟢	🟢
泉州	🔴	🟢	🟢	🟢
日照	🟠	🟡	🟡	🟠
三明	🟢	🟢	🟢	🟢
绍兴	🟡	🟢	🟢	🟢
朔州	🔴	🔴	🔴	🔴
苏州	🔴	🟢	🟢	🟡
宿迁	🟠	🟢	🟢	🟢
台州	🟠	🟢	🟢	🟢
唐山	⚫	🔴	🔴	🔴
铜陵	🟡	🟢	🟢	🟡
潍坊	🟠	🟢	🟢	🟡
无锡	🟠	🟢	🟢	🟢
湘潭	🟢	🟢	🟢	🟢
襄阳	🟢	🟢	🟢	🟢
徐州	⚫	🟢	🟢	🟢
许昌	🟠	🟢	🟢	🟢
烟台	🟡	🟢	🟢	🟢
盐城	⚫	🟢	🟢	🟢
宜昌	🟠	🟢	🟢	🟢
鹰潭	🟡	🟢	🟢	🟢
榆林	🟠	🟢	🔴	🟠
岳阳	🟢	🟢	🟢	🟢
漳州	🟢	🟢	🟢	🟢
株洲	🟢	🟢	🟢	🟢
淄博	🟠	🟢	🟡	🟡

图2.55 一类地级市防灾减灾专题指示板

参评城市	人均水利、环境和公共设施管理业固定投资	单位GDP碳排放	人均碳排放	专题评估
安阳	红	黄	绿	黄
白山	黑	黄	绿	绿
本溪	红	红	红	红
郴州	绿	绿	绿	绿
承德	黄	黄	绿	绿
赤峰	黑	橙	黄	橙
德州	红	绿	绿	绿
抚州	黄	绿	绿	绿
赣州	绿	绿	绿	绿
广安	黄	绿	绿	绿
桂林	黑	绿	绿	绿
海南藏族自治州	黑	绿	绿	绿
邯郸	黄	红	绿	黄
鹤壁	绿	绿	绿	绿
呼伦贝尔	红	红	红	红
淮北	红	绿	绿	黄
淮南	橙	黄	绿	绿
黄冈	黄	绿	绿	绿
吉安	绿	绿	绿	绿
焦作	红	绿	绿	绿
晋中	橙	橙	黄	绿
廊坊	黑	绿	绿	绿
乐山	黄	绿	绿	绿
丽江	绿	绿	绿	绿
丽水	绿	绿	绿	绿
辽源	橙	绿	绿	黄
临沧	黑	绿	绿	绿
临沂	红	绿	绿	绿
泸州	黑	绿	绿	绿
眉山	橙	绿	绿	绿
南阳	红	绿	绿	绿
平顶山	红	绿	绿	黄
濮阳	绿	绿	绿	绿
黔南布依族苗族自治州	黑	绿	绿	绿

参评城市	人均水利、环境和公共设施管理业固定投资	单位GDP碳排放	人均碳排放	专题评估
曲靖	黑	绿	绿	绿
上饶	红	绿	绿	绿
韶关	红	绿	绿	黄
渭南	红	绿	绿	绿
信阳	红	绿	绿	绿
阳泉	橙	黄	黄	绿
营口	红	红	绿	绿
云浮	红	绿	绿	绿
枣庄	红	绿	黄	黄
中卫	红	红	红	红
遵义	红	绿	绿	绿

图2.56　二类地级市防灾减灾专题指示板

参评城市	人均水利、环境和公共设施管理业固定投资	单位GDP碳排放	人均碳排放	专题评估
毕节	黑	黑	黑	黑
固原	红	黄	绿	黄
梅州	红	绿	绿	黄
牡丹江	黑	绿	绿	黑
邵阳	红	绿	绿	绿
四平	绿	绿	红	红
绥化	绿	绿	绿	绿
天水	黑	绿	绿	绿
铁岭	红	绿	绿	红

图2.57　三类地级市防灾减灾专题指示板

（6）环境改善

环境改善专题排名前十位的城市包含一、二类地级市（表2.27）。环境改善专题排名最高的是丽水市，其生态环境状况指数连续18年位居浙江省第一，并且是全国唯一水、气环境质量排名同时进入前十的地级市。南平市多次入选我国自然资源部公布的"生态产品价值实现案例"，在保护生态环境的同时实现了经济的高速发展，是"两山论"的重要实践基地，是其他城市需要投入学习的典范。

参评地级市环境改善专题前十位及得分　表2.27

排名	城市	得分
1	丽水	95.03
2	赣州	93.76
3	黄山	93.39
4	林芝	92.99
5	桂林	92.61
6	南平	92.57
7	上饶	92.26
8	吉安	91.91
9	丽江	91.74
10	韶关	91.73

参评城市中巴音郭楞蒙古自治州的环境质量专题表现为红色，昌吉回族自治州的表现为橙色，面临严峻挑战（图2.58~图2.60）。评估结果很大程度上受到指标数据获取的影响，两个城市仅有"城市空气质量优良天数比率"和"生态环境状况指数"纳入统计，且两个城市的"生态环境状况指数"都表现为红色。"生态环境状况指数"是制约大多数城市环境改善专题表现的指标，参评城市中有16个城市表现为红色，这些城市需要尽快采取生态修复和自然资源保护的行动，注重区域整体的生态环境水平的提升。参评城市生活垃圾无害化处理率平均值稳定在99%以上，说明城市在生活垃圾的处置方面投入了努力，但是目前可供城市使用的垃圾填埋场逐渐减少，如何合理处置垃圾是城市发展要重视的关键。"十四五"规划明确提出地级及以上城市的空气质量优良比率要达到87.5%，而参评的107个城市中只有34个城市达到该目标，距离可持续发展目标的实现还有很长一段距离。

参评城市	城市空气质量优良天数比率	生活垃圾无害化处理率	生态环境状况指数	地表水水质优良比例	城市污水处理率	年均PM$_{2.5}$浓度	专题评估
巴音郭楞蒙古自治州	🟠	⚫	🔴	⚫	⚫	⚫	🔴
包头	🟢	🟢	🟡	🟢	🟢	🟢	🟢
宝鸡	🟢	🟢	🟡	🟢	🟢	🟡	🟢
昌吉回族自治州	🟡	⚫	🔴	⚫	⚫	⚫	🟠
长治	🟡	🟢	🟢	🟢	🟢	🟡	🟢
常州	🟡	🟢	🟢	🟢	🟢	🟡	🟢
大庆	🟢	🟢	🟠	🔴	🔴	🟢	🟡
德阳	🟢	🟢	🟢	🟢	🟢	🟢	🟢
东莞	🟢	🟢	🟡	🟡	🟢	🟢	🟢
东营	🟡	🟢	🔴	🔴	🟢	🟡	🟡
鄂尔多斯	🟢	🟢	🟠	🟡	🟢	🟢	🟢
佛山	🟢	🟢	🟢	🟢	🟢	🟢	🟢
海西蒙古族藏族自治州	🟢	🟢	⚫	🟠	🟢	⚫	🟢

参评城市	城市空气质量优良天数比率	生活垃圾无害化处理率	生态环境状况指数	地表水水质优良比例	城市污水处理率	年均PM$_{2.5}$浓度	专题评估
湖州	🟢	🟢	🟢	🟢	🟢	🟢	🟢
黄山	🟢	🟢	🟢	🟢	🟢	🟢	🟢
嘉兴	🟢	🟢	🟡	🟢	🟢	🟢	🟢
江门	🟢	🟢	🟢	🟢	🟢	🟢	🟢
金华	🟢	🟢	🟢	🟢	🟢	🟢	🟢
晋城	🟡	🟢	🔴	🟢	🟢	🟡	🟢
荆门	🟢	🟢	🟡	🟢	🟢	🟡	🟢
酒泉	🟢	🟢	🔴	🟢	🟢	🟢	🟢
克拉玛依	🟢	🟢	🔴	🟢	🟢	🟢	🟢
连云港	🟢	🟢	🔴	🟢	🟢	🟢	🟢
林芝	🟢	🟢	🟢	⚫	🟢	🟢	🟢
龙岩	🟢	🟢	🟡	🟢	🟢	🟢	🟢
洛阳	🔴	🟢	🔴	🟢	🟢	🟡	🟢
南平	🟢	🟢	🟢	🟢	🟢	🟢	🟢
南通	🟢	🟢	🟡	🟢	🟢	🟢	🟢
泉州	🟢	🟢	🔴	🟢	🟢	🟢	🟢
日照	🟢	🟢	🔴	🔴	🟢	🟢	🟢
三明	🟢	🟢	🟡	🟢	🔴	🟢	🟢
绍兴	🟢	🟢	🟢	🟢	🟢	🟢	🟢
朔州	🟢	🟢	🔴	🔴	🟢	🟢	🟡
苏州	🟢	🟢	🔴	🟢	🟢	🟢	🟢
宿迁	🟢	🟢	🟡	🟢	🟢	🟢	🟢
台州	🟢	🟢	🟢	🟢	🟢	🟢	🟢
唐山	🟡	🟢	🔴	🟢	🟢	🟢	🟢
铜陵	🟢	🟢	🔴	🟢	🟢	🟡	🟢
潍坊	🟢	🟢	🔴	🟢	🟢	🟢	🟢
无锡	🟢	🟢	🟡	🟢	🟢	🟢	🟢
湘潭	🟢	🟢	🟢	🟢	🟢	🟡	🟢
襄阳	🟡	🟢	🟢	🟢	🟢	🔴	🟢
徐州	🟢	🟢	🔴	🟢	🟢	🟡	🟢
许昌	🟡	🟢	🔴	🟢	🟢	🟡	🟢
烟台	🟢	🟢	🔴	🟢	🟢	🟢	🟢
盐城	🟢	🟢	🟢	🟢	🟢	🟢	🟢
宜昌	🟢	🟢	🟢	🟢	🟢	🟡	🟢
鹰潭	🟢	🟢	🟢	🟢	🟢	🟢	🟢
榆林	🟢	🟢	🔴	🔴	🟢	🟢	🟢

参评城市	城市空气质量优良天数比率	生活垃圾无害化处理率	生态环境状况指数	地表水水质优良比例	城市污水处理率	年均PM₂.₅浓度	专题评估
岳阳	🟢	🟢	🟢	🟢	🟢	🟡	🟢
漳州	🟢	🟢	🟠	🟢	🟢	🟢	🟢
株洲	🟢	🟢	🟢	🟢	🟢	🟡	🟢
淄博	🟠	🟢	🟠	🟢	🟢	🟠	🟢

图2.58 一类地级市环境改善专题评估指示板

参评城市	城市空气质量优良天数比率	生活垃圾无害化处理率	生态环境状况指数	地表水水质优良比例	城市污水处理率	年均PM₂.₅浓度	专题评估
安阳	🟠	🟢	🔴	🟢	🟢	🟠	🟡
白山	🟢	🟢	🟢	🟢	🟢	🟢	🟢
本溪	🟢	🟢	🟢	🟢	🟢	🟢	🟢
郴州	🟢	🟢	🟢	🟢	🟢	🟢	🟢
承德	🟢	🟢	🟡	🟢	🟢	🟢	🟢
赤峰	🟢	🟢	🟢	🟢	🟢	🟢	🟢
德州	🟠	🟢	🟢	🟡	🟢	🟢	🟢
抚州	🟢	🟢	🟢	🟢	🟢	🟢	🟢
赣州	🟢	🟢	🟢	🟢	🟢	🟢	🟢
广安	⚫	🟢	🟡	🟢	🟢	🟡	🟢
桂林	🟢	🟢	🟢	🟢	🟢	🟢	🟢
海南藏族自治州	🟢	⚫	🟡	🟢	⚫	⚫	🟢
邯郸	🟡	🟢	🔴	🟢	🟢	🟢	🟢
鹤壁	🟠	🟢	🟠	🟢	⚫	🟠	🟡
呼伦贝尔	🟢	🟢	🟡	🟡	🟢	🟢	🟢
淮北	🟢	🟢	🟠	🔴	🟢	🟢	🟢
淮南	🟡	🟢	🟢	🟢	🟢	🟢	🟢
黄冈	🟢	🟢	🟡	🟢	🟠	🟢	🟢
吉安	🟢	🟢	🟢	🟢	🟢	🟢	🟢
焦作	🟠	🟢	🟠	🟠	🟢	🟡	🟡
晋中	⚫	🟢	🟢	🟢	🟢	🟢	🟢
廊坊	🟡	🟢	🔴	🔴	🟢	🟡	🟢
乐山	🟢	🟢	🟢	🟢	🟢	🟢	🟢
丽江	🟢	🟢	🟢	🟢	🟢	🟢	🟢
丽水	🟢	🟢	🟢	🟢	🟢	🟢	🟢
辽源	🟢	🟢	🟢	🟢	🟢	🟢	🟢
临沧	⚫	🟢	🟢	🟠	🟢	🟢	🟢
临沂	🟠	🟢	🔴	🟠	🟢	🟡	🟡

参评城市	城市空气质量优良天数比率	生活垃圾无害化处理率	生态环境状况指数	地表水水质优良比例	城市污水处理率	年均PM$_{2.5}$浓度	专题评估
泸州	🟢	🟢	🟡	🟢	🟢	🟢	🟢
眉山	🟢	🟢	🟢	🟢	🟢	🟡	🟢
南阳	🔴	🟢	🟢	🟢	🟢	🟠	🟢
平顶山	🟡	🟢	🟡	🟢	🟢	🟠	🟢
濮阳	🟠	🟢	🟠	🟢	🟢	🟠	🟢
黔南布依族苗族自治州	🟢	⚫	🟢	🟢	⚫	⚫	🟢
曲靖	🟢	🟢	🟡	🟢	🟢	🟢	🟢
上饶	🟢	🟢	🟢	🟢	🟢	🟢	🟢
韶关	🟢	🟢	🟢	🟢	🟢	🟢	🟢
渭南	🟠	🟢	🟡	🟠	🟢	🟡	🟢
信阳	🟢	🟢	🟢	🟢	🟢	🟡	🟢
阳泉	🟡	🟢	🔴	🔴	🟢	🟡	🟢
营口	🟢	🟢	🟠	🟢	🟢	🟡	🟢
云浮	🟢	🟢	🟢	🟢	🟢	🟢	🟢
枣庄	🟠	🟢	🟢	🟢	🟢	🟡	🟢
中卫	🟢	🟢	🟠	⚫	🟢	🟢	🟢
遵义	🟢	🔴	🟡	🟢	🟢	🟢	🟢

图2.59　二类地级市环境改善专题评估指示板

参评城市	城市空气质量优良天数比率	生活垃圾无害化处理率	生态环境状况指数	地表水水质优良比例	城市污水处理率	年均PM$_{2.5}$浓度	专题评估
毕节	🟢	⚫	🟢	🟢	🟢	⚫	🟢
固原	🟢	🟢	🟡	🟢	🟢	🟢	🟢
梅州	🟢	🟢	🟢	🟢	🟢	🟢	🟢
牡丹江	🟢	🟢	🟢	🟢	🟢	🟢	🟢
邵阳	🟢	🟢	🟢	🟢	🟢	🟡	🟢
四平	🟢	🟢	🟠	🟢	🟢	🟢	🟢
绥化	🟢	🟢	🟠	🟠	🟢	🟢	🟢
天水	🟢	🟢	🔴	🟢	🟢	🟢	🟢
铁岭	🟢	🟢	🟠	🟡	🟢	🟡	🟢

图2.60　三类地级市环境改善专题评估指示板

（7）公共空间

公共空间专题得分排名前十的地级市地域分布较为广泛（表2.28）。受到常住人口数量的影响，人口密度较高的城市对应的人均指标数值偏低，反映在公共空间专题表现较为薄弱。

参评地级市公共空间专题前十位及得分 表2.28

排名	城市	得分
1	鄂尔多斯	91.45
2	林芝	89.39
3	固原	87.82
4	德州	86.20
5	中卫	85.91
6	鹤壁	85.30
7	吉安	83.43
8	上饶	83.24
9	黄山	82.61
10	江门	81.35

参评城市中有5个城市在公共空间专题的表现为橙色，与可持续发展目标存在明显差距（图2.61~图2.63）。制约地级市公共空间专题表现的主要指标为人均公园绿地面积，大多数城市的指标评级为橙色或黄色。优化公共空间资源配置，提升人均公园绿地面积，是改善公共空间建设质量、营造绿色环境的重要途径。

参评城市	人均公园绿地面积	建成区绿地率	专题评估
巴音郭楞蒙古自治州	●	●	●
包头	🟡	🟢	🟢
宝鸡	🔴	🟢	🟡
昌吉回族自治州	●	●	●
长治	🔴	🟢	🟡
常州	🔴	🟢	🟢
大庆	🔴	🟢	🟢
德阳	🟡	🟢	🟢
东莞	🟢	●	🟢
东营	🟢	🟢	🟢
鄂尔多斯	🟢	🟢	🟢
佛山	🟢	🟢	🟢
海西蒙古族藏族自治州	●	●	●
湖州	🟡	🟢	🟢
黄山	🟢	🟢	🟢
嘉兴	🟡	🟡	🟡
江门	🟢	🟢	🟢
金华	🔴	🟢	🟢
晋城	🟡	🟢	🟢
荆门	🔴	🟢	🟢
酒泉	🟡	🟢	🟢
克拉玛依	🔴	🔴	🟡
连云港	🟡	🟢	🟢
林芝	🟢	🟢	🟢
龙岩	🟡	🟢	🟢
洛阳	🟡	🟢	🟢
南平	🔴	🟢	🟢
南通	🟢	🟢	🟢
泉州	🔴	🟢	🟢
日照	🟡	🟢	🟢
三明	🟡	🟢	🟢
绍兴	🔴	🟡	🟡
朔州	🔴	🟢	🟡
苏州	🔴	🟢	🟡

参评城市	人均公园绿地面积	建成区绿地率	专题评估
宿迁	🟡	🟢	🟢
台州	🔴	🟢	🟡
唐山	🟡	🟢	🟢
铜陵	🟡	🟢	🟢
潍坊	🟡	🟢	🟢
无锡	🔴	🟢	🟢
湘潭	🔴	🟢	🟡
襄阳	🟡	🟢	🟢
徐州	🟡	🟢	🟢
许昌	🟡	🟢	🟢
烟台	🟡	🟢	🟢
盐城	🟡	🟢	🟢
宜昌	🔴	🟢	🟢
鹰潭	🟡	🟢	🟢
榆林	🟡	🟡	🟡
岳阳	🔴	🟢	🟢
漳州	🟡	🟢	🟢
株洲	🔴	🟢	🟡
淄博	🟡	🟢	🟢

图 2.61　一类地级市公共空间专题评估指示板

参评城市	人均公园绿地面积	建成区绿地率	专题评估
安阳	🔴	🟢	🟡
白山	🔴	🟡	🔴
本溪	🔴	🟢	🟢
郴州	🔴	🟢	🟢
承德	🟢	🟢	🟢
赤峰	🟢	🟢	🟢
德州	🟢	🟢	🟢
抚州	🟡	🟢	🟢
赣州	🟡	🟢	🟢
广安	🟡	🟢	🟡
桂林	🔴	🟢	🟡

参评城市	人均公园绿地面积	建成区绿地率	专题评估
海南藏族自治州	⚫	⚫	⚫
邯郸	🟡	🟢	🟢
鹤壁	🟢	🟢	🟢
呼伦贝尔	🟡	🟢	🟡
淮北	🟡	🟢	🟢
淮南	🔴	🟢	🟢
黄冈	🔴	🟢	🟡
吉安	🟡	🟢	🟢
焦作	🟡	🟢	🟢
晋中	🟡	🟢	🟢
廊坊	🔴	🔴	🔴
乐山	🟡	🟢	🟡
丽江	🟡	🟡	🟡
丽水	🔴	🟢	🟢
辽源	🔴	🟢	🟢
临沧	🔴	🔴	🔴
临沂	🟢	🟡	🟡
泸州	🔴	🟢	🟡
眉山	🔴	🟢	🟡
南阳	🟡	🟢	🟢
平顶山	🔴	🟢	🟢
濮阳	🔴	🟢	🟡
黔南布依族苗族自治州	⚫	⚫	⚫
曲靖	🔴	🟡	🔴
上饶	🟢	🟢	🟢
韶关	🟡	🟢	🟢
渭南	🔴	🟡	🟡
信阳	🟢	🟢	🟢
阳泉	🔴	🟢	🟡
营口	🟢	🟢	🟢
云浮	🟡	🟢	🟡
枣庄	🔴	🟢	🟢
中卫	🟢	🟢	🟢
遵义	🔴	🟢	🟡

图 2.62　二类地级市公共空间专题评估指示板

参评城市	人均公园绿地面积	建成区绿地率	专题评估
毕节	🟡	🟢	🟡
固原	🟢	🟢	🟢
梅州	🟡		
牡丹江	🔴	🔴	🔴
邵阳	🟢	🟢	🟢
四平	🔴	🟢	🟡
绥化	🔴	🔴	🔴
天水	🔴	🟢	🟡
铁岭	🔴	🟢	

图2.63　三类地级市公共空间专题评估指示板

2.4.2 近七年地级市变化趋势分析

2.4.2.1 总体情况

参评城市中有超过七成的地级市表现为步入正轨，有望在2030年实现指示板绿色水平，其余城市在实现2030年目标上具有一定困难。

这表明我国在地级市层面整体有实现2030年SDG11相关目标的态势，这不仅需要现在步入正轨的城市保持现有发展态势，而且需要其他改善、停滞以及下降状态的城市及时调整发展策略，优化资源配置，在城市人居环境改善方面尽快取得突破，实现所有城市"不掉队"。

（1）一类地级市

朔州表现相对较差，指示板表现多年为橙色，实现SDG面临严峻挑战；未出现红色指示板城市。从发展趋势来看，有43个城市的发展趋势已经步入正轨，占一类地级市的81.13%，预计在2030年指示板颜色评估为绿色，能够实现SDG11的相关指标；有5个城市的实现趋势为停滞（长治、日照、苏州、潍坊、榆林）；有5个城市表现为下降趋势（东莞、鄂尔多斯、泉州、朔州、唐山）。

一类地级市2016—2022年落实SDG11得分及排名见附表13。

参评城市	2016	2017	2018	2019	2020	2021	2022	实现趋势
巴音郭楞蒙古自治州	🟠	🟠	🟠	🟠	🟠	🟠	🟡	↑
包头	🟡	🟡	🟡	🟡	🟡	🟡	🟡	↑
宝鸡	🟡	🟡	🟢	🟢	🟢	🟢	🟢	↑
昌吉回族自治州	🟠	🟠	🟠	🟠	🟠	🟠	🟠	↑
长治	🟡	🟡	🟡	🟡	🟡	🟡	🟡	→
常州	🟡	🟡	🟡	🟡	🟡	🟡	🟡	↑
大庆	🟡	🟡	🟡	🟡	🟡	🟡	🟡	↑
德阳	🔴	🟡	🟡	🟡	🟡	🟡	🟡	↑
东莞	🟡	🟡	🟡	🟡	🟡	🟡	🟡	↓
东营	🟡	🟡	🟡	🟡	🟢	🟡	🟢	↑
鄂尔多斯	🟡	🟡	🟡	🟡	🟡	🟡	🟡	↓
佛山	🟡	🟡	🟡	🟡	🟡	🟡	🟡	↑
海西蒙古族藏族自治州	🟡	🟡	🟡	🟡	🟡	🟢		↑

参评城市	2016	2017	2018	2019	2020	2021	2022	实现趋势
湖州	Y	Y	Y	G	G	G	G	↑
黄山	Y	G	G	G	G	G	G	↑
嘉兴	Y	Y	Y	Y	Y	Y	Y	↑
江门	Y	Y	Y	Y	Y	Y	Y	↑
金华	Y	Y	Y	Y	Y	Y	Y	↑
晋城	R	Y	R	R	Y	Y	Y	↑
荆门	R	Y	Y	Y	Y	Y	Y	↑
酒泉	Y	Y	Y	Y	Y	G	G	↑
克拉玛依	Y	Y	Y	Y	Y	Y	Y	↑
连云港	Y	Y	Y	Y	Y	Y	Y	↑
林芝	Y	Y	Y	Y	G	G	G	↑
龙岩	Y	Y	Y	Y	G	G	G	↑
洛阳	Y	Y	Y	Y	G	Y	Y	↑
南平	Y	Y	Y	Y	Y	G	G	↑
南通	Y	Y	Y	Y	Y	Y	Y	↑
泉州	G	G	G	G	G	Y	Y	↓
日照	Y	Y	Y	Y	Y	Y	Y	→
三明	Y	Y	Y	Y	Y	G	G	↑
绍兴	Y	Y	Y	G	Y	Y	Y	↑
朔州	Y	Y	R	Y	R	R	R	↓
苏州	Y	Y	Y	Y	Y	Y	Y	→
宿迁	Y	Y	Y	Y	Y	Y	Y	↑
台州	Y	Y	Y	Y	G	Y	G	↑
唐山	Y	Y	Y	Y	Y	R	Y	↓
铜陵	Y	Y	Y	Y	Y	Y	Y	↑
潍坊	Y	Y	Y	Y	Y	Y	Y	→
无锡	Y	Y	Y	Y	Y	Y	Y	↑
湘潭	Y	Y	Y	Y	Y	Y	Y	↑
襄阳	Y	Y	Y	Y	Y	G	G	↑
徐州	Y	Y	Y	Y	Y	Y	Y	↑
许昌	R	Y	Y	Y	Y	Y	Y	↑
烟台	Y	Y	Y	G	G	Y	G	↑
盐城	Y	Y	Y	Y	Y	G	G	↑
宜昌	Y	Y	Y	Y	Y	G	G	↑
鹰潭	Y	Y	Y	Y	Y	Y	G	↑

参评城市	2016	2017	2018	2019	2020	2021	2022	实现趋势
榆林	🔴	🔴	🔴	🟡	🟡	🔴	🔴	→
岳阳	🟡	🟡	🟡	🟡	🟡	🟢	🟢	↑
漳州	🟡	🟡	🟡	🟡	🟡	🟢	🟢	↑
株洲	🟢	🟢	🟢	🟢	🟢	🟢	🟢	↑
淄博	🟡	🟡	🟡	🟡	🟡	🟡	🟡	↑

图2.64 一类地级市2016—2022年落实SDG11指示板及实现趋势

（2）二类地级市

在二类地级市中（图2.65），指示板颜色同样以黄色居多，没有城市连续七年显示为绿色。郴州、泸州和抚州表现较为突出，多数年份评级为绿色，且稳定保持在步入正轨的发展态势；本溪、呼伦贝尔、临沧、枣庄和遵义在二类地级市中表现较差，连续七年呈现黄色，且处于下降状态。从变化趋势来看，有32个城市步入正轨，占二类地级市的71.11%，有13个城市实现趋势为停滞和下降。

二类地级市2016—2022年落实SDG11得分及排名见附表14。

参评城市	2016	2017	2018	2019	2020	2021	2022	实现趋势
安阳	🔴	🟡	🟡	🟡	🟡	🟡	🟡	↑
白山	🟡	🟡	🟡	🟡	🟡	🟡	🟡	↑
本溪	🟡	🟡	🟡	🟡	🟡	🟡	🟡	↓
郴州	🟡	🟡	🟡	🟢	🟢	🟢	🟢	↑
承德	🟡	🟡	🟡	🟡	🟡	🟡	🟡	↑
赤峰	🟡	🟡	🟡	🟡	🟡	🟡	🟡	↑
德州	🟡	🟡	🟡	🟡	🟡	🟡	🟡	→
抚州	🟡	🟡	🟡	🟡	🟡	🟡	🟡	↑
赣州	🟡	🟡	🟡	🟡	🟡	🟢	🟡	↑
广安	🟡	🟡	🟡	🟡	🟡	🟡	🟡	↑
桂林	🟡	🟡	🟡	🟡	🟡	🟡	🟢	↑
海南藏族自治州	🟡	🟡	🟡	🟡	🟡	🟡	🟢	↑
邯郸	🟡	🟡	🟡	🟡	🟡	🟡	🟡	→
鹤壁	🟡	🟡	🟡	🟡	🟢	🟡	🟡	↑
呼伦贝尔	🟡	🟡	🟡	🟡	🟡	🟡	🟡	↓
淮北	🟡	🟡	🟡	🟡	🟡	🟡	🟡	→
淮南	🟡	🟡	🟡	🟡	🟡	🟡	🟡	→
黄冈	🟡	🟡	🟡	🟡	🟢	🟡	🟡	↑
吉安	🟡	🟡	🟡	🟡	🟡	🟢	🟡	↑
焦作	🟡	🟡	🟡	🟡	🟡	🟢	🟡	↑

参评城市	2016	2017	2018	2019	2020	2021	2022	实现趋势
晋中	橙	橙	橙	橙	橙	橙	黄	↑
廊坊	橙	橙	黄	黄	黄	黄	黄	↑
乐山	橙	黄	黄	黄	黄	黄	绿	↑
丽江	黄	黄	黄	黄	黄	绿	绿	↑
丽水	黄	黄	黄	黄	黄	黄	绿	↑
辽源	黄	黄	黄	黄	黄	黄	黄	→
临沧	黄	黄	黄	黄	黄	黄	黄	↓
临沂	黄	黄	黄	黄	黄	黄	黄	→
泸州	黄	黄	黄	黄	绿	绿	绿	↑
眉山	橙	黄	黄	黄	橙	黄	黄	↑
南阳	橙	橙	黄	黄	黄	黄	黄	↑
平顶山	橙	橙	黄	黄	黄	黄	黄	↑
濮阳	橙	橙	橙	橙	橙	黄	黄	↑
黔南布依族苗族自治州	黄	黄	黄	黄	黄	绿	绿	↑
曲靖	黄	黄	黄	黄	黄	黄	黄	→
上饶	黄	黄	黄	黄	黄	绿	绿	↑
韶关	黄	黄	黄	黄	黄	黄	黄	↑
渭南	橙	橙	橙	黄	黄	黄	黄	↑
信阳	橙	黄	黄	黄	黄	黄	黄	↑
阳泉	黄	黄	黄	黄	橙	黄	黄	↑
营口	黄	橙	黄	黄	黄	橙	黄	→
云浮	橙	橙	黄	黄	黄	黄	黄	↑
枣庄	黄	黄	黄	黄	黄	黄	黄	↓
中卫	橙	橙	橙	橙	橙	黄	黄	↑
遵义	黄	黄	黄	黄	黄	黄	黄	↓

图 2.65　二类地级市 2016—2022 年落实 SDG11 指示板及实现趋势

（3）三类地级市

在三类地级市中（图 2.66），指示板等级颜色主要以橙色和黄色为主。从发展趋势来看，除四平和铁岭外，其他三类地级市的实现趋势均步入正轨，拥有良好的实现 SDG11 的前景。

三类地级市 2016—2022 年落实 SDG11 得分及排名见附表 15。

参评城市	2016	2017	2018	2019	2020	2021	2022	实现趋势
毕节	●	●	●	●	●	●	●	↑
固原	●	●	●	●	●	●	●	↑
梅州	●	●	●	●	●	●	●	↑
牡丹江	●	●	●	●	●	●	●	↑
邵阳	●	●	●	●	●	●	●	↑
四平	●	●	●	●	●	●	●	↗
绥化	●	●	●	●	●	●	●	↑
天水	●	●	●	●	●	●	●	↑
铁岭	●	●	●	●	●	●	●	↗

图2.66 三类地级市2016—2022年落实SDG11指示板及实现趋势

2.4.2.2 各项专题情况

（1）住房保障

2016—2022年，一类地级市在住房保障专题整体表现以橙色和黄色为主，2022年有9个城市表现为绿色，有19个城市表现为黄色，有23个城市表现为橙色，具有很大提升空间，需要注意的是唐山和东莞2021年表现为红色，需要在住房保障方面格外重视（图2.67）。

二类地级市住房保障专题整体表现以橙色和黄色为主。廊坊的表现最差，2017—2022年连续六年指示板表现为红色，承德和邯郸的表现相对较差，多年指示板表现为红色，但是2022年有所提升，指示板表现为橙色（图2.68），河北省需要重视居民住房保障相关工作的建设。

三类地级市住房保障专题整体表现较为稳定，未出现明显的变化趋势。邵阳表现最好，指示板连续七年为绿色，梅州2016—2019年表现欠佳，近三年来指示板表现有所改善（图2.69）。

各类地级市2016—2022年住房保障专题得分及排名见附表16~18。

参评城市	2016	2017	2018	2019	2020	2021	2022
巴音郭楞蒙古自治州	●	●	●	●	●	●	●
包头	●	●	●	●	●	●	●
宝鸡	●	●	●	●	●	●	●
昌吉回族自治州	●	●	●	●	●	●	●
长治	●	●	●	●	●	●	●
常州	●	●	●	●	●	●	●
大庆	●	●	●	●	●	●	●
德阳	●	●	●	●	●	●	●
东莞	●	●	●	●	●	●	●
东营	●	●	●	●	●	●	●
鄂尔多斯	●	●	●	●	●	●	●
佛山	●	●	●	●	●	●	●
海西蒙古族藏族自治州	●	●	●	●	●	●	●
湖州	●	●	●	●	●	●	●
黄山	●	●	●	●	●	●	●
嘉兴	●	●	●	●	●	●	●
江门	●	●	●	●	●	●	●
金华	●	●	●	●	●	●	●
晋城	●	●	●	●	●	●	●

中国落实2030年可持续发展议程目标11评估报告

中国城市人居蓝皮书（2023）

参评城市	2016	2017	2018	2019	2020	2021	2022
荆门	黄	黄	黄	黄	黄	黄	黄
酒泉	黄	黄	黄	黄	绿	黄	黄
克拉玛依	绿	绿	绿	绿	绿	绿	绿
连云港	黄	黄	黄	黄	黄	黄	红
林芝	绿	绿	绿	绿	绿	绿	绿
龙岩	绿	绿	绿	绿	绿	绿	绿
洛阳	绿	绿	绿	绿	绿	红	绿
南平	黄	黄	黄	黄	黄	黄	黄
南通	绿	绿	绿	绿	绿	绿	绿
泉州	绿	绿	绿	绿	绿	绿	绿
日照	黄	黄	黄	红	黄	红	红
三明	绿	绿	绿	绿	绿	红	绿
绍兴	黄	黄	黄	黄	黄	黄	红
朔州	绿	绿	绿	绿	绿	绿	绿
苏州	红	红	红	红	红	红	红
宿迁	绿	绿	绿	绿	绿	绿	绿
台州	黄	黄	黄	黄	黄	黄	黄
唐山	黄	红	红	红	黄	红	红
铜陵	绿	绿	红	绿	绿	绿	绿
潍坊	黄	绿	黄	黄	黄	黄	黄
无锡	绿	绿	绿	绿	绿	绿	绿
湘潭	绿	绿	绿	绿	绿	绿	绿
襄阳	绿	绿	绿	绿	绿	绿	绿
徐州	黄	黄	黄	黄	黄	红	红
许昌	绿	绿	绿	绿	绿	绿	绿
烟台	黄	黄	黄	黄	黄	黄	黄
盐城	黄	黄	黄	黄	黄	黄	红
宜昌	绿	绿	绿	绿	绿	绿	绿
鹰潭	绿	绿	绿	绿	绿	绿	绿
榆林	绿	绿	绿	绿	绿	绿	绿
岳阳	黄	绿	绿	绿	绿	绿	绿
漳州	红	黄	黄	红	黄	黄	黄
株洲	绿	绿	绿	绿	绿	绿	绿
淄博	绿	绿	黄	黄	黄	黄	红

图2.67　一类地级市2016—2022年住房保障专题指示板

参评城市	2016	2017	2018	2019	2020	2021	2022
安阳	绿	绿	绿	绿	绿	绿	绿
白山	黄	黄	黄	黄	黄	黄	黄
本溪	绿	绿	绿	绿	绿	绿	绿
郴州	绿	黄	绿	绿	绿	绿	绿
承德	红	红	红	红	红	红	红
赤峰	黄	黄	黄	黄	黄	黄	黄
德州	黄	黄	黄	黄	黄	黄	黄
抚州	黄	黄	黄	黄	黄	绿	绿
赣州	绿	绿	绿	绿	绿	绿	绿
广安	黄	黄	黄	黄	黄	黄	黄
桂林	黄	黄	黄	黄	黄	黄	黄
海南藏族自治州	黄	黄	黄	黄	红	红	红
邯郸	红	红	红	红	红	红	红
鹤壁	绿	绿	绿	绿	绿	绿	绿
呼伦贝尔	黄	黄	黄	红	黄	黄	黄
淮北	黄	黄	黄	黄	黄	黄	黄
淮南	黄	黄	黄	黄	黄	黄	黄
黄冈	绿	绿	绿	绿	黄	绿	绿
吉安	黄	黄	黄	黄	黄	黄	黄
焦作	绿	绿	绿	绿	绿	绿	绿
晋中	黄	黄	黄	黄	绿	绿	绿
廊坊	红	红	红	红	红	红	红
乐山	绿	绿	绿	绿	绿	绿	黄
丽江	绿	绿	绿	绿	绿	绿	绿
丽水	红	黄	黄	黄	黄	黄	黄
辽源	黄	黄	黄	黄	黄	黄	黄
临沧	黄	黄	黄	黄	黄	黄	黄
临沂	黄	黄	黄	黄	黄	红	红
泸州	绿	绿	绿	绿	绿	绿	绿
眉山	绿	绿	绿	绿	黄	绿	绿
南阳	绿	绿	绿	绿	绿	绿	绿
平顶山	黄	黄	绿	绿	绿	绿	绿
濮阳	黄	红	黄	黄	红	黄	红
黔南布依族苗族自治州						绿	绿

图2.68 二类地级市2016—2022年住房保障专题指标板

图2.69 三类地级市2016—2022年住房保障专题指示板

（2）公共交通

一类地级市公共交通专题表现主要为绿色和黄色，无锡、常州、东莞和株洲4个城市2010—2021连续六年稳定为绿色，但是在2022年都表现为黄色，得分有所下降；三明、吉昌回族自治州、巴音郭楞蒙古自治州、南平和林芝5个城市连续多年为红色，并且没有显著提升，表现较差。从整体上来看，一类地级市公共交通专题得分变化较小，多数城市的评分在稳步上升（图2.70）。

二类地级市七年间公共交通专题表现主要为黄色和橙色，对比2016年和2022的评分，很多城市（以乐山、鹤壁、营口和平顶山为例）公共交通专题得分显著提升。海南藏族自治州和黔南布依族苗族自治州整体水平保持良好，吉安、赣州和临沧在2022年表现为红色，需要特别关注（图2.71）。

三类地级市面临财政压力，公共交通网络发展相对相比一、二类地级市较为落后，七年间公共交通专题整体表现为橙色和红色，没有城市表现为绿色，大多数城市得分变化幅度较小。其中梅州、固原的表现相对较好，2022年指示板都表现为黄色（图2.72）。

各类地级市2016—2022年公共交通专题得分及排名见附表19至21。

图2.70　一类地级市2016—2022年公共交通专题指示板

图2.71 二类地级市2016—2022年公共交通专题指示板

图2.72 三类地级市2016—2022年公共交通专题指示板

（3）规划管理

一类地级市在规划管理专题指示板主要呈现为绿色，整体发展趋势向好，有15个城市连续七年保持为绿色。海西蒙古族藏族自治州在2021年表现为橙色，在2022表现为绿色，有显著提升（图2.73）。

二类地级市在该专题表现良好，呈现明显的上升趋势，七年来没有城市出现红色评级，并且焦作、泸州、枣庄、平顶山、南阳和广安6个城市连续七年保持绿色。2022年，45个二类地级市中，69%的城市评级表现为绿色，27%的城市评级表现为黄色，仅有4%的城市评级表现为橙色（图2.74）。

三类地级市在规划管理专题指示板主要呈现为黄色，整体表现相对一类城市和二类城市较差，说明经济和人口规模较小的城市规划管理水平普遍较弱，其中四平市表现良好，七年来评级多为绿色（图2.75）。

各类地级市2016—2022年规划管理专题得分及排名见附表22至24。

参评城市	2016	2017	2018	2019	2020	2021	2022
巴音郭楞蒙古自治州	●	●	●	●	●	●	●
包头	●	●	●	●	●	●	●
宝鸡	●	●	●	●	●	●	●
昌吉回族自治州	●	●	●	●	●	●	●
长治	●	●	●	●	●	●	●
常州	●	●	●	●	●	●	●
大庆	●	●	●	●	●	●	●
德阳	●	●	●	●	●	●	●
东莞	●	●	●	●	●	●	●
东营	●	●	●	●	●	●	●
鄂尔多斯	●	●	●	●	●	●	●
佛山	●	●	●	●	●	●	●
海西蒙古族藏族自治州	●	●	●	●	●	●	●
湖州	●	●	●	●	●	●	●
黄山	●	●	●	●	●	●	●
嘉兴	●	●	●	●	●	●	●
江门	●	●	●	●	●	●	●
金华	●	●	●	●	●	●	●
晋城	●	●	●	●	●	●	●
荆门	●	●	●	●	●	●	●
酒泉	●	●	●	●	●	●	●
克拉玛依	●	●	●	●	●	●	●
连云港	●	●	●	●	●	●	●
林芝	●	●	●	●	●	●	●
龙岩	●	●	●	●	●	●	●
洛阳	●	●	●	●	●	●	●
南平	●	●	●	●	●	●	●
南通	●	●	●	●	●	●	●
泉州	●	●	●	●	●	●	●
日照	●	●	●	●	●	●	●
三明	●	●	●	●	●	●	●
绍兴	●	●	●	●	●	●	●
朔州	●	●	●	●	●	●	●

参评城市	2016	2017	2018	2019	2020	2021	2022
苏州	●	●	●	●	●	●	●
宿迁	●	●	●	●	●	●	●
台州	●	●	●	●	●	●	●
唐山	●	●	●	●	●	●	●
铜陵	●	●	●	●	●	●	●
潍坊	●	●	●	●	●	●	●
无锡	●	●	●	●	●	●	●
湘潭	●	●	●	●	●	●	●
襄阳	●	●	●	●	●	●	●
徐州	●	●	●	●	●	●	●
许昌	●	●	●	●	●	●	●
烟台	●	●	●	●	●	●	●
盐城	●	●	●	●	●	●	●
宜昌	●	●	●	●	●	●	●
鹰潭	●	●	●	●	●	●	●
榆林	●	●	●	●	●	●	●
岳阳	●	●	●	●	●	●	●
漳州	●	●	●	●	●	●	●
株洲	●	●	●	●	●	●	●
淄博	●	●	●	●	●	●	●

图2.73　一类地级市2016—2022年规划管理专题指示

参评城市	2016	2017	2018	2019	2020	2021	2022
安阳	●	●	●	●	●	●	●
白山	●	●	●	●	●	●	●
本溪	●	●	●	●	●	●	●
郴州	●	●	●	●	●	●	●
承德	●	●	●	●	●	●	●
赤峰	●	●	●	●	●	●	●
德州	●	●	●	●	●	●	●
抚州	●	●	●	●	●	●	●
赣州	●	●	●	●	●	●	●
广安	●	●	●	●	●	●	●
桂林	●	●	●	●	●	●	●
海南藏族自治州	●	●	●	●	●	●	●

图2.74 二类地级市2016—2022年规划管理专题指示板

参评城市	2016	2017	2018	2019	2020	2021	2022
毕节	●	●	●	●	●	●	●
固原	●	●	●	●	●	●	●
梅州	●	●	●	●	●	●	●
牡丹江	●	●	●	●	●	●	●
邵阳	●	●	●	●	●	●	●
四平	●	●	●	●	●	●	●
绥化	●	●	●	●	●	●	●
天水	●	●	●	●	●	●	●
铁岭	●	●	●	●	●	●	●

图2.75 三类地级市2016—2022年规划管理专题指示板

（4）遗产保护

一类地级市在遗产保护专题整体表现欠佳，七年间指示板主要表现为红色和橙色，近年来几乎没有进步。一类地级市中有6个城市连续七年表现为红色，仅有林芝、酒泉和黄山三个城市连续七年表现为绿色。2022年，53个一类地级市中，仅有鄂尔多斯、巴音郭楞蒙古自治州、东营、海西蒙古族藏族自治州、林芝、酒泉和黄山7个城市为绿色（图2.76）。

二类地级市在遗产保护专题表现相对较差，指示板主要表现为橙色和红色，少有绿色，有4个城市连续七年表现为红色，仅海南藏族自治州连续七年表现为绿色。2022年，本溪、丽水、呼伦贝尔、渭南和海南藏族自治州的表现良好，呈现绿色等级（图2.77）。

三类地级市在遗产保护专题指示板为橙色和红色，没有城市表现为绿色。四平表现最差，连续七年评级为红色（图2.78）。

各类地级市2016—2022年遗产保护专题得分及排名见附表25至27。

参评城市	2016	2017	2018	2019	2020	2021	2022
巴音郭楞蒙古自治州	●	●	●	●	●	●	●
包头	●	●	●	●	●	●	●
宝鸡	●	●	●	●	●	●	●
昌吉回族自治州	●	●	●	●	●	●	●
长治	●	●	●	●	●	●	●
常州	●	●	●	●	●	●	●
大庆	●	●	●	●	●	●	●
德阳	●	●	●	●	●	●	●
东莞	●	●	●	●	●	●	●
东营	●	●	●	●	●	●	●
鄂尔多斯	●	●	●	●	●	●	●
佛山	●	●	●	●	●	●	●
海西蒙古族藏族自治州	●	●	●	●	●	●	●
湖州	●	●	●	●	●	●	●
黄山	●	●	●	●	●	●	●
嘉兴	●	●	●	●	●	●	●
江门	●	●	●	●	●	●	●
金华	●	●	●	●	●	●	●
晋城	●	●	●	●	●	●	●
荆门	●	●	●	●	●	●	●
酒泉	●	●	●	●	●	●	●
克拉玛依	●	●	●	●	●	●	●
连云港	●	●	●	●	●	●	●
林芝	●	●	●	●	●	●	●
龙岩	●	●	●	●	●	●	●
洛阳	●	●	●	●	●	●	●
南平	●	●	●	●	●	●	●
南通	●	●	●	●	●	●	●
泉州	●	●	●	●	●	●	●
日照	●	●	●	●	●	●	●
三明	●	●	●	●	●	●	●
绍兴	●	●	●	●	●	●	●
朔州	●	●	●	●	●	●	●

参评城市	2016	2017	2018	2019	2020	2021	2022
苏州	●	●	●	●	●	●	●
宿迁	●	●	●	●	●	●	●
台州	●	●	●	●	●	●	●
唐山	●	●	●	●	●	●	●
铜陵	●	●	●	●	●	●	●
潍坊	●	●	●	●	●	●	●
无锡	●	●	●	●	●	●	●
湘潭	●	●	●	●	●	●	●
襄阳	●	●	●	●	●	●	●
徐州	●	●	●	●	●	●	●
许昌	●	●	●	●	●	●	●
烟台	●	●	●	●	●	●	●
盐城	●	●	●	●	●	●	●
宜昌	●	●	●	●	●	●	●
鹰潭	●	●	●	●	●	●	●
榆林	●	●	●	●	●	●	●
岳阳	●	●	●	●	●	●	●
漳州	●	●	●	●	●	●	●
株洲	●	●	●	●	●	●	●
淄博	●	●	●	●	●	●	●

图2.76　一类地级市2016—2022年遗产保护专题指标板

参评城市	2016	2017	2018	2019	2020	2021	2022
安阳	●	●	●	●	●	●	●
白山	●	●	●	●	●	●	●
本溪	●	●	●	●	●	●	●
郴州	●	●	●	●	●	●	●
承德	●	●	●	●	●	●	●
赤峰	●	●	●	●	●	●	●
德州	●	●	●	●	●	●	●
抚州	●	●	●	●	●	●	●
赣州	●	●	●	●	●	●	●
广安	●	●	●	●	●	●	●
桂林	●	●	●	●	●	●	●
海南藏族自治州	●	●	●	●	●	●	●

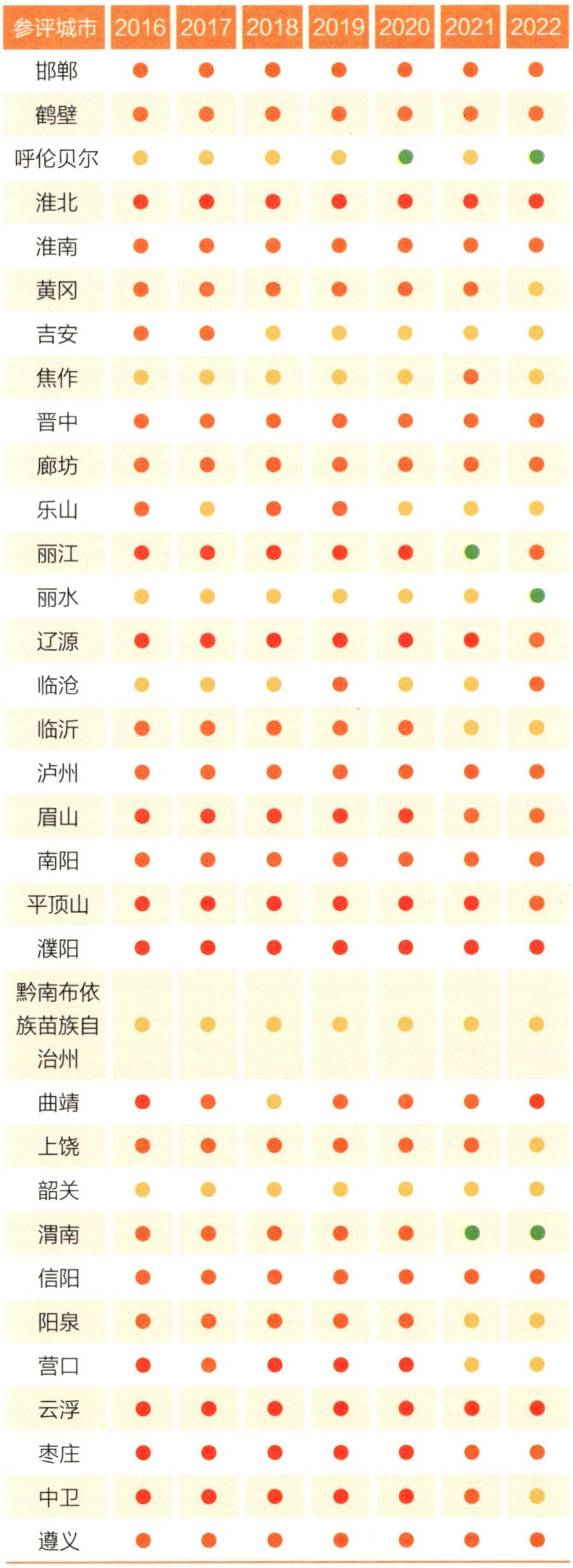

图2.78 三类地级市2016—2022年遗产保护专题指标板

（5）防灾减灾

在防灾减灾专题，各类地级市整体表现良好，绝大多数城市指示板表现为绿色。在所有参评的107个地级市中，共有48个城市连续七年指示板表现为绿色（图2.79~图2.81）。

本专题中大多数城市评分变化缓慢，整体呈逐步变好的趋势，但有小部分城市（如克拉玛依）在2022年评分下降。部分城市近年来着重加强防灾减灾基础设施建设，反映在该专题的评分快速提升（如东营、酒泉）。

各类地级市2016—2022年防灾减灾专题得分及排名见附表28至30。

图2.77 二类地级市2016—2022年遗产保护专题指标板

图2.79 一类地级市2016—2022年防灾减灾专题指标板

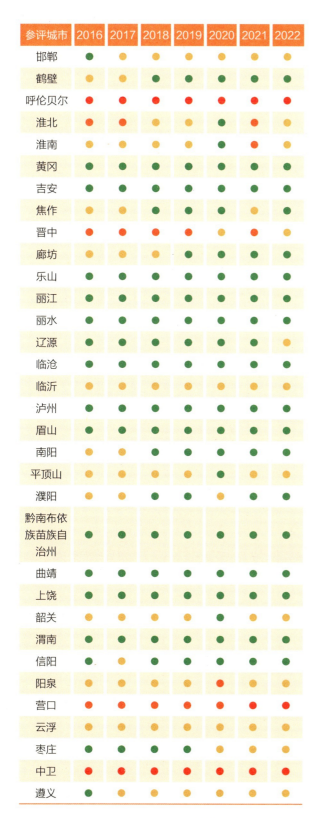

图2.80 二类地级市2016—2022年防灾减灾专题指标板

图2.81 三类地级市2016—2022年防灾减灾专题指标板

（6）环境改善

在环境改善专题，各类地级市整体表现良好，绝大多数城市指示板表现为绿色和黄色（图2.82~图2.84）。

近年来，我国地级市生态环境质量整体呈向好发展的趋势，2016—2022年大部分城市评分得到显著提升。部分城市近年来着重加强环境建设，反映在该专题的评分快速提升（如唐山、淄博、许昌、南阳、枣庄、邯郸、四平）。

各类地级市2016—2022年环境改善专题得分及排名见附表31~表33。

参评城市	2016	2017	2018	2019	2020	2021	2022
巴音郭楞蒙古自治州	黄	黄	红	黄	红	红	红
包头	黄	黄	黄	黄	绿	绿	绿
宝鸡	绿	绿	绿	绿	绿	绿	绿
昌吉回族自治州	黄	黄	黄	黄	黄	红	红
长治	黄	黄	黄	黄	绿	绿	绿
常州	黄	绿	绿	绿	绿	绿	绿
大庆	绿	绿	绿	绿	绿	绿	黄
德阳	红	红	黄	黄	绿	绿	绿
东莞	绿	绿	绿	绿	绿	绿	绿
东营	红	红	黄	黄	黄	黄	黄
鄂尔多斯	黄	黄	黄	黄	黄	绿	绿
佛山	绿	绿	绿	绿	绿	绿	绿
海西蒙古族藏族自治州	黄	黄	黄	黄	黄	黄	黄
湖州	绿	绿	绿	绿	绿	绿	绿
黄山	绿	绿	绿	绿	绿	绿	绿
嘉兴	黄	黄	绿	绿	绿	绿	绿
江门	绿	绿	绿	绿	绿	绿	绿
金华	黄	绿	绿	绿	绿	绿	绿
晋城	黄	黄	黄	黄	黄	绿	绿
荆门	黄	黄	黄	黄	绿	绿	绿
酒泉	黄	黄	黄	黄	黄	黄	黄
克拉玛依	绿	绿	黄	黄	黄	黄	绿
连云港	黄	黄	黄	黄	黄	绿	绿
林芝	绿	绿	绿	绿	绿	绿	绿
龙岩	绿	绿	绿	绿	绿	绿	绿
洛阳	黄	黄	黄	黄	黄	黄	黄
南平	绿	绿	绿	绿	绿	绿	绿
南通	绿	绿	绿	绿	绿	绿	绿
泉州	绿	绿	绿	绿	绿	绿	绿
日照	黄	黄	红	红	黄	黄	黄
三明	绿	绿	绿	绿	绿	绿	绿
绍兴	绿	绿	绿	绿	绿	绿	绿
朔州	黄	黄	红	红	黄	黄	黄

参评城市	2016	2017	2018	2019	2020	2021	2022
苏州	黄	绿	绿	绿	绿	绿	绿
宿迁	黄	黄	黄	绿	绿	绿	绿
台州	绿	绿	绿	绿	绿	绿	绿
唐山	红	红	红	红	黄	黄	黄
铜陵	绿	绿	绿	绿	绿	绿	绿
潍坊	红	黄	红	红	黄	黄	绿
无锡	绿	绿	绿	绿	绿	绿	绿
湘潭	绿	绿	绿	绿	绿	绿	绿
襄阳	黄	黄	绿	绿	绿	绿	绿
徐州	黄	黄	黄	黄	黄	绿	绿
许昌	红	黄	黄	黄	绿	绿	绿
烟台	绿	绿	绿	绿	绿	绿	绿
盐城	绿	绿	绿	绿	绿	绿	绿
宜昌	绿	绿	绿	绿	绿	绿	绿
鹰潭	绿	绿	绿	绿	绿	绿	绿
榆林	绿	红	红	红	黄	黄	绿
岳阳	绿	绿	黄	黄	绿	绿	绿
漳州	绿	绿	绿	绿	绿	绿	绿
株洲	绿	绿	绿	绿	绿	绿	绿
淄博	红	红	红	红	红	黄	绿

图 2.82 一类地级市 2016—2022 年环境改善专题指标板

参评城市	2016	2017	2018	2019	2020	2021	2022
安阳	红	红	红	红	红	黄	黄
白山	绿	绿	绿	绿	绿	绿	绿
本溪	黄	绿	绿	绿	绿	绿	绿
郴州	绿	绿	绿	绿	绿	绿	绿
承德	黄	绿	绿	绿	绿	绿	绿
赤峰	绿	绿	绿	绿	绿	绿	绿
德州	红	红	黄	黄	黄	黄	黄
抚州	绿	绿	绿	绿	绿	绿	绿
赣州	绿	绿	绿	绿	绿	绿	绿
广安	绿	绿	绿	绿	绿	绿	绿
桂林	绿	绿	绿	绿	绿	绿	绿
海南藏族自治州	黄	黄	黄	黄	绿	绿	黄

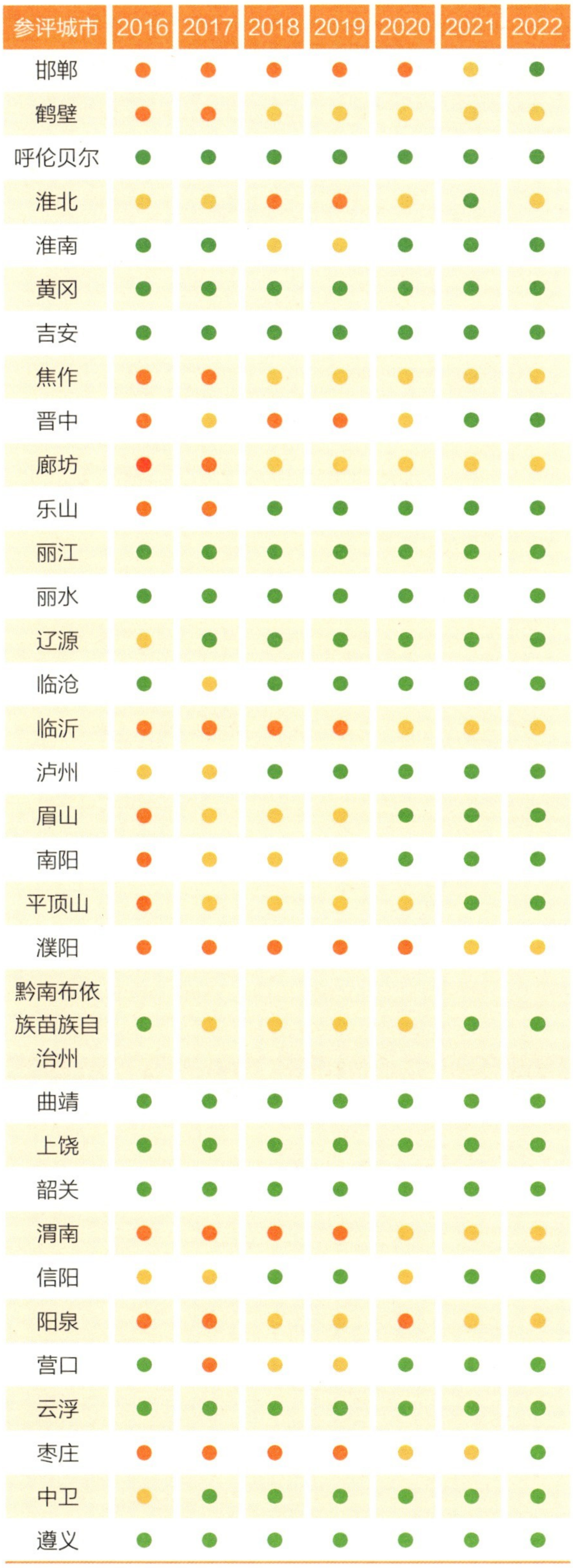

图2.83 二类地级市2016—2022年环境改善专题指标板

图2.84 三类地级市2016—2022年环境改善专题指标板

（7）公共空间

在公共空间专题，地级市整体表现较为薄弱，一类地级市表现优于其他类型城市，指示板为绿色、黄色的城市比例较高。大多数参评地级市在该专题整体表现并不理想，连续多年指示板等级为橙色或红色，主要集中在二、三类城市。纵观2016—2022年，一、二类地级市在该专题的表现相对较好，但是近几年评分进步幅度非常缓慢，部分城市甚至出现评分倒退的现象。而三类地级市整体表现水平较差，但是近几年评分进步幅度较大，有望在未来得到明显改善（图2.85~图2.87）。

各类地级市2016—2022年公共空间专题得分及排名见附表34~表36。

参评城市	2016	2017	2018	2019	2020	2021	2022
巴音郭楞蒙古自治州	黑	黑	黑	黑	黑	黑	黑
包头	黄	黄	黄	黄	黄	黄	绿
宝鸡	黄	黄	黄	黄	黄	红	黄
昌吉回族自治州	黑	黑	黑	黑	黑	黑	黑
长治	黄	黄	黄	黄	黄	黄	黄
常州	黄	黄	黄	黄	黄	黄	绿
大庆	黄	黄	黄	黄	黄	黄	黄
德阳	红	红	红	黄	红	红	黄
东莞	绿	绿	绿	绿	绿	绿	绿
东营	绿	绿	绿	绿	黄	绿	绿
鄂尔多斯	黄	黄	黄	黄	黄	黄	黄
佛山	黄	黄	黄	黄	绿	黑	绿
海西蒙古族藏族自治州	黑	黑	黑	黑	黑	黑	黑
湖州	绿	绿	绿	绿	绿	黄	绿
黄山	黄	黄	黄	黄	黄	黄	绿
嘉兴	绿	黄	红	黄	黄	黄	黄
江门	绿	绿	绿	绿	绿	绿	绿
金华	黄	红	黄	黄	黄	红	黄
晋城	黄	红	红	黄	黄	黄	黄
荆门	红	红	黄	黄	黄	黄	黄
酒泉	红	红	黄	黄	黄	红	黄
克拉玛依	黄	黄	黄	黄	红	黄	黄
连云港	黄	黄	黄	黄	黄	黄	黄
林芝	红	红	绿	黄	黄	黑	绿
龙岩	黄	黄	黄	黄	黄	黄	黄
洛阳	红	红	红	黄	黄	黄	黄
南平	黄	黄	红	黄	红	黄	黄
南通	黄	黄	黄	黄	黄	黄	黄
泉州	黄	黄	黄	黄	黄	黄	黄
日照	绿	绿	绿	绿	绿	红	绿
三明	黄	黄	黄	黄	绿	黄	黄
绍兴	黄	黄	红	黄	红	红	黄
朔州	红	黄	黄	黄	黄	红	黄

参评城市	2016	2017	2018	2019	2020	2021	2022
苏州	绿	绿	绿	绿	绿	绿	绿
宿迁	黄	黄	黄	黄	黄	绿	绿
台州	黄	黄	黄	黄	黄	红	黄
唐山	黄	黄	黄	黄	黄	绿	绿
铜陵	绿	绿	绿	绿	绿	绿	绿
潍坊	绿	绿	绿	绿	绿	黄	绿
无锡	绿	绿	绿	绿	绿	绿	绿
湘潭	红	红	黄	黄	黄	黄	黄
襄阳	红	红	红	黄	红	红	黄
徐州	黄	黄	黄	黄	黄	黄	黄
许昌	红	红	红	黄	黄	绿	绿
烟台	黄	黄	黄	黄	黄	黄	黄
盐城	黄	黄	黄	黄	黄	黄	黄
宜昌	黄	黄	黄	黄	黄	红	黄
鹰潭	绿	绿	绿	绿	绿	绿	绿
榆林	红	红	红	红	红	红	红
岳阳	红	红	红	红	黄	黄	黄
漳州	黄	黄	黄	黄	黄	黄	黄
株洲	黄	黄	黄	红	黄	黄	黄
淄博	绿	绿	绿	绿	绿	绿	绿

图 2.85 一类地级市 2016—2022 年公共空间专题指标板

参评城市	2016	2017	2018	2019	2020	2021	2022
安阳	红	红	黄	黄	黄	黄	黄
白山	红	红	红	红	红	红	红
本溪	绿	绿	绿	绿	绿	绿	绿
郴州	黄	黄	黄	黄	黄	黄	黄
承德	绿	绿	绿	绿	绿	绿	绿
赤峰	黄	黄	黄	黄	黄	黄	黄
德州	绿	绿	绿	绿	红	绿	绿
抚州	绿	绿	绿	绿	绿	绿	绿
赣州	红	红	黄	黄	黄	黄	黄
广安	黄	绿	绿	绿	绿	红	绿
桂林	红	红	红	黄	黄	红	黄
海南藏族自治州	黑	黑	黑	黑	黑	黑	黑

参评城市	2016	2017	2018	2019	2020	2021	2022
邯郸	🟢	🟢	🟢	🟢	🟡	🟢	🟢
鹤壁	🟡	🟡	🟡	🟡	🟡	🟡	🟡
呼伦贝尔	🟡	🟡	🟡	🟡	🟡	🟡	🟡
淮北	🟢	🟢	🟢	🟢	🟡	🟡	🟡
淮南	🟠	🟠	🟡	🟡	🟡	🟡	🟡
黄冈	🟠	🟠	🟠	🟠	🟠	🟠	🟠
吉安	🟢	🟢	🟢	🟢	🟢	🟢	🟢
焦作	🟠	🟠	🟡	🟡	🟡	🟡	🟢
晋中	🟡	🟡	🟡	🟡	🟡	🟡	🟡
廊坊	🟡	🟡	🟡	🟡	🟡	🟡	🟡
乐山	🔴	🟠	🟠	🟡	🟡	🟡	🟡
丽江	🟢	🟢	🟢	🟢	🟠	🟠	🟡
丽水	🟡	🟡	🟡	🟡	🟡	🟡	🟡
辽源	🟠	🟠	🟠	🟠	🟠	🟠	🟠
临沧	🟠	🟠	🟠	🟠	🔴	🟠	🟠
临沂	🟡	🟡	🟡	🟡	🟡	🟡	🟡
泸州	🟠	🟠	🟠	🟠	🟢	🟡	🟡
眉山	🟠	🟠	🟠	🟡	🟡	🟡	🟡
南阳	🟠	🟠	🟠	🟠	🟡	🟢	🟢
平顶山	🟡	🟡	🟡	🟡	🟡	🟡	🟡
濮阳	🟠	🟡	🟡	🟡	🟡	🟡	🟡
黔南布依族苗族自治州	🔴	🟠	🟠	🟠	🟠	🟡	⚫
曲靖	🟠	🔴	🟠	🔴	🟠	🟠	🟠
上饶	🟡	🟢	🟢	🟢	🟢	🟢	🟢
韶关	🟡	🟡	🟡	🟡	🟡	🟢	🟢
渭南	🔴	🟠	🟠	🟠	🟠	🟠	🟠
信阳	🟡	🟡	🟡	🟡	🔴	🟢	🟢
阳泉	🟠	🟠	🟠	🟠	🟠	🟠	🟠
营口	🟠	🔴	🟠	🟠	🟠	🟠	🟠
云浮	🔴	🟠	🟡	🟡	🟡	🟡	🟡
枣庄	🟡	🟡	🟡	🟡	🟡	🟡	🟡
中卫	🟡	🟢	🟢	🟢	🔴	🟢	🟢
遵义	🟡	🟡	🟡	🟡	🟠	🟡	🟡

图2.86　二类地级市2016—2022年公共空间专题指标板

参评城市	2016	2017	2018	2019	2020	2021	2022
毕节	🟠	🟡	🟠	🟠	🟠	🟡	🟡
固原	🔴	🟠	🟠	🟠	🟠	🟠	🟢
梅州	🟡	🟡	🟡	🟡	🟡	🟢	🟡
牡丹江	🔴	🔴	🔴	🔴	🔴	🔴	🟠
邵阳	🟠	🟠	🟠	🟠	🟠	🟠	🟠
四平	🟠	🟠	🟠	🟠	🟠	🟠	🟠
绥化	🟠	🟠	🟠	🟠	🟠	🟠	🟠
天水	🔴	🟠	🟠	🟠	🟠	🟠	🟠
铁岭	🟠	🟠	🟠	🟠	🟠	🟠	🟠

图2.87　三类地级市2016—2022年公共空间专题指标板

第三篇　实践案例

▼ 国家可持续发展议程创新示范区应对气候变化行动进展及"十四五"规划应对概览

▼ 依托国家湿地公园建设的湿地景观资源可持续利用模式
　　——以广西桂林会仙喀斯特湿地为例

▼ 多角度实施绿色建筑技术，助力山地滑雪场馆生态建设
　　——以国家高山滑雪中心为例

▼ 利用集体土地建设租赁住房，探索解决大城市住房困难问题
　　——以北京市成寿寺集体土地租赁住房项目为例

▼ 生态型绿道助力城市新区生物多样性提升与可持续发展
　　——以杭州市临安区青山湖绿道为例

▼ 边疆多民族欠发达地区乡村可持续发展
　　——以临沧市现代化边境小康（幸福）村为例

3.1 国家可持续发展议程创新示范区应对气候变化行动进展及"十四五"规划应对概览

应对气候变化是当代全球重大环境议题之一，也是联合国《2030年可持续发展议程》的重要目标之一。我国高度重视气候变化问题，长期通过实施多项举措积极应对气候变化，是《巴黎气候变化协定》的缔约方之一。

2015年9月，联合国通过《2030年可持续发展议程》，其中目标13（SDG13）提出要"采取紧急行动应对气候变化及其影响"。2015年12月，《联合国气候变化框架公约》第二十一届缔约方会议在巴黎召开，197个缔约方一致同意通过了应对气候变化的《巴黎协定》[1]，明确指出为降低气候变化所引起的风险与影响，要在21世纪将全球平均气温升幅控制在工业化前水平以上2℃之内，并寻求将气温升幅进一步限制在1.5℃之内的措施。《巴黎协定》于2016年11月4日正式生效，随着美国的重新加入，截至2023年7月13日，已有195个国家和地区（194个缔约方和厄立特里亚）发布了国家自主贡献首次通报[2]。中国于2015年向联合国提交了《强化应对气候变化行动——中国国家自主贡献》，并于2016年批准《巴黎协定》[3]。

SDG13与多项可持续发展目标高度关联，如SDG1（在全世界消除一切形式的贫穷）、SDG11（建设包容、安全、有抵御灾害能力和可持续的城市和人类住区）和SDG12（确保采用可持续的消费和生产模式），同时加强保护陆地生态系统（SDG15）也是应对气候变化的重要举措。整体而言，气候变化对于推进2030议程具有重要影响。根据2022年联合国环境规划署发布的《2022年可持续发展目标报告》[4]，连锁反应和相互关联的危机正将2030年可持续发展议程以及人类自身的生存置于严重危险之中。报告强调了人类面临的挑战的严重性和规模，以疫情、气候变化和冲突为主的危机对所有可持续发展目标、粮食和营养、健康、教育、环境以及和平与安全产生附带影响。该报告详细描述了在消除贫困和饥饿、改善健康和教育、提供基本服务等方面取得的进展，还指出了需要采取紧急行动的领域，为人类和地球带来有意义的进展。

积极应对气候变化是中国经济社会发展的重

[1] UNFCCC. The Paris Agreement. United Nations climate change. United Nations. [引用日期：2021年6月10日.] https：//unfccc.int/process-and-meetings/the-paris-agreement/the-paris-agreement.

[2] UNFCCC. NDC Registry. United Nations. [引用日期：2023年7月13日.] https：//www4.unfccc.int/sites/NDCStaging/Pages/Home.aspx.

[3] United Nations. Treaty collection. [引用日期：2021年6月10日.] https：//treaties.un.org/Pages/ViewDetails.aspx?src=TREATY&mtdsg_no=XXVII-7-d&chapter=27&clang=_en.

[4] UNEP. The Sustainable Development Goals Report 2022. United Nations. [引用日期：2023年7月13日.] https：//unstats.un.org/sdgs/report/2022/.

大战略之一,也是我国生态文明建设、实现高质量可持续发展的内在要求。2007年6月,中国政府发布了《中国应对气候变化国家方案》,这是全球发展中国家制定实施的第一部应对气候变化的国家方案。2009年11月,我国宣布了到2020年的具体减排承诺,即:到2020年单位国内生产总值二氧化碳排放比2005年下降40%~45%,非化石能源占一次能源消费比重达到15%左右,森林面积比2005年增加4000万公顷,森林蓄积量比2005年增加13亿立方米。根据《中国落实2030年可持续发展议程进展报告(2019)》,2018年,中国碳强度较2005年降低约45.8%,提前完成了到2020年目标。2020年9月22日,习近平主席在第75届联合国大会一般性辩论上发表讲话,提出:"中国将提高国家自主贡献力度,采取更加有力的政策和措施,二氧化碳排放力争于2030年前达到峰值,努力争取2060年前实现碳中和"(以下简称"双碳"目标)。同年12月12日,习近平主席在气候雄心峰会上进一步宣布:到2030年,中国单位国内生产总值二氧化碳将比2005年下降65%以上,非化石能源占一次能源消费比重将达到25%左右。2021年4月22日,习近平主席在领导人气候峰会上再次重申了中国"碳达峰、碳中和"承诺。减排承诺的不断强化和"双碳"目标的提出,体现了我国管控模式和管控范围的全方位发展,以及彰显了中国应对气候变化、走绿色低碳发展道路的决心。2021年是深入推进碳达峰碳中和工作的关键一年,随着碳达峰碳中和"1+N"政策体系的不断完善,中国的碳达峰碳中和工作由重大战略决策迈向了科学系统部署。2022年10月,党的二十大报告中提出完善能源消耗总量和强度调控,重点控制化石能源消费,逐步转向碳排放总量和强度"双控"制度;推动能源清洁低碳高效利用,推进工业、建筑、交通等领域清洁低碳转型。2022年两会上,政府工作中首次提及推动能耗"双控"向碳排放总量和强度"双控"转变,完善减污降碳激励约束政策,发展绿色金融,加快形成绿色低碳生产生活方式。2023年7月12日,全国低碳日活动以"积极应对气候变化 推动绿色低碳发展"为主题在西安举办,旨在推动全社会形成绿色、低碳、可持续的生产生活方式,凝聚全社会合力,积极应对气候变化。

创建国家可持续发展议程创新示范区是我国执行《联合国2030年可持续发展议程》、贯彻落实全国科技创新大会精神和《国家创新驱动发展战略纲要》重要战略部署。各示范区可持续发展规划中均对应气候变化提出了相应举措。

中国作为联合国可持续发展议程的全程参与者和重要推动者,需要推出更多、更有说服力的中国案例、中国故事,向更为广泛和多样的区域开展经验示范。2016年,国务院出台了《中国落实2030年可持续发展议程创新示范区建设方案》,指出计划在"十三五"期间创建10个左右国家可持续发展议程创新示范区,并于2018年、2019年、2022年分别批复山西太原、广西桂林、广东深圳、湖南郴州、云南临沧、河北承德、内蒙古鄂尔多斯、江苏徐州、浙江湖州、山东枣庄、青海海南藏族自治州十一地建设国家可持续发展议程创新示范区。

依据各地资源禀赋、所处可持续发展阶段及面临的瓶颈问题,各示范区设定了不同主题对以科技为核心的可持续发展问题系统解决方案进行探索,旨在为我国破解新时代社会主要矛盾、落实新时代发展任务作出示范并发挥带动作用,为全球可持续发展提供中国经验。为落实可持续发展理念,加强生态文明建设,各示范区在围绕绿色低碳发展方向提出了相应举措。各示范区建设主题、瓶颈问题及在应对气候变化方面内容见表3.1。

"十三五"期间，各示范区结合自身建设主题和规划方案，在能源结构优化、产业结构调整、能效提升、森林碳汇、碳市场建设、社会意识和能力建设等方面采取了一系列举措并取得积极成效。

表3.1 已批复国家可持续发展议程创新示范区建设主题、瓶颈问题，到2030年应对气候变化相关内容及具体指标

示范区	建设主题及瓶颈问题	到2030年应对气候变化相关内容	到2030年应对气候变化相关指标
山西太原	建设主题：资源型城市转型升级；瓶颈问题：水污染与大气污染	战略定位：解决资源型经济长期影响和生态脆弱双重叠加下的生态环境重构问题，建设资源型地区实现可持续发展的首善城市。规划目标：美丽绿色的生态之城、清洁低碳的创新之城。重点任务：建立城市生态安全格局，倡导绿色生产方式和消费模式，打造转型综改示范区，构建绿色现代产业体系，建立可持续能源体系，大力发展循环经济	服务业增加值占GDP比重（%）：60以上；文化产业增加值占GDP的比重（%）：12；万元GDP能耗比2015年下降（%）：超额完成省下达任务；万元GDP二氧化碳排放量比2015年下降（%）：超额完成省下达任务；燃煤总量比2015年下降（%）：40；市域居民散煤燃烧消除率（%）：100；清洁供暖普及率（%）：100；城市生活垃圾无害化处理率（%）：99.5；城市污水处理率（%）：全处理；公共交通出行分担率（不含步行）（%）：45；粮食作物秸秆综合利用率（%）：100；规模化养殖场粪污利用率（%）：100；建成区绿化覆盖率（%）：42；森林覆盖率（%）：35
广西桂林	建设主题：桂林景观资源可持续利用；瓶颈问题：喀斯特石漠化地区生态修复和环境保护	战略定位：成为自然环境优美、生态产业发达、经济与资源协调发展、人与自然和谐相处的生态文明建设样板区。规划目标：宜游宜养的生态之城。重点任务：加强景观资源保育，开展水生态系统保护修复、石漠化治理与修复、城乡生态环境综合治理、生态景观城市建设、美丽生态乡村建设；大力发展智慧生态旅游业、智慧生态农业、智慧生态康养产业、智慧生态工业，打造现代服务业新体系，建设经济繁荣桂林	服务业增加值占GDP比重（%）：62.0；单位GDP能耗（吨标准煤/万元）：0.410；非化石能源占一次能源消费比重（%）：33.76；城乡生活污水集中处理率（%）：99.00；城镇生活垃圾无害化处理率（%）：≥98.00；公交出行分担率（%）：35；城镇绿色建筑占新建筑比重（%）：55；城市建成区绿化覆盖率（%）：46.80；活立木蓄积量（万立方米）：14189.60；森林覆盖率（%）：71.80；岩溶地区（石山）乔灌植被面积保有量（公顷）：216760
广东深圳	建设主题：创新引领超大型城市可持续发展；瓶颈问题：资源环境承载力和社会治理支撑力相对不足	战略定位：大力推进绿色、低碳、循环发展，完善低碳发展的政策法规体系，促进资源节约利用，倡导绿色生活方式，建设绿色宜居家园，成为超大型城市经济、社会与环境协调发展的典范。规划目标：宜居协调的绿色家园城市。重点任务：建设更加宜居宜业的绿色低碳之城，推进绿色低碳循环发展，全面提升城市环境质量，构建宜居多样的城市生态安全系统，加强城市景观设计和管理，打造一流的湾区海洋环境，创新生态环境保护治理机制	第三产业增加值占GDP比重（%）：62.0；高峰期间公共交通占机动化出行分担率（%）：75.0；城市污水集中处理率（%）：98.0；生活垃圾资源化利用率（%）：90.0；建成区绿化覆盖率（%）：45.5

续表

示范区	建设主题及瓶颈问题	到2030年应对气候变化相关内容	到2030年应对气候变化相关指标
湖南郴州	建设主题：水资源可持续利用与绿色发展 瓶颈问题：水资源利用效率低、重金属污染	战略定位：打造绿水青山样板区、绿色转型示范区。 规划目标：山水秀美、宜居宜业的生态郴州。 重点任务：优化国土空间布局，推进水功能区建设，构建良好的水生态安全格局；统筹流域经济发展和水环境综合治理，探索生态环境修复与恢复同时推进、自然为主、人工为辅的流域综合治理模式；建设绿色节水型，和谐自然的特色城镇；实施"乡村振兴战略"，建设山环水绕的美丽乡村	第三产业（服务业）增加值占GDP比重（%）：55.0 万元GDP能耗（吨标准煤/万元）：0.42 污水集中处理率（%）：98.0 畜禽养殖废弃物资源化利用率（%）：≥90 森林覆盖率（%）：69.0
云南临沧	建设主题：边疆多民族欠发达地区创新驱动发展 瓶颈问题：特色资源可持续利用	战略定位：打造环境友好产业跨越式发展样板区，实现临沧绿色产业转型升级，助推全域经济发展。 规划目标：建成沿边全面开放新动能释放先行区、环境友好产业跨越式发展样板区。 重点任务：加大生态保护的科学研究，构建绿色创新体系，发展环境友好产业，加快主导绿色产业发展提速增效，实现发展规模与发展质量效益双提升，发展"绿色能源""绿色食品"，打造"健康生活目的地"	第三产业增加值占GDP比重（%）：58.0 绿色能源产值（亿元）：100 单位GDP能源消耗量（tec/万元）：全省领先 森林覆盖率（%）：70 农业废弃物资源化利用（%）：90 建成区绿化覆盖率（%）：40
河北承德	建设主题：城市群水源涵养功能区可持续发展 瓶颈问题：水源涵养功能不稳固、精准稳定脱贫难度大	战略定位：京津冀水源涵养功能区、国家绿色发展先行区。 规划目标：全面建立现代化的生态环境治理体系，全市水源涵养功能全面提升，生态支撑能力显著增强；绿色转型取得明显成效，生态经济发展模式基本成熟，建成国内外知名的绿色发展先行区。 重点任务：落实主体功能区规划，优化国土空间开发格局，全面提升水源涵养能力，创新水源涵养功能区生态保护补偿长效机制；加快转型升级，着力构建绿色产业体系，培育壮大绿色产业，加快发展现代农业，积极发展循环经济	服务业增加值占GDP比重（%）：60.00 万元GDP能耗比2015年下降（%）：38 城市污水处理率（%）：100 农村生活垃圾处理率（%）：100 森林覆盖率（%）：>60.00

续表

示范区	建设主题及瓶颈问题	到2030年应对气候变化相关内容	到2030年应对气候变化相关指标
内蒙古鄂尔多斯	建设主题： 荒漠化防治与绿色发展 瓶颈问题： 生态建设产业化程度低，制约荒漠化防治提质增效、资源型产业链条短，制约经济转型升级和绿色发展	战略定位：打造荒漠化防治的全球样板区、现代能源经济发展引领区和草原文旅融合发展先行区。 规划目标：荒漠化防治取得显著成效、生态环境持续向好、可持续发展能力明显提升，向全球类似地区贡献可复制、可推广的集荒漠化防治与绿色发展的可持续发展创新模式。 重点任务：强化荒漠化防治提质增效行动、水资源集约高效利用行动、现代能源经济高质量发展提速行动、农牧业和乡村旅游发展提升行动、创新驱动发展能力建设	万元GDP能耗（吨标准煤/万元）：≤0.6 万元GDP水耗（吨/万元）：≤20 一般工业固体废物处置利用率（%）：100 城镇污水处理率（%）：99.5 城镇生活垃圾无害化处理率（%）：100 空气优良天数（天）：315 地表水水质达到或优于Ⅲ类比例（%）：90 城镇人均公园绿地面积（%）：>30 城镇新建绿色建筑比例（%）：60 非常规水源（中水、雨水、洪水）比率（%）：65 煤炭就地转化率（%）：40 库布其沙漠治理率（%）：30 毛乌素沙地治理率（%）：75 生态环境状况指数（干旱半干旱地区）（%）：≥35.52 植被覆盖度（%）：≥73 危险废物利用处置率（%）：100
江苏徐州	建设主题： 创新引领资源型地区中心城市高质量发展 瓶颈问题： 传统工矿废弃地可持续利用难度大、要素供给结构性矛盾制约新老产业接续	战略定位：围绕落实2030年可持续发展议程，积极探索创新引领资源枯竭地区中心城市高质量发展之路，为全球可持续发展贡献"徐州智慧"，分享"中国经验"。 规划目标：生态系统实现良性循环，生态治理领域中形成一批国际样板，建成宜业宜居的山水园林城市和美丽中国典范城市。 重点任务：牢固树立"绿水青山就是金山银山"理念，坚定不移走生态优先、绿色发展之路，处理好生态环境保护和经济发展的关系，加强生态环境修复治理，大力倡导绿色、低碳、循环、可持续的生产生活方式，推动形成人与自然和谐发展的现代化建设新格局	单位GDP能耗（吨标准煤/万元）：0.268 单位GDP水耗（立方米/万元）：43.0 单位GDP碳排放量（吨/万元）：0.50 单位GDP建设用地使用面积（公顷/亿元）：19.0 城市空气环境质量优良天数比例（%）：80.0 采煤塌陷地治理和生态修复率（%）：70.0 生活垃圾回收利用率（%）：45 可再生能源占能源消费比重（%）：17 城镇污水集中处理率（%）：96.0 工业固体废物综合利用率（%）：99.0 地表水省考以上断面达到或优于Ⅲ类比例（%）：95.0 林木覆盖率（%）：32.00 污染地块安全利用率：100
浙江湖州	建设主题： 绿色创新引领生态资源富集型地区可持续发展 瓶颈问题： 生态资源为支撑的绿色转型步伐不够快、支持高水平均衡发展的治理能力有待提升	战略定位：着力把湖州建成全国乃至国际的美丽中国样板区、绿色创新引领区、治理现代化先行区。 规划目标：绿水青山向金山银山转化的样本更加多元、更加高效，湖州可持续发展创新模式更加成熟，在全国甚至世界范围内具有较高影响力。围绕可持续创新发展的技术支撑、生态治理、制度建设更趋完善，绿色经济的示范引领作用更加突出，生态环境治理全面改善，国家可持续发展议程创新示范区建设达到较高水准。 重点任务：推进全域景区化，塑造江南清丽地；推进经济生态化，营造繁华滨湖城；推进城乡一体化，再造富足鱼米乡；推进治理现代化，打造智慧先行者；推进创新融合化，筑造开放活力谷	入太湖断面水质达标比例（%）：100 城市污水处理率（%）：98.0 地表水水质优良（达到或好于Ⅲ类）比例（%）：100 城市空气质量优良天数比例（%）：90.0 $PM_{2.5}$平均浓度（μg/m³）：24 公众绿色出行率（%）：85.0 城乡生活垃圾分类处理率（%）：100 单位GDP能耗（吨标煤/万元）：0.38 非化石能源消费比重：达到30%左右 城镇新建建筑中装配式建筑比例（%）：45以上 城镇新建建筑可再生能源应用核算替代率（%）：12 森林蓄积量：1300万立方米 森林覆盖率（%）：48.23

续表

示范区	建设主题及瓶颈问题	到2030年应对气候变化相关内容	到2030年应对气候变化相关指标
山东枣庄	建设主题：创新引领乡村可持续发展 瓶颈问题：农业资源丰富与价值实现不充分之间的矛盾突出、乡村发展要素投入不足与城乡融合需求矛盾明显	战略定位：打造转型发展示范区、城乡融合先行区、美丽乡村样板区，为世界乡村可持续发展提供枣庄经验。 规划目标：建设和谐、包容、美丽和活力枣庄。 重点任务：推进城乡融合发展为和谐枣庄提供长效力；加快新旧动能转换为包容枣庄提供牵引力；加强生态环境建设为美丽枣庄提供支撑力；强化科技创新引领为活力枣庄提供驱动力	文化产业增加值占GDP比重（%）：7.0 现代服务业增加值占GDP比重（%）：29.5 规模以上工业增加值增长率（%）：7.5 节能环保支出占财政支出比例（%）：3 单位GDP能耗下降率（%）：全国领先 单位GDP水耗（立方米/万元）：≤45 再生资源循环利用率（%）：92 单位工业用地产值（亿元/平方公里）：45 农村生活垃圾无害化处理率（%）：100 城市污水集中处理率（%）：99 自然湿地保护率（%）：70 城市空气质量优良天数比例（%）：66 地表水达到或优于Ⅲ类比例（%）：100 城镇居民人均公园绿地面积（平方米/人）：20 生态文明建设群众满意度（%）：≥90 农药利用率（%）：45 化肥利用率（%）：40 森林覆盖率（%）：26
青海海南藏族自治州	建设主题：江河源区生态保护与高质量发展 瓶颈问题：生态本底脆弱与生态保护战略需求矛盾突出、产业基础薄弱与民生持续改善需求矛盾突出	战略定位：建设海南州成为江河源区生态保护与治理引领区、高原生态与产业协调发展样板区、民族团结进步模范区。 规划目标：绿色生产生活方式广泛形成，生态系统良性循环能力和支撑可持续发展功能全面形成，"美丽海南"目标基本实现。 重点任务：推进生态保护与建设，筑牢国家生态安全屏障；发展高原生态产业，助力实现"双碳"目标；推进民生持续改善，建设和谐美丽新海南；增强科技创新能力，提升高质量发展水平	植被覆盖度（%）：88 退化草地治理率（%）：60 江河湖泊功能区水质达标率（%）：100 环保支出占财政支出比例（%）：6.0 城镇生活污水处理率（%）：97.0 湿地保护率（%）：>95 建成区人均公园绿地面积（平方米/人）：30.0 规模化畜禽养殖场粪便综合利用率（%）：90 万元GDP水耗（吨/万元）：139.0 万元GDP能耗（吨标煤/万元）：0.60 人均GDP（万元/人）：6.71 农产品加工业产值占农林牧渔总产值比重（%）：51 战略性新兴产业（清洁能源）增加值占地区总产值比重（%）：50.0 清洁能源发电比例（%）：100 清洁能源占能源消费总量比率（%）：100 农牧业组织化程度（%）：65 旅游总收入（亿元）：101.06

各示范区所处经济发展阶段不同和资源禀赋差异显著。"十三五"期间，各示范区结合自身特点，综合考虑经济和生态影响，坚持和完善能源双控制度，因地制宜对能源结构、产业结构等方面进行了优化调整，因地制宜发展清洁能源，提升森林碳汇，推进碳排放交易市场建设。通过采取多种举措，综合推进了示范区建设及产业绿色发展。

太原在"十三五"期间绿色发展水平显著提升，持续优化产业结构和能源结构。排查"散乱污"企业2216个，取缔1919个，升级改造297个，关停10家焦化企业912万吨产能，控制焦化产能1510.8万吨，清洁取暖改造23.79万户，煤炭先进产能占比达到80.9%。桂林是广西壮族自治区首个国家低碳试点城市，第三产业占GDP比重提高到54.4%，旅游服务业成为经济增长主引擎。通过全国水生态文明建设试点城市、国家低碳试点城市验收。生态创建保持全区领先，12个县（市、区）获得自治区级生态县命名。深圳是我国最早的经济特区、中国特色社会主义先行示范区和粤港澳大湾区核心城市[1]，温室气体清单编制常态化，持续深化碳交易试点，配额成交总量超过5800万吨，总成交金额达到13.78亿元，市场流动性居全国试点碳市场首位，以全国试点碳市场2.5%的配额规模，实现13%的交易量和交易额。郴州生态环境良好，依托东江湖天然冷源优势，成功创建东江湖"国家绿色数据中心"。"十三五"期间创建全国森林旅游示范城市、国家水生态文明城市、国家节水型城市、全国绿化模范城市，获2019全球绿色低碳领域先锋城市蓝天奖，入选全国绿色矿业发展示范区。临沧十三五期间中心城市空气质量优良率达98.9%，提高0.8个百分点，完成水土保持生态建设362.9平方公里，澜沧江、怒江两大水系11个国控断面水质优良率达100%，获评省级美丽河湖12个，森林蓄积量达到1.17亿立方米，天然草原植被综合覆盖度达85.36%，实施石漠化综合治理6.198万亩。承德是京津冀水源涵养功能区和生态涵养区，"十三五"期间修复矿山生态环境62平方公里，建成国家级绿色矿山32个，被评为国家绿色矿业发展示范区，累计完成营造林617万亩、草地治理修复133.8万亩、水土流失治理3035平方公里，森林覆盖率从56.7%提高到60%，绿色产业增加值占GDP的50%以上，成为带动全市经济高质量发展的支撑动力。

鄂尔多斯"十三五"时期完成采煤区综合治理150多平方公里，完成林业建设712万亩、草原保护建设1570万亩、水土流失综合治理913.8万亩，成功创建国家森林城市、全国绿化模范城市，全市森林面积提高至2.37万亩，森林覆盖率升为27.3%，草原植被盖度升为49.2%，库布其沙漠生态示范区被联合国确立为全球沙漠"生态经济示范区"，康巴什区和鄂托克前旗荣获国家生态文明建设示范区称号。徐州十三五期间治理采煤沉陷区6.73万亩、修复采石宕口40个，向全球发布生态修复技术"徐州标准"，林木覆盖率和建成区绿化覆盖率分别达30.6%和44%，获批全国首批"无废城市"创建试点、国家工业领域煤炭清洁高效利用示范市、国家首批新能源示范城市、国家循环经济示范城市、全国第三批生态修复城市修补试点城市。湖州十三五期间是全国唯一一个同时荣获国家生态市、国家生态文明建设示范市和"绿水青山就是金山银山"实践创新基地称号的地级市，完成绿化造林1.40万亩，建设珍贵彩色森林7.7万亩，新增省级森林城镇2个。完成湿地生态修复2万亩，全市湿地面积达到4.78万公顷，占土地总面积的8.21%。枣庄十三五期间累计新增、更新和低效林改造提升面积22万余亩，森林抚育9万多亩，年均造林面积5万亩以上，建设提升绿色生态廊道3800公里，建成省级以上森林公园13处、湿地公园17处，成功创建国家园林城市，林木蓄积量达到650万立方米，湿地总面积达到23.8万亩，森林覆盖率达到27.4%，湿地保护率70%，完成水土流失

---

[1] 郭芳，王灿，张诗卉.中国城市碳达峰趋势的聚类分析[J].中国环境管理，2021，13（01）：40-48.

治理面积230.04平方公里[1]。海南藏族自治州列为全国第一批新能源示范城市，十三五期间绿色产业不断壮大，地区生产总值五年年均增长4.5%，有机种植业基地和草场215.14万亩，新增绿化面积294.145万亩，森林覆盖率达到12.38%，草地植被覆盖度达到57%。

各示范区"十三五"期间应对气候变化所取得成效概述见表3.2。[1][2][3]

已批复国家可持续发展议程创新示范区十三五期间应对气候变化相关工作所取成效　　表3.2

示范区	能源结构	产业结构	节能减排	森林碳汇
山西太原	"十三五"期间累计化解煤炭过剩产能1139万吨，清洁取暖改造23.79万户，全面消除散煤取暖，能源革命综合改革试点取得阶段性成效	三次产业比重已经由2014年的4.2∶58.8∶37.0调整为2020年的0.8∶36.2∶63.0。"十三五"期间战略性新兴产业增加值年均增长9.7%。现代服务业提质增效，都市现代农业加速发展，获批设立国家跨境电子商务综合试验区，入选首批国家物流枢纽建设名单	煤炭先进产能占比达到80.9%	2016年至2020年累计完成各类营造林188.01万亩，超额完成林业"十三五"规划的184.02万亩目标。城市绿化面积持续增加，建成区绿化覆盖率达到44.0%，荣获"全国绿化模范城市"
广西桂林	重点开发水力、风力发电项目，并取得显著成效。水电和风电发电量60.63亿千瓦时，占规上工业发电量的比重达63.4%，其中风力发电企业由2015年的2家增加到2020年的11家，风力发电量达37.02亿千瓦时，比2015年累计增长842.1%，五年年均增长56.6%	2020年，第三产业在GDP中的占比54.4%，服务业成为经济增长主引擎	"十三五"以来，桂林市单位GDP能耗每年分别同比下降4.51%、4.47%、3.44%、2.06%、4.18%，五年累计下降17.34%，超额完成"十三五"节能目标（下降14%）3.34个百分点，年均下降3.73%	完成21家采石场136万平方米山体生态复绿，成为国家生态文明先行示范区，16个乡镇获国家级生态乡镇，12个县（市、区）获自治区级生态县，森林覆盖率达71.62%
广东深圳	深圳市能源供应中外地调入的比例较高，且调整空间有限，但其在本地形成了以清洁能源为主的能源结构，核电、气电等清洁电源装机容量占全市总装机容量的77%，垃圾焚烧发电量大幅增加	2020年，一二三产业比重为0.1∶37.8∶62.1，战略性新兴产业增加值达1.02万亿元，占地区生产总值比重37%，高技术制造业和先进制造业增加值占规模以上工业增加值的比重分别达到66%和72%，规模以上工业总产值居全国城市首位，每平方公里产出GDP居全国大城市首位	单位GDP能耗、单位GDP二氧化碳排放分别为全国平均水平的1/3、1/5，五年分别下降19.3%、23.2%，是全国大中城市中单位GDP能耗、水耗最低的城市	装配式建筑占新建建筑的比例从5%提高到38%，绿色建筑面积居全国城市前列

---

[1] 深圳特区报.深圳拟推5大举措降低碳排放.（2021-03-05）[2023-07-14]. http：//www.sz.gov.cn/cn/ydmh/zwdt/content/post_8586528.html.

[2] 桂林市统计局.能源消费增速低 清洁能源发展快 节能降耗成效显著——桂林市"十三五"时期节能降耗概况，（2021-07-08）[2023-07-14]. https：//www.guilin.gov.cn/glsj/sjfb/tjfx/202107/t20210708_2088571.shtml.

[3] 郴州日报.我市清洁能源占比逐年提高.（2021-05-07）[2023-07-14]. http：//www.czs.gov.cn/html/dtxx/zwdt/zwyw/content_3276671.html.

续表

示范区	能源结构	产业结构	节能减排	森林碳汇
湖南郴州	清洁能源发展迅速，风力发电、生物质发电、光伏发电等新能源发电项目陆续投入使用。截至2020年年底，清洁能源装机规模达到398万千瓦，占全市电源总装机规模66%，装机容量成为全省第一，全市清洁能源发电量为64.43亿千瓦时，占全社会用电量的47%	2020年，全年全市地区生产总值2503.07亿元，第一产业增加值占地区生产总值比重为11.3%，第二产业增加值比重为38.7%，第三产业增加值比重为50.0%。高技术制造业占规模以上工业增加值的比重为13.8%	全年规模以上工业综合能源消费量比上年下降2.5%	生活垃圾无害化处理率达100%。全面完成生态红线划定，新增国家绿色矿山4家。完成人工造林17.5万亩，全市森林覆盖率达到68.1%
云南临沧	临沧是我国重要的水电能源基地，肩负着"西电东送"和"云电外送"的重要任务。水电站装机容量达到722万千瓦，全市超过80%的电力为清洁能源供应	2020年，三次产业增加值占全市地区生产总值的比重为29.5∶24.8∶45.7	"十三五"时期，单位GDP能源消耗量五年累计下降19.04%、单位GDP二氧化碳排放量五年累计下降预计达21.78%	森林覆盖率预计超过70%，森林蓄积量达到1.17亿立方米，荣获"中国十佳绿色城市"和"国家森林城市"等称号
河北承德	清洁能源装机规模达到754万千瓦，年发电132亿千瓦时，分别是"十二五"末的2.3倍和2.6倍	2020年，三次产业结构由19.9∶41.3∶38.8调整优化为21.7∶32.1∶46.2，第三产业增加值占比提高7.4个百分点，钢铁、煤炭去产能任务全面完成，绿色产业增加值占GDP比重从"十二五"末的35%提高到50%	钢铁、煤炭去产能任务全面完成	五年累计完成营造林617万亩、草地治理修复133.8万亩、水土流失治理3035平方公里，森林覆盖率从56.7%提高到60%
内蒙古鄂尔多斯	重点发展风能、太阳能，五年间新增可再生能源发电装机153万千瓦，可再生能源装机达到313万千瓦，占总装机比重达到12%	淘汰落后产能，强化源头管控。制定《鄂尔多斯市"十三五"期间淘汰目标任务和年度计划》，共淘汰水泥、焦化、电石企业7户。退出煤矿21座，产能1695万吨，淘汰关停煤电机组5台，总装机4.2万千瓦	累计开展工业企业节能监察500余家、节能诊断34家；组织开展全市公共机构参加国家级节约型公共机构示范单位和自治区级示范单位创建工作，全市公共机构人均能耗下降19.83%、公共机构单位建筑面积能耗下降12.25%	统筹推进山水林田湖草沙系统治理，组织实施京津风沙源治理、"三北"防护林建设、退牧还草等重点生态工程建设，完成林业建设712万亩、草原保护建设1570万亩、水土流失综合治理913.8万亩，森林覆盖率提高到27.3%
江苏徐州	可再生能源发电量增长70%，8个县（市）区入选全国整县屋顶分布式光伏开发试点，2020年一次能源消费总量约2573万吨标准煤，比2015年下降42.2%，超额完成能耗"双控"省进度要求	完成四大行业优化布局和转型升级，四大战略性新兴产业占全市规上工业比重达41.4%。工业对经济增长的贡献率为43.7%，拉动全市地区生产总值增长1.5百分点	积极构建绿色产业体系，严控"两高"项目，创新绿色金融产品服务，加快制造业绿色改造升级，实施节能改造项目100个以上。抓好煤炭清洁高效利用，持续推进热电联产和"北热南送"工程，完成既有建筑节能改造33万平方米	完成绿化造林17.5万亩，徐派园林影响力进一步扩大，林木覆盖率和建成区绿化覆盖率分别达30.6%和44%

续表

示范区	能源结构	产业结构	节能减排	森林碳汇
浙江湖州	"十三五"期间，新能源装机容量新增180万千瓦，新能源人均装机容量由60瓦增长至740瓦，新能源发电总量达86.7亿千瓦时。管道天然气年均消费达10亿立方米以上，比2015年增加近50%。深入推进煤炭消费减量替代，规上工业用煤421.6万吨，同比下降13.3%，单位GDP能耗下降17.4%以上	三次产业增加值比例由2015年的5.5:53.1:41.4调整为2020年的4.4:49.6:46.0。在全市规上工业中，2020年战略性新兴产业、高新技术产业、装备制造业增加值占比达到35%、59.7%和30.8%	"十三五"期间，严格落实绿色建筑星级要求，通过审查的绿色建筑1698项，面积约7802.3万平方米。节能改造力度进一步加大，完成公共建筑节能改造建筑面积达到62.4万平方米以上	全市完成绿化造林1.4万亩，建设珍贵彩色森林7.7万亩，森林覆盖率达48.15%，湿地面积达到71.7万亩，占土地总面积的8.21%，完成湿地生态修复2万亩
山东枣庄	"十三五"期间单位地区生产总值能耗累计下降21%，超额完成下降17%的目标任务，完成省下达煤炭压减任务	累计治理424家"散乱污"企业，全面完成违法违规制售"地条钢"清理任务，按期完成焦炉压减任务，提前完成"十三五"煤炭去产能任务，关闭矿井13处，退出产能381万吨	推进农村清洁取暖，2.06万农户实现清洁取暖，完工率为114.28%，位居全省第2名。清洁能源和新能源占比不断提高，新能源发电装机136.2万千瓦，占全市发电装机规模的22.94%	实施"国家森林城市十大提升工程""绿满城乡·美丽枣庄"国土绿化行动，累计新增、更新和低效林改造提升面积22万余亩，森林抚育9万多亩，建设提升绿色生态廊道3800公里，建成省级以上森林公园13处、湿地公园17处，成功创建国家园林城市，人均公园面积达到14.9平方米，建成区绿化覆盖率达到41.1%，林木蓄积量达到650万立方米，湿地总面积达到23.8万亩，森林覆盖率达到27.4%，湿地保护率70%
青海海南藏族自治州	新能源主力基地初具规模，全省"千万千瓦级"清洁能源基地和"西电东输"主力基地建设加快，光伏、光热和风电等建设全力推进，±800千伏特高压直流输电工程顺利完成，清洁能源装机容量达1863.6万千瓦，海南生态光伏园区成为全国首个千万千瓦级生态光伏发电园，自治州列为全国第一批新能源示范城市	绿色产业不断壮大，地区生产总值五年年均增长4.5%；三次产业结构由2015年的22:50:28调整为2020年的27:41:32	推动煤改气、煤改电工作，鼓励利用可再生能源、天然气、电力等优质能源替代燃煤使用	扎实推进国土绿化行动，7个乡镇和51个村通过省级生态乡镇、生态村评审，新增绿化面积294.145万亩，森林覆盖率达12.38%，草地植被覆盖度达到57%

"十四五"规划和2035年远景目标纲要提出要积极落实2030年应对气候变化国家自主贡献目标，制定2030年前碳排放达峰行动方案。各示范区在十四五规划中也对低碳发展提出了相应举措和发展目标。

2021年1月，生态环境部发布的《关于统筹和加强应对气候变化与生态环境保护相关工作的指导意见》，提出"积极应对气候变化是我国实现可持续发展的内在要求"。该指导意见同时指出，应对气候变化和保护生态环境的目标就是"落实二氧化碳排放达峰目标和碳中和愿景"。同时，根据《国务院关于加快建立健全绿色低碳循环发展经济体系的指导意见》的指导思想，"建立健全绿色低碳循环发展的经济体系"方能确保实现碳达峰、碳中和目标。2022年6月，生态环境部等17部门联合印发《国家适应气候变化战略2035》，提出新时期我国适应气候变化工作的主要目标。为积极应对气候变化，推进落实低碳绿色发展战略，各示范区在发展清洁能源、优化产业结构，发展低碳工业、低碳交通、绿色建筑，提升生态碳汇，发展碳捕集利用封存技术，建立相关政策、金融支持机制等方面分别提出了具体举措，见表3.3。

自创建以来，十一个城市国家可持续发展议程创新示范区围绕各自主题和自身发展定位，积极落实《中国落实2030年可持续发展议程国别方案》，结合乡村振兴战略、新型城镇化建设等重点任务推进城市绿色低碳发展，并取得积极进展。太原市逐步实现了资源型城市高污染、高排放行业转型，产业结构持续优化；桂林市景观资源保护和生态建设成效显著，获得国家生态文明先行示范区等称号；深圳市超大型城市生态治理能力显著提高，单位GDP能耗、单位GDP二氧化碳排放等指标稳居全国前列；郴州市充分发挥其水资源优势，荣获全球"先锋城市蓝天奖"；临沧市在提升科技创新能力的同时加强生态建设，被授予"国家森林城市"；承德市围绕"生态支撑、水源涵养"的任务，积极推进生态修复项目，被联合国授予"地球卫士奖"；鄂尔多斯持续深入探索生态保护和荒漠化治理新机制、新技术、新模式，实现荒沙"双减少"和增绿"双提高"，荣获"国家森林城市""中国最具生态竞争力城市"等称号；徐州坚持生态优先、绿色发展，强力推进产业结构、能源结构调整，单位GDP能耗降幅全省第一；湖州坚持绿色发展引领，强化生态资源支撑，成功入选国家首批开展数字化绿色化协同转型发展综合试点城市；枣庄统筹山水林田湖一体化治理，推动经济社会发展全面绿色转型，先后创成国家森林城市、国家园林城市、国家绿色出行城市、全国废旧物资循环利用体系建设重点城市等一批"国字号"招牌；海南藏族自治州稳步推动地区可持续发展，现代生态农牧业、新型清洁能源产业、文化旅游及服务业、大数据产业等发展取得了重大成果。目前，示范区城市所取得的成功经验为其他城市提供了参考和经验支持。

同时，当前国内外经济局势复杂，各示范区减排压力艰巨，实现可持续发展目标仍面临诸多挑战，为应对气候变化、实现低碳宜居城镇建设、实现双碳目标亟需采取进一步行动。首先，为制定符合当地发展情况的低碳发展规划，需要依据示范区城市特点明确各地技术需求，建立技术选型清单；其次，围绕宜居、绿色发展的空间格局和功能分布，需要识别不同功能区低碳宜居发展的关键要素，探索以可持续发展为导向的低碳宜居城市及住区建设发展指标体系；同时，为实现创新驱动低碳发展，需要借助地理信息、网络定位、大数据等信息技术手段，搭建城市低碳

表 3.3 已批复国家可持续发展议程创新示范区"十四五"应对气候变化相应目标及举措

示范区	能源结构调整	产业结构优化	运输结构优化
山西太原资源型城市转型升级	建立可持续的能源体系。降低煤炭在能源终端消费的比重，努力提高清洁能源发电比重，积极开展水电、风电、太阳能、生物质能等可再生能源开发利用	培育壮大新兴产业，快推进产业高端化、智能化、绿色化。品牌化战略性新兴产业发展。推进工业领域非省会城市功能疏解，加快资源型低端产业疏解	重点煤矿全部接入铁路专线，钢铁等重点企业接入比例达80%以上。推动城市配送车辆新能源化。建成区公交车、环卫车全部采购新能源车辆
广西桂林景观资源可持续利用	优化农村能源结构。开展农村用沼气、省柴节能灶、高效低排生物质炉等农村能源项目建设。控制燃煤使用和污染，加强煤炭经营用户的煤质管理	发展先进装备制造产业和战略性新兴产业。到2021年，战略性新兴产业总产值突破500亿元。坚决淘汰落后产能，有序退出过剩产能	服务西南中南地区物流能力不断提升，桂林无水港多式联运示范物流基地项目等物流园区（基地）建成运营并发挥作用
广东深圳创新引领超大型城市可持续发展	推动绿色能源发展。围绕电力能源、可再生能源、高效储能等重点行业，培育一批具有国际竞争力的绿色领军企业，促进绿色产业规模化集聚性发展	推动绿色产业发展。围绕新能源汽车、可再生能源、高效储能等产业，培育一批具有国际竞争力的绿色领军企业，促进绿色产业规模化集聚性发展	水水中转完成752.9万标箱，同比增长3.5%。运营海铁联运班列30条，完成运输24.1万标箱，同比增长6%
湖南郴州水资源可持续利用与绿色发展	稳定发展水电，适度发展火电、生物质发电、太阳能发电、光伏发电及地热等可再生能源发电，做大做强风力发电、光伏发电及地热开发等新能源产业	实施特色资源型产业高质量发展。加快传统优势产业转型升级，改造提升工程。加快公路运输逐步转向铁路、多式联运，推进绿色化工业产品结构，建材为重点，打好传统资源与新兴产业匹配发展	制定实施运输结构调整专项行动计划。大力发展多式联运，推进公路运输逐步转向铁路、公路为辅的综合运输格局基本形成，综合交通运输能明显增强
云南临沧边疆多民族大发达地区创新驱动发展	持续优化能源结构，加强煤炭安全绿色开发和清洁高效利用，因地制宜发展太阳能、风电等可再生能源，推广电能替代，减少散烧煤和燃油消费	构建绿色制造体系，推进产品全生命周期绿色管理，不断优化工业产品结构。积极谋划新兴产业及配套产业	实施铁路货物运输能力，加快公路货运转型升级，加快推进多式联运发展，完善城市绿色配送体系
河北承德城市群水源涵养功能区可持续发展	坚持"发、储、用、造"四位一体，强力推进清洁能源产业融合发展模式。"十四五"末，全市清洁能源占终端能源消费总量比例达到22%	绿色主导产业形成规模。传统产业转型升级取得明显成效。战略性新兴产业快速发展壮大，形成与京津资源共享、功能互补、产业链衔接的绿色产业发展新格局	提升铁路货物运输能力，加快公路货运转型升级，加快推进多式联运发展，完善城市绿色配送体系
内蒙古鄂尔多斯荒漠化防治与绿色发展	大力推动光伏、风电、氢能等新能源规模化开发，对产业链上延下伸，积极推动新能源多元化利用，加快构建集能源生产、装备制造，应用示范于一体的"风光氢储车"产业集群，推动能源体系绿色低碳转型	立足现有产业基础，加快推动多种能源协同互补、综合利用、集约高效的供能方式	发展多式联运，继续落实"公转铁"货运增量要求，加快铁路专用线建设，推进铁路进入大型工矿企业和物流园区，加快规划建设主要矿区、工业园区和物资集散点铁路集疏运系统，提高多式联运效率，流通微循环

第三篇 实践案例

续表

示范区	能源结构调整	产业结构优化	运输结构优化
江苏徐州创新引领资源型地区中心城市高质量发展	大力发展可再生能源，提升非化石能源消费比重。到2025年，生物质发电装机合计达到35万千瓦左右，风电和光伏发电装机合计达到350万千瓦左右，电能替代电量累计达到50亿千瓦时左右	深入实施"工业倍增工程"，着力打造"6+4"现代产业体系，不断调整优化产业结构。到2025年，六大新兴主导产业产值达到6500亿元，高新技术产业占规模以上工业比重达50%	推动"公转铁""公转水"，鼓励港口及企业采用铁路、水路、封闭式皮带廊道、新能源和清洁能源车辆等绿色运输方式。加大船舶受电设施建设和改造力度，提高岸电设施使用率
浙江湖州绿色创新引领生态资源富集型地区可持续发展	严格实施改、扩建项目煤炭等量或减量替代，推动水泥、化纤、纺织、造纸等行业节煤限煤，禁止新建企业自备燃煤设施。持续提升气电发电量，提高存量气电机组发电利用小时数	建立能耗双控与区域发展战略、产业结构调整、制度化联动机制，形成重大项目落实施"发展战略实施+重大平台建设+行业能效引领+产业项目灵活调整+投资项目监管"的工作机制	深化国家内河水运转型发展示范区建设，全面加快推进大宗货物运输"公转铁、转铁水"，加快实施京杭运河线湖州段三级航道整合工程，引导适箱货物"散改集"
山东枣庄创新引领乡村可持续发展	逐步推动能耗"双控"向碳排放"双控"转型，严控化石能源总量，推动煤炭清洁高效利用。努力压减全市煤炭消费总量，逐步降低煤炭消费比重	严格限制新建、扩建体废物产生量大、区域内难以实现有效综合利用或无害化处置的项目。力争到2025年年底，高产出、低排放的战略新兴产业占比进一步提升，成为全市财源支柱	坚决落实新一轮"四减四增"三年行动方案，推动大宗货物运输向铁路、水路转移，推进多种运输方式有效衔接，推动薛城港三级铁路专用线开工建设，开工枣庄市段湖北三级航道专用线，开工枣庄港长江河港立专用线，切实提升多种运输方式的组合效率
青海海南藏族自治州江河源区生态保护与高质量发展	建设全国清洁能源"千万千瓦级"示范基地和"西电东输"主力基地。持续提升清洁能源跨省输送能力，打造清洁能源汇集、输出、消纳板纽基地。推进调峰调频调相技术合成和源网荷储一体化发展，构建水、风、光、热等多能互补，集成优化的清洁能源发展体系，积极打造国家级平价光伏基地	依托海南州大数据产业园建设，推动大数据和生态农牧业、清洁能源产业、旅游服务产业深度融合，加快数字技术创新应用，以数字化赋能生态旅游、清洁能源产业和文化旅游产业发展	

示范区	低碳工业/能源	低碳交通	绿色建筑
山西太原资源型城市转型升级	促进传统能源产业绿色减碳，提效减碳。建立可持续发展的高效清洁煤电体系。加快发展新能源，因地制宜发展太阳能、地热能和生物质能等非化石能源	初步建成绿色出行服务体系，城市绿色出行比例达到70%以上。加大节能和新能源车辆推广应用力度，建成区公交车、出租车全部更换为纯电动汽车	全面发展绿色建筑，2020年城镇新建绿色建筑占新建建筑面积的50%以上。实现建筑75%节能标准落实，完成4000万平方米既有非节能居住建筑节能改造
广西桂林景观资源可持续利用	加快工业绿色改造升级，支持企业实行绿色标准，绿色管理和绿色生产，实施原料无害化、生产洁净化、废物资源化，能源低碳化的绿色战略	推广绿色交通工具，深入实施"公交优先"战略，大力改善公交网络，提高公交服务质量。加快推进CNG汽车、LNG汽车、纯电动汽车等清洁能源汽车应用	深入推进建筑节能，提高建筑节能标准。城镇新建公共建筑100%达到建筑节能强制性标准要求。推广高性能、低能（能）耗、可再生循环利用的建筑材料

续表

示范区	低碳工业/能源	低碳交通	绿色建筑
广东深圳 创新引领大型城市可持续发展	建全绿色制造体系，支持企业推行绿色设计，推进产品全生命周期绿色管理，建设绿色工厂，进一步完善绿色供应链	推进多层次城市轨道网络融合发展，淘汰老旧交通运输设备，推广新能源汽车，推进配套设施规划建设，到2025年，全市新能源汽车保有量达到100万辆	全面深化建筑绿色节能，提高新建建筑星级标准，加快推进既有公共建设及居民建筑改造，到2025年，新增绿色建筑7000万平方米，装配式建筑占50%
湖南郴州 水资源可持续利用与绿色发展	严控煤炭消费总量，提高清洁能源利用占比。加强煤炭消费控制措施，削减煤炭消费需求。落实高污染燃料禁燃区要求，持续淘汰燃小锅炉	不断优化公交线路，鼓励市民公交出行，提高机动车平均通行速度。大力推广新能源汽车，实施传统公交车梯度淘汰工作	在供水、照明、供热、污水和垃圾处理等方面推广节能低碳新技术。推进大型公共建筑低碳化改造，引导各类执行绿色建筑标准
云南临沧 边疆多民族大发达地区创新驱动发展	强化工业节能，合理管控，有序利用中小水电，加强高能耗行业能效赶超行动，科学稳步推进光伏电站建设，培育清洁能源集型产业	城市绿色配送行动，鼓励统一配送、共同配送、夜间配送等集约化运输组织模式。加快新能源和清洁能源车辆推广应用	推进绿色建筑全产业链发展，推广应用绿色建筑新技术、新产品、新材料，推广绿色施工技术和绿色建材，推广绿色运营模式，发展绿色物业
河北承德 城市群水源涵养功能区可持续发展	打造京津冀清洁能源输送基地和国家级清洁能源基地。提升清洁能源发电规模。积极开发风电、太阳能、风电、光伏发电装机规模力争达到2000千瓦	建立新能源汽车充电桩推广机制，加强充换电站、等电动汽车充电设施建设。加快重点旅游沿线、大型矿厂及园区加氢基础设施布局	深入开展绿色建筑创建行动，到2025年全市城镇绿色建筑占新建建筑比例达到100%
内蒙古鄂尔多斯 荒漠化防治与绿色发展	推动工业行业绿色化改造，对标国家或同行业先进标准，重点对火电、电解铝、铁合金、电石、化工、焦化、化肥等高耗能行业企业实施节能改造，对煤化工、羊绒纺织、食品加工、生物制药等高耗水行业全面实施工业节水改造，对火电、水泥、焦化、玻璃等高排放行业实施超低排放技术改造	落实"公交优先"战略，大力发展城市公共交通，引导公众优先选择绿色低碳出行方式。加强造舍南部等既有线路的利用，强化大能力运输通道和具有新能源开发线路的铁路建设，提升铁路电气化水平，推行低能耗运输装备，推动大宗货物"公转铁"，提高清洁运输比例	集中连片建设一批高星级绿色建筑、绿色生态小区，在中心城区开展绿色建筑试点工作，结合城市双修，清洁取暖，城镇老旧小区改造等，积极推广既有居住建筑节能改造模式，持续推进以东胜区、达拉特旗、准格尔旗为重点的既有建筑节能改造，全面完成自治区下达的改造任务
江苏徐州 创新引领资源型地区中心城市高质量发展	加快创建绿色制造试点示范，支持制造行业和省级以上工业园区建设绿色工厂，绿色园区、绿色供应链等省级绿色低碳园区建设。推进徐州经济技术开发区等省级低碳园区建设	建设绿色公路、绿色港口、绿色航道和近零碳交通示范区。打造"京杭运河徐州段绿色交通航运示范区"。创建3个以上绿色低碳交通主题项目，到2025年，绿色公路废旧材料循环利用率达到100%	提升新建建筑能效水平，大力发展超低能耗、近零能耗、零能耗建筑，鼓励政府投资项目率先示范，持续开展绿色建筑示范区建设，到2025年，建成一批超低能耗建筑示范项目，申报一批高品质绿色建筑示范项目
浙江湖州 绿色创新引领生态资源富集型地区可持续发展	探索拓展各类"储能+"综合利用技术示范，在长兴、安吉等地建设一批"风光(水)储"可再生能源示范基地。2025年，抽水蓄能电站装机达到390万千瓦。到2025年，新型储能新增装机40万千瓦	打造绿色低碳智能、多样化绿色出行体系。到2025年中心城区绿色出行比例达到75%并保持75%。2030年，港口岸电数量分别达到500套、600套；全市低碳高速公路服务区占比分别达到30%、50%以上和低碳水上服务区	全面强化新建建筑绿色设计标准，提高新建建筑节能率，提升新建建筑绿色低碳设计标准，到2025年新建居住建筑和公共建筑设计节能率达到75%

续表

示范区	低碳工业/能源	低碳交通	绿色建筑
山东枣庄创新引领乡村可持续发展	推进工业企业绿色化建设，进一步推动建材、化工等原材料产业布局优化和结构调整。到2025年年底，新创建生态工业园区1家，绿色园区2个，开发一批绿色产品，打造一批绿色供应链	建设城市绿色交通体系，加快构建客运"零距离换乘"、货运"无缝衔接"的现代化综合交通运输体系；调整优化交通能源结构，大力推广应用节能环保型运输车船；提升绿色智能交通能力，创新网络运输等集约高效运输组织模式，提高交通运输效率	逐步提高绿色建筑建设标准，采用绿色设计、绿色施工，从源头减少建筑垃圾的产生。政府投资或政府投资为主的建筑工程按照装配式建筑标准建设，逐步提高全市装配式建筑项目在新建项目中的比例，到2025年年底达到40%
青海海南藏族自治州江河源区生态保护与高质量发展	加强工业和信息化节能，加大传统产业节能改造力度，围绕电力、肉食、乳制品等重点行业，引导和鼓励企业加大节能技术改造力度，加强节能监察和能源管理，促进先进节能技术、设备装备应用	促进交通节能，加快推进新能源汽车在道路运输业、城市公交、出租汽车和城市配送领域的推广应用，优化运力结构	加快既有建筑绿色化改造，推广绿色建材和装配式建筑，到2025年，绿色建筑占新建建筑比例达到70%

示范区	低碳生活	低碳社区、园区	资源高效利用	绿色建筑
山西大原资源型城市转型升级	践行绿色生活方式。树立绿色生活理念，利用各种载体和形式广泛宣传，加强全市人民低碳、绿色生活意识，每年9月开展绿色出行宣传月和公交出行宣传周活动	落实《大原市绿色低碳转型标准体系》，开展绿色同区、绿色工厂、绿色社区评价，探索建立大原市低碳发展评价体系，建立一批低碳社区、低碳商业区、低碳工业园区	实现建成生活垃圾、餐厨垃圾分类收集全覆盖和专业化处理。妥善处置矿产渣、煤矸石、坡型等大宗固体废物	
广西桂林创新引领超大型城市景观资源可持续发展	积极引导绿色消费和适度消费，限制一次性用品使用，倡导净菜上市，绿色包装等，倡导绿色出行，建立健全适合自行车骑行的公共交通网络	发展绿色园区，推进工业园区产业耦合，推进工业园区绿色供应链，逐步建立资源节约、环境友好的专业园区	推进资源高效循环利用。支持企业强化源头减量、资源化循环利用，创新和管理，增强绿色精益制造能力，大幅降低能耗、物耗和水耗水平	
广东深圳可持续利用与绿色发展	鼓励绿色消费，抵制餐饮浪费。推动快递行业绿色包装物减量，推广使用可降解的快递物料。鼓励电子商务企业绿色产品销售集渠道	发布深圳市绿色低碳产业链评价指南，划分低碳等级。推动重点产业链中有特殊环保、能耗要求的关键核心环节企业，以重大项目为核心，实施园区和循环化改造	深化"无废城市"建设。推进固体废物源头减量、无害化、资源化、低碳治理。2025年，生活垃圾回收利用率50%，一般工业固体废物综合利用率达92%	
湖南郴州水资源可持续利用与绿色发展	提升生态文明意识，倡导绿色消费观念，建设绿色产品基地。坚决制止餐饮浪费行为，到2025年，基本建成生活垃圾分类处理系统，集中处理率达到50%以上	建设工业资源综合利用示范基地。以龙头企业为主体，以重大项目为核心，培育建设一批重要资源深加工和再生资源产业园区	构建和延伸跨企业、跨行业、跨区域的综合利用产业链，形成各类废弃物综合利用向横纵向延伸、向纵深发展，构建线上线下融合的废旧资源回收和循环利用体系，提高废旧资源再生利用水平，大力推展再生资源深加工和延伸相结合的循环型产业体系	
河北承德城市群水源涵养功能区可持续发展	开展节约机关、绿色家庭等创建行动。推行绿色采购制度，建立完善绿色产品、节水器具、绿色建材等	在省级以上园区全面推行能源梯级利用，提高工业用水重复利用率。固绿色产品、绿色工厂、绿色园区、绿色供应链，加快构建绿色制造体系		大力发展循环经济，构建线上线下融合的废旧资源回收和循环利用体系，提高废旧资源发展，大力推进农业循环增效，再生利用水平，推进农业循环增效，进肥农药减量增效

续表

示范区	低碳生活	低碳社区、园区	资源高效利用
云南临沧 边疆多民族欠发达地区创新驱动发展	加强生态文明宣传教育，增强公众生态文明社会责任意识，倡导简约适度、绿色低碳、生态环保的生活方式，引导消费者转变消费观念，助推生产者绿色化生产	按照空间布局合理化、产业结构优化、产业链接循环化、资源利用高效化、污染治理集中化、基础设施绿色化、运行管理规范化的要求，推动园区循环化改造	大力推动农业生产领域资源节约化、无害化与资源化利用，促进生产废渣、废水、废气、余热的回收与资源化利用。加快构建废旧物资循环利用体系
内蒙古鄂尔多斯 荒漠化防治与绿色发展	持续化推进全市城市生活垃圾强制分类示范点建设，以城带乡扩大生活垃圾收集覆盖面。到2025年，建成区基本建成生活垃圾全程分类和处置体系	加快"无废园区"建设，推行园区内构筑以"资源一产品一再生资源"为特征的循环发展模式，促进园区内、园区间原料互供与废物资源共享	优化再生资源回收者备案"多证合一"，鼓励再生资源回收企业发展"互联网+回收"模式，建立以城带乡的再生资源协同利用处置模式，积极融入呼包鄂乌再生资源协同利用处置
江苏徐州 创新引领资源型地区中心城市高质量发展	大力开展节能宣传。以"全国节能宣传周""全国低碳日"等为重点，充分利用互联网、报纸杂志、电视等大众媒体平台，广泛开展形式多样的节能宣传活动，倡导节能生活方式	推动集中办公区、医院、高校、场馆等实施科学有效的精细化节能管理措施，减少无人区域空调、照明用能，严格控制夜间景观照明、亮化设施，以及非必要待机设备能耗	推动节能技术应用。鼓励公共机构采用合同能源管理市场化模式，应用新产品、新技术和可再生能源实施节能改造
浙江湖州 绿色创新引领生态资源富集型地区可持续发展	倡导践行绿色生活。以绿色生活创建行动为牵引，积极调动社区、企业、居民的能动作用，打造人人、时时、处处践行绿色低碳生活主题的"湖州样本"	深入宣传绿色低碳生活理念。将低碳生活理念纳入教育体系，开展绿色低碳主题教育，积极组织群众参与绿色低碳生活主题活动	提升资源综合利用水平。推广资源循环利用示范城市（基地）建设模式，持续提高废钢铁、废铜等主要再生资源循环利用量，到2025年全市和各区县基本建成资源循环利用体系
山东枣庄 创新引领乡村可持续发展	常态化开展生活方式绿色化行动，调动公众积极主动参与，将生活方式绿色化全民行动纳入文明城市、绿色产品、绿色供应链及零碳家庭、文明单位、文明家庭创建内容，积极落实财政政策，支持打造绿色低碳城乡供给体系	推进低碳创新园区示范建设。对于入选国家和省级的绿色工厂、绿色园区、绿色园区、绿色产品、绿色供应链的企业，积极落实财政政策，支持打造绿色低碳城乡供给体系	规范再生资源回收，完善再生资源回收网络体系。推进垃圾分类回收与再生资源回收"两网融合"，提高废旧物资回收率，建设废旧物资"交投点一中转站一分拣中心"三级回收体系
青海海南藏族自治州 江河源区生态保护与高质量发展	大力倡导简约适度、绿色低碳的生活方式，增加绿色产品和服务供给	推动园区循环化改造，推动园区清洁生产审核，园区污染物集中治理、加强节能、节水和固废处理设施一体化建设	坚持源头减量，资源化利用和无害化处置，培育城市绿色发展新模式，推动城市绿色低碳循环发展

示范区	生态碳汇	减碳技术创新	政策及金融支撑机制
山西太原 资源型城市转型升级	加快创建国家森林城市步伐，分类分级实施山水林田湖草沙一体化保护和系统治理，加快西山工矿废弃地综合整治，构建"多层次、多树种、多色彩"的森林结构，形成森林生态屏障	加快建设煤炭绿色清洁高效利用国家重点实验室、二氧化碳捕集封存国家工程研究中心、煤科学与技术省部共建国家重点实验室培育基地等研发平台建设	建立政府主导，社会各界参与、市场化运作，可持续的生态产品价值实现机制，构建生态保护补偿机制，设立可持续发展基金融工具

第三篇　实践案例

续表

示范区	生态碳汇	减碳技术创新	政策及金融支撑机制
广西桂林景观资源可持续利用	坚决制止耕地"非农化"行为，确保耕地红线不突破。强化湿地保护和恢复，严格湿地用途监管，确保湿地面积不减少。实施漓江生态保护和修复提升工程	加强生态环境专业人才培养和引进；激励企业进行绿色技术创新，对生态环境保护技术研发、推广和应用提供资金和政策支持	大力发展节能减排投融资，能源审计、清洁生产审核、节能环保认证、节能评估等第三方节能环保服务。落实清洁生产审核工程
广东深圳创新引领超大型城市可持续发展	优化全域生态保护格局，实行最严格的生态环境保护制度，强化区域生态环境联防联治，提高生态系统自我修复能力	大力推进近零碳排放示范工程建设，依托华润（海丰）电厂二氧化碳捕集测试平台开展碳捕集利用封存前沿技术研究	推动制定粤港澳大湾区绿色金融标准。完善气候投融资机制，创新绿色金融产品和服务，创建国家绿色金融改革创新试验区。推动能源资源价格体制改革
湖南郴州水资源可持续利用与绿色发展	坚持最严格的节约用地制度，确保林地数量有所增加和耕地保有底线。推进山地及森林生态保护和树造林生态保护，开展城乡绿化提质行动	推进创新改革的"揭榜挂帅"体制机制，加强生态环保科技创新体系建设	完善生态环境制度体系，建立生态环境保护法治体系，完善市场化、多元化生态补偿机制。对新能源汽车的整车、电池、其他关键零部件研发企业给予补贴
云南临沧边疆多民族欠发达地区创新驱动发展	提高城乡建成区绿化覆盖率，在城市功能疏解和调整中，将腾退空间优先用于增绿增花增果。更新湿地用途监管和总量管控，确保城乡绿化面积不减少	加快煤炭清洁高效利用、细颗粒物治理、挥发性有机物治理、汽车尾气净化、原油油气回收、垃圾渗滤液处理、多污染协同处理等新型技术装备研发和产业化	强化绿色发展服务支撑、健全生态环境治理体系、完善生态产品市场化、平台合理、权责对等的生态补偿机制
河北承德城市群水源涵养功能区可持续发展	严守保护生态底线，推进以"三线一单"为核心的底线管控体系建设。实施造林绿化行动，五年完成造林面积250万亩，森林蓄积量达到1.2亿立方米	切实提升环境科研技术水平，加强与高校、科研机构和企业合作进行研究，实验和技术交流，有效缩短科技成果转化进程，全面促进承德生态环境高质量可持续发展	开展生态产品市场化交易，扩大林业碳汇交易试点示范区，谋划建立承德碳汇交易中心，建立绿色金融服务体系，探索生态产品价值实现路径
内蒙古鄂尔多斯荒漠化防治与绿色发展	鼓励发展生态种植、生态养殖、有机农产品和地理标志农产品认证管理，发展生态循环农业，构建农业循环经济产业链，积极争取列入农业循环经济示范建设范围	组织实施绿色技术改革。强化企业创新主体地位，支持企业联合高校、科研院所等建立市场化运行的绿色技术创新联合体	强化法规政策支撑、健全发展绿色金融，完善绿色收费价格机制，大力发展绿色产品认证、统计监测和绿色产品标准体系，培育绿色交易市场机制
江苏徐州创新引领资源型地区中心城市高质量发展	推进农业生产领域节能。实施农业装备智能化绿色化提升行动，加快技术示范推广，引导节能低碳农机作业能耗，推进节能环保农机装备技术应用。进一步加大耗能高、污染重的老旧农机、渔船淘汰力度	推动科技创新应用。加快推动节能降碳重大科技成果转化应用，加强绿色低碳关键技术研发和应用示范。组织实施碳达峰碳中和科技创新专项，强化高效碳捕集、零碳及负碳排放、变革性能源等领域前沿技术的超前部署	强化重点用能单位节能管理，推进能耗在线监测，严格监测和绿色节能执法监察

续表

示范区	生态碳汇	减碳技术创新	政策及金融支撑机制
浙江湖州绿色创新引领生态资源富集型地区可持续发展	扩大农田自然碳库，开展高标准农田建设和耕地质量提升行动，增加土壤有机碳储量。持续推进碳汇计量监测体系建设，探索建立能够体现碳汇价值的生态保护补偿机制。深入推进安吉竹林碳汇交易试点	建设科技创新载体。聚焦"生态转化、低碳能源、数字治理"三大技术领域，积极争创绿色低碳国家省技术创新中心。实施科技攻关项目，结合产业结构特点与碳达峰目标实际需求，布局低碳与脱碳技术攻关项目	完善政策保障，积极开展碳排放碳汇核算监测评估，探索编制市级能源平衡表。建立支持碳达峰碳中和财政资金保障机制，完善绿色低碳导向的税收、价格机制，建以碳中和为目标的绿色金融服务体系
山东枣庄创新引领乡村可持续发展	实施好"十三五"规划确定的生态保护修复重大工程，系统推进山水林田湖草一体化治理，建设绿水青山枣庄。深化集体林权制度改革，加强重点造林工程建设，鼓励社会资金参与公益造林，进一步巩固国家森林城市创建成果	加强低碳技术研发应用，提升节能降碳信息化水平，开展智慧节能工程示范试点，与企业能源管理中心建设相结合，利用信息化服务手段，为企业、政府有关部门提供实时能耗数据和能耗分析信息化服务	优先在创新示范区布局国家、省重大项目，优化金融资源配置，支持银行、保险机构设立分支机构，各类投资基金加强金融支持
青海海南藏族自治州生态保护与江河源区生态保护与高质量发展	支持创新示范区开展黑土滩退化草地生态系统修复、生物多样性保护、有害生物综合防治等关键技术、生态补偿生态价值评估，生态朴偿等关键技术，加快新江河源生态价值转化	实施创新驱动战略，以政府为主导、以企业为主题，以创新平台为支撑，创新产学研用体制机制，强化科技创新服务体系建设，不断增强科技创新支撑力，为高质量发展提供人才智力支撑	加大省级财政一般性转移支付和专项支持力度，引导各类金融资本强化对创新示范区的支持。强化开放合作，围绕生态保护、清洁能源、文化旅游等领域，支持与"一带一路"沿线国家科技创新开展差异化、有特色、全方位的国际科技创新合作交流

系统（如建筑、水、能源、交通和生活等）数字化管理平台；此外，应基于示范区主题开展不同功能住区的包容性参与模式研究，凝练低碳社区培育和可持续发展模式，持续发挥示范带动作用，为应对气候变化、推进全球可持续发展提供中国经验。

3.2 依托国家湿地公园建设的湿地景观资源可持续利用模式
——以广西桂林会仙喀斯特湿地为例

湿地被称为"地球之肾",在涵养水源、改善环境、调节气候、防控土壤侵蚀、维系生态平衡、抵御生态风险、维护生物多样性和物种资源等方面发挥着重要作用,是全球自然生态系统的重要组成。科学保护保育湿地生态系统,并在此基础上对湿地资源进行合理利用,是促进人类社会实现可持续发展的重要基础。联合国《2030年可持续发展议程》将湿地生态保护纳入了多项可持续发展目标[1]。例如,SDG6.6明确提出:"到2020年,保护和恢复与水有关的生态系统,包括山地、森林、湿地、河流、地下含水层和湖泊";SDG15.1指出:"到2020年,根据国际协议规定的义务,保护、恢复和可持续利用陆地和内陆的淡水生态系统及其服务,特别是森林、湿地、山麓和旱地"。同时,鉴于湿地重要的水文、生态和生物地球化学功能,湿地生态保护和资源可持续利用可有效支持多项可持续发展目标及其子目标的推进落实。例如,SDG8体面工作和经济增长、SDG11可持续城市和社区、SDG12负责任消费和生产、SDG13气候行动和SDG15陆地生物。

湿地作为重要的生态空间和生命廊道,分布广泛、类型多样,同时拥有丰富的动植物、水文景观和人文旅游资源,生态、社会和经济价值显著,具有不可再生性,探索湿地保护、修复、管理和资源的可持续利用模式是实现人与自然和谐共生的重要路径之一。

国际社会历来重视湿地生态保护。为防止作为众多水禽繁殖和越冬栖息地的湿地的丧失,保护湿地及其动植物区系,倡导湿地资源的合理利用,1971年,来自18个国家的代表在伊朗拉姆萨尔市共同签署了《关于特别是作为水禽栖息地的国际重要湿地公约》(简称《湿地公约》,又称《拉姆萨公约》)。《湿地公约》是全球第一部政府间多边环境公约,也是唯一一部以一种类型生态系统为对象的国际公约。该公约于1975年12月21日生效,截至2022年12月底,共有172个缔约方[2]。经过半个多世纪的发展,《湿地公约》的内涵已由早期对水禽栖息地保护的关注延伸到致力于推进湿地生态系统及其功能作用的全面可持续发展。

中国湿地资源丰富,虽然湿地保护工作起步相对较晚,但中国政府对湿地生态保护、修复、管理和合理、可持续利用工作十分重视。1992

---

[1] 联合国.变革我们的世界:2030年可持续发展议程,A/RES/70/1 [R], United Nations, 2015.
[2] 中华人民共和国外交部.《湿地公约》[N/OL]. 北京.(2023-03-01)[2023-07-26]. https://www.mfa.gov.cn/web/ziliao_674904/tytj_674911/tyfg_674913/201410/t20141016_7949703.shtml

年，中国政府签署《湿地公约》，成为该公约第67个缔约方[1]。在同年举办的联合国环境与发展大会上，联合国提出把可持续发展作为未来共同的发展战略，得到了与会各国政府的普遍赞同，大会通过了《21世纪议程》等一系列重要文件，确立了国际社会关于环境与发展的多项原则，反映了关于环境与发展领域合作的全球共识和最高级别的政治承诺，将湿地保护纳入养护生物多样性与保护淡水资源的质量和供应：对水资源的开发、管理和利用采用综合性办法两大方案领域[2]。随后，中国政府制定出台了国民经济和社会发展的纲领性文件《中国21世纪议程——中国21世纪人口、环境与发展白皮书》，将湿地保护和合理利用列为优先项目计划[3]。

加入《湿地公约》以来，中国湿地保护工程规划和政策制度体系日益完善，湿地生态状况持续改善，取得了显著成绩。政策体系方面，中国政府相继出台了《关于加强湿地保护管理的通知》（国办发〔2004〕50号）、《全国湿地保护工程规划（2002—2030年）》、《湿地保护修复制度方案》（国办发〔2016〕89号）、《中华人民共和国湿地保护法》《全国湿地保护规划（2022—2030年）》《黄河三角洲湿地保护修复规划》《互花米草防治专项行动计划》等政策法律文件[4][5][6][7]，组建了跨部门的"中华人民共和国国际湿地公约履约办公室"[8]，积极履行公约义务。湿地生态状况方面，截止到2023年2月，我国湿地面积5635万公顷，占全球湿地面积的4%，居亚洲第一、世界第四位，近10年新增和修复湿地80多万公顷[9]。现有湿地类型自然保护地总数达2200多个，国际重要湿地64处，国家重要湿地29处，省级重要湿地1021处，设立国家湿地公园901处，湿地保护率达52.65%[10][11]。

---

[1] 中华人民共和国外交部.《湿地公约》[N/OL]. 北京.（2023-03-01）[2023-07-26]. https：//www.mfa.gov.cn/web/ziliao_674904/tytj_674911/tyfg_674913/201410/t20141016_7949703.shtml

[2] 联合国. 会议｜环境与可持续发展[N/OL].[2023-07-26]. https：//www.un.org/zh/conferences/environment/rio1992

[3] 联合国. 21世纪议程[R/OL].[2023-07-26]. https：//www.un.org/zh/documents/treaty/21stcentury

[4] 中国21世纪议程[N/OL].[2023-07-26]. https：//www.acca21.org.cn/trs/000100170002/9303.html

[5] 中华人民共和国外交部.《湿地公约》[N/OL].（2023-03-01）[2023-07-26]. https：//www.mfa.gov.cn/web/ziliao_674904/tytj_674911/tyfg_674913/201410/t20141016_7949703.shtml

[6] 国家林业和草原局. 湿地保护修复[N/OL].（2023-03-06）[2023-07-26]. https：//www.forestry.gov.cn/search/362548.

[7] 国家林业和草原局. 湿地保护看中国[N/OL].（2022-11-01）[2023-07-27].https：//www.forestry.gov.cn/main/586/20221101/100739447736263.html

[8] 中华人民共和国中央人民政府. 中华人民共和国国际湿地公约履约办公室揭牌成立[N/OL].（2007-04-03）[2023-07-27]. https：//www.gov.cn/gzdt/2007-04-03/content_570397.htm

[9] 胡炜莘，齐欣. 修复湿地 中国发挥重要作用[N]. 人民日报海外版. 2023-02-06（11）[2023-07-27].http：//paper.people.com.cn/rmrbhwb/html/2023-02/06/content_25963227.htm

[10] 刘温馨，范昊天，强郁文，等. 共同推进湿地保护全球行动——《湿地公约》第十四届缔约方大会综述[N]. 人民日报. 2022-11-14（04）[2023-07-27]. http：//finance.people.com.cn/n1/2022/1114/c1004-32565441.html

[11] 姚亚奇. 加入《湿地公约》30年——我国湿地保护工作取得哪些成效[N]. 光明日报. 2022-01-11（10）[2023-07-27]. https：//epaper.gmw.cn/gmrb/html/2022-01/11/nw.D110000gmrb_20220111_1-10.htm

2022年11月,《湿地公约》第十四届缔约方大会在中国湖北武汉和瑞士日内瓦同步举行,习近平主席以视频方式出席大会开幕式,并发表题为《珍爱湿地 守护未来 推进湿地保护全球行动》的致辞,对全球湿地保护提出了重要倡议,为我国进一步推进湿地保护事业高质量发展提供了根本遵循,彰显了中国政府致力于强化陆地生态保护、创造更大生态贡献和福祉的决心与担当。

国家湿地公园是中国湿地保护体系的重要组成部分,以保护湿地生态系统、合理利用湿地资源、开展湿地宣传教育和科学研究为目的,是中国在湿地保育保护与可持续发展领域的一项创新实践。依托国家湿地公园建设,广西桂林漓江流域的会仙喀斯特湿地探索了中国最大的岩溶湿地保护和合理利用路径。

桂林自然景观独特,以喀斯特地貌岩溶景观为主体,以漓江流域山水景观为典型代表。2014年,桂林漓江流域喀斯特地貌景观成为"中国南方喀斯特二期"重要提名地,成功入选世界自然遗产名录[1]。漓江流域内的会仙喀斯特湿地被誉为"桂林之肾",是桂林山水景观的重要组成和系统科学保护漓江的重要一环。

区位方面,会仙喀斯特湿地位于桂林市临桂区会仙镇境内,位于桂林市中部偏西,处于东亚岩溶区的核心地带,湿地总面积493.59公顷,联结漓江与柳江,地理坐标为25°5′20″~25°6′55″,东经110°10′50″~110°14′21″之间。湿地所在地临桂区东部紧邻桂林市区、灵川县,南部与阳朔县接壤,西与永福、融安县相连,北与龙胜各族自治县交界,辖区面积2202平方公里,是全国商品粮基地县、"中国罗汉果之乡"、国家毛竹生产基地之一。湿地所处会仙镇位于临桂区南部,是临桂区著名古镇,下辖行政村16个,自然村219个,以种植养殖业为主要经济构成[2]。

资源禀赋方面,会仙喀斯特湿地是漓江流域最大的喀斯特原生态湿地,是广西热带、亚热带喀斯特岩溶峰林地貌中最大、最有研究价值的典型湿地,也是全球极为少见的中低山喀斯特岩溶湿地,具有重要的生态价值[3]。在地貌上,湿地所在区域位于东亚岩溶区的核心地带,地形较为平坦,是典型的岩溶峰林平原地貌,是桂林山水景观中岩溶自然景观的典型代表,具备稀缺性和独特性,具有重要的美学和生态价值;水文方面,会仙湿地处于桂江与柳江分水岭区域,由浅层地下水汇聚而成,湿地包含湖泊与沼泽岩溶等水体,内部有地下洞穴与地下河,与地表水系连接形成地表与地下双层水文结构,形成较大的地下储水库容;气候上,会仙湿地属于中亚热带湿润季风气候,温和湿润,雨量充沛,具有丰富的动植物资源。

同时,会仙喀斯特湿地地区历史文化悠久。贯穿湿地腹地的桂柳运河,开凿于唐长寿元年(692年),距今已有1300余年的历史,全长15公里,最宽30米,最窄6米,沿河建闸水陡24

---

[1] 张国圣,李宏.中国南方喀斯特二期申遗成功 总面积1186平方公里 包括重庆金佛山等四地[N]. 光明日报. 2014-06-24(01)[2023-07-27]. https://epaper.gmw.cn/gmrb/html/2014/06/24/nw.D110000gmrb_20140624_4-01.htm

[2] 临桂区地方志编纂委员会办公室.临桂概况[N/OL].(2022-07-07)[2023-09-25]. http://www.lingui.gov.cn/zfxxgk/fdzdgknr/jcxxgk/gkxx/202307/t20230716_2527023.html

[3] 钟学思,王连明.2015.桂林会仙湿地生态旅游可持续发展模式探索.产业与科技论坛,14(7):22-23.

座，架桥11座，沟通了漓江和柳江水系。清代官府曾对运河做了三次大的维修疏浚。运河"能航、能排、能灌，农商俱赖"，是古代中原通往岭南粤桂的重要航道，对国家南疆的开发建设起着重要作用。此外，湿地辖区有太平天国时期曾做驻军用的军营、粮库和水军操练场的石门崴，白崇禧故居，美国援华抗日飞虎队遗址和林彪指挥作战的雷达台等历史遗迹[1]。会仙湿地地区丰富的自然景观资源和人文资源为桂林市临桂区的可持续发展提供了坚实的资源基础（图3.1）。

随着社会经济的高速发展，会仙湿地面临胁迫因素增多，湿地面积有所缩减，景观出现退化，湿地景观和水生态系统保护与修复任务艰巨。湿地公园建设和旅游开发逐渐成为破解湿地系统修复和资源有效利用的重要形式。

会仙湿地是"湖泊—沼泽—库唐—河流—人工运河"为主的复合湿地生态系统，是漓江水系最大的喀斯特地貌原生态湿地，同时是湿地周边居民重要的生产生活资料来源，进入20世纪后，人类活动影响加剧，湿地景观时空格局发生显著演变。资料显示，宋代以前，会仙地区无明显人类活动，湿地面积约为65平方公里；随着人口增多，经明、清湿地面积逐渐萎缩，到20世纪50年代，区域内尚有20个湖塘，面积约为25平方公里；进入20世纪70年代，人类活动明显加剧，受分田到户、围湖造田、维护养殖等影响，湿地呈现出水域面积不断增加、沼泽不断减少的变化特征；进入21世纪，全球气候变暖，农业生产和自发式旅游等人为活动的干扰增多，原有湿地面积不断遭到破坏，大部分湖塘被围垦成为鱼塘、果园、农田或荒弃，物种多样性遭到严重破坏，福寿螺、龙虾尤其是凤眼莲（水葫芦）等外来物种泛滥，喀斯特岩溶湿地呈现整体性退化、萎缩趋势，现存湿地常年有水面积已不足6平方公里[2][3]。

会仙喀斯特湿地生态系统的保护和科学修复随着生态意识的提升和各级政策的落实日益受到关注与重视。我国加入《湿地公约》后，推出了系列政策举措改善湿地生态状况。2003

（a）

（b）

图3.1　会仙喀斯特湿地景观资源现状示意

---

[1] 桂林市临桂区人民政府.会仙喀斯特国家湿地公园[N/OL].（2022-03-03）[2023-09-25]. http://www.lingui.gov.cn/zjlg/lgdd/lgmj/202307/t20230715_2524431.html

[2] 吴应科，莫源富，邹胜章.2006.桂林会仙岩溶湿地的生态问题及其保护对策[J].中国岩溶，（01）：85-88.

[3] 桂林市临桂区人民政府.会仙喀斯特国家湿地公园[N/OL].（2022-03-03）[2023-09-25]. http://www.lingui.gov.cn/zjlg/lgdd/lgmj/202307/t20230715_2524431.html

年国务院批准发布《全国湿地保护工程规划（2002—2030）》，并于次年发出《关于加强湿地保护管理的通知》，明确提出"各地要从抢救性保护的要求出发，采取积极措施，在适宜地区抓紧建立一批各种级别的湿地自然保护区"的要求，向全国发出湿地保护的号召，湿地保护被纳入国家议事日程，随后林业局于2005年启动了国家湿地公园试点建设，通过划建湿地公园等方式对不具备划建自然保护区的湿地进行抢救性保护[1]。

处于严重退化和萎缩阶段的会仙岩溶湿地成为抢救性保护对象。为落实国家湿地保护政策，加强会仙湿地保护修复，实现会仙湿地的合理开发和可持续发展，桂林市逐步确定了依托国家湿地公园建设推进湿地水生态系统保护与合理利用的发展路径。2011年，广西壮族自治区林业厅组织开展自治区第二次湿地资源调查，调查显示会仙湿地总面积493.6公顷，有湖泊湿地、河流湿地、沼泽湿地、人工湿地四大类；永久性淡水湖、永久性河流、喀斯特溶洞湿地、草本沼泽、运河输水河、水产养殖场和稻田7个湿地型[2]。2012年，会仙湿地被国家林业局正式列入国家湿地公园建设试点单位。2017年，会仙湿地公园通过试点验收，批准命名为"广西桂林会仙喀斯特国家湿地公园"[3]。

广西桂林会仙喀斯特国家湿地公园总面积586.75公顷，包括以睦洞湖为中心的湖泊沼泽湿地及龙头山、分水塘、狮子山及冯家鱼塘与分水塘至相思江之间开凿于唐朝武则天时期的古桂柳运河等湿地，联结漓江与柳江，跨会仙镇睦洞、四益、新民、山尾、文全5个行政村[4]。2017年，桂林市临桂区人民政府发布《广西桂林会仙喀斯特国家湿地公园管理办法》，管理机构权责分配逐渐明确。2022年，广西壮族自治区出台生态环境保护"十四五"规划[5]，明确了"统筹推进山水林田湖草海湿地系统治理和修复"的基本原则；指出要"进一步加强现有24个国家湿地公园的建设、保护与管理，加强自治区级及以上重要湿地保护，推进国家湿地公园提质增效，提升湿地公园综合服务功能，新认定自治区级重要湿地10处。开展湿地保护与恢复、科普宣教、科研监测及基础设施建设"。同年，桂林市人大常委会审议制定了《桂林市会仙喀斯特国家湿地公园保护管理规定（草案）》，获自治区十三届人大常委会第三十四次会议批准通过，相关立法工作有序推进。至此，会仙湿地逐步形成了以国家湿地公园建设为主要执行机制的保护策略，随着湿地保护政策的推出和各项工程项目的推进，湿地生态系统逐步得到修复，湿地面积逐步增加。2023年，国家林业和草原局发布了

---

[1] 国家林业和草原局.加入《湿地公约》30年 中国湿地生态状况持续改善[N/OL].（2022-01-11）[2022-10-25].http：//www.forestry.gov.cn/main/117/20220124/100047100309487.html

[2] 吴协保.桂林会仙喀斯特湿地资源现状与保护恢复[J].湿地科学与管理，2014，10（02）：20-22.

[3] 广西壮族自治区林业局.湿地公园基本信息[N/OL].（2020-12-07）[2023-07-27].http://lyj.gxzf.gov.cn/bsfw/sjfb/qtsj/t7359731.shtml

[4] 桂林市临桂区人民政府.会仙喀斯特国家湿地公园[N/OL].（2022-03-03）[2023-09-25].http：//www.lingui.gov.cn/zjlg/lgdd/lgmj/202307/t20230715_2524431.html

[5] 广西壮族自治区人民政府.广西壮族自治区人民政府办公厅关于印发广西生态环境保护"十四五"规划的通知（桂政办发〔2021〕145号）[N/OL].（2022-01-14）[2023-07-27].http：//www.gxzf.gov.cn/html/zfwj/zzqrmzfbgtwj_34828/2021ngzbwj_34845/t11147440.shtml

《湿地公约》新指定的我国国际重要湿地名单，广西桂林会仙喀斯特湿地名列其中，成为桂林市第一个国际重要湿地、中国82处国际重要湿地之一[1]。会仙喀斯特湿地保护工作步入新的发展阶段。

参照相关行政和文献资料，结合国家湿地公园建设历程，会仙喀斯特湿地的发展可概括为无显著行政举措介入的自由发展阶段，湿地保护政策出台、工程措施参与会仙湿地环境改善的探索性保护阶段，和湿地保护体系逐步完善、保护和恢复工程技术实施的国家湿地公园建设保护阶段几个时期。广西桂林会仙喀斯特国家湿地公园建

会仙湿地景观资源可持续利用系统方案及典型技术模式演进历程大事记　　表3.4

阶段	时间	主要发展事件	特征及意义
自由发展阶段	1973年	会仙湿地流域内湿地面积为24.19平方公里，其中常年有水（包括河流）面积为11.45平方公里 受分田到户、围湖造田、维护养殖等影响，湿地呈现出水域面积不断增加、沼泽不断减少的变化特征，其中湿地常年有水面积增速达0.2平方公里/年，湿地沼泽面积年减少率达0.29平方公里/年，此后至21世纪，湿地结构发生显著变化	近半个世纪以来，受分田到户、围湖造田、维护养殖等农业生产活动影响，会仙湿地水域面积不断增加、沼泽不断减少，原有湿地面积不断遭到破坏，大部分湖塘被围垦成为鱼塘、果园、农田或荒弃，物种多样性遭到严重破坏，岩溶湿地呈现整体性退化、萎缩趋势，湿地生态修复与景观治理保护刻不容缓
	1992年	中国政府加入《关于特别是作为水禽栖息地的国际重要湿地公约》（简称《湿地公约》） 会仙湿地硅藻壳片急剧增加并达到最高，反映出人类活动对湿地环境的影响不断增强，从而造成湖水藻华现象	
	1994年	林业部下发"关于开展湿地资源调查的通知"，组织开展了新中国成立以来首次大规模全国湿地资源调查，调查于2003年完成	
	1997年	广西壮族自治区开展全区第一次湿地资源调查，于2000年9月完成	
	2000年	国家林业局颁布《中国湿地行动计划》	
探索性保护阶段	2004年	随着水产养殖盛行，围田造塘、围湖造塘现象再次出现，人工鱼塘增加，湿地面积进一步减小 《国务院办公厅关于加强湿地保护管理的通知》（国办发〔2004〕50号），我国政府首次明文规范湿地保护和管理工作，通知提出采取建立湿地保护小区、各种类型湿地公园等多种形式加强湿地保护管理，湿地公园建设在我国首次通过政府文件的形式出现	为修复和保护湿地生态系统及其自然景观，落实国家湿地保护目标，广西壮族自治区及地方政府出台了系列政策，并以工程措施为抓手，逐步改善会仙湿地环境；此阶段保护机制尚未建立，同时缺乏稳定的财政支持
	2005年	中国政府首次当选《湿地公约》常务委员会理事国 国家湿地公园试点建设启动	
		国家林业局、科学技术部、国土资源部、农业部、水利部、建设部、国家环保总局、国家海洋局共同编制的《全国湿地保护工程规划》（2004—2030年）正式启动，指导开展全国范围内中长期湿地保护工作	
	2006年	《全国湿地保护工程实施规划（2005—2010年）》明确提出开展湿地公园示范工程 湿地生态系统保护被纳入广西壮族自治区国民经济和社会发展第十一个五年规划纲要 自治区人民政府出台《广西壮族自治区湿地保护工程规划（2006—2030年）》，广西开始通过工程措施全面推进湿地保护	
	2007年	临桂县委、县政府关停又一村和三合两个水泥厂，空气质量得到改善	

---

[1] 中华人民共和国中央人民政府.国家林业和草原局公告（我国新增18处国际重要湿地）[N/OL].（2023-06-14）[2023-07-27]. https://www.gov.cn/zhengce/zhengceku/202306/content_6888450.htm

续表

阶段	时间	主要发展事件	特征及意义
探索性保护阶段	2008年	临桂县投资480万元在会仙镇工业集中区建造了广西第一家乡镇污水处理厂，破解工业发展和湿地保护的难题，会仙工业集中区2008年完成工业产值10多亿元	
	2009年	为应对近年来湿地7~9月出现不同程度的枯水问题，临桂县投资2000万元实施北干渠修复工程，投资4500万元实施会仙农田田园化排灌工程，改善附近农田灌溉对会仙湿地的依赖问题	
		会仙湿地睦洞村委毛家村的居民自发开展湿地旅游	
	2010年	农工党广西区委在自治区政协十届三次会议上提交《关于加强桂林会仙湿地保护，维系漓江水生态系统健康》的提案，该提案被自治区政协列为重点提案，交由桂林市政府、自治区水利厅、自治区林业厅共同办理	
	2011年	广西壮族自治区林业厅组织开展第二次湿地资源调查，对面积在8公顷以上的湿地进行了普查，组织编写《中国湿地资源·广西卷》和《广西湿地保护立法实践》	
		桂林市成立会仙湿地综合保护工程领导小组，将会仙湿地保护列入"十二五"规划，并纳入世界旅游城范畴进行规划建设	
		《广西桂林会仙喀斯特国家湿地公园总体规划》通过国家湿地专家委员会评审，认为湿地公园可进行试点建设	
		桂林临桂·2011国际湿地文化节在临桂县举办	
	2012年	国家林业局同意临桂县会仙湿地开展国家湿地公园试点建设，公园命名为"广西会仙喀斯特国家湿地公园"，被列入全国三大湿地保护与修复水工程之一	
		临桂县政府成立会仙湿地公园管理局	
国家湿地公园建设保护阶段	2013年	自治区人民政府将《广西壮族自治区湿地保护条例》列入当年完成的立法项目	桂林市人民政府提出建设广西桂林会仙喀斯特国家湿地公园后，各级政府出台了相应支持政策，管理制度和运行机制确立，保护体系逐步完善；同时工程建设稳步推进，水资源调控和外来物种管理力度加强，依托国家湿地公园建设，湿地景观的社会、经济、生态价值得以转化、实现
		会仙湿地公园逐步开展退塘（耕）还湿、有害生物及清理、古运河修复工程——清淤工程、环境综合整治工程、农村生活污水处理设施建设等，至2021年底，累计退塘（耕）还湿面积约155公顷，植被恢复面积约50公顷，水葫芦清理面积约100公顷，河道疏浚2公里	
	2014年	广西壮族自治区第十二届人大常委会第十三次会议通过了《广西壮族自治区湿地保护条例》，对自治区内湿地保护、管理和利用等活动进行了规范	
		会仙湿地公园管理局成立旅游公司，对湿地内的游船进行统一管理，游船全部登记在册、编号，统一售票，村民有序轮流载客，收入平分给参与经营的村民	
	2015年	《广西壮族自治区湿地保护条例》正式施行	
		旅游公司对原有的毛家、七星、三义等三个较大的码头实施改造，于2017年完成	
	2016年	国务院办公厅印发《湿地保护修复制度方案》	
		会仙湿地公园通过国家林业局试点验收，正式成为国家湿地公园	
		国家林业局印发《国家湿地公园管理办法》，对国家湿地公园的保护管理制度建立提出了相关要求	
	2017年	桂林市临桂区人民政府办公室发布《广西桂林会仙喀斯特国家湿地公园管理办法》，对湿地公园内从事与湿地保护和利用有关的各种活动做出了规定，湿地公园实行分区管理，分为保护保育区、恢复重建区、宣教展示区、合理利用区以及管理服务区	
		旅游公司与睦洞村委三义村签订合同，修建毛家码头至会仙湿地公园的科普宣教馆木栈道	

续表

阶段	时间	主要发展事件	特征及意义
国家湿地公园建设保护阶段	2018年	自治区人民政府办公厅印发《广西湿地保护修复制度实施方案》（桂政办发〔2018〕3号），并建立由自治区人民政府领导同志牵头负责的广西湿地保护修复工作厅际联席会议制度	
		湿地水域、沼泽面积分别达到17.28平方公里、11.61平方公里，较2004年分别增长17.95%、118.05%	
	2020年	桂林市临桂区人民政府发布《关于划定临桂区畜禽养殖禁养区的通告》，划定畜禽养殖临桂会仙湿地公园禁养区	
	2021年	桂林市临桂区林业局发布《广西桂林会仙喀斯特国家湿地公园保护条例(征求意见稿)》探索会仙湿地立法保护工作	
	2022年	我国首部保护湿地的法律，《中华人民共和国湿地保护法》正式施行	
		国家林业和草原局、自然资源部联合印发《全国湿地保护规划（2022—2030年）》	
		广西壮族自治区人民政府办公厅《关于印发广西生态环境保护"十四五"规划的通知》(桂政办发〔2021〕145号)，明确"统筹推进山水林田湖草海湿地系统治理和修复"的基本原则	
		临桂区自然资源局公示《桂林新区相思江流域世界级古运河户外营地及会仙湿地文化展示区详细规划》，对包括会仙湿地公园在内的区域进行了旅游整体规划	
		桂林新区相思江防洪排涝提升工程获全区首笔国家政策性、开发性金融工具支持，工程建设包括会仙国家喀斯特地貌湿地生态修复等，完成后有助于湿地水域面积的恢复和生态功能的进一步提升	
	2023年	国家林业和草原局发布公告，广西桂林会仙喀斯特湿地被列入《国际重要湿地名录》	

设发展大事记和各阶段特征整理如表3.4所示：

在会仙喀斯特湿地的生态修复和国家湿地公园的创建过程中，水利工程措施和产业经济措施的协同推进共同构建了健康的湿地水生生态系统，对湿地景观恢复和景观价值实现提供了重要的技术保障。

会仙湿地的地表景观受自然因素和人类活动的共同影响：一方面，受喀斯特岩溶地质特征影响，会仙湿地呈现出季节性水位变化大的特点；另一方面，人口增加和区域内的人类生产生活作用于湿地景观格局，并使水量、水质产生变化。因此，在自然特征和人为因素的双重影响下，会仙湿地出现了核心区景观破碎化、农业面源污染、水质下降等问题，局部地区出现水葫芦、福寿螺等外来入侵物种泛滥的现象。为实现湿地景观恢复和资源可持续利用，会仙湿地相关管理部门、科研机构协同本地居民探索形成了湿地景观恢复技术模式（图3.2）。

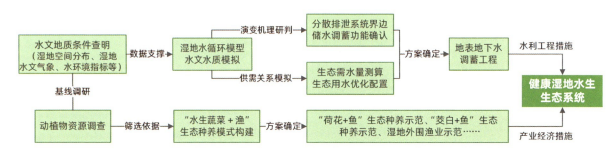

图3.2 会仙湿地景观恢复技术流程示意

为恢复湿地景观格局、提升生态功能，实现湿地景观、土地等环境资源要素单一驱动发展转向生态、经济、社会全要素的系统协调发展，相关管理部门和科研单位通过湿地水文水质模型模拟、生态用水优化配置、地表地下调蓄工程建设等多项水资源调控技术的应用，实现了湿地水量的显著回升，湿地季节性缺水现象得到明显改善，湿地水域面积回升。此外，当地大力推进水生蔬菜+渔的生态种养模式，通过品种选育与改良，种养试验示范和种苗提供等手段，改善湿地水环境、提升本地农业种植产业附加值，逐步实现了农业生产结构的转型发展。此外，管理部门和科研单位通过技术帮扶指导、技术培训、技术推广和宣传带动等保障措施积极带动当地居民调整核心区农业种养模式，为解决方案的落实提供了基础保障，有效推进了湿地的生态保护和经济、社会效益的良性转化。会仙湿地相关管理部门、科研机构协同本地居民探索形成的湿地景观

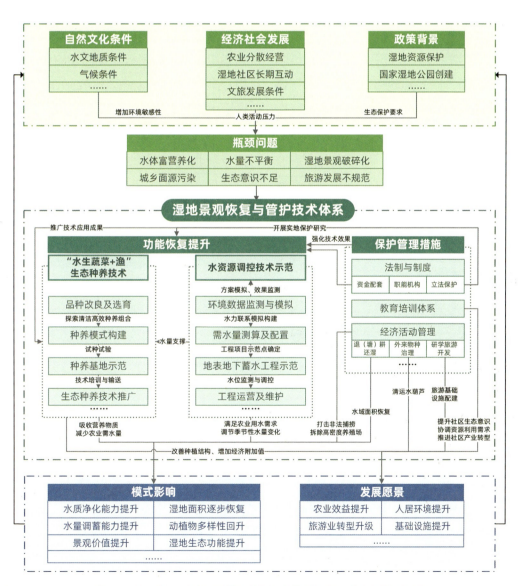

图3.3　会仙湿地景观资源可持续利用及湿地景观恢复技术模式示意

恢复技术流程如图3.3所示。

在政策引导、技术应用和机制保障的推动下，广西桂林会仙喀斯特湿地构建了湿地生态恢复与管护技术体系，逐步发挥了湿地景观的生态价值、经济和社会价值，探索形成了湿地水环境恢复与生态产业转型升级协同增效的景观资源可持续利用模式。

在湿地生态恢复和绿色转型发展进程中，政策驱动与科技服务形成了有效反馈。一方面，政策举措和管理机制的确立为科技服务提供了制度保障和应用场景，为技术研发和科技服务提供了必要的行政和资金支持，进而提高了科技转化水平；另一方面，水资源调控和生态种养并行构建的景观资源可持续利用技术模式为国家公园建设和区域经济社会发展提供了技术支撑，技术应用创造的环境和经济社会效益提升了政策措施的有效性，有效推进了机制体制的系统构建，二者相互作用，共同推动了会仙湿地的生态功能提升和经济社会效益转化，见图3.4。

图3.4 临桂区会仙喀斯特湿地水生蔬菜种植宣教栏

生态效益方面，基于会仙湿地景观资源可持续利用系统解决方案及湿地景观恢复技术模式的实践应用，会仙湿地水域面积逐步恢复，水环境明显改善，景观资源价值得到了进一步挖掘。2012年以来，会仙国家湿地公园被列入国家湿地公园试点建设，湿地治理工程建设高位推进。依托中央财政、地方配套等多渠道资金保障，湿地内有序开展了退塘（耕）还湿、有害生物及清理、古运河修复工程——清淤、环境综合整治、农村生活污水处理设施建设等多项工程。至2020年10月，累计退塘（耕）还湿地面积约155公顷，植被恢复面积约50公顷，水葫芦（学名为凤眼蓝）清理面积约100公顷[1]。随着湿地水域面积的恢复，湿地鸟类及水生植物种类逐年增加，生物多样性得以提升，根据相关调查，湿地公园内湿地植物171种，鸟类173种，鱼类50种，有国家二级保护动植物20多种[2]。同时，由于湿地位于漓江和洛清江两大水系分水岭地带，湿地生态修复对两大水系的保护具有重要的生态意义，截至2020年9月，会仙湿地所有监测点中水质均达到《地表水环境质量标准》GB 3838—2002 Ⅲ类标准以上，会仙湿地水生态环境提升为漓江水系的水质净化和水源补充发挥了重要作用[3]。

社会经济效益方面，湿地水环境提升促进湿地景观价值不断显现，带动了周边社区经济的产业升级。为保护生态、促进湿地植被恢复，会

---

[1] 储玮玮. 2020. 广西投入两千多万整治桂林会仙湿地"漓江之肾"重现水清景美. (2020-10-16)[2022-09-30]. https://baijiahao.baidu.com/s?id=1680687061224673864&wfr=spider&for=pc.

[2] 蒋伟华. 会仙湿地：让恢复的生态环境"反哺"农民[N/OL]. (2015-10-16)[2022-09-30]. http://www.gxcounty.com/tour/jdjq/20151016/113381.html

[3] 储玮玮. 2020. 广西投入两千多万整治桂林会仙湿地"漓江之肾"重现水清景美. (2020-10-16)[2022-09-30]. https://baijiahao.baidu.com/s?id=1680687061224673864&wfr=spider&for=pc.

仙湿地及周边拆除污染源直排高密度养殖场（养猪、养鱼、养鸭）5处，涉及面积约100亩；累计退塘（耕）还湿面积约155公顷（湿地公园范围内及周边区域）；种植水生植物睡莲30亩、荷花100亩、菖蒲30亩，植被恢复面积约50公顷，建设生态驳岸1公里。2014年，会仙湿地公园旅游开发责任公司成立，在景观营造的同时强化湿地管控，先后与核心区域的毛家、七星等几个村签订了旅游承包协议，对湿地公园内田地进行租赁开发，促进周边居民生计转型[1]。目前，会仙湿地已逐步开发生态旅游、研学旅游、农业旅游等多种旅游业态，初步涵盖了科教宣传、游览观光、农耕体验等多种旅游活动，为加快周边社区生计转换、促进经济发展创造了有力支撑条件。

广西桂林会仙湿地基于本地独特的水文地质条件与生态资源禀赋优势，依托国家湿地公园创建的政策背景，逐步实现了湿地景观资源的价值转化和地方生计转型发展，证明了湿地公园建设对湿地保护修复与合理利用的积极影响。

在国家湿地保护和会仙国家湿地公园建设的背景下，会仙湿地水域面积逐步恢复，水环境明显改善，景观资源价值得到不断挖掘。退耕还湿、河道清淤、养殖场关停、污水处理设施配建等管理办法和工程方案相继出台，使湿地周边污染物排放得到明显控制，湿地水质取得明显改善，水域面积得到有效恢复。同时，随着湿地公园栈道、码头等基础设施建设为湿地资源利用方式的转换提供了基本条件，湿地景观资源逐渐转变为旅游发展优势，并以旅游服务为导向带动周边社区生产生活方式、建筑风貌、人居环境发生转变，为湿地生态旅游、研学旅游提供了发展基础。此外，湿地景观价值的显现及利用方式的转换促进了社区生态意识的提升，进一步带动了湿地景观资源的保护性开发和可持续利用，逐步推进了湿地水环境持续改善与经济社会的绿色转型发展。

实现湿地生态保护和景观资源的可持续利用，推进乡村地区经济社会协调发展是我国新形势下生态文明建设和乡村振兴战略的建设方向，也是我国履行《湿地公约》、践行《2030年可持续发展议程》的重要目标。作为本地农业生产和生活资料的重要来源，当地居民参与改变、营造了会仙湿地的景观格局，会仙湿地的生态环境和景观资源利用形式与地区经济社会发展密切相关。以独特的喀斯特湿地景观资源为基础，凭借国家湿地公园建设为实践抓手，经过近二十年的建设发展，会仙湿地探索了整合景观资源、地区经济发展和湿地管理机构政策资源的系统方案，为长期稳步推进保护性湿地景观地区生态和经济社会的可持续发展提供了重要参考。

---

[1] 蒋伟华.会仙湿地：让恢复的生态环境"反哺"农民[N/OL].（2015-10-16）[2022-09-30]. http://www.gxcounty.com/tour/jdjq/20151016/113381.html

3.3 多角度实施绿色建筑技术，助力山地滑雪场馆生态建设
——以国家高山滑雪中心为例

进入21世纪以来，人类面对前所未有的环境危机：过度地工业开发将二氧化碳过多地排放，导致越来越多的极端灾害性气候，严重破坏着人类的生存环境。人们重新审视发展步调，保护地球、改善所有人的生活，才能让子孙后代拥有更好地未来。2015年9月，第70届联合国大会通过《改变我们的世界——2030年可持续发展议程》明确提出全球可持续发展的17个目标（SDGs），其中SDG11旨在"建设包容、安全、有抵御灾害能力的可持续城市和人类住区"[1]，特别是SDG11.b明确指出建筑"绿色""可持续"的具象化目标——构建包容、资源使用效率高、减缓和适应气候变化、具有抵御灾害能力的城市和人类住区。建筑是人们停留时间最长的空间，是庇护人类健康和安全的重要防线。在实现可持续的能源消耗、应对气候变化的目标下，均需要关注建筑尺度的技术与理念，需要进行多尺度融合的深入探讨，进而实现多个SDGs（如SDG3、SDG7、SDG9、SDG12、SDG13）[2]。

2016年由全世界178个缔约国共同签署了《巴黎协定》，将减少、降低二氧化碳的排放列为应对气候变化的核心任务。2017年1月，习近平主席在瑞士日内瓦万国宫出席"共商共筑人类命运共同体"高级别会议中，发表主旨演讲，特别指出，要坚持低碳发展，倡导绿色、可持续的生产生活方式，并声明中国将继续采取行动应对气候变化，百分之百承担自己的义务。2020年9月，习近平主席在第75届联合国大会一般性辩论上发表讲话，承诺"中国力争与2030年前实现二氧化碳排放峰值，2060年前实现碳中和"（以下简称为"双碳"目标）。这标志着我国将生态文明建设和高质量可持续发展列为重要策略，推动全社会加速向绿色、低碳转型。2021年9月，习近平以视频方式出席第76届联合国大会一般性辩论并提出全球发展倡议，再次重申中国将克服困难，全力以赴"双碳"目标。

二氧化碳排放影响气候变化的人类活动主要体现在产业、建筑、交通三大部分，且因国而异。但从总的形势分析，产业与交通行业所占的碳排放比例正在递减，而建筑业碳排放比例未来则可能达到50%[3]。

为深入推进落实建筑业绿色、低碳发展，国务院、国家发展改革委、住房城乡建设部、工信部等多部门出台一系列政策，旨在不断调整建筑业向绿色、低碳方向发展产业结构，从顶层设

---

[1] The global goals. Goal 11: Sustainable cities and communities[R/OL].[2023-09-25]. https://sdgs.un.org/goals/goal//.
[2] 张晓彤，邵超峰，周亮. 中国城市人居蓝皮书（2022）[M]. 北京：中国城市出版社，2022：141-147.
[3] 王有为. 谈"碳"——碳达峰与碳中和愿景下的中国建筑节能工作思考[J]. 建筑节能，2021，49（01）：1-9.

计角度加强了建筑业落实"双碳"目标的组织保障与政策支持。

自2020年住房和城乡建设部、国家发展改革委等多部委共同颁布《绿色建筑创建行动方案》，我国将推广落地绿色建筑实践作为促进建筑业低碳发展的重要方向。绿色建筑是在全寿命期内，节约资源、保护环境、减少污染，为人们提供健康、适用、高效的使用空间，最大限度地实现人与自然和谐共生的高质量建筑。建筑空间的设计与环境应以人为中心，通过创新技术手段、设计理念、采用新型材料等方法，实现人们舒适与自然的和谐。从规划到设计、从设计到建成运营，绿色建筑通过一系列的节能技术、绿色低碳的建造方式，实现节约资源、减少环境污染（表3.5）。

20世纪60年代，美国建筑师保罗索乐提出了生态建筑的新理念；20世纪70年代爆发了世界石油危机，将太阳能、风能等可再生能源引入建筑设计，激发了建筑节能技术的革命。1990年，英国发布环境评价法BREEAM，成为世界

国家及各部委为推动建筑业向绿色低碳方向发展制定的政策（2017—2022年） 表3.5

颁布时间	颁布主体	政策名称	内容摘要
2017年2月	国务院	《关于促进建筑业持续健康发展的意见》	坚持标准化设计、工厂化生产、装配化施工、一体化装修、信息化管理、智能化应用，推动建造方式创新
2018年1月	住房城乡建设部	《住房城乡建设部标准定额司2018年工作要点》	提高建筑标准，推进绿色发展
2019年9月	住房城乡建设部	《关于成立部科学技术委员会绿色建造专业委员会的通知》	为落实新发展理念，推动绿色建造和建筑业转型升级，充分发挥专家智库，决定成立绿色建造专业委员会
2020年7月	住房和城乡建设部、国家发展改革委、教育部、工业和信息化部、人民银行、国管局、银保监会	《绿色建筑创建行动方案》	到2022年城镇新建建筑中绿色建筑面积占比达到70%，星级绿色建筑物持续增加，既有建筑能效水平不断提高，装配式建造方式占比稳步提升，绿色建材应用进一步扩大
2021年1月	住房和城乡建设部	《绿色建筑标识管理办法》	明确绿色建筑标识星级、规定各级建设绿色建筑标识工作、要求绿色建筑三星标识认定统一采用国家标准，促进绿色建筑高质量发展
2021年2月	国务院	《关于加快建立健全绿色低碳循环发展经济体系的指导意见》	提出要加快基础设计绿色升级，相关空间性规划要贯彻绿色发展理念，大力发展绿色建筑
2021年3月	中共中央、国务院	《国民经济和社会发展第十四个五年规划和2035年远景目标纲要》	推动能源清洁低碳安全高效利用，推进工业、建筑、交通等领域低碳转型，实施能量系统优化、节能技术改造等重点工程项目等
2021年9月	中共中央、国务院	《关于完整准确全面贯彻新发展理念做好碳达峰碳中和工作的意见》	大力发展节能低碳建筑，持续提高新建建筑节能标准，加快推进超低能耗、近零能耗、低碳建筑规模化发展
2022年3月	住房和城乡建设部	《"十四五"建筑节能与绿色建筑发展规划》	到2025年，建设超低能耗、近零能耗建筑0.5亿平方米以上
2022年6月	国家发展改革委、住房和城乡建设部	《城乡建设领域碳达峰实施方案》	持续开展绿色建筑创建行动，到2025年，城镇新建建筑面积执行绿色建筑标准，星级绿色建筑占比达到30%以上

上首例绿色建筑评价方法。1992年在里约热内卢举行"联合国环境与发展大会",首次明确了"绿色建筑"的概念,此后,关于绿色建筑的研究、实践和推广成为各国和地区建筑行业关注的热点,绿色建筑评价标准也不断细化完善,特别是美国绿色建筑委员会USGBC发布的LEED(能源与环境设计先锋)绿色建筑评估体系被广泛应用在绿色建筑及城市认证体系。

自2006年颁布国标《绿色建筑评价标准》GB/T 50378以来(后经2014年和2019年两次修编)[1],我国对绿色建筑评价陆续升级,后续颁布了一系列关于绿色建筑认定、建筑节能、可再生能源利用方面的技术标准。

《绿色建筑评价标准》2006版和2014版以建筑绿色技术指标为主。2014年版在"提高与创新"章节中明确规定:进行建筑碳排放计算分析,采取措施降低单位建筑面积碳排放强度,给予"创新分"。2019年版在"节能""节地""节水""节材"和"保护环境"的基础上,创新构建了安全耐久、健康舒适、生活便利、资源节约、环境宜居等五大指标体系。2019年颁布了《建筑碳排放计算标准》GB/T 51366—2019[2],提供涵盖建筑全生命期的碳排放统计方法。同年的《近零能耗建筑技术标准》GB/T 51350—2019[3]紧密结合我国气候特点、建筑类型、用能特性和发展趋势,为我国的近零能耗建筑的设计、施工、检测、评价、调试和运维提供了技术支持。2020年颁布的《建筑节能与可再生能源利用通用规范》GB 55015—2021[4]从新建建筑节能设计、既有建筑节能、可再生能源利用三个方面,明确了设计、施工、调试、验收、运行管理的强制性指标及基本要求。《建筑环境通用规范》GB 55016—2021[5]从建筑声环境、建筑光环境、建筑热工、室内空气质量四个维度,明确了设计、检测与验收的强制性指标及要求。

不断更新的政策与标准对于绿色建筑的定义均包括三个层次:提升品质、节约资源、保护环境。从顶层设计维度指明绿色建筑发展方向。绿色建筑蓬勃发展核心在于提升建筑使用者体验感与获得感,实现建筑生态效应与社会效益的平衡,将以人为本与建筑可持续有机结合。

国家高山滑雪中心是2022年北京冬奥会场馆建设中难度最大、对生态环境保护及创新技术要求最高的场馆。为实现绿色办奥理念,在地形复杂、气候多变、市政条件缺失、山地环境生态严控的要求下,通过打造高山架空平台、创新边坡修复技术等一系列科研创新技术落地应用,填补我国高难度雪上场馆建设空白,并被国际单项体育组织认定为"世界领先的高山滑雪场馆"(图3.5)。[6]

国家高山滑雪中心的建设,从生态环境、资源节约、健康与人文、管理与创新角度出发,实施绿色建筑技术,给国内外山地滑雪场馆的建设提供了绿色、生态、可持续发展的典范工程示范

---

[1] 绿色建筑评价标准:GB/T 50378—2019[S]. 北京:中国建筑工业出版社,2019.
[2] 建筑碳排放计算标准:GB/T 51366—2019[S]. 北京:中国建筑工业出版社,2019.
[3] 近零能耗建筑技术标准:GB/T 51350—2019[S]. 北京:中国建筑工业出版社,2019.
[4] 建筑节能与可再生能源利用通用规范:GB 55015—2021[S]. 北京:中国建筑工业出版社,2021.
[5] 建筑环境通用规范:GB 55016—2021 [S]. 北京:中国建筑工业出版社,2021.
[6] 中国人民政治协商会议北京市海淀区委员会. 国家雪车雪橇中心、国家高山滑雪中心获评"世界领先"每个奥运工程都是在创造历史[R/OL].(2022-02-11)[2023-03-29]. http://hdzx.bjhd.gov.cn/2019/zxyx/szxw/202202/t20220211_4511753.shtml

图3.5 国家高山滑雪中心效果图

案例。

国家高山滑雪中心项目位于北京市延庆区张山营镇小海坨山，由北京北控京奥建设有限公司投资建设，中国建筑设计研究院有限公司设计，北京国家高山滑雪有限公司运营。秉承着"山林场馆，生态冬奥"的设计理念，项目总用地面积约432万平方米，场馆总建设面积约4.55万平方米，2018年7月依据《绿色雪上运动场馆评价标准》DB11/T 1606—2018三星级标准进行设计建造。项目建设共计7条雪道，全长约21公里，服务于北京2022年冬奥会及冬残奥会，举行了超级大回转、大回转、回转、滑降、全能以及团体赛共计11个项目。国家高山滑雪中心项目以实施绿色建筑建设为核心，多个维度实施绿色建筑技术，并于2021年3月获得绿色建筑标识三星级[1]。

生态环境维度

项目建设因地制宜，明确场地建设的特殊性，协调工程建设和山地环境场地的关系，实现高山滑雪中心工程建设生态环境友好可持续目标采用的绿色技术，可归纳为以下六大亮点，主要包括：表土剥离利用、生态补偿、生态恢复、野生动植物保护、赛区内污染零排放，以及环境保护噪声、水、固废垃圾处理等（表3.6、图3.6、图3.7）。

通过上述绿色技术，实现了降低雪道和建筑布局尺度对山地生态环境的负面影响，在满足比赛需求的前提下，控制建设规模，顺应自然条件，使雪道和建筑与山林融为一体，减少环境资源利用，降低对山地环境的生态打扰。

生态环境维度的六大亮点　　　　　表3.6

序号	亮点	亮点内容细化				
1	表土剥离利用	剥离利用率100%				
2	生态补偿	缴纳森林植被恢复费				
3	生态恢复	森林生态系统经营技术方案	雪道植被恢复与维持技术方案	亚高山草甸保护与恢复技术方案	裸露边坡生态修复技术方案	山体切削坡面生态保护
4	野生动植物保护	野生植物迁地或就地保护	就地保护野生动物栖息地	生态系统可持续监测	预留动物迁徙廊道	设置野生动物通道引导标识
5	赛区内污废零排放	生活垃圾100%分类收集	生活污废水100%处理	运输设施防渗措施	废水高标准处理（地表水Ⅲ类标准）	自建污水站
6	环境保护	低噪声设备	用水专项计量考核	水质检测与卫生保障	固废处理绿色设施	垃圾生产全过程管理、无害化处理和回收利用

---

[1] 王清勤，赵力，姜波，等. 绿色建筑与生态城区标准化2022[M]. 北京：中国建筑工业出版社，2023：246-253.

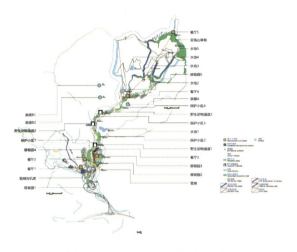

图3.6　动植物保护小区规划总图

图3.7　国家高山滑雪中心表土剥离现场图

在建设活动中实现表土资源全部剥离利用，达到节约表土资源的目标。利用场地生态恢复和相关的保护措施，减少了山地环境动植物资源的影响，保证森林资源可持续发展。此外，建设活动中产生的噪声污染、污废水、废弃污染物等向赛区外达标零排放，降低对山地环境的污染（图3.8）。

资源节约维度

项目处于远郊，几乎没有市政配套条件，建设前开展对场地能源的需求和当地资源条件相符性评估，在此基础上从水资源、能源资源、材料

图3.8　生态修复效果图

资源的节约角度出发，充分利用非传统水源、可再生能源、山林材料，实现资源高效节约。采用的绿色技术归纳以下7大亮点，包括：低能耗结构、废弃资源再利用、临时设施就地取材、绿色建筑设计、节水利用，绿色建材和绿色电力等（表3.7、图3.9、图3.10）。

资源节约维度的七大亮点　　　　　　表3.7

序号	亮点	亮点内容细化				
1	低能耗结构	场馆建筑采用钢框架结构体系				
2	废弃资源再利用	修筑阶梯树池、护坡、边坡基础、人工挖孔桩挡墙等的毛石取材自施工现场的天然石片				
3	临时设施就地取材	动物保护站、人行步道、部分小榀采用伐移树木的废弃截枝				
4	绿色建筑设计	高性能围护结构（提高10%）	高效冷热源机组（提高150%）	节能照明（照明功率密度目标值+智能控制）	室内电子除尘+杀菌	设医疗及无障碍人性化设施
5	节水利用	1级节水器具	绿化、场地浇洒采用非传统水源	高性能全自动造雪系统	泵房采用节水措施	季节性用水
6	绿色建材	绿色卫生陶瓷用量100%				
7	绿色电力	张家口风电利用、跨区域绿电交易机制				

图3.9　场馆建筑采用绿色建筑技术示意图

图3.10　山林材料利用现场图

通过上述绿色技术，从资源节约利用角度，充分挖掘非传统水源、可再生能源、山林材料等材料的高效节约，场地内废弃石材及木材资源再利用约有30万立方米，100%清洁能源供电每年可节约标准煤约为490万吨。

健康人文维度

冬奥会赛区场馆建筑设计的根本目的是解决赛前赛后的使用者需求，应将人在建筑中的舒适度与体验感放在首位，以开放的态度，探求建筑服务于全方位健康和人文关怀的本原问题。尤其是对于冬奥赛区场馆建设国际高标准的要求下，提升国内外民众的满意度并在此基础上实现人性化水准。采用的绿色技术归纳以下七大亮点，具体包括：解决就业问题、防风隔离带、无障碍设施、防滑措施、无尖锐设计、取暖加热设备以及配套医疗（表3.8、图3.11~图3.13）。

健康人文维度七大亮点　　　　　　　　　　　　　　　　　　　　　　表 3.8

序号	亮点	亮点内容细化
1	解决就业问题	可为当地村落提供不少于 220 个（占当地就业人数近 50%）工作岗位
2	防风隔离带	采用胶合木和厚松木板作为隔离带材料，与自然和谐共融
3	无障碍设施	无障碍卫生间、无障碍电梯、索道、轿厢式缆车可供轮椅使用，轿椅式缆车满足下肢残疾运动员带滑雪器使用，建设专供冬残奥会使用的拖牵索道
4	防滑措施	公共活动区、公共卫生间、出入口、看台、走廊、楼梯采用强化符合地板、地毯毯面、防滑性质陶瓷地砖、耐磨环氧防滑地面、防滑石材等
5	无尖锐设计	公共活动区、走廊、楼梯墙面无尖锐突出物
6	取暖加热设备	设观众取暖区（含观众饮水站）/轮椅和婴儿车存放/母婴室，设水池、座椅、插座和加热设备等
7	配套医疗	设运动员医疗站和观众医疗站，赛时每个医疗站配备来自北京 120 急救中心的两辆救护车。在高山滑雪的竞技、竞速赛道上，每隔三、四百米设立一个赛道医疗站（FOP 医疗站）

图 3.11　无障碍设施现场图

图 3.12　直升机医疗救援实战演练现场图　　图 3.13　赛道旁医疗救护人员现场图 赛道旁医疗救护人员现场图

通过上述技术措施，避免了冬季疾风对运动员和观众的不利影响，无障碍设施、公共服务设施及医疗服务保障冬奥会所有不同类型人员的防护和安全，提高了与会者的健康舒适性。

管理创新维度

高山滑雪中心作为延庆赛区绿色、低碳、可持续的高水准标杆场馆建筑，相对于传统室外滑雪场馆建筑，与目前的智慧大数据技术、智能管理方面有着创新和管理的特点，贯穿整个工程建设的全生命周期，为冬奥会留下了宝贵的可持续遗产。采用的绿色技术归纳以下3大亮点，分别是：BIM和GIS技术、智慧工地一体化管控平台、兼顾赛后使用的场馆做好设计规划（表3.9、图3.14）。

通过多角度实施绿色技术，国家高山滑雪中心项目提高了雪上绿色运动场馆建筑建设效率，实现了合理利用资源，减排二氧化碳约1280万吨。项目的落成，为国内外滑雪场馆建设提供了绿色、生态、可持续发展的经验。

管理创新维度三大亮点　　　　表3.9

序号	亮点	亮点内容细化
1	BIM+GIS技术	采用BIM和GIS深度融合，从宏观尺度和微观尺度，三维形式表达，开创信息共享模式
2	智慧工地一体化管控平台	实现能源管理、能源计量的数字化、网络化、可视化，智能处理和动态管控
3	兼顾赛后使用	计划赛后滑雪季承担FIS世界高山滑雪竞标赛、世界杯、IBSF/FLI世锦赛等高水平国际冰雪赛事，举办冰雪艺术节，开班滑雪学校、溜冰场、大众雪橇、山顶餐厅、雪地温泉等 赛后非滑雪季节中间平台改造为冬奥名人堂和特色餐厅，竞技结束区改造为高山滑雪集散中心服务区，山顶出发区改造为冬奥纪念馆和山顶餐厅、山顶极限运动出发区、露营基地、景观平台等服务观光旅游的设施

图3.14　建筑模型BIM与GIS一体化协同技术示意图

绿色建筑技术不仅关注建筑运行使用环节的性能，更关注建筑全寿命期的资源节约和环境保护，将生态环境、资源利用、人文体验、智慧管理等多维度的绿色技术运用在建筑全寿命周期，带动绿色建筑全过程、全范围、全生命期的节能减排，将人与自然和谐共生作为发展目标，在提倡以人为本、为人服务的同时，做好节能降碳和环境保护，这是对可持续发展的最佳阐述。以国家高山滑雪中心等星级绿色建筑项目为示范引领，高质量地建设绿色建筑将是建筑业落实"双碳"战略、实现"双碳"目标的有效途径（图3.15、图3.16）。

图3.15 赛区(含高山滑雪中心)遗产计划示意图(滑雪季)示意图

图3.16 赛区(含高山滑雪中心)遗产计划示意图(非滑雪季)示意图

3.4 利用集体土地建设租赁住房，探索解决大城市住房困难问题
——以北京市成寿寺集体土地租赁住房项目为例

住房问题是全世界人民面临的重要议题，关乎国计民生与社会的可持续发展。联合国2030年可持续发展议程目标11提出"建设包容、安全、有抵御灾害能力和可持续的城市和人类住区"[1]，将提供适当、安全、负担得起的住房列为各个国家的重要目标。第三届联合国住房与城市可持续发展大会提出的《新城市议程》，同样指出应重视土地的社会和生态功能，鼓励制定可持续的住房政策、工具、机制和筹资模式，包括租赁、共同住房、可解决个人和社区不断变化需求的其他形式集体使用权等，以改善住房供应[2]。目前国际上租赁社区的理论与实践经验较为成熟，其发展模式经历了从"二元化体制"向多元化体制转型的过程，鼓励市场主体与社会力量参与建设[3]。德国住房市场租售均衡，实物配租与货币补贴比例适时调整变化，社会住房总体由政府给予政策支持，例如，免征十年土地税、无息低息贷款等，引导企业、私人机构等市场主体进行建设[4]。美国租赁住房市场化程度较高，政府和私营机构联合开发建设低收入住房，同时结合LIHTC计划和租房券政策，保障租赁住房权益[5]。英国BTR政策由政府提供补贴及支持，开发商投资建设，住房协会管理运营。完善的基础设施提升了租赁住房的获得感与安全性[6]。国际经验表明，仅由政府提供公共住房会造成地方财政负担过重，需引入社会资本，结合市场化方式，鼓励多元建设主体与多种建设模式，进一步完善住房制度。

城市居住空间分异现象严重，市民化滞后于土地城镇化，如何落脚城市？

与发达国家相比，我国城镇住房自有率高企，长期以来"重售轻租"导致租赁市场发展缓慢。与此同时，部分人口净流入的大中城市，租赁房源与租赁需求之间存在缺口，租房权益难以保障。怀揣梦想的新市民、青年人群体难以真正落脚城市，解决住房问题迫在眉睫。2015年中央经济工作会议首次提出"以建立购租并举的住房制度为主要方向"，2017年党的十九大报

---

[1] The global goals. Goal 11: Sustainable cities and communities [R/OL].[2023-03-25]. https://www.globalgoals.org/goals/11-sustainable-cities-and-communities/.
[2] HABITAT Ⅲ. NEW URBAN AGENDA.[R/OL].[2023-03-26].https://habitat3.org/the-new-urban-agenda/.
[3] 田莉，夏菁. 租赁住房供应与发展的国际模式比较及对我国的启示[J]. 建筑学报，2022，No.643（06）：11-17.
[4] 王德强，张灿迎. 德国社会住房制度对中国发展保障性租赁住房的启示[J]. 城乡建设，2023，No.653（02）：74-76.
[5] 汪军. 租赁住房建设的美国经验及对我国的启示[J]. 现代城市研究，2020，（06）：103-109.
[6] 梁爽，何翔宇，申犁帆. 基于"建后出租"政策的社会租赁住区规划以英国伦敦Union Wharf 项目为例[J]. 住区，2020，No.098（04）：26-30.

告首次将"购租并举"调整为"租购并举",强调了培育发展租赁市场的必要性。2022年党的二十大重申"租购并举",进一步增进民生福祉,提高人民生活品质。"租购并举"的住房制度强化了住房的居住属性,弱化资产属性,缓解新市民、青年人等多元群体的住房困境。目前我国正加快完善住房保障体系,政府补位的同时,充分发挥市场机制作用,努力实现住有所居,住有宜居。

随着长期制约城乡关系发展的土地二元制度进入转型关键期,租赁住房迎来发展契机。集体土地使用权流转从严格禁止逐步发展至有限流转阶段,靠近城市的集体建设用地将成为重要战略性土地资源,集体建设用地改造与城市租赁市场相结合,将实现人口流入地住房有效供给的增加[1]。集体经营性建设用地入市有助于"租购并举"住房体系的深入,也是回应"房住不炒"的重要举措,同时有利于"人口城镇化"战略目标的实施。

土地制度转型带来机遇,鼓励利用集体土地建设租赁住房。

自集体经营性建设用地入市试点以来,国家政策与各城市实践持续推进。2011年原北京市国土资源局发布了《国土资源部办公厅关于北京市利用集体土地建设租赁住房试点意见的函》,同意开展利用农村集体建设用地建设租赁住房试点。2015年,北京大兴区等33个县(市、区)被纳入集体经营性建设用地入市试点,明确在符合规划、依法取得的前提下,允许集体经营性建设用地使用权出让、租赁、入股,与国有建设用地使用权同等入市[2]。2017年原国土资源部与住房城乡建设部联合印发《利用集体建设用地建设租赁住房试点方案》,确定北京、上海等13个城市开展利用集体建设用地建设租赁住房试点,提出以存量土地为主,满足新市民合理住房需求[3]。2019年1月增加福州、南昌等五个试点城市。同年8月,随着《土地管理法》修正颁布,具有经营性质的集体建设用地入市合法化。2020年11月,"十四五"规划建议明确指出,"有效增加保障性住房供给,完善土地出让收入分配机制,探索支持利用集体建设用地按照规划建设租赁住房"。

目前国家层面住房保障体系以公共租赁住房、保障性租赁住房、共有产权住房为主体,集体土地租赁住房可作为公共租赁住房与保障性租赁住房的补充,鼓励纳入公共租赁住房房源,符合规定的试点项目又可纳入保障性租赁住房规范管理,且充分对接市场需求,对于配租对象、租金标准、户型设计等方面的要求与限制更少,兼具灵活性与地方适应性,对于"租购并举"体系的实施具有极大意义。截至2021年底,北京集体土地租赁住房项目已累计开工建设6.3万套,建设规模居全国之首。18个试点城市中,仅北京明确提出计划每年将2平方公里集体土地用作租赁住房建设,其他城市大多停留在零星开发阶段:上海以国有企业主导租赁住房建设为主,多

---

[1] 田莉,陶然. 土地改革、住房保障与城乡转型发展——集体土地建设租赁住房改革的机遇与挑战[J]. 城市规划,2019, v.43; No.393 (09): 53-60.

[2] 中华人民共和国国土资源部. 农村土地征收、集体经营性建设用地入市和宅基地制度改革试点实施细则[EB/OL]. (2015-03-20)[2023-05-23]. https: //mp.weixin.qq.com/s/b0HKT9645aP5k9nxqbT_Hg.

[3] 国土资源部、住房城乡建设部. 利用集体建设用地建设租赁住房试点方案[EB/OL].(2017-08-21)[2023-06-25]. https: //www.gov.cn/xinwen/2017-08-28/ content_5220899.htm.

采用集体土地转化为国有土地的开发路径，集体土地租赁住房实践不多。2017年上海市政府提出R4租赁住房用地，可用于建设公共租赁住房、全持有的市场化租赁住房等项目类型。2021年3月上海市首例集体土地入市试点新建R4租赁住房项目有巢国际社区上海泗泾项目开业运营。而广州、深圳城中村规模较大，集体建设用地再开发成本较高，推进难度较大[1]。

北京作为2011年原国土资源部首先确立的集体经营性建设用地试点城市，其政策支持与特色化项目实践更为完备充分，具备一定的研究价值。

集体土地租赁住房改革与北京城市总体规划的减量目标吻合，且北京集体土地存量规模较大，可提供充足的储备用地。集体经营性建设用地在京实践可追溯至2011年，2011至2016年间，朝阳区平房乡、海淀区唐家岭、温泉镇太舟坞村、昌平区北七家等5个项目先后启动建设，累计提供房源1.2万套[2]。2018年3月，大兴区瀛海镇集体经营性建设用地试点（一期）地块协议出让，同年3月，成寿寺万科泊寓取得立项批复。随后首创繁星项目、石景山古城项目、海淀区苏家坨镇项目、丰台区北宫镇太子峪村项目等接连开展建设。截至2021年，北京至少56个项目处于规划建设或运营状态[3]。

从空间分布来看，集体土地租赁住房供应用地大多分布于远郊区域，丰台、顺义、房山、昌平等地较为集中，且靠近产业园区或地铁沿线。从开发企业来看，以央企、国企为主，首创、万科、华润、首开等均已签约开发多个项目。

目前集体经营性建设用地开发模式分为四种：

一是集体经济组织自行开发，土地使用权和房屋所有权归村民集体所有。

二是集体经济组织与国企合作开发，通过以土地使用权作价入股、联营的方式与国企合作，成立新企业，共同开发、建设并运营集体土地租赁住房项目，集体经济组织在新企业中持股比例不低于51%，且享有保底分红，国企间接享有土地使用权和房屋所有权。

三是集体经济组织与社会资本合资开发，集体经济组织通过土地使用权入股或项目经营权出租的方式与社会资本方合作，享有保底及分红收益。社会资本方基于委托授权对项目进行建设运营，赚取代建及运营费用。

四是社会资本独立开发，依据集体经营性建设用地出让、出租方案，以招标、拍卖、挂牌或协议方式取得[4]。

在审批管理方面，对集体土地准入条件提出明确要求，需优先使用存量用地，坚持毗邻产业园区、交通枢纽与新城，优先选择产业较为完备、居住配套相对不足的区域布局。同时经过多年的探索完善，住房建设标准逐步明晰，鼓励业态混合兼容，依据租赁住房属性遵循不同的配套及车位配比。

---

[1] 田莉, 吴雅馨, 严雅琦. 集体土地租赁住房发展：政策供给何以失灵——来自北上广深的观察与思考[J]. 城市规划, 2021, v.45; No.419(10): 89-94+109.

[2] 田相伟. 集体土地建设租赁住房的规划建设与管理——北京的实践与挑战[J]. 北京规划建设, 2021, No.198(03): 23-27.

[3] 赵岩斌, 蒋玲. 集体土地租赁住房建筑设计策略研究——以北京市为例[J]. 城市建筑空间, 2022, v.29(S1): 100-102+105.

[4]《中华人民共和国土地管理法实施条例》(2021年7月2日中华人民共和国国务院令第743号第三次修订)

在运营管理方面，采用"只租不售"的模式，不得一次性收取12个月以上的租金，严禁"以租代售"，鼓励第三方机构进行专业化的运营管理。纳入建设计划的集体土地租赁住房项目，水、电、气、热执行民用价格。

北京市成寿寺集体土地租赁住房项目实践是解决大城市住房供需错配与价格错配的积极探索，给年轻人一个有家的城市是在租购并举时代提出的目标。城市不应只是拼搏奋斗，更应承载起每个人的生活和情感。

成寿寺集体土地租赁项目位于北京市丰台区成寿寺区域方庄桥西南角，旧称"十八亩地"，原本规划为F3多功能用地，由于长期缺乏管理与规划建设，常年以来街边小餐馆无序错落，久无人居的低矮平房孤独伫立，灰尘、拥挤、脏乱差、难管理已然成为这块地的负面标签。2020年7月6日，成寿寺集体土地租赁项目作为全国首个正式开工并运营的集体土地租赁住房项目正式亮相。项目总用地规模约1.125公顷，总建筑规模约4.75万平方米，其中地上建筑面积约2.88万平方米，容积率2.8。项目地上24层，其中1~2层为商业配套，其余为901套住房及公共服务设施；地下3层，含1层商业配套及2层机动车库。

项目采用集体经济组织与社会资本合资开发的模式，成寿寺村集体通过土地经营权出租的方式与万科合作，并将项目建成后45年的运营权及收益权转让给万科，万科负责项目建设开发、管理运营。合作开发的建设模式，高集约、低租金的集体土地租赁住房实践盘活了这片高楼林立下的集体用地，青年人的到来为地块注入生机与活力。

"城市青年家"是项目运营方的品牌口号，作为新青年的城市落脚点，中国建筑设计研究院设计团队始终将三条主线贯穿于整个项目的设计与实施落地：

1. 体现城市性：项目应以何种姿态嵌入城市？应该形成怎样的空间界面，营造何种空间场所？

空间织补，融入城市。结合项目地处南三环的优势区位，设计以与城市有机共融为出发点，通过界面营造、人流组织、功能叠加、城市对话等多方面，整体塑造建筑群落，打造融入城市、融于街区的可持续住区。同时将青年客群的社会性与建筑空间的社会性相统合，以社区凝聚力激发片区活力，以多元功能带动区域可持续发展。

界面营造，有机共融。项目周边城市环境较为成熟，但空间界面需要进一步梳理，通过建筑体量织补城市空间，形成与城市友好共处的围合界面，以积极的姿态嵌入城市之中。为呼应街角东侧80米高现状公寓塔楼，设计在对侧设置相同高度的体量，同时退让街角空间，西北角适当降低体量以呼应西侧已有商业配套；同时结合主城区及三环车流来向，以四栋单体组成围合体量，进一步守齐城市界面（图3.17、图3.18）。

空间渗透，功能叠加。项目紧邻南三环，周边交通较为复杂。东侧及北侧为主要客群出行方向，南侧居住区大量人流会穿行进入本地块，西侧沿三环分布过街人行天桥、公交站点、餐饮商业等功能。结合周边人流来向与公共交通分布，设计打开建筑底层角部空间，从东北、西北、西南进一步导入人流，实现内部庭院与外部城市空间的渗透与融合。东北角为人行主出入口，架空天幕与灰空间进一步强化入口形象。同时将多元功能垂直叠加，居住功能抬升至三层及以上，底层配置餐饮、休闲、创客、零售等多元配套，以混合功能塑造活力节点（图3.19、图3.20）。

城市对话，形象展示。地块东北角方庄桥，

图3.17　东北向夜景鸟瞰

图3.19　内部共享庭院

图3.18　东南向鸟瞰

图3.20　西北角入口外景

形成天然的城市高架视点，与建筑形成看与被看的对望关系。为了更好的与城市对话，设计将居住入口空间"城市客厅"抬升至三层，形成城市展示界面的同时，也成为新青年与城市对话的窗口。公建化的立面风格，错动有序的表皮肌理，严整生动的城市界面，彰显出区域门户形象，三环节点旁旧貌换新颜（图3.21、图3.22）。

2. 体现个性化：项目如何契合客群的个性化需求，形成多元互动的独特空间场域？

互动复合，个性定制。项目地处方庄地区，作为北京首个整体规划的住宅区域，方庄片区的大规模建设始于20世纪90年代。优质的区位，便捷的交通，对上班族形成了天然的吸引力。居住在此的白领们大多在国贸、双井等CBD区域上班，但该区域内租赁房源多为户型较大的老

图3.21　北侧沿三环路立面

图3.22 城市客厅作为面向城市的窗口

旧小区，由于整租与合租存在较大的成本差，青年人大多选择合租，并在其他商圈进行社交和消费。青年群体的空间需求与行为模式有别于传统居住社区业主群体，他们既乐于社交，接纳共享，容易通过多元活动形成新的圈子；又需要私密独立灵活的居室空间，对家有着自己的个性化描摹；同时对于体验式空间与社区配套有着较高需求。

集体土地租赁住房不同于传统住区，且设计之初没有现行规范与之匹配，若按照常规千人指标进行配建，本规模的社区仅需不足100平方米商业配套。结合项目目标客群的个性化需求与优势区位，设计增加了配套占比，希望营造一个生活便捷、体验丰富、尊重兴趣与热爱的复合型共享社区。深夜食堂、青年欢乐场、时尚潮牌店、文化集市四大板块构筑出近4000平方米的商业体量，嘻哈包袱铺、相声学堂成为解压放松打卡地；活力商街结合网红品牌与基础生活配套，将时尚生活日常融入院落社区之中，兼顾文化底蕴与夜间经济。结合归家动线设置的便利店、咖啡厅、书吧等业态，盘活商业的同时，为

生活带来便利。在套内面积的限制下，外置的多元化公共空间，丰富了居住体验，最大限度的发挥空间价值。容纳云中图书馆、解压健身房的"社区之心"，为年轻客群提供活力多元的交流空间；串接各个居住单元，快递站、公共洗衣房、共享厨房等功能散布于社区之中，扩大居住半径的同时，链接公共空间与人际情感，提升社区黏性。同时项目注重社群文化营造，组织培育徒步、电竞、篮球等多个社群，以文化活动串联人际关系，形成青年生活共同体。为了满足年轻人对智能化的新需求，项目引入智能化管理系统与响应体系，人脸识别技术、智能门锁、公区24小时监控、APP公众号水电智能化查询与维修申请等贴心服务给予租客全方位的安全感与归属感（图3.23）。

图3.23 城市客厅内景

3. 体现居住性：应当营造怎样的居住社区，带来温馨家的体验？

多元居住，家的营造。项目是一种切中痛点的个性化定制，满足青年客群多元复合居住需求的同时，以负担得起的合理租金，保证项目的可持续运营。

合理坪效，规模确定：项目伊始，即进行严密的经济测算，结合地处三环的优势区位，以每套租金不超过甚至低于周边市场的原则确定坪效，推算出总套数不应低于900套，除去商业

配套面积，得出套均面积约25平方米。项目共两种户型，单套月租金3600元或4700元，约为周边同品质一居室租金价格的70%至80%。

标准单元，空间模块。在套均25平方米的前置条件下，结合8.4米宽柱网，得出标准单元面宽为2.8米。结合单身青年、家庭租客对大小套型的不同需求，设置进深4.8米和7.2米两种标准化套型。室内设计团队充分研究青年人的行为模式后，将套内功能划分为睡眠、装扮/储物、娱乐/工作、焕新四大区域，在有限的空间中创造出舒适的居住环境，同时可结合装配式家具进行模块化灵活拼装与变换，集成化的功能实现了空间利用的最大化。面向职业背景、收入水平、租住需求各异的细分客群，提供可供选择的健身、SOHO、宠物等不同主题室内空间，结合产品设计给予内装工业化不同的表情与色彩，实现标准化下的定制化服务（图3.24）。

图3.24 居室内景

装配式技术的运用赋予了项目可持续价值，标准化的套型、规整有序的表皮肌理、快装快建的产品体系，便于施工、缩短工期，大幅降低人工成本，使项目提前运营成为可能，租户获得更优租赁价格的同时，尽快实现资金的可持续流动。模块化的建筑空间、标准化的生产工艺、装配化的施工技术，大幅降低能耗、减少碳排放，降低环境负荷的同时，符合城市可持续的发展要求。同时集成模块兼具灵活可变性，满足租户的个性化需求，为后期更换改造预留可能。

政策的有力支持、快速化的审批管理、合作化的开发模式、可持续的管理与运营，整体促成了全国首个集体土地租赁住房项目的落地。

自2017年北京成为第一批集体土地租赁住房试点到项目正式运营，仅用了不到三年时间。2017年9月项目规划方案调整公示完成并上报市政府批复，次年7月完成设计方案审查。为加快项目审批，北京市规划国土委出台《关于建立集体租赁住房项目快速审批通道有关工作的通知》等相关政策，进一步优化土地办理、权属审查等相关程序，项目审批前后仅历时11个月。快速审批通道的开辟，相关行政审批事项的流程精简、权限下放，"多规合一"平台多部门的协同会商实现了项目的快速落地运营。自2018年3月15日项目取得立项批复以来，项目仅五个月便取得工程规划许可证与施工许可证，时隔两年四个月即正式运营。然而快速建设落地的背后面临着重重挑战。由于当时集体土地租赁住房设计规范尚未出台，车位配比、日照计算、商业配比等都为设计带来了挑战与不确定性。丰台区规委、北京万科与中国建筑设计研究院有限公司针对上述问题进行了多次深入的讨论研究。首先是车位配置问题，北京市车位配比为1∶1，但机动车位并非青年租户刚需，共享单车出行也降低了非机动车的停车需求，通过和丰台区政府反复沟通论证，将车库比例降至1∶0.36，极大缩减建立地下建安成本的同时将更多空间留给商业配套。同时，地上、地下约10%的商业服务配置，满足了客群的多元需求，开放街区式的空间形态，提升了区域配套品质。此外，结合人员较为密集的情况，设计针对消防要求进行升级，以公共建筑的标准从严要求，户内同样设置喷淋装置。

合作化的开发模式盘活了村集体的闲置土地，村集体与市场主体联合优势资源、共建共赢的经营模式，给予村民共享增量红利的机会。万科负责项目建设开发、管理运营，每年支付村集体保底租金收益，如果盈利超出预期，村集体还将获得超额分红。由于无需支付土地出让金，项目最大的资金投入来源于建安、装修成本，同时运营成本投入也是一笔不小的开支，开发商需要在贷款、资金等方面寻求突破。万科以信用为担保，通过国家开发银行获得25年期的专项信用贷，较低的利息实现了较低的融资成本，目前项目属微利可持续阶段。

成寿寺集体土地租赁住房不是单一化的住区设计，这片土地的集体特质、产品"不可销售"的特性，都赋予项目更多的社会性，使之具备超越普通居住产品的城市意义，以高复合化的"居住综合体"形式，营造有归属感幸福感的社区，塑造城市的活力节点，整体提升区域风貌。

如今集体土地租赁住房项目已在全国大量推行，但目前部分集体土地租赁住房的用地供给与租客需求之间存在一定的空间错配，以北京为例，朝阳、海淀、丰台等地供不应求，顺义、大兴、房山、门头沟等地供过于求。相较而言，区位较好的项目能实现收益可持续，而五六环外的项目很难收回成本投入。此外，集体土地租赁住房还面临着周边配套市政设施建设滞后、前期投入与回报周期过长、过低的租售比导致市场投资意愿不足等诸多问题。集体土地租赁住房作为相对于商品房的"准公共物品"，需要兼具公共性与可持续性。设计应充分考虑建筑全寿命周期，鼓励绿色低能耗装配式建筑技术的运用，结合工业化、标准化实现快速建造，减少建设过程中的能源浪费，同时提升能源利用效率，营造舒适健康的居住环境，以实现生态可持续。结合税收优惠和政策补贴，完善融资体系，制定如容积率奖励、适当资金补贴等激励政策，合理安排周边市政设施的建设时序[1]，保障开发、运营、租户多方权益的同时实现经济可持续。同时增加有效区位的集体土地租赁住房供应，促进职住平衡，以均等化的服务、便捷完备的配套吸引人群长期居住，由此形成区域良性循环，进一步带动社会的可持续发展。

随着产业结构不断变迁，各类人才不断涌入城市。功以才成，业由才广，城市应该充分给予人安全感、幸福感与获得感，只有当城市能够吸引人、留住人、稳住人，才能持续保持活力与动力，实现"人—地—房—资金"的可持续循环。在鼓励租售同权的当下，集体土地租赁住房通过共享的方式与城市深度融合，助力新青年、新市民告别孤岛化的居住生态，同时给予村集体分享城市红利的机会。给青年人一个有家的城市，给城市一个可持续发展的未来。

---

[1] 严雅琦，田莉. 集体土地建设租赁住房的策略：基于"准公共物品"的视角[J]. 北京规划建设，2021，No.198（03）：5-10.

3.5 生态型绿道助力城市新区生物多样性提升与可持续发展
——以杭州市临安区青山湖绿道为例

随着全球城镇化的快速推进，全球范围内至少56%的人口居住于城市环境；至2050年，全球城镇化率将进一步提升至68%，因此，全球可持续发展有赖于富有活力的城市可持续发展，而城市的可持续发展在近年来面临较多威胁。其中，快速城镇化区域的城市绿色基础设施缺失与碎片化，对于城市的生态环境、文化内蕴、经济发展以及人类福祉都造成一定影响。因此，一个更为绿色、更为宜居、更为生态的城市是未来城市可持续发展的必要条件。联合国人居署指出，城市未来可持续发展要以公平、绿色并以知识为基础。这一点对于以中国为代表的，正在经历快速城镇化进程的发展中国家而言尤为重要。

有效维系以城市绿地为代表的城市绿色基础设施，对于完善全人类人居环境，促进可持续发展具有重要作用。如何通过完善城市绿地空间布局，提升城市绿地生态系统质量，是未来城市实现可持续发展目标的应有之义。

城市绿地是城市发展过程中形成的，以绿色植物和其他配套附属设施共同形成的城市绿色基础设施，是城市发展与人居环境改善的重要载体，同时对于城市的可持续发展、提升城市面貌、维系生物多样性与生态系统服务功能，从而完善城市人地耦合关系，并进一步持续增加人民幸福感与获得感，促进人类福祉，为城市生态环境安全与可持续发展提供重要支持。与此同时，城市绿地也是城市建筑环境的有机组成部分，对应对城市突发灾害与气候变化同样具有重要作用。《2030年可持续发展议程》指出，可持续发展所包含的十七项主要目标中多项与城市绿地息息相关，城市环境需要确保健康的生活方式，促进各年龄段人群的福祉（SDG3），同时还需要为所有居民提供必要的自然教育机会，确保全民从中充分获益（SDG4），为城市提供抵御灾害能力的基础设施，特别是绿色基础设施（SDG9），建设包容、安全、有抵御灾害能力和可持续的城市和人类住区（SDG11），以及保护、恢复和促进可持续利用陆地生态系统、可持续管理森林，制止和扭转土地退化，遏制生物多样性的丧失（SDG15）等，均揭示了城市绿地的潜在多功能性及其在供给人类福祉上的重要性，也进一步确定了城市绿地在维系城市可持续发展多重目标上的重要作用。通过筑山理水，完善城市山水林田湖草生命共同体格局，推动高水平城市绿地发展，是实现城市领域落实可持续发展目标的关键举措，也是满足人民群众从绿水青山中感受城市发展脉搏，感受日益增长的美好生活需要的必由之路，更是推动城市发展"金山银山"落到实处，实现永续发展的必经路径。

中国政府历来重视城市生态环境问题。习近平主席指出，绿水青山就是金山银山，为我们指明了生态文明建设与可持续发展的生态关键路径。只有绿水青山，才能长久维系金山银山，才能使人民共享生态文明建设的丰硕成果。国家发展改革委员会在2018年印发了《城市绿地规划建设指南》，旨在推动城市绿地规划建设。其中包括了城市绿地用地比例的要求，要求各城市合理规划和保护绿地资源，确保城市生态平衡与可持续发展；国家林业和草原局于2019年提出《城市森林建设规划》，旨在推动城市森林建设。政策强调在城市内部和周边地区增加森林覆盖率，提高城市空气质量、生态环境，并促进居民的生活质量；国家住房和城乡建设部于2020年提出《生态城市建设指南》，旨在推动生态城市建设。政策要求城市规划考虑生态因素，促进建筑与自然融合，优化城市景观格局，提高城市整体生态品质。浙江省是中国经济发达的地区之一，在城市绿地建设和生态景观格局提升方面也采取了一系列政策。近年来，浙江省致力于打造生态宜居的城市环境，加强绿地建设和保护。政府发布了《浙江省生态环境保护条例》，明确了对生态环境的保护要求，强调保护绿地、湿地等自然资源，以提高城市的生态品质。同时，浙江省也推进了城市森林建设，倡导增加城市内部和周边地区的森林覆盖率，改善空气质量和城市生态。此外，浙江省还推动生态城市建设，要求城市规划考虑生态因素，促进建筑与自然的融合，优化城市景观，使城市环境更加宜居。这些政策的实施为浙江省的可持续发展奠定了坚实基础，也为居民提供了更美好的生活环境。这些政策的实施使中国城市绿地建设取得了显著进展，并有效提升了城市生态景观格局。通过合理规划城市绿地、增加森林覆盖率以及加强湿地保护，中国城市的生态环境得到改善，居民的生活质量也得到了提升。这些措施对于促进城市可持续发展和保护自然生态具有积极意义。此外，在中国，城市绿地建设和生态景观格局提升的相关要求不仅在国家层面有政策文件，还涵盖了行业标准和指南。其中，行业标准GB 50420—2007（2016年版）《城市绿地设计规范》和CJJ/T 304—2019《城镇绿道工程技术标准》规范了城市绿地的设计、建设和管理，着重提高绿地的质量和生态效益。行业指南《生态城市规划技术导则》强调生态优先、绿色发展的理念，指导规划师和设计师在城市建设中合理规划和保护绿地，提升城市生态景观格局。此外，住房和城乡建设部发布的文件《关于印发〈城市绿地体系规划建设导则〉的通知》指导城市绿地体系规划建设，提出了构建城市绿地体系的要求和原则。这些专业的技术支持和规范为城市绿地建设和生态景观格局提升提供了重要的指导和保障，助力保护自然生态，打造更美好的城市环境。这些文件旨在规范城市绿地的设计、建设、管理和规划，强调生态优先、绿色发展的理念，促进城市绿地建设与保护，并提高城市生态景观的格局。通过遵循这些指导性文件和标准，中国各地积极推进城市绿地建设，保护自然生态，为居民创造更美好、宜居的城市环境。

城市绿地的关键作用在于能够通过提供包括供给、支持、调节与文化四大生态系统服务功能，为居民提供各类潜在生态产品。

研究表明，城市绿地的生物多样性与生态系统服务功能之间存在正向关联。首先，城市绿地的生物多样性能够增加城市生态系统的稳定性和弹性。较高的物种多样性可以提供更多的功能群和物种响应城市环境的能力，增强生态系统的适应性和恢复力。这意味着在面对环境压力和干扰时，具有丰富生物多样性的城市绿地能够更好地维持生态平衡，并提供更稳定的生态系统服务。其次，城市绿地的生物多样性对于城市生态系统服务功能的提供具有重要影响。生物多样性促进了生态过程的发生，例如，物种相互作用、营养循环和能量流动等，从而支持了多种生态系统服务功能的实现。例如，多样的植物群落可以提供更丰富的食物资源和栖息地，促进物种繁殖和迁徙，维持城市的食物链和生态平衡。此外，城市绿地中的生物多样性还能够改善空气质量、水资源管理、碳储存和气候调节等生态系统服务功能。此外，城市绿地的规划与管理策略对于促进生物多样性和提供生态系统服务功能至关重要。采取综合性的生态设计和管理措施，例如，合理选择植物物种、提供适宜的栖息地、保护自然生境等，能够增加城市绿地的生物多样性，进而提高生态系统服务功能的效益。因此，城市规划者和管理者应该重视城市绿地的生物多样性保护与恢复，以实现可持续城市发展和改善居民生活质量的目标。现有研究认为，城市绿色基础设施是抵御城市化对生物多样性负面效益最重要的基础设施，城市绿色基础设施与城市景观时空变化的综合作用共同决定城市生物多样性的分布格局，城市绿色基础设施是抵御城市化对生物多样性负面影响的主要对象。其中，城市绿地空间是城市绿色基础设施的主要来源。现有研究多认为，城市绿地空间可以做为城市中重要的生物多样性富集地，能够为不同类群的生物提供必要的食物来源和栖息环境，部分线状绿地设施可以作为廊道为物种迁徙提供必要的通道，对于维护城市生物多样性具有重要意义。

城市绿道被认为是解决现有城市新区绿地系统景观破碎化，提升景观连通度，促进城市可持续发展的关键技术。

近年来，随着我国城市化的快速推进，城镇化率大大增加，对城市绿地的需求变得极其迫切，而在全球范围内，新建城区的绿色基础设施建设都存在一些普遍性的问题，不利于城市可持续发展。例如，在许多新建城区，绿地规划设计并未充分考虑城市整体发展和生态保护的需求，导致绿地分布不均、功能不全或者与城市其他功能区域脱节。此外，过于追求"美观"，忽视了本土植物和生态系统的保护，可能引发生物多样性的下降。其次，随着土地资源的日趋紧张，一些城市新建城区的绿地面积明显不足，无法满足居民的需求。同时，绿地的质量也面临挑战，包括植物种类单一，绿地维护不足等。最后，城市绿地的规划，建设和管理需要广大居民的参与和支持。但在实际过程中，公众参与往往被忽视，导致绿地的规划设计与居民的实际需求存在偏差。从可持续发展角度而言，目前，现有城市绿化空间具有强烈的趋同现象。这种趋同现象一方面体现在对于景观空间的营造上遵循类似规律，导致在空间上存在严重的同质化现象；一方面体现在潜在植被的选择上具有较强的相似性。这些问题对于城市生态系统的可持续发展和生态服务功能的实现构成了挑战。

绿道是以自然和人工绿地为主体，通过生态走廊和景观线等形式，连接城市和乡村，构成的一个生态、休闲、文化和旅游的连续体系。现有研究显示，从生态视角，城市绿道对于保护城市生物多样性，维护城市生态安全具有重要作用。通过形成生态走廊，绿道能够链接城市内部的生态岛屿，改善城市生物的种群结构，提升城市生态系统的稳定性和弹性。绿道也能够提供丰富的生态系统服务，包括提供栖息地，净化空气和水源，调节城市气候，储存和固碳等。从社会文化视角，城市绿道对于提升城市居民的生活质量，增强城市文化内涵也起到关键作用。绿道提供了丰富的休闲和体育设施，满足居民的休闲需求，同时也为居民提供了接触和了解自然的机会，提升了居民的环境认知和生态文化素养。从城市规划和设计视角，城市绿道对于提升城市空间品质，构建和谐美观的城市形象具有重要意义。绿道是城市空间的重要组成部分，它串联起城市的各个部分，形成城市的绿色骨架，提升城市的视觉效果和空间品质。

杭州青山湖绿道建设结合自然景观和城市设施，其设计理念和方法综合了生态保护、人文关怀以及公众参与的元素，旨在形成生态友好、人文和谐的绿色走廊。

浙江农林大学风景园林学科依托江南地域、浙江园林绿化产业强省和杭州西湖风景园林等资源优势，依托风景园林甲级资质的浙江农林大学园林设计院作为实践平台，发挥科研与人才优势，师生联合设计了浙江省杭州市临安区青山湖绿道。通过绿道建设，实现了青山湖国家森林公园景观效益与生态效益的协同，推动了绿道营建技术应用于城市新区，实现绿地质量与绿地公平性的持续提升，有效提升了城市可持续发展风貌，得到了多方一致好评。其中，由浙江农林大学园林设计院和园林学院联手设计完成的青山湖国家森林公园环湖绿道一期（望湖公园——大草坪）工程项目荣获中国风景园林学会科学技术奖（规划设计奖）一等奖。

青山湖绿道位于杭州市临安区东郊，地处杭州城西科创大走廊西端。青山湖绿道全长42.195公里，是一条生态与人文并蓄，结合自然景观和城市设施的独特城市绿色通道。它以青山湖为中心，蜿蜒曲折，串联起城市的多个重要区域，形成了一种和谐共生的城市与自然交融景象。

在生态方面，设计团队在绿道沿线精心保留了大量的本土植物，如草木花卉和树木，以促进生态多样性的发展。通过保留本土植物，绿道形成了丰富多样的生态景观，不仅有益于维护植物种群的多样性，还为各类野生动物提供了丰富的栖息地与食物资源。同时，在绿道的建设过程中，遵循生态优先、最小化干扰的原则，尽量避开珍稀植物群落，采用生态友好型的材料和建筑方法。这样的措施有助于减少对自然环境的破坏，使绿道成为城市生态系统中的一部分，融入周围自然环境，实现城市与自然的和谐共生。

另一方面，青山湖绿道的设计也融入了浓厚的人文关怀。为了体现杭州历史文化的特色，设计团队巧妙地在绿道两侧设置了与传统灯笼相似的路灯设计，将古朴的灯饰融入自然环境中。此外，绿道的某些区段采用了类似古道的鹅卵石铺装，这不仅提供了美观的景观，还让人们在漫步绿道时能感受到杭州的历史文化韵味。通过融入城市的历史元素，绿道在自然景观之外还增添了人文内涵，让市民和游客在亲近自然的同时感受到浓郁的地域文化。

青山湖绿道的建设还充分考虑了生态要素，采用了再野化（rewilding）和基于自然的解决方案（NbS）的理念。首先，设计团队在选线规划时遵循了生态廊道原则，将绿道与城市内的主要生态系统，如公园、自然保护区和湿地等有机连接，以促进物种，特别是鸟类的迁移，提高生物种群的生存机会。这种生态连通性的设计有助于形成一个生态网络，维护生物多样性，使得整个绿道系统成为生态系统的延伸，为野生动植物提供了生存和繁衍的机会。其次，绿道设计优先选择本地植物，与本地鸟类和其他动物形成共生关系，增加生物多样性。本土植物与本地生物之间形成了天然的依存关系，能够为野生动物提供食物和栖息地，从而增加多样群生物的数量和种类。此外，绿道设计还深入到国内罕见的"水上森林"，采用架空栈道形式，避免大规模砍伐树木，解决汛期水位问题，以保护原生植被和栖息地。通过这些绿道的设计手段，自然生态得到了恢复与重构，为城市生态保护作出了积极贡献。

最后，设计团队注重公众参与，引入了参与式的设计手段。绿道上设置信息牌，介绍各种鸟类和植物，为公众提供生物多样性的教育，增强他们对生态环境的认识和参与。通过参与式的设计与管理，让公众深刻体验到绿道带来的生态益处，培养对自然环境的关爱，增强生态保护的意识。这样的设计手段，将公众与绿道的联系紧密结合起来，使绿道不仅成为市民休闲与游赏的好地方，也成为生态保护和生物多样性维护的共同责任。

通过科学规划和精心设计，绿道在自然生态和人文历史之间取得了精妙的平衡，成为杭州市的重要绿色基础设施和生态环境保护的重要组成部分。青山湖绿道的实践不仅为城市绿地建设和生态景观格局提升提供了借鉴，也为公众提供了一个领略自然美景与体验生态文明的良好场所（图3.25、图3.26）。

研究表明，以青山湖绿道为代表的城市绿道建设在景观与局地生境层面对区域生态环境具有持续改善作用，对生物多样性维护和提升具有明确的保护作用。

在青山湖绿道全线建设完成后，研究对这一绿道沿线生物多样性进行了进一步的观测，样点法与红外相机监测法共调查到111种鸟类，隶属于15目41科，从目级分类单元来看，雀形目中鸟类物种数最高，有54种，占总数的48.6%；从科级分类单元来看，鸭科中鸟类物种数最高，有13种，占总数的11.7%。调查到国家一级重点保护鸟类2种：东方白鹳（*Ciconia boyciana*）和黄胸鹀（*Emberiza aureola*）；国家二级重点保护鸟类14种：凤头鹰（*Accipiter trivirgatus*）、黑鸢（*Milvus migrans*）、红隼（*Falco tinnunculus*）、白琵鹭（*Platalea leucorodia*）、小天鹅（*Cygnus columbianus*）、游隼（*Falco peregrinus*）、鸳鸯（*Aix galericulata*）、白鹇（*Lophura nycthemera*）、白额雁（*Anser albifrons*）、小白额雁（*Anser erythropus*）、凤头蜂鹰（*Pernis ptilorhynchus*）、林雕（*Ictinaetus malaiensis*）、日本松雀鹰（*Accipiter gularis*）和画眉（*Garrulax canorus*）。此外，研究还观测到包括鼬獾（*Melogale moschata*）、刺猬（*Sciuridae sp.*）、小麂（*Muntiacus reevesi*）、

图3.25　架空栈道和滨河步道

图3.26　步道两侧保留原生植被

黄鼬（*Mustela sibirica*）、猪獾（*Arctonyx collaris*）等国家保护的有重要生态、科学、社会价值（三有）的陆生野生动物，无论是小型哺乳动物还是鸟类，其数量与出现频率相较建设前有明显提升（图3.27）。

绿道生物多样性提升离不开绿道在景观与局地生境层面对区域生态环境的持续改善作用。根据监测结果，研究还进一步探讨了以青山湖绿道为代表的城市绿道提升城市生物多样性的主要机制。第一，城市绿道促进了生态连通性提升。城市绿道构成了生态网络，这种网络可以在城市景观中创建生态廊道，实现生态系统的连通性。这种连通性对于物种流动性（包括迁移、扩散和基因交流）至关重要，从而增强生物多样性。例如，生态连通性可以允许鸟类在不同的栖息地之间迁移，从而避免种群的瓦解和灭绝。第二，城市绿道促进了栖息地复杂性增加：城市绿道可以提供不同类型和尺度的生态空间，包括森林、草地、湿地等，增加了栖息地的复杂性。这种复杂性对于鸟类和其他动物的生存和繁殖至关重要，因为不同的物种需要不同类型的栖息地。栖息地复杂性增加了物种的生态位，从而提高了生物多样性。第三，城市绿道促进了边缘效应的产生。城市绿道经常在不同类型的生态系统之间形成边界，从而产生边缘效应。边缘区域通常包含了两种生态系统的物种，因此具有更高的生物多样性。通过设计和管理，可以优化边缘效应，增加生物多样性。第四，城市绿道提供了生态修复的关键平台。城市绿道是实施生态修复的重要场所。通过生态修复，可以改善城市的环境质量，恢复和增强生态系统的功能，从而增加生物多样性。例如，通过植物本地化，可以吸引更多的本地鸟类和其他动物。第五，城市绿地促进了环境教育和社区参与。城市绿道是进行环境教育和社区参与的重要平台。通过教育和参与，可以提高公众对生物多样性保护的认识和积极性，从而有

图3.27 青山湖绿道野生动物资源（鸟调照片）

利于生物多样性的维护和提升。

青山湖绿道作为一个生物多样性丰富的城市绿地，在提升生态系统服务功能、促进城市绿地的公平性、加深公众对自然的了解等方面发挥了重要作用，其设计和建设充分考虑了增强生物多样性的措施和方法。

第一，在绿道设计的初期，规划团队着重考虑了生物多样性的保护与提升。在选址和规划过程中，他们尊重原有的自然生态环境，避免破坏原有的生境和生物群落。通过科学调研和野外考察，识别了青山湖周边特有的本土植物和动物物种，并将其纳入绿道保护范围，为生物多样性的提升奠定了基础。第二，规划团队采取了多种措施来增加绿道沿线的生物多样性，在绿道沿线种植了大量的本土植物，建立了各类植物群落，形成了生态景观的多样性。同时，还设置了鸟类和其他野生动物的观察点，为市民提供了观赏和学习野生生物的机会。这些措施不仅增加了生物多样性，还提升了绿道的教育和科普功能，增强了公众对自然环境的了解和关注。第三，绿道的建设过程中注重保护和修复生态系统。规划团队避免大规模砍伐树木和填埋湿地等破坏性行为，努力保持原有的自然生态特征。在建设过程中，采用了生态友好型的材料和建筑方法，最大限度地减少对自然环境的干扰。绿道的布局也充分利用了现有的自然地形和水体，融入湖泊、河流和湿地等特有景观，为生物多样性的提升提供了更多的机会。第四，规划团队注重引入本地社区和公众的参与，组织了一系列公众参与活动，征求市民的意见和建议，让市民参与到绿道的规划、建设和管理中。这样的参与式设计能够增强公众对绿地的认同感和归属感，激发公众对自然环境的保护意识和积极性，进一步推动了绿道生物多样性的提升。第五，青山湖绿道的成功案例也受益于政府的政策和经济支持。相关政策对于保护生物多样性和推动生态环保的建设提供了政策支持和经济资助，为绿道的规划和建设创造了良好的环境。政府在规划和建设过程中也加强了对环保措施的监管，确保绿道的生物多样性得到有效的保护和提升（图3.28）。

图3.28　鸟类观察点

青山湖绿道的设计和建设充分体现了注重生物多样性保护与提升的理念和方法。通过科学规划、生态友好的建设和公众参与，该绿道成为一个兼具生态功能和公众体验的城市绿地典范。其成功案例为其他城市在城市绿地规划与建设中提供了有益的经验和启示，也为推动城市生态环保与绿地建设做出了积极贡献。

青山湖绿道除了促进了城市生物多样性，还兼顾了所在区域的人文特质。例如，"钱王索秀"是绿道一个重要的文化景观节点。在广泛征求群众意见的基础上，主体选用钢制剪影的钱王形象雕塑，结合城墙式景墙以及车马行军的形象剪影，重现钱王点兵、征战沙场的磅礴气势。为充分还原历史语境，城墙式景墙全部采用当地老旧砖瓦石材，并特邀老工匠驻场指导，以古法砌筑，传承古老乡土建造技艺。再例如，望湖单车文化公园是城市接入绿道一期的主入口，场地改自一个失去活力的城郊公园。通过单车主题的景观塑造、既有建筑立面改造、植物空间梳理等方式，赋予公园新的功能与活力。公园中央的单车雕塑，用圆月状的环象征青山湖绿道，并饰以栖息的白鹭、错落的植物、绵长的水流等生态景观元素，镶嵌骑行者形象于圆环之中（图3.29）。

图3.29　骑行绿道

青山湖绿道建成后极大提升了百姓的获得感、幸福感。单日最大游人量曾达1万人以上；组织大型徒步、毅行、马拉松活动达到近25000人次。绿道骑游的统一智慧管理结果显示，共享单车入驻青山湖绿道仅三个月，青山湖景区游客累计骑行时长已超47836.8小时，骑行超65232人次。完善了区域旅游格局，辐射范围较广，对周边如泥山湾村等乡村的农家乐、民宿等有显著促进作用。以青山湖绿道为代表的生态型绿道建设是浙江省城乡绿道网络建设的缩影。从2016年起，浙江每年新增各类绿道1000公里以上，浙江绿道总里程全国领先，实际建成高标准绿道5800公里、其他普惠性绿道7000多公里，已实现市、县绿道网规划全覆盖。万里绿道网正在一步步成为现实。有效将山水林田湖草链接成真正的生命共同体，实现了绿水青山向金山银山的转化，实现了城市生态与城市风貌的可持续发展。后续研究仍将进一步开展城市绿道使用可持续评价与生物多样性响应机制分析，为全国范围内有效推广这一可持续城市发展景观营造技术，为实现《2030年可持续发展议程》而不懈努力。

3.6 边疆多民族欠发达地区乡村可持续发展
——以临沧市现代化边境小康（幸福）村为例

边境地区的和平稳定与经济社会发展是各国国家利益所在。由于深受自然地理条件和邻国之间地缘政治形势不稳定等因素的影响，边境地区往往生态环境脆弱、经济社会发展相对滞后、民族与宗教问题交织、区域内城乡发展差距大等诸多问题叠加共生，制约了边境地区的可持续发展。在全球化、信息化的背景下，边境地区经济社会的可持续发展已成为地理学、经济学和国际政治学研究的热点问题。国外边境研究的领域集中于政治地理、环境生态、商业经济、公共管治、人文艺术等方面。21世纪以来，边境研究在汲取批判性地缘政治学、人本主义地缘政治的精髓后，逐渐增强了对边境环境、社会治理等方面的反思[1]。随着城市化进程的不断推进，边境地区经济社会的可持续发展在世界范围内得到重视。2015年9月，联合国发布的《2030年可持续发展议程》在多项可持续发展目标将边境地区发展纳入了考量，例如，SDG10提出"减少国家内部和国家之间的不平等"，鼓励国家和区域推动相关的立法、政策和行动，缩小经济社会发展中的各种差异；子SDG11.a指出"通过加强国家和区域发展规划，支持在城市、近郊和农村地区之间建立积极的经济、社会和环境联系"；SDG8指出"促进持久、包容和可持续经济增长，促进充分的生产性就业和人人获得体面工作"，为地方产业和现代化发展提供了思路。

中国的边疆地区具有特殊的经济地理特征，在区域协调发展中面临着特殊困难，与民族地区同是受国家支持发展的特殊类型地区。此外，边疆地区是中国对外开放的前沿，是展示国家实力和形象的窗口，是重要的战略资源储备区和国土安全、生态安全的屏障。加快推进边疆民族地区高质量发展，对于促进边疆繁荣稳定、共同富裕意义重大。

中国边疆民族地区拥有丰富的自然和人文资源以及约1.9万公里的漫长边境线，是与周边国家经济、人文交流交往的最前沿的地区。加快边疆民族地区的开放、开发步伐既是国家发展的内在需求，也是中国融入全球发展格局的外部需要。但由于长期远离市场中心、基础设施条件薄弱以及"守边、固边"的重要使命等因素，边疆民族地区，特别是乡村地区经济社会发展依然比较缓慢，仍是推动实现现代化发展的薄弱环节。与此同时，从国际空间维度来看，随着经济全球

---

[1] 宋涛, 刘卫东, 李玏. 2016. 国外对地缘视野下边境地区的研究进展及其启示[J]. 地理科学进展, 35(3): 276-285. [Song T, Liu W D, Li L. 2016. International research on the border regions with a geopolitical perspective and revelation[J]. Progress in Geography, 35(3): 276-285.]. DOI: 10.18306/dlkxjz.2016.03.002

化不断推进，边境地区外向型经济加快发展，地缘优势非常明显[1]。边疆民族地区利用区位的优势，积极向周边国家开放，发展边境贸易已经成为我国对外开放的重要组成部分，是振兴边疆民族地区经济的有效途径[2]。从人本视角看，边民是守土固边的重要力量，保障和改善边民生活既是边境地区发展的内在要求，也为巩固国防、守边固边提供重要保障[3]。因此，如何在全面建成小康社会的基础上，实现边境民族地区乡村现代化，对维护民族团结、社会安宁、经济发展和生态保护都具有十分重要的意义。

中国历来重视民族地区发展和边疆地区建设。1999年，在中央实施西部大开发战略的进程中，国家民族事务委员会倡议和发起了"兴边富民行动"，加大对边境少数民族和民族地区的投入，使边境民族地区尽快富裕起来。自2000年正式实施以来，"兴边富民行动"取得了辉煌成就，边境地区经济社会快速发展，基础设施和基本公共服务体系不断健全，各族群众生产生活水平明显提高，对外开放水平持续提高，为边境地区全面建成小康社会奠定了坚实基础。为帮助特殊类型地区发展，中央财政在中央对地方转移支付框架内，专门设立对应转移支付项目。2000年起，中央财政设立民族地区转移支付；2001年起，中央财政设立边境地区转移支付。随着我国全面建成小康社会进入决胜阶段，国家对边境地区全方位扶持力度不断加大。2017年5月，国务院办公厅印发了《兴边富民行动"十三五"规划》，以实现"富民、兴边、强国、睦邻"为目标，从改善边民生产生活条件、吸引和留住各类人才以及财政、金融、土地、边境贸易、社会保障、生态补偿等方面，提出了一系列支持边境地区发展的特殊政策措施。2021年中央民族工作会议指出，要完善沿边开发开放政策体系，深入推进固边兴边富民行动。这一重要部署，为进一步推动边境地区发展、改善边民生活、促进祖国边防更加稳固指明了方向。习近平主席强调："民族地区要立足资源禀赋、发展条件、比较优势等实际，找准把握新发展阶段、贯彻新发展理念、融入新发展格局、实现高质量发展、促进共同富裕的切入点和发力点。"

开展现代化边境小康村（幸福村）建设，是云南省兴边富民行动的重要抓手，也是云南省推进边疆多民族地区现代化高质量发展的有益探索，随着建设推进，其内涵和质量也在不断升级。

临沧市地处云南省西南部，因濒临澜沧江而得名"临沧"，属于典型的边疆多民族欠发达地区。境内居住的少数民族众多，除主体民族汉族外，有佤族、傣族、彝族、拉祜族、布朗族等23个少数民族。临沧与缅甸接壤，是昆明通往缅甸仰光的路上捷径，边境线长约300公里，跨越镇康、耿马、沧源3个县10个乡（镇）44个村（社区）249个自然村，有3个国家级开放口岸、19条贸易通道、13个边民互市点和5条通缅公路[4]，是国家重要的沿边开放地区。临沧资源丰富，有着独特的沿边区位开放潜力、丰富的民族文化资源、优良的生态环境和丰饶的自然资源，被誉为世界佤乡、天下茶仓、恒春之

---

[1] 云南日报.加快边境地区发展 促进共同富裕[EB/OL]. https://www.yn.gov.cn/ztgg/fdbnl/llpl/202202/t20220202_235645.html

[2] 杜发春.边境贸易与边疆民族地区的经济发展[J].民族研究，2000（1）：61-68+111-112.

[3] 中央民族工作会议精神学习辅导读本[J].中国民族，2022（7）：7.

[4] 临沧市人民政府门户网站.临沧市概况[EB/OL]. https://www.lincang.gov.cn/zjlc.htm，2023-07-29.

都。但是受历史、地理、经济、社会等诸多因素影响，临沧市所辖一区七县均属滇西边境山区集中连片困难地区，曾是云南省脱贫攻坚主战场之一，探索边疆多民族欠发达地区可持续发展之路将势在必行。

为改善沿边群众生产生活条件、推进边境地区繁荣稳定发展，2019年6月，临沧市依托边境特色优势，在云南省率先启动边境小康村建设工作。2020年5月17日，云南省政府批准临沧市永德县退出贫困县，这标志着临沧成为全省率先实现整市脱贫的州市之一，历史性告别绝对贫困。

临沧市所取得的成效是云南省探索边疆多民区族欠发达地高质量、可持续发展之路的缩影。云南省是多民族的边疆省份，边境地区的乡村振兴与现代化发展成为云南省乡村振兴的工作重点。党的十八大以来，云南省以建设全国民族团结进步示范区为统领，深入开展实施兴边富民工程、改善沿边群众生产生活三年行动以及边境小康示范村建设，不断拓展乡村振兴之路，创新开展现代化边境小康村建设。习近平主席始终关心关怀着云南边境地区建设，2015年和2020年两次考察云南，对边境地区的发展稳定工作作出重要指示。2019年和2021年又通过回信的方式给独龙江乡的乡亲们和沧源佤族自治县边境村的老支书们送去问候，叮嘱大家同心协力建设好美丽家园，维护好民族团结，守护好神圣国土，继续抓好乡村振兴、兴边富民，促进各族群众共同富裕，促进边疆繁荣稳定。

2021年7月，云南省委、省政府印发《云南省建设现代化边境小康村规划（2021—2025年）》，提出围绕实现"经济发展、社会事业、基础设施、基层治理体系和治理能力、边境防控、边民思想观念"等6个方面的现代化任务，要求用3年时间将374个沿边行政村（社区）初步建成"基础牢、产业兴、环境美、生活好、边疆稳、党建强"的现代化边境小康村，成为富边的样板、稳边的示范、守边的屏障；并于同年11月全面正式启动建设工作。2022年11月，在现代化边境小康村建设取得显著成效的基础上，云南提出推动现代化边境"小康村"向"幸福村"迈进，为全面推进乡村振兴、加快边境地区高质量发展提供强有力的支撑。在现代化边境小康村规划建设任务指标基础上，进一步提升建设的内涵和质量，把工作重点转向产业提质、边民增收、精神富足等方面，不断满足边境各族群众对美好生活的向往。

作为边疆多民族欠发达地区，临沧市积极响应发展需求，依托边境特色优势，率先启动边境小康村建设工作。临沧市坚守"决不让一个民族掉队、决不让一个民族地区落伍"的承诺，通过实施"十县百乡千村万户示范创建工程"、兴边富民工程"沿边三年行动计划"、现代化边境小康村（幸福村）建设等行动，助推边疆地区和民族地区整体发展。

临沧市坚持以实施"兴边富民工程改善沿边群众生产生活条件三年行动计划"为契机，推进沿边民族地区基础设施建设。在3个边境县10个沿边乡（镇）所辖44个沿边行政村（社区）实施两轮沿边三年行动计划。2015年至2020年，累计完成投资46.07亿元。通过实施沿边三年行动计划，边境地区面貌和形象焕然一新，人民群众生产生活条件得到极大改善。

2019年6月，临沧市出台了《临沧市率先把沿边村寨建成小康村实施方案》（以下简称《实施方案》），加快推进沿边小康村建设，让沿边群众率先实现小康。《实施方案》以沿边公路作为小康村建设的突破口，加快推进沿边小康村建设；着力构建道路、产业和组织"三套系统"，打造产业支撑、文旅融合、人口聚集、口岸和边境贸易、睦邻友好五种类型的边境小康村，实施"基础设施、农村经济发展、村级公共服务设施、人居环境整治、兴边富民"五大工程。

2022年3月，临沧市印发了《临沧市建设现代化边境小康村规划（2021—2025年）》，进一步细化现代化边境小康村建设目标与发展举措。临沧市通过对标现代化边境小康村建设，按照工作项目化、项目清单化、清单责任化的工作思路，围绕基础建设、经济建设、环境建设、文化建设、边疆建设和组织建设六个方面，有序推进现代化边境小康村建设工作。在基础建设方面，持续提升交通网、水网、信息网等基础设施建设；在经济建设方面，立足"糖、茶、果、菜、牛、咖啡、中药材"等优势高原特色产业，谋划经济建设发展；在环境建设方面，积极开展村庄绿化美化亮化，着力打造农村宜居环境；在文化建设方面，全面提升民众劳动技能，丰富全民文化生活；在边疆建设方面，构建"人防、物防、技防"三防融合体系，深化强边固防机制；在组织建设方面，将行政村规范化党支部建设成果向自然村、村民小组延伸扩大，激发广大群众的活跃度、参与度。

在推进实施中，临沧市成立了由市委、市政府主要领导任双组长的工作领导小组，通过市县两级领导调度推动，相关部门统筹协调等方式，全面推进现代化边境小康村（幸福村）建设工作。例如，在基础设施建设方面，临沧市交通运输局结合临沧实际，印发了《临沧市村组公路项目管理指导意见》《临沧市交通运输局关于进一步加强全市农村公路建设管理的通知》等文件，明确农村公路技术标准，确保边境小康村公路质量可控、安全有序；统筹涉路资源，推进沿边地区农村公路建设。临沧市住房和城乡建设局制定了《临沧市住房和城乡建设系统率先把沿边村寨建成小康村工作方案》，重点推进沿边自然村生活垃圾设施建设、生活污水处理设施建设、路灯、村庄风貌改造提升等项目建设。此外，为推广普及国家通用语言文字，促进边境地区各民族交往交流交融，临沧市出台了《临沧市"十四五"时期加大国家通用语言文字推广力度工作方案》《临沧市建设现代化边境小康村推广普及国家通用语言行动实施方案》等方案，将推广使用国家通用语言文字纳入民族团结进步创建、现代化边境幸福村（小康村）建设等重要内容（表3.10）。

近年临沧市推进边疆地区、民族地区发展主要政策　　　　表3.10

发展历程	兴边富民工程"沿边三年行动计划"		沿边小康村建设	现代化边境小康村（幸福村）建设
相关政策	《临沧市深入实施兴边富民工程改善沿边群众生产生活条件三年行动计划（2015—2017年）》	《临沧市深入实施兴边富民工程改善沿边群众生产生活条件三年行动计划（2018—2020年）》	《临沧市率先把沿边村寨建成小康村实施方案》	《临沧市建设现代化边境小康村规划（2021—2025年）》
主要思路	以安居房建设和培育壮大富民产业为重点，全面改善和提升群众生产生活条件	坚持改善沿边群众生产生活条件与精准脱贫攻坚、民族团结进步、乡村振兴、美丽临沧、稳边固边相结合，进一步加强沿边地区发展的整体性、协同性、精准性	将沿边公路作为边境小康村建设的重要突破口，围绕路网、经济、组织"三套系统"，打造产业村、旅游村、较大村、口岸和边境贸易村等"五种形态"村庄，率先把沿边村寨建成小康村	坚持新发展理念和系统观念，统筹发展和安全……到2025年，把沿边行政村（社区）建成基础牢、产业兴、环境美、生活好、边疆稳、党建强的现代化边境小康村

续表

发展历程	兴边富民工程"沿边三年行动计划"		沿边小康村建设	现代化边境小康村（幸福村）建设
主要任务/重点工程	抗震安居工程 产业培育壮大工程 基础设施建设工程 公共设施提升工程 村寨环境整治工程 劳动者素质提高工程	支持沿边集镇建设 加强基础设施建设 培育特色优势产业 完善基本公共服务 提升开放活边水平 加强稳边固边建设	加强沿边公路建设 开发沿边乡村旅游 发展沿边特色优势产业 强化守边固边 改善沿边民生 建设边疆党建长廊	经济发展现代化 社会事业现代化 基础设施现代化 治理体系和治理能力现代化 边境防控现代化 思想观念现代化

临沧市立足实际情况，探索行之有效的建设路径，实施分类建设模式。边境各县结合特色优势资源，持续提升基础设施建设，谋划沿边产业发展，打造农村宜居环境，全面提升民众劳动技能，深化强边固防机制，在推进现代化边境小康村建设方面积累了丰富的实践经验。

市级层面，临沧市深入实施建设思路，以贯彻落实习近平总书记给沧源县边境村老支书们的重要回信精神为"一条主线"，紧扣建设好美丽家园、维护好民族团结、守护好神圣国土的"三大任务"，引导各族干部群众树立心向总书记、心向党、心向国家"三个心向"，推动实现基础设施智慧化、乡村产品商品化、人居环境生态化、日常生活健康化、社会治理信息化、群众工作组织化的"六化"目标任务。在建设推进中，临沧市立足沿边行政村（社区）发展参差不齐、建设条件有限的实际，采取"行政村（社区）统一标准，自然村按'达标型、提档型、示范型'"分类梯次推进的"1+3"建设模式，把44个沿边行政村（社区）320个自然村划分成169个达标型自然村、96个提档型自然村、55个示范型自然村；根据村庄分类，按照"缺什么补什么"的原则，量身打造"一村一方案"，共编制项目1386个。

沧源佤族自治县充分挖掘生态资源和民族文化特色，在推进文化保护传承的同时，积极发展特色产业，助力现代化边境小康村建设。

沧源佤族自治县，位于临沧市西南部，与缅甸掸邦第二特区勐冒县、南邓特区接壤，边境线长147.08公里，辖4个镇6个乡，有6个边境乡（镇），23个沿边行政村（社区）。沧源佤族自治县全境属国家二类开放口岸，是云南连接东南亚、南亚的重要通道和主要门户之一，是中国面向西南沿边对外开放的重要桥头堡和最前沿窗口。沧源沿边优势突出，自然生态宜居，是中国最大的佤族聚居县，先后被评为"全国民族团结进步示范县"、中国首批"乡村治理体系建设试点县""全国村庄清洁行动先进县""全省全域旅游示范县""云南省首批美丽县城"[1]。

沧源佤族自治县通过搭建平台、引进企业、对接市场、打造产业链等措施，建设"佤"字头特色产业品牌，推动产业发展。在人才振兴方面，沧源佤族自治县通过实施人才培训工程、争取援疆帮扶资源、建立专家工作站与培训基地、选派年轻优秀干部等举措培养乡村振兴关键力量；在文化振兴方面，加大原生态佤文化的保护与传承，打造宜居宜游宜业的"世界佤文化中心"；在生态振兴方面，通过建设世界佤乡乡村

---

[1] 沧源佤族自治县人民政府. 沧源概况[N/OL]. [2023-8-9]. http://www.cangyuan.gov.cn/zksd/cygk.htm

振兴产业示范园、开发生态旅游项目和提供生态旅游产品、推动全域生态旅游；在组织振兴方面，通过实施"乡村治理工程"发挥基层党组织和网格化管理工作在自然灾害处理、应急处置等工作中的积极作用。

沧源佤族自治县有着丰富的天然蜜粉源植物资源，独具特色的米团花能酿出佤乡独有的黑蜜。为提升蜜蜂传统产业、发展新兴特色产业，2020年12月，沧源佤族自治县人民政府与中国东方航空集团有限公司、中国农业科学院蜜蜂研究所共同签署了《蜜蜂产业帮扶合作协议》；2021年5月，中国农业科学院蜜蜂研究所云南沧源试验站在沧源佤族自治县班洪村下班坝自然村挂牌成立，致力于破解技术难题[1]。在广泛深入的调研之下，试验站瞄准被誉为"蜜中上品"的米团花这一沧源独特蜜源，为沧源发展特色产业提供支撑。2022年11月，在中国东方航空集团有限公司的持续牵线推动下，知名跨国企业正大集团与沧源佤族自治县举行"中蜂标准化养殖项目"合作协议线上签约仪式，开展蜂蜜项目合作。截至2023年4月底，沧源佤族自治县共有3个蜂蜜加工厂、1个科研团队、18个蜜蜂养殖专业合作社，注册的蜂产品商标有单甲"安也佤蜜"、勐来曼来"佤山曼来"、班洪"南滚河蜂蜜"3个，实现蜂蜜产量22.42吨，农业产值226万元，辐射带动1761户农户增收[2]（图3.30~图3.32）。

此外，乡村旅游业也是推动现代化边境小康（幸福）村产业发展的有力抓手。2019年年底，在民族宗教委项目、沪滇协作等项目资金扶

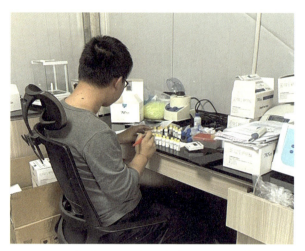

图3.30 中国农业科学院蜜蜂研究所沧源试验站工作人员正在检测蜂蜜抗生素含量

图3.31 蜂场农户检查蜜蜂生长情况

---

[1] 新华社新媒体. 瞭望丨兴边富民的甜蜜配方[N/OL]. [2023-8-9]. https://baijiahao.baidu.com/s?id=1746551630124298728&wfr=spider&for=pc

[2] 沧源县融媒体中心. 新时代 新征程 新伟业丨沧源：黑蜜香甜蜂农乐[N/OL]. [2023-8-9]. https://mp.weixin.qq.com/s/HCGmERLS5onInLxt7X20dQ

图3.32 沧源佤族自治县南滚河蜂蜜品牌

持下,沧源佤族自治县班洪乡班洪村积极发展乡村旅游,推动三产融合发展。班洪村成立乡村旅游农民专业合作社,通过"党组织+公司+合作社+农户"的模式,将蜜蜂产业与观光旅游、庭院经济融合,启动景区建设,引导村民对房屋进行特色包装,提升景区软硬件设施。景区立足优质生态资源禀赋,充分挖掘佤族文化、红色文化,开发"养生度假、文化体验、休闲娱乐、自然生态"等旅游产品体系。2020年10月,景区正式开业;2022年,班洪村成功申请了"葫芦王地·传奇班洪"注册商标,景区于年底被评定为国家AAAA级旅游景区,全年门票收入超过90万元;2023年年初至4月19日,门票收入已突破百万。通过旅游业带动副产业发展,村民经营农家乐、售卖农特旅游产品等,全部实现增收(图3.33)。

耿马傣族佤族自治县在现代化边境小康村建设中,聚焦现代化发展目标,不断优化产业结构,协同发展传统产业和特色产业;聚焦短板弱项,不断提升人居环境,推进现代化边境小康村建设赋能乡村振兴。

图3.33 班洪葫芦王地景区

耿马傣族佤族自治县(以下简称:耿马自治县)位于临沧市西南部,与缅甸山水相连,边境线长47.35公里,是临沧乃至昆明通往缅甸仰光以及印度洋缅甸海岸的皎漂港最便捷的陆上通道。耿马自治县物产资源丰富,全县90%以上的土地分布在热带和亚热带,是国家粮食和蔗糖生产基地和云南民营橡胶主产区,2014年荣获云南省高原特色农业示范县称号。境内居住着24个民族,其中10个世居民族、9个跨境民族,少数民族人口占总人口的55.69%[1]。耿马辖9个乡(镇)、2个农场、1个华侨管理区、80个村民委员会和12个社区,其中孟定镇为国家一类开放口岸。耿马自治县现代化边境小康(幸福)村建设涉及孟定镇7个沿边行政村(社区)60个自然村77个村民小组[2]。

在项目建设方面,耿马自治县采取"县级挂

---

[1] 耿马自治县政府办公室. 耿马自然地理. [N/OL]. [2023-8-9]. http://www.yngm.gov.cn/info/1009/9836.htm
[2] 今日临沧. 临沧耿马:边境幸福村建设铺展兴边富民新图景[N/OL]. [2023-8-9]. https://mp.weixin.qq.com/s/3qRsRawUyGxJlD71RrpcNw

包领导+县级挂包部门+省级科技特派员+驻村工作队"的工作模式，对项目实施过程式管理，通过推行项目进度周报、月报等制度，有效完成基础设施的建设任务。在产业发展方面，耿马自治县依托边贸区位优势，以临沧边合区国资公司为载体，深入实施边民互市贸易政策，推动7个边境村（社区）实现边民互市贸易合作社全覆盖。2023年初至8月，带动边民增收共计265.21万元。同时，耿马自治县以完善口岸设施和口岸功能为突破口，推进边境贸易合作，带动区域经济发展。此外，耿马自治县立足农业发展优势，制定印发《耿马自治县现代化边境幸福村农业产业2022—2025年规划方案和产业发展规划》，采取"龙头企业+党支部+合作社+基地+农户"的模式，大力发展山地肉牛养殖、蚕桑种植养殖、山地瓜果蔬菜种植等特色产业，全力打造"一村一品"。在人居环境提升方面，耿马自治县开展村庄绿化美化亮化、垃圾污水治理和厕所改造活动，建立村庄保洁制度、垃圾收费制度等长效机制，将绿美乡村建设融入乡村建设中。

为不断巩固和衔接易地扶贫搬迁成果，共建安居与乐业并重的家园，建设现代化边境小康（幸福）村势在必行。2017年，耿马县贺派乡实施的易地扶贫搬迁城镇化集中安置点——泽安新村建成。这里汇聚了来自全乡5个行政村的建档立卡贫困人口82户305人，其中汉族112人，其余为拉祜族、佤族、傈僳族、彝族、傣族、布朗族和哈萨克族。近年来，泽安新村通过提升人居环境、引进企业发展产业、全面推进乡村旅游，不断提升村民的获得感、幸福感。搬迁后，村民能够方便地使用镇里的医院、学校。为留住乡愁、考虑村民生活习惯，安置点还为每家每户配置了一块园地，供村民种花、种菜、种水果。在产业发展方面，泽安新村不断巩固原有的甘蔗、茶叶、核桃等产业，大力扶持村民发展烤烟、中药材和养殖等产业。同时，还因地制宜引进企业带动村民发展。到2022年7月，村内共有4家公司种植石斛，基地达1200多亩，农户将地租给公司获得收入后，还能在"便民坊"和家中集中加工石斛获得收入。在开展民族团结进步示范创建方面，泽安新村以"民族节庆"为载体，大力开展民族联谊活动；通过宣传展板向村民宣传国家民族政策、法律法规、惠民政策等，让各族群众树立中华民族共同体意识。同时，村中建起活动场所、篮球场，通过广场舞等文艺活动丰富群众文化生活，让来自不同村组、不同民族之间的村民和睦相处，增强各民族的情感联系、文化认同[1]（图3.34~图3.36）。

镇康县以基础提升、产业兴旺、环境美化、意识教育、边疆稳固和党建引领六个方面的优先发展，扎实推动全县现代化边境小康村建设。

镇康县位于临沧市西部，南汀河下游和怒江下游南北水之间，西与缅甸果敢县接壤，边境线长近96.358公里，有1个国家二类口岸和6个边民互市点，是国家"一带一路"倡议、孟中印缅经济走廊建设和云南面向南亚东南亚辐射中心建设的前沿窗口。镇康县被住房和城乡建设部命名为国家园林县城，以及入选2018年度全国"平安农机"示范县。2019年4月30日，云南省人民政府决定镇康县退出贫困县序列。镇康县现代化边境小康（幸福）村建设涉及3个边境乡（镇）、14个沿边村（社区）。

---

[1]《致富天地》2022年第7期.泽安新村："移"出来的幸福小康村[N/OL].[2023-8-11]. http://ylxf.1237125.cn/NewsView.aspx？NewsID=393468

图3.34 耿马县贺派乡泽安新村

图3.35 泽安新村人居环境

图3.36 石斛种植基地

镇康县立足基础提升工程，通过对基础设施布局优化、进行基础设施投资等举措，促使基础设施综合保障能力不断提升，建设体系不断完善。聚焦产业发展，建设优质烟叶基地，提升澳洲坚果发展规划，实行"边民集市＋企业＋合作社"的互市经营模式。2022年，14个沿边行政村（社区）村集体经营性收入均达10万元以上，农村常住居民可支配收入超全县平均水平。开展环境美化工程，实现生活垃圾处理率达88%，生活污水有效治理率达80%，卫生厕所普及率达94%[1]。深化意识教育工程，在全县开展中华文化符号和中华民族视觉形象工程，提升人们

---

[1] 极边镇康公众号.【现代化边境小康村】镇康："六个先行"全力推进现代化边境小康村建设[N/OL]. [2023-8-11]. https://mp.weixin.qq.com/s/-tzy9s6Kkle_qO8_aHli9Q

的中华民族自豪感。重视边疆稳固，将人防、物防、技防高度融合，建立起打击跨境违法犯罪的防控体系，维护民族的团结和谐。围绕党建引领，实现标准化、规范化党支部全覆盖，在所有行政村建设标准化、规范化党支部，党群服务中心基本公共服务全覆盖。

南伞镇刺树丫口自然村是镇康县域内靠近中缅边境最近的抵边村寨，居住有彝族、回族、白族等少数民族。近年来，镇康县南伞镇深化兴边富民行动计划，依托刺树丫口特殊的地理区位、独特的自然环境和深厚的历史底蕴优势，大力发展边境特色旅游产业，促进守土固边、乡村旅游、民族团结、富民兴边相融合。刺树丫口自然村围绕"红旅新业态+强边固防"定位，着力建设"一景一廊两园、一院两馆四道"为重点的边境红色旅游村，建设戍边管、边境巡逻道、"阿数瑟"文化传承体验示范基地、高端半山酒店、农家乐、农家作坊、农家体验等景点和设施，推动边地旅游业发展，提高了当地群众的幸福感、获得感，激发了沿边居民的爱国情怀和戍边动力。2020年4月，刺树丫口自然村被评定为国家AAA级旅游景区（图3.37、图3.38）。

临沧市现代化边境小康村（幸福村）建设取得了阶段性的成效，边境地区群众获得感和幸福感不断提升。到2022年底，44个沿边行政村（社区）共开工建设项目744个，累计完成投资11.03亿元。基础设施方面，交通网、水网、信息网等基础设施建设提档升级，44个沿边行政村（社区）自然村通道路硬化率、农村自来水普及率、电网供电可靠率、5G网络覆盖率已全部达标。居民增收方面，甘蔗、坚果等主导产业不断培育，并逐步形成全产业链条。以边民互市为主的农民专业合作社不断培育，44个沿边行政村（社区）农民合作社、农村电子商务公共服

图3.37 刺树丫口村边境旅游景观点

图3.38 戍边馆

务体系全覆盖，村集体经济经营性年收入均超过10万元，最高达89.2万元。人居环境方面，44个沿边行政村（社区）共实施农村人居环境整治项目127个，累计完成投资1.47亿元。镇康县勐堆乡帮东村、耿马自治县孟定镇大湾塘村等一批农旅融合、边旅融合、文旅融合、康旅融合的边境村寨逐步建成。民生保障方面，44个沿边行政村（社区）所有适龄儿童有学上，远程教育全覆盖，五人制足球等文体娱乐活动不断丰富拓展。边境治理方面，以铸牢中华民族共同体意识为主线的爱国教育持续开展，群众爱国守边意识不断增强。44个沿边行政村（社区）信息化综治中心互联互通实现全覆盖，10个沿边乡（镇）、44个沿边行政村（社区）320个自然村纵向到底的应急广播实现全覆盖，"偷引带"跨境违法犯

罪人员同比下降26.89%。党建引领方面，44个沿边行政村（社区）307个村组活动场所如期建成，党员10人以上或群众200人以上的村民小组实现活动场所全覆盖，177个党支部规范化创建全部达标。

临沧市现代化边境小康村（幸福村）建设是边疆治理、民族发展、乡村振兴、共同富裕的有机整合，是推进边疆多民族地区乡村可持续发展的有效实践。

临沧市立足实际，把现代化边境小康村建设作为改善沿边群众生产生活条件的重要手段。通过探索基础设施建设补齐发展短板；因地制宜将优势资源转化为产业优势，推进居民增收、沿边开放；挖掘民族文化特色，打造农旅融合、边旅融合、文旅融合、康旅融合的边境村寨；提升公共服务均等化水平；持续推进基层组织建设和基层现代化治理；健全完善强边固防工作机制等建设路径，促进了边境地区快速发展，开创了边疆稳固的局面，响应了联合国可持续发展目标SDG8（体面工作和经济增长）、SDG10（减少不平等）、SDG11（可持续城市和社区）的要求。

在价值推广上，现代化边境小康村建设紧密结合民族团结进步创建和兴边富民行动，使国家发展与边境繁荣、边民富裕有机统一，形成了全体人民共同富裕的中国式现代化的基层探索。现代化边境小康村的实践体现了我国边疆治理的价值追求，也反映出中国农业农村现代化的发展趋势，为边疆民族地区及广大发展中国家贡献了中国经验。

总结与展望

城市和人类住区作为经济社会可持续的主要载体，在促进经济发展、社会进步、环境改善、文化繁荣等方面发挥着重要的作用。推进城市可持续和高质量发展，是增进民生福祉、提高人民生活品质的必然要求。面对国际国内形势和诸多风险挑战，加快建设包容、安全、有抵御灾害能力的城市和人类住区是满足人民美好生活向往的重要任务。

本报告通过对政府制订的城乡建设领域相关政策的导向分析；对参评城市2022年度在住房保障、公共交通、规划管理、遗产保护、防灾减灾、环境改善、公共空间等方面的建设成效进行综合评估；总体来看，基于近7年中国城市落实SDG11得分趋势模拟2030年SDG11得分情况，中国城市距离实现SDG11还存在明显差距，地区发展不均衡等原因导致中国城市在2030年整体实现SDG11还颇具挑战；对地方在落实SDG11过程中政策制定、技术应用、工程实践和能力建设等方面的案例梳理综合分析发现，遗产保护、环境改善、公共空间、规划管理四个专题呈现出相对明显的改善趋势，公共交通和防灾减灾两个专题变化相对不明显，住房保障专题呈现较为明显的倒退趋势。

我们认为，中国城市应从自身实际情况出发，立足资源环境承载能力，发挥地区比较优势，依托国家战略及地方政策，选择适宜的可持续发展路径及技术手段，逐步推动可持续发展目标的本地化落实工作。鉴于此，我们提出为实现城市的包容、安全与可持续发展，各城市应重点推进以下工作：

一、更好满足居民对于"好房子"的向往，让老百姓住上更安全、更宜居的房子。建立实施房地产长效机制，扩大保障性住房供给，推进长租房市场建设，切实促进房地产市场健康发展；继续发挥公积金服务和保障作用，同步构建便捷高效的数字化服务新模式；明确改造统计调查制度，加强配套设施建设，全面推进城镇老旧小区改造；研究开展长效"住宅体检"工作，支持全面消除各类住房安全隐患，保障居民生命财产安全和社会稳定；继续实施农村危房改造，持续提升农房质量，规范农房补助资金支持。

二、提升城乡居民生活品质，深入推进以人为核心的新型城镇化。全面开展城市体检工作，从生态宜居、健康舒适、安全韧性、交通便捷、风貌特色、整洁有序、多元包容、创新活力等方面着手，建立与实施城市更新行动相适应的城市规划建设管理体制机制和政策体系；加速推进儿童、老年人、残障人士友好的城市公共空间建设和改造，构建包容的城市公共设施和空间环境体系；改善步行交通系统环境，推进城市绿色出行，不断增强人民群众在城市交通出行中的获得感、幸福感和安全感。

三、推动城乡建设领域绿色低碳转型，提高城市应对气候变化能力。加强城市基础设施建设，做好安全运行管理，构建系统完备、高效实用、智能绿色、安全可靠的现代化基础设施体系；进一步细化落实交通领域的碳达峰碳中和工作，尽快实现基础设施环境友好、运输装备清洁低碳、运输组织集约高效；健全优化应急管理标准体系，深化改革应急管理体制，推进应急管理体系和能力现代化，着力提升重大安全风险防范和应急处置能力，防范化解重大风险。

主编简介

　　张晓彤，男，博士，研究员，国家住宅与居住环境工程技术研究中心可持续发展研究所所长，国家注册城乡规划师。长期担任国家可持续发展议程创新示范区工作专家组专家，中国可持续发展研究会理事、人居环境专业委员会秘书长、实验示范工作委员会副主任委员，国家乡村环境治理科技创新战略联盟理事，联合国工业发展组织（UNIDO）城市可持续发展规划项目国家顾问。主要从事城市可持续发展评估及人居环境优化提升研究与技术推广工作。先后主持国家重点研发计划项目"城镇可持续发展评估与决策支持关键技术"，国家重点研发计划课题"城镇可持续发展监测—评估—决策一体化平台研发与示范"，国家科技支撑计划课题"城市可持续发展能力评估体系及信息系统研发"，科技部改革发展专项"国家可持续发展实验区创新监测与评估指标体系"，云南省科技计划项目"联合国可持续发展目标临沧市自愿陈述报告编制研究"，以及地方委托课题"湖州市可持续发展路径与典型模式研究""枣庄市可持续发展路径与典型模式研究"等相关研究、咨询项目十余项；主编出版《中国落实2030年可持续发展议程目标11评估报告：中国城市人居蓝皮书》系列报告，《基于景观媒介的交互式乡村规划方法及其实证研究》《中国农村生活能源发展报告（2000—2009）》《乡村生态景观建设理论和方法》等专著；发表"构建国家可持续发展实验区评估工具的研究"等学术论文50余篇。

　　邵超峰，男，博士，南开大学环境科学与工程学院教授、南开大学环境规划与评价所常务副所长。国家可持续发展议程创新示范区工作专家组专家、农业农村部农产业品产地划分专家、生态环境部环境影响评价专家、全国专业标准化技术委员会委员、ISO/IEC工作组专家，中国可持续发展研究会理事，天津市可持续发展研究会秘书长，联合国开发计划署（UNDP）可持续发展伞形项目专家，联合国工业发展组织（UNIDO）城市可持续发展规划项目国家顾问。主要从事可持续发展目标（SDGs）中国本土化、环境政策设计、可持续发展理论及实践相关研究工作。先后主持国家重点研发计划专项课题"城镇可持续发展问题诊断与提升路径研究""漓江流域喀斯特景观资源可持续利用模式研发与可持续发展进展效果评估"、国家自然科学基金"SDGs本土化评估技术方法与应用"、天津市科技发展战略研究计划"科技支撑天津市环境综合治理战略规划研究"、天津市哲学社会科学规划基金重大委托项目"创新型城市绿色发展模式研究"、天津市科技支撑重点项目"天津市可持续发展实验区支撑体系建设"等国家级和省部级科研课题20余项，完成广西、天津、新疆、河南、河北、山西等省份地方咨询项目或委托课题40余项；主编出版《全球可持续发展目标本地化实践及进展评估》《中国可持续发展目标指标体系研究》《大柳树生态经济区农牧业路径及生态效益》等专著10余部；以第一作者或通讯作者发表科研论文100余篇。

周亮，男，经济参考报党委书记、总编辑、法人代表。新华社编务委员会成员、高级编辑。1985年自武汉大学毕业后进入新华社工作，历任新华社国内部经济编辑室主任、总编室主任、部副主任，新华社云南分社副社长、社长，新华社新媒体中心总编辑等职，兼任世界中文报业协会董事和中国行业报协会副会长。领衔采写采制了《习语"智读"丨精准，总书记教给我们的方法论》《奔腾的雅鲁藏布江》《草枯根不死——金融危机冲击下的温州困难中小企业调查》《大山深处"老县长"——记共产党员、独龙族的"带头人"高德荣》《鲁甸重生录》等大量反映时代变迁的新闻作品、典型人物报道和融媒体产品，并通过内参向中央提供了大量基层情况。多次获中国新闻奖、全国人大好新闻、全国政法优秀新闻等奖项。2010年荣获新华社第七届"十佳编辑"称号。其组织指挥的"劳动者之歌"专栏，获中国新闻奖"新闻名专栏"奖。

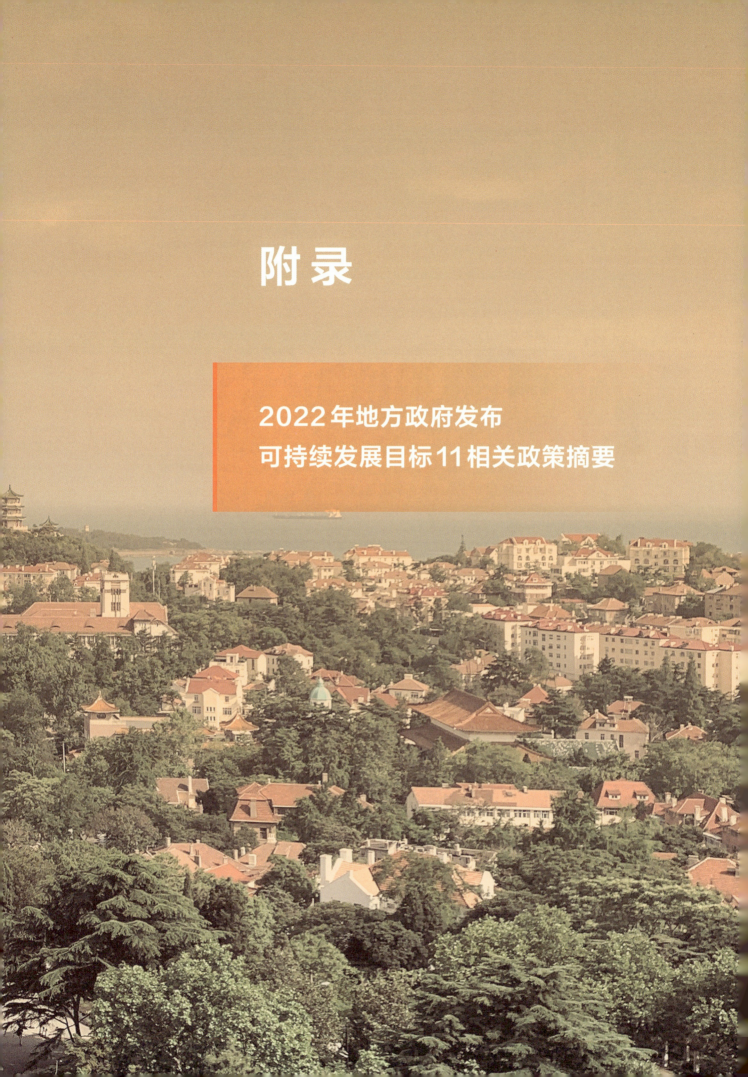

附录

2022年地方政府发布可持续发展目标11相关政策摘要

附录1　2022年地方政府发布住房保障方向政策摘要

发布时间	发布政策	发布机构
2022年1月	《关于住房公积金支持北京老旧小区综合整治的通知》	北京住房公积金管理中心、北京市住房和城乡建设委员会
2022年3月	《关于进一步加强房屋建筑和市政基础设施工程建设单位委托质量检测管理的通知》	北京市住房和城乡建设委员会
2022年5月	《关于保障性租赁住房免缴城市基础设施配套费的通知》	上海市房屋管理局
2022年5月	《关于加快发展保障性租赁住房的实施意见》	重庆市人民政府办公厅
2022年5月	《关于印发厦门市国有企事业单位利用自有用地建设保障性租赁住房试点实施方案的通知》	厦门市住房保障和房屋管理局、厦门市自然资源和规划局
2022年5月	《关于对中央财政支持住房租赁市场试点项目开展保障性租赁住房项目认定工作的通知》	济南市住房保障工作领导小组
2022年5月	《关于本市非居住用地建设保障性租赁住房水电气、有线电视执行居民价格的通知》	上海市发展和改革委员会
2022年5月	《关于印发〈产业园区产业类项目配套建设保障性租赁住房建设指引（试行）〉的通知》	上海市经济和信息化委员会、上海市规划和自然资源局、上海市房屋管理局
2022年6月	《关于印发〈上海市自建房安全专项整治工作方案〉的通知》	上海市人民政府办公厅
2022年7月	《关于印发〈南京市保障性租赁住房项目认定细则（试行）〉的通知》	南京市住房保障和房产局、南京市规划和自然资源局、南京市城乡建设委员会
2022年7月	《关于支持存量非居住房屋改建保障性租赁住房的通知》	青岛市住房制度改革和住房保障工作领导小组
2022年8月	《关于推动城乡建设绿色发展的实施意见》	辽宁省人民政府
2022年10月	《关于印发重庆市国有土地上房屋征收与补偿、保障性住房、农村危房改造等领域政务公开标准指引（2022年版）的通知》	重庆市住房和城乡建设委员会
2022年11月	《老旧小区改造工作改革方案》	北京市人民政府办公厅
2022年11月	《关于印发青海省城市燃气管道等老化更新改造实施方案（2022—2025）》	青海省人民政府办公厅

附录2 2022年地方政府发布公共交通发展政策摘要

发布时间	发布政策	发布机构
2022年1月	《关于印发云南省"十四五"综合交通运输发展规划的通知》	云南省人民政府办公厅
2022年1月	《关于印发天津市贯彻落实〈国家综合立体交通网规划纲要〉实施方案的通知》	天津市人民政府
2022年1月	《关于印发湖北省水运发展"十四五"规划的通知》	湖北省交通运输厅
2022年2月	《关于印发湖北省高速公路发展"十四五"规划的通知》	湖北省交通运输厅
2022年3月	《自治区人民政府办公厅关于促进农村客运高质量发展的实施意见》	宁夏回族自治区人民政府办公厅
2022年5月	《关于印发〈2022年北京市交通综合治理行动计划〉的通知》	北京市交通委员会
2022年5月	《陕西省交通运输"十四五"科技创新发展规划》	陕西省交通运输厅、陕西省科学技术厅
2022年6月	《关于印发2022年浙江省推行适老化交通出行服务工作方案的通知》	浙江省交通运输厅
2022年6月	《关于印发〈2022年度全省交通运输巩固拓展脱贫攻坚成果暨服务乡村振兴工作要点〉的通知》	湖南省交通运输厅
2022年8月	《关于进一步加强农村道路交通安全管理工作的意见》	河北省人民政府办公厅
2022年8月	《关于印发山西中部城市群交通基础设施互联互通专项规划的通知》	山西省人民政府办公厅
2022年9月	《关于发布〈广东省智慧高速公路建设指南（试行）〉的通知》	广东省交通运输厅
2022年10月	《关于进一步推动城市公共交通优先发展的指导意见》	山东省人民政府办公厅
2022年11月	《关于印发河南省旅游公路网规划（2022—2030年）的通知》	河南省人民政府
2022年11月	《关于加强普通公路建设筹融资工作的指导意见》	陕西省交通运输厅
2022年12月	《关于推进本市"四好农村路"高质量发展的实施意见（2023—2027年）》	上海市人民政府办公厅

附录3 2022年地方政府发布规划管理方向政策摘要

发布时间	发布政策	发布机构
2022年1月	《内蒙古自治区村庄和集镇规划建设管理实施办法》	内蒙古自治区人民政府
2022年2月	《关于印发宁夏回族自治区推动高质量发展标准体系建设方案（2021年—2025年）的通知》	宁夏回族自治区人民政府办公厅
2022年2月	《关于印发耕地保护激励暂行办法的通知》	陕西省人民政府办公厅
2022年4月	《河北省人民政府办公厅转发省发展改革委等部门关于加快推进城镇环境基础设施建设实施方案的通知》	河北省人民政府办公厅
2022年4月	《关于进一步加强财政金融支持农业农村发展若干政策措施的通知》	江苏省人民政府办公厅
2022年5月	《关于全面推进实景三维山东建设的通知》	山东省自然资源厅
2022年5月	《关于印发"十四五"数字云南规划的通知》	云南省人民政府
2022年5月	《关于印发基础设施"七网"建设行动计划的通知》	山东省人民政府
2022年6月	《关于印发广西乡村道路"三项工程"建设管理办法的通知》	广西壮族自治区"四好农村路"高质量发展工作协调小组办公室
2022年7月	《关于印发全面推进农村公路技术状况检测评定实施方案的通知》	广西壮族自治区交通运输厅、广西壮族自治区财政厅
2022年7月	《关于下达2022年第一批乡村振兴资金（农村户厕改造补助）使用计划的通知》	山西省农业农村厅
2022年8月	《关于印发河南省"十四五"城乡社区服务体系建设规划的通知》	河南省人民政府办公厅
2022年9月	《关于印发〈"十四五"河北省城市基础设施建设实施方案〉的通知》	河北省住房和城乡建设厅
2022年9月	《关于开展数字赋能乡村治理试点工作的通知》	山西省农业农村厅、中国移动通信集团山西有限公司
2022年10月	《关于同意局部修改津南区土地利用总体规划的批复》	天津市人民政府
2022年11月	《关于成立上海市推进儿童友好城市建设领导小组的通知》	上海市人民政府办公厅
2022年11月	《关于印发自治区推动城乡建设绿色发展实施方案的通知》	内蒙古自治区人民政府办公厅
2022年12月	《关于启用全国国土空间规划行业管理信息系统的公告》	辽宁省自然资源厅
2022年12月	《关于全面推开高标准农田建设新增耕地和新增产能有关工作的通知》	陕西省农业农村厅、陕西省自然资源厅

附录4 2022年地方政府发布遗产保护方向政策摘要

发布时间	发布政策	发布机构
2022年2月	《长征国家文化公园（甘肃段）建设保护规划》	甘肃省人民政府
2022年3月	《关于临沂历史文化名城保护规划的批复》	山东省人民政府
2022年4月	《杭州大运河国家文化公园规划》	杭州市人民政府
2022年5月	《北京中轴线文化遗产保护条例》	北京市人民代表大会常务委员会
2022年5月	《关于公布〈赵王陵文物保护总体规划（2021—2035年）〉的通知》	河北省人民政府办公厅
2022年6月	《关于公布第六批市级非物质文化遗产代表性传承人的通知》	重庆市文化和旅游发展委员会
2022年6月	《湖南省文物事业发展"十四五"规划》	湖南省文化和旅游厅
2022年7月	《全面加强京津冀长城协同保护利用的联合协定》	北京市文物局、天津市文物局、河北省文物局
2022年7月	《边界长城保护合作协议》	北京市密云区人民政府、河北省滦平县人民政府
2022年8月	《关于进一步加强新时代革命文物保护管理利用工作的通知》	河南省人民政府办公厅
2022年8月	《周原遗址保护总体规划（2021—2035年）》	陕西省人民政府
2022年11月	《北京市急需保护的非物质文化遗产项目认定和保护办法》	北京市文化和旅游局
2022年11月	福建省红色文化遗存保护条例	福建省人民代表大会常务委员会
2022年12月	《关于印发青海省历史文化名城名镇名村街区认定办法的通知》	青海省人民政府办公厅
2022年12月	《关于京津冀协同推进大运河文化保护传承利用的决定》	北京市人民代表大会常务委员会
2022年12月	《关于印发河南省文物保护和科技创新实施方案的通知》	河南省人民政府办公厅
2022年12月	《陕西省革命文物保护利用条例》	陕西省第十三届人民代表大会常务委员会

附录5 2022年地方政府发布防灾减灾方向政策摘要

发布时间	发布政策	发布机构
2022年2月	《关于印发〈江西省2022年防灾减灾救灾工作要点〉的通知》	江西省减灾委员会
2022年2月	《关于防范应对新一轮雨雪冰冻天气的紧急通知》	湖北省人民政府办公厅
2022年3月	《关于印发2022年本市自然灾害防治工作意见的通知》	上海市自然灾害防治委员会
2022年4月	《市防指关于印发〈天津市2022年防汛抗旱工作安排意见〉的通知》	天津市应急管理局
2022年4月	《关于印发〈全省森林火灾隐患排查整治和查处违规用火行为专项行动实施方案〉的通知》	江苏省森林防灭火指挥部办公室、江苏省林业局、江苏省公安厅、江苏省应急管理厅
2022年4月	《关于印发云南省"十四五"综合防灾减灾救灾规划的通知》	云南省人民政府办公厅
2022年5月	《关于印发河北省防汛抗旱防台风应急预案的通知》	河北省人民政府办公厅
2022年5月	《关于开展2022年全省"安全生产月"和"白山松水安全行"活动的通知》	吉林省安委会办公室、吉林省应急管理厅
2022年7月	《关于加强全省基层应急预案体系建设的通知》	江苏省应急管理厅
2022年7月	《关于征集第三届全国应急管理普法作品的通知》	吉林省应急管理厅
2022年8月	《关于印发上海市突发地质灾害应急预案的通知》	上海市应急管理局
2022年8月	《关于建立城市排涝协调联动机制的通知》	河北省住房和城乡建设厅
2022年8月	《关于加快推进全省气象高质量发展的通知》	山东省人民政府
2022年8月	《关于印发福建省省级应急救援队伍管理办法（试行）的通知》	福建省应急管理厅
2022年12月	《关于印发〈2022年"12·4"国家宪法日和"宪法宣传周"活动方案〉的通知》	中共山西省委宣传部、山西省司法厅
2022年12月	《北京市地震预警管理办法》	北京市人民政府
2022年12月	《关于印发河南省森林火灾应急预案的通知》	河南省人民政府办公厅

附录6 2022年地方政府发布环境改善方向政策摘要

发布时间	发布政策	发布机构
2022年1月	《关于印发广西城镇生活污水和垃圾处理设施建设工作实施方案（2022—2025年）的通知》	广西壮族自治区人民政府办公厅
2022年1月	《关于印发〈海南省（海南本岛）重点海域入海污染物总量控制技术参考指南〉的通知》	海南省生态环境厅
2022年3月	《关于印发河北省"十四五"时期"无废城市"建设工作方案的通知》	河北省人民政府办公厅
2022年3月	《关于加强河湖水域岸线生态空间管控的意见》	青海省人民政府办公厅
2022年4月	《贵州省"十四五"重点流域水生态环境保护规划》	贵州省生态环境厅
2022年4月	《福建省生态环境保护条例》	福建省人民代表大会常务委员会
2022年4月	《关于印发〈山西省深入打好农业农村污染治理攻坚战实施方案（2021—2025年）〉的通知》	山西省生态环境厅、山西省农业农村厅、山西省住房和城乡建设厅、山西省水利厅、山西省乡村振兴局
2022年4月	《福建省农村人居环境整治提升行动实施方案》	中共福建省委办公厅、福建省人民政府办公厅
2022年6月	《关于加快推进实施土壤污染源头管控项目的通知》	四川省生态环境厅办公室
2022年8月	《关于鼓励和支持社会资本参与生态保护修复的实施意见》	江西省人民政府办公厅
2022年11月	《关于印发〈贵州省地方生态环境标准管理办法〉的通知》	贵州省生态环境厅
2022年11月	《关于印发江苏省深入打好净土保卫战实施方案的通知》	江苏省人民政府办公厅
2022年12月	《关于发布湖北省建设用地土壤污染风险管控和修复名录（2022年第七批）的通知》	湖北省生态环境厅办公室
2022年12月	《关于印发辽宁省加强入河入海排污口监督管理工作方案的通知》	辽宁省人民政府办公厅
2022年12月	《四川省人民政府关于命名第二批省级生态县的决定》	四川省人民政府
2022年12月	《关于进一步加强生态环境科技创新工作的意见》	山东省生态环境厅
2022年12月	《关于印发云南省新污染物治理工作方案的通知》	云南省人民政府办公厅

附录7　2022年地方政府发布公共空间方向政策摘要

发布时间	发布政策	发布机构
2022年1月	《关于印发全民健身计划（2021—2025年）的通知》	辽宁省人民政府
2022年1月	《关于印发湖南省贯彻落实〈中华人民共和国长江保护法〉实施方案的通知》	湖南省人民政府办公厅
2022年1月	《贵州省"十四五"残疾人保障和发展规划》	贵州省残疾人联合会办公室
2022年2月	《关于下达2022年营造林任务的通知》	河北省人民政府办公厅
2022年2月	《关于科学绿化的实施意见》	湖南省人民政府办公厅
2022年3月	《关于科学绿化的实施意见》	四川省人民政府办公厅
2022年5月	《关于同意设立江西万安云洲临川白鹭两处省级湿地公园的批复》	江西省人民政府
2022年5月	《关于印发2022年全省森林、草原、湿地调查监测工作方案的通知》	安徽省自然资源厅、安徽省林业局
2022年6月	《关于全面推行森林警长制的实施意见》	宁夏公安厅
2022年7月	《广州市绿化条例》	广东省第十三届人民代表大会常务委员会
2022年10月	《关于印发〈河北省无障碍设施建设指南〉的通知》	河北省住房和城乡建设厅
2022年10月	《关于鼓励和支持社会资本参与生态保护修复的实施意见》	青海省人民政府办公厅
2022年11月	《关于印发〈长三角生态绿色一体化发展示范区跨省毗邻区域城管执法协作指导意见（试行）〉〈长三角生态绿色一体化发展示范区跨省毗邻区域城管执法协作若干规定（试行）〉的通知》	江苏省住房和城乡建设厅、浙江省住房和城乡建设厅、上海市城市管理行政执法局
2022年11月	《江苏省口袋公园建设指南（试行2022）》	江苏省住房和城乡建设厅
2022年11月	《关于京津冀协同推进大运河文化保护传承利用的决定》	北京市人民代表大会常务委员会
2022年11月	《关于印发江苏省残疾人家庭无障碍改造服务管理暂行办法的通知》	江苏省残疾人联合会
2022年12月	《关于印发青海省生态环境保护综合行政执法事项指导目录（2022年版）的通知》	青海省人民政府办公厅
2022年12月	《关于印发〈贵州省基层残疾人托养服务基本规范（试行）〉的通知》	贵州省残疾人联合会

附录8　2022年地方政府发布城乡融合方向政策摘要

发布时间	发布政策	发布机构
2022年1月	《关于新时代进一步推动福建革命老区振兴发展的实施方案》	福建省人民政府
2022年2月	《关于印发兰州—西宁城市群发展"十四五"实施方案的通知》	青海省人民政府办公厅、甘肃省人民政府办公厅
2022年4月	《长春四平一体化协同发展规划》	吉林省人民政府
2022年5月	《关于印发长江中游城市群发展"十四五"实施方案湖北省主要目标和任务分工方案的通知》	湖北省人民政府办公厅
2022年6月	《黄河青海流域生态保护和高质量发展规划》	青海省委办公厅、青海省人民政府办公厅
2022年9月	《关于印发支持黄河流域生态保护和高质量发展若干财政政策的通知》	山东省人民政府办公厅
2022年9月	《印发关于支持九江高标准建设长江经济带重要节点城市若干政策措施的通知》	江西省人民政府办公厅
2022年10月	《关于印发山西中部城市群高质量发展规划（2022—2035年）的通知》	山西省人民政府办公厅
2022年11月	《关于印发自治区推动城乡建设绿色发展实施方案的通知》	内蒙古自治区人民政府办公厅
2022年11月	《关于印发支持革命老区相对薄弱乡镇振兴发展促进共同富裕若干措施的通知》	江苏省政府办公厅

附录9 2022年地方政府发布低碳韧性方向政策摘要

发布时间	发布政策	发布机构
2022年2月	《关于做好2021年度碳排放报告工作的通知》	广西壮族自治区生态环境厅
2022年3月	《关于印发杭州市深入开展公共机构"十四五"绿色低碳引领行动促进碳达峰实施方案的通知》	杭州市机关事务管理局、杭州市发展和改革委员会、杭州市生态环境局、杭州市城乡建设委员会、杭州市财政局、杭州市市场监督管理局、杭州市城市管理局
2022年5月	《关于推动城乡建设绿色发展若干措施的通知》	山东省人民政府办公厅
2022年6月	《关于征集遴选智能建造试点城市的通知》	河北省住房和城乡建设厅
2022年8月	《关于印发〈重庆市城市更新海绵城市建设技术导则〉的通知》	重庆市住房和城乡建设委员会
2022年8月	《关于公布四川省近零碳排放园区试点名单的通知》	四川省生态环境厅、四川省经济和信息化厅
2022年9月	《关于发布〈装配式建筑施工安全技术规范〉的公告》	河北省住房和城乡建设厅
2022年9月	《关于印发广西"十四五"节能减排综合实施方案的通知》	广西壮族自治区人民政府
2022年9月	《关于印发辽宁省碳达峰实施方案的通知》	辽宁省人民政府
2022年9月	《关于做好2022年绿色低碳系列典型征集活动的通知》	广西壮族自治区生态环境厅办公室
2022年9月	《关于支持徐州市建设国家可持续发展议程创新示范区若干政策的通知》	江苏省政府办公厅
2022年11月	《关于印发〈重庆市绿色低碳建筑示范项目和资金管理办法〉的通知》	重庆市住房和城乡建设委员会、重庆市财政局
2022年11月	《北京市节水条例》	北京市人民代表大会常务委员会
2022年12月	《关于命名南和区等6县(市、区)为2022年度第一批"河北省节水型城市"的通报》	河北省住房和城乡建设厅
2022年12月	《关于印发〈湖北省减污降碳协同增效实施方案〉的通知》	湖北省生态环境厅、省发展改革委、省经济和信息化厅、省住房和城乡建设厅、省交通运输厅、省农业农村厅、省能源局

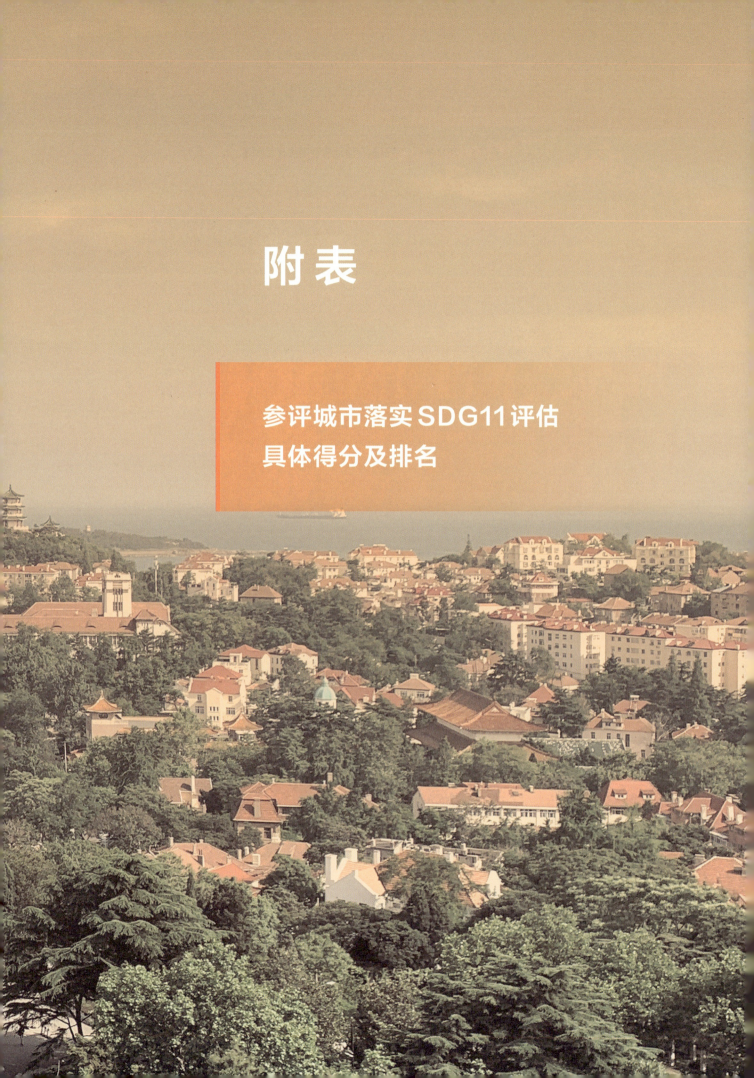

附 表

参评城市落实SDG11评估具体得分及排名

附表1　2022年副省级及省会城市各专题得分及排名

城市	住房保障		公共交通		规划管理		遗产保护		防灾减灾		环境改善		公共空间	
	得分	排名	得分	排名	得分	排名	得分	排名	得分	排名	得分	排名	得分	排名
长春	43.46	16	44.09	32	75.33	8	61.43	6	70.07	21	83.87	8	68.58	7
成都	37.59	19	82.01	2	70.17	17	21.27	28	86.02	2	74.49	24	61.65	14
长沙	27.13	24	67.71	18	75.22	9	49.93	14	79.03	13	93.06	1	65.81	9
大连	11.29	30	81.67	4	69.23	20	21.82	27	55.40	31	79.25	18	85.09	1
福州	56.60	5	65.78	21	66.26	28	12.55	31	79.90	10	87.91	5	71.71	5
贵阳	24.04	26	79.64	5	66.81	27	44.81	18	82.24	7	92.81	2	59.42	17
广州	47.25	11	71.23	13	67.63	24	40.58	19	74.34	19	76.50	22	37.17	32
哈尔滨	28.61	23	71.01	14	76.63	7	53.40	8	79.22	11	83.48	10	52.28	25
合肥	32.86	22	81.77	3	79.48	2	30.04	26	64.19	24	71.45	27	59.11	18
呼和浩特	46.49	12	55.67	27	75.20	10	34.96	22	80.54	9	83.53	9	64.64	11
海口	17.27	29	75.38	9	72.20	12	15.45	30	84.89	4	80.31	15	59.69	16
杭州	42.90	18	68.37	17	74.66	11	66.12	4	57.66	27	74.18	25	75.09	2
济南	60.05	2	46.73	31	52.93	32	89.68	1	67.05	23	76.67	21	48.88	30
昆明	53.29	8	56.13	24	68.81	23	46.04	16	57.52	28	75.47	23	57.29	20
拉萨	44.25	15	70.20	15	67.62	25	51.26	12	83.78	5	81.16	13	62.65	13
兰州	24.88	25	75.12	11	68.88	22	51.38	11	82.36	6	79.71	16	72.20	3
宁波	8.50	31	66.28	20	77.76	5	52.14	10	98.01	1	82.95	11	70.98	6
南昌	47.86	10	67.11	19	63.80	30	48.54	15	75.44	18	86.85	6	45.09	31
南京	23.43	27	56.13	25	72.09	13	53.14	9	79.15	12	85.74	7	66.47	8
南宁	18.74	28	69.14	16	78.25	4	63.52	5	77.30	16	69.83	28	71.92	4
青岛	5.38	32	93.53	1	82.16	1	36.15	21	78.08	15	80.56	14	61.15	15
石家庄	64.85	1	75.26	10	65.08	29	11.30	32	63.62	25	67.39	31	49.46	29
沈阳	46.28	13	52.85	28	67.01	26	30.11	25	58.24	26	69.31	29	55.00	23
深圳	33.28	21	48.64	30	79.26	3	34.23	23	56.33	29	66.13	32	51.94	26
太原	58.17	3	63.19	22	71.65	14	45.11	17	84.96	3	78.17	19	62.81	12
武汉	54.82	7	74.98	12	69.77	19	66.97	3	67.08	22	88.78	3	56.40	22
乌鲁木齐	34.42	20	76.85	8	71.32	15	50.48	13	78.99	14	79.58	17	51.36	27
西安	52.25	9	50.45	29	60.23	31	69.97	2	7.65	32	81.47	12	64.70	10
厦门	45.34	14	60.08	23	68.89	21	59.13	7	55.99	30	71.77	26	58.78	19
西宁	56.86	4	55.73	26	70.13	18	37.58	20	73.19	20	77.08	20	50.77	28
银川	55.79	6	79.05	6	70.71	16	31.60	24	80.89	8	88.19	4	56.95	21
郑州	43.13	17	77.30	7	76.81	6	19.33	29	75.51	17	68.59	30	53.94	24

附表2　副省级及省会城市2016—2022年落实SDG11总体得分及排名

城市	2016 得分	2016 排名	2017 得分	2017 排名	2018 得分	2018 排名	2019 得分	2019 排名	2020 得分	2020 排名	2021 得分	2021 排名	2022 得分	2022 排名
长春	56.84	17	51.94	30	53.10	29	57.25	25	59.00	19	59.10	18	63.83	11
成都	57.07	16	57.80	13	56.64	18	56.73	25	59.14	18	63.16	8	61.88	20
长沙	60.53	7	59.86	9	59.72	12	59.75	11	62.17	4	64.50	4	65.41	6
大连	66.56	1	63.07	1	62.68	3	62.63	11	61.02	8	66.57	1	57.68	28
福州	59.28	11	61.65	5	60.51	8	60.91	22	63.86	3	64.93	3	62.96	16
贵阳	57.76	14	59.14	10	59.93	10	59.03	9	59.20	17	62.15	10	64.25	9
广州	54.67	19	55.93	20	55.19	21	55.20	3	56.03	28	60.52	15	59.24	24
哈尔滨	49.15	32	52.34	29	54.32	25	56.11	27	55.48	30	55.59	27	63.52	12
合肥	54.08	21	54.10	24	54.13	26	54.42	13	57.56	26	58.62	21	59.84	23
呼和浩特	58.64	13	60.04	8	61.18	6	59.40	26	58.28	23	63.10	9	63.00	15
海口	59.25	12	58.67	11	58.18	13	61.63	8	58.95	20	65.10	2	57.88	27
杭州	61.64	2	62.02	3	59.86	11	59.34	32	61.72	5	63.68	6	65.57	5
济南	50.21	29	53.44	26	52.07	30	47.34	19	52.16	32	58.72	20	63.14	14
昆明	60.45	8	61.27	7	61.36	5	58.82	12	59.82	12	63.29	11	59.22	26
拉萨	50.95	28	52.87	28	55.13	22	54.44	21	58.20	24	64.84	5	65.85	4
兰州	51.33	27	55.96	19	57.49	15	56.88	15	58.44	22	56.25	28	64.93	8
宁波	61.09	3	62.75	2	62.35	4	59.57	17	60.27	10	63.32	14	65.23	7
南昌	60.62	4	61.79	4	63.19	2	59.03	7	61.51	6	62.84	13	62.10	19
南京	54.54	20	55.49	21	56.53	19	56.13	24	59.84	11	59.13	23	62.31	18
南宁	59.68	9	57.61	14	59.96	9	57.58	1	59.63	13	60.84	17	64.10	10
青岛	53.55	23	57.07	17	55.88	20	55.25	28	55.66	29	58.83	22	62.43	17
石家庄	50.19	30	49.82	32	51.34	32	51.60	23	58.56	21	52.31	32	56.71	29
沈阳	54.94	18	51.84	31	53.80	27	52.64	16	53.33	31	54.22	30	54.11	31
深圳	60.57	5	58.39	12	57.40	16	57.49	29	56.29	27	58.67	25	52.83	32
太原	52.90	26	53.85	25	54.86	24	52.37	14	59.46	15	52.75	29	66.30	2
武汉	52.94	25	54.47	22	53.23	28	55.94	10	58.14	25	63.53	7	68.40	1
乌鲁木齐	53.37	24	54.47	23	54.88	23	57.50	5	59.50	14	56.26	26	63.29	13
西安	59.51	10	57.48	15	60.71	7	58.24	18	61.08	7	61.82	12	55.24	30
厦门	60.54	6	61.62	6	63.86	1	65.31	31	65.34	1	62.03	16	60.00	22
西宁	57.19	15	57.38	16	57.72	14	60.31	6	65.00	2	59.06	19	60.19	21
银川	53.84	22	56.94	18	56.81	17	59.25	30	61.02	9	52.25	31	66.17	3
郑州	49.87	31	53.22	27	51.98	31	51.93	22	59.35	16	57.16	24	59.23	25

附表3 副省级及省会城市2016—2022年住房保障专题得分及排名

城市	2016 得分	2016 排名	2017 得分	2017 排名	2018 得分	2018 排名	2019 得分	2019 排名	2020 得分	2020 排名	2021 得分	2021 排名	2022 得分	2022 排名
长春	53.38	15	54.65	15	54.07	11	49.43	10	48.99	7	48.71	9	43.46	16
成都	54.41	14	58.55	10	46.24	18	41.49	16	45.61	12	43.68	13	37.59	19
长沙	69.09	1	70.30	1	64.99	1	59.76	3	61.59	2	60.89	1	27.13	24
大连	48.85	20	50.02	21	49.62	16	39.28	19	40.69	17	34.42	22	11.29	30
福州	32.66	27	33.70	26	14.90	29	15.65	28	29.00	27	30.10	26	56.60	5
贵阳	62.69	2	64.44	3	59.85	4	54.91	7	54.13	6	55.44	3	24.04	26
广州	27.21	28	32.55	27	16.72	28	15.70	27	16.19	30	13.08	30	47.25	11
哈尔滨	61.35	4	67.39	2	64.95	2	63.20	1	58.10	3	40.71	16	28.61	23
合肥	37.75	25	31.16	28	25.92	25	35.43	20	34.55	24	31.48	24	32.86	22
呼和浩特	59.43	5	59.03	9	57.78	6	52.87	9	45.62	11	41.11	15	46.49	12
海口	41.37	21	42.18	22	38.55	22	39.98	18	29.98	26	33.11	23	17.27	29
杭州	40.62	23	38.15	25	26.33	24	25.38	25	34.08	25	25.15	27	42.90	18
济南	53.21	16	58.53	11	40.97	20	40.16	17	38.03	21	47.04	11	60.05	2
昆明	61.78	3	64.38	4	59.64	5	57.89	5	62.92	1	49.56	7	53.29	8
拉萨	55.48	12	52.28	18	52.84	12	45.85	11	48.49	8	47.78	10	44.25	15
兰州	57.33	7	59.04	8	56.46	8	53.34	8	36.18	23	49.23	8	24.88	25
宁波	52.62	18	53.96	16	46.89	17	44.53	13	36.79	22	36.8	20	8.50	31
南昌	49.59	19	52.19	19	46.01	19	31.65	24	42.80	16	45.39	12	47.86	10
南京	26.42	29	23.38	30	21.48	27	20.56	26	22.35	28	21.11	28	23.43	27
南宁	56.41	8	59.33	7	52.12	15	43.20	15	44.54	13	54.17	4	18.74	28
青岛	35.43	26	40.03	24	25.17	26	14.66	29	17.78	29	19.09	29	5.38	32
石家庄	16.12	30	30.08	29	13.33	30	13.47	30	39.97	20	30.50	25	64.85	1
沈阳	55.76	10	57.38	13	55.59	10	45.58	12	45.98	10	42.99	14	46.28	13
深圳	1.86	32	4.46	32	0.00	32	3.72	32	1.83	32	0.00	32	33.28	21
太原	52.83	17	52.98	17	52.41	14	43.26	14	44.37	14	39.69	17	58.17	3
武汉	38.55	24	40.18	23	31.48	23	34.39	22	40.57	19	37.49	19	54.82	7
乌鲁木齐	55.44	13	58.12	12	56.96	7	56.74	6	57.94	4	56.22	2	34.42	20
西安	55.95	9	56.99	14	52.8	13	33.38	23	40.59	18	36.51	21	52.25	9
厦门	5.45	31	5.45	31	5.45	31	5.45	31	3.95	31	5.49	31	45.34	14
西宁	55.66	11	60.00	6	56.28	9	58.35	4	48.47	9	53.13	5	56.86	4
银川	57.62	6	61.26	5	60.11	3	61.38	2	57.65	5	50.72	6	55.79	6
郑州	41.29	22	50.32	20	39.37	21	34.49	21	43.24	15	37.94	18	43.13	17

附表4　副省级及省会城市2016—2022年公共交通专题得分及排名

城市	2016 得分	排名	2017 得分	排名	2018 得分	排名	2019 得分	排名	2020 得分	排名	2021 得分	排名	2022 得分	排名
长春	57.23	24	47.54	31	40.85	32	68.89	9	54.40	29	55.78	31	44.09	32
成都	67.12	9	66.76	11	68.57	8	69.77	5	70.18	9	83.18	2	82.01	2
长沙	63.88	14	65.12	16	64.83	16	65.01	13	75.74	6	77.00	6	67.71	18
大连	66.07	11	66.35	12	66.40	10	66.62	12	66.82	15	73.72	12	81.67	4
福州	57.15	25	57.39	23	58.23	25	57.70	25	58.16	28	65.65	24	65.78	21
贵阳	68.90	6	68.94	6	70.12	5	68.52	10	68.82	13	68.15	20	79.64	5
广州	72.93	4	73.47	4	74.60	4	81.59	3	80.69	3	74.90	9	71.23	13
哈尔滨	52.96	30	54.50	29	54.67	27	54.14	31	43.97	32	59.92	26	71.01	14
合肥	60.75	19	61.08	20	61.86	19	61.98	21	62.72	23	77.67	5	81.77	3
呼和浩特	54.79	29	55.78	27	58.63	24	57.14	26	59.06	27	69.32	15	55.67	27
海口	63.32	16	63.29	17	64.94	15	64.36	15	62.49	24	78.20	4	75.38	9
杭州	58.37	23	58.50	22	59.59	22	60.03	23	60.65	26	68.41	19	68.37	17
济南	59.44	20	59.85	21	61.60	20	61.69	22	64.05	21	74.21	11	46.73	31
昆明	68.15	8	68.47	7	68.29	9	55.41	28	51.32	30	69.81	14	56.13	24
拉萨	56.85	26	57.07	24	45.99	30	55.32	29	45.13	31	48.67	32	70.20	15
兰州	64.84	13	65.20	14	65.68	14	63.33	18	61.77	25	55.97	29	75.12	11
宁波	66.53	10	67.23	10	63.91	17	62.15	20	63.31	22	64.08	25	66.28	20
南昌	66.03	12	66.07	13	68.86	7	69.22	7	69.27	11	68.54	18	67.11	19
南京	74.82	3	75.81	3	75.72	3	79.96	4	81.35	2	74.94	8	56.13	25
南宁	63.54	15	65.16	15	65.76	13	64.90	14	66.41	16	55.82	30	69.14	16
青岛	69.66	5	70.04	5	66.20	11	67.74	11	68.41	14	68.60	17	93.53	1
石家庄	51.97	31	52.50	30	53.32	28	53.49	32	65.71	17	68.98	16	75.26	10
沈阳	68.44	7	67.83	9	68.94	6	69.47	6	69.49	10	59.31	27	52.85	28
深圳	97.23	1	97.23	1	94.90	1	94.90	1	95.24	1	93.75	1	48.64	30
太原	59.36	21	62.11	19	63.72	18	63.48	17	73.16	8	65.74	23	63.19	22
武汉	61.36	18	68.03	8	66.12	12	69.03	8	65.31	19	67.87	21	74.98	12
乌鲁木齐	62.04	17	62.19	18	61.47	21	63.96	16	64.40	20	74.56	10	76.85	8
西安	58.44	22	55.83	26	58.87	23	63.03	19	68.90	12	73.27	13	50.45	29
厦门	79.02	2	79.12	2	82.13	2	87.69	2	79.63	4	80.81	3	60.08	23
西宁	55.07	28	54.72	28	53.05	29	55.08	30	73.36	7	66.8	22	55.73	26
银川	40.46	32	42.47	32	45.74	31	58.73	24	65.34	18	57.31	28	79.05	6
郑州	56.07	27	56.19	25	56.34	26	56.55	27	78.74	5	75.64	7	77.30	7

附表5　副省级及省会城市2016—2022年规划管理专题得分及排名

城市	2016 得分	2016 排名	2017 得分	2017 排名	2018 得分	2018 排名	2019 得分	2019 排名	2020 得分	2020 排名	2021 得分	2021 排名	2022 得分	2022 排名
长春	66.72	17	54.23	27	58.98	24	70.97	9	72.77	6	81.19	1	75.33	8
成都	63.04	21	63.80	17	65.10	18	68.68	12	63.80	26	67.51	15	70.17	17
长沙	60.97	25	49.28	30	58.45	25	65.25	18	65.59	23	75.43	5	75.22	9
大连	72.23	4	71.79	3	70.99	5	75.14	1	74.20	3	75.38	6	69.23	20
贵阳	66.08	18	60.34	22	64.89	19	58.02	27	65.92	22	66.40	20	66.81	27
福州	67.84	12	63.61	18	67.24	9	68.04	14	71.35	11	72.81	8	66.26	28
广州	62.90	22	63.36	19	67.22	10	62.41	23	66.43	19	68.19	14	67.63	24
哈尔滨	62.18	23	65.55	13	65.39	16	67.17	15	69.18	14	64.18	24	76.63	7
合肥	65.10	20	65.79	12	65.71	14	55.85	29	70.85	12	68.91	13	79.48	2
呼和浩特	66.95	14	65.52	14	62.86	21	72.93	5	67.10	16	71.38	10	75.20	10
海口	58.67	26	55.28	26	54.10	29	68.04	13	64.24	24	65.71	21	72.20	12
杭州	75.63	2	76.77	2	75.29	2	69.06	11	76.52	1	75.00	7	74.66	11
济南	78.17	1	77.91	1	77.48	1	71.25	7	71.54	9	77.69	4	52.93	32
昆明	68.69	11	65.22	15	67.00	11	62.04	24	70.76	13	65.59	22	68.81	23
拉萨	23.83	32	29.27	32	39.45	32	49.99	32	46.67	32	39.11	32	67.62	25
兰州	51.51	30	58.51	24	58.08	26	52.06	31	66.57	18	61.90	25	68.88	22
宁波	58.42	27	63.98	16	65.22	17	60.62	25	58.26	31	55.72	31	77.76	5
南昌	67.65	13	66.82	11	66.57	13	56.83	28	66.00	21	61.38	26	63.80	30
南京	55.80	29	59.92	23	59.85	23	65.05	20	67.66	15	59.11	28	72.09	13
南宁	51.32	31	48.85	31	54.69	28	59.62	26	59.75	30	56.87	30	78.25	4
青岛	70.63	6	70.40	5	74.91	3	74.71	3	72.75	7	66.88	17	82.16	1
石家庄	69.40	9	68.63	7	70.65	6	75.06	2	71.45	10	67.47	16	65.08	29
沈阳	66.82	16	67.41	8	69.45	7	67.08	16	73.12	5	59.55	27	67.01	26
深圳	70.28	7	67.02	9	68.40	8	71.02	8	73.61	4	66.76	19	79.26	3
太原	66.90	15	67.02	10	65.42	15	64.35	22	66.89	17	72.50	9	71.65	14
武汉	69.23	10	62.92	20	63.01	20	73.00	4	63.45	27	77.89	3	69.77	19
乌鲁木齐	71.60	5	57.73	25	57.78	27	66.47	17	63.98	25	71.07	11	71.32	15
西安	65.84	19	62.26	21	62.63	22	65.10	19	66.03	20	69.10	12	60.23	31
厦门	73.93	3	71.63	4	71.80	4	72.45	6	76.24	2	65.46	23	68.89	21
西宁	61.71	24	52.15	28	47.71	31	64.70	21	61.99	29	66.77	18	70.13	18
银川	57.79	28	51.82	29	51.11	30	55.58	30	62.59	28	57.91	29	70.71	16
郑州	70.08	8	70.25	6	66.83	12	69.14	10	72.68	8	78.62	2	76.81	6

附表6 副省级及省会城市2016—2022年遗产保护专题得分及排名

城市	2016 得分	2016 排名	2017 得分	2017 排名	2018 得分	2018 排名	2019 得分	2019 排名	2020 得分	2020 排名	2021 得分	2021 排名	2022 得分	2022 排名
长春	46.66	12	24.81	26	41.91	15	29.79	20	36.63	17	36.83	17	61.43	6
成都	25.14	24	20.12	29	19.95	29	19.56	28	19.23	29	18.80	28	21.27	28
长沙	35.49	20	38.98	14	39.07	18	26.30	22	26.76	22	30.72	22	49.93	14
大连	63.21	5	60.79	4	60.78	4	60.73	4	60.72	4	60.86	5	21.82	27
福州	40.21	16	50.14	11	49.93	11	49.72	8	49.57	9	45.40	11	12.55	31
贵阳	21.44	27	13.76	32	13.87	32	14.95	32	16.40	32	13.16	31	44.81	18
广州	18.68	28	15.20	31	15.11	31	15.81	31	17.05	30	18.80	28	40.58	19
哈尔滨	17.56	29	25.52	25	41.21	16	41.35	13	41.47	15	40.93	15	53.40	8
合肥	15.28	30	17.62	30	17.38	30	17.09	29	16.85	31	13.16	31	30.04	26
呼和浩特	64.51	2	58.28	5	58.14	5	58.09	5	58.03	5	65.60	4	34.96	22
海口	50.54	11	44.27	12	44.11	13	43.93	12	43.78	13	44.37	13	15.45	30
杭州	51.27	9	51.01	10	50.39	10	49.69	9	48.65	10	47.23	10	66.12	4
济南	14.60	31	26.37	24	26.20	26	25.94	23	23.70	23	29.06	24	89.68	1
昆明	33.96	21	34.07	17	33.91	21	33.71	18	33.45	19	29.73	23	46.04	16
拉萨	78.06	1	91.30	1	90.73	1	72.42	1	94.76	1	91.44	1	51.26	12
兰州	50.72	10	54.26	8	49.12	12	49.10	10	48.61	11	48.74	9	51.38	11
宁波	56.39	7	54.71	7	54.58	7	49.09	11	54.05	8	50.78	7	52.14	10
南昌	38.71	17	43.85	13	43.65	14	35.91	16	43.45	14	40.37	16	48.54	15
南京	22.55	26	22.45	28	22.26	28	21.71	26	22.04	27	18.91	27	53.14	9
南宁	45.99	13	28.95	21	40.72	17	39.45	14	45.48	12	43.51	14	63.52	5
青岛	23.10	25	35.24	16	35.17	20	35.19	17	35.11	18	33.45	19	36.15	21
石家庄	51.83	8	33.91	18	51.13	9	39.39	15	37.47	16	33.56	18	11.30	32
沈阳	31.61	22	32.54	19	32.53	22	33.15	19	32.46	21	32.28	20	30.11	25
深圳	42.00	15	23.83	27	23.48	27	24.96	24	23.34	25	21.36	25	34.23	23
太原	36.99	18	36.70	15	36.72	19	26.64	21	33.18	20	31.13	21	45.11	17
武汉	36.52	19	26.81	23	26.84	25	23.82	25	23.68	24	44.63	12	66.97	3
乌鲁木齐	14.50	32	26.92	22	26.92	24	17.09	30	22.04	28	17.84	30	50.48	13
西安	58.78	6	56.27	6	56.34	6	52.21	7	54.12	7	50.15	8	69.97	2
厦门	45.87	14	52.62	9	52.89	8	55.25	6	54.65	6	52.62	6	59.13	7
西宁	64.40	3	64.90	3	64.93	3	61.47	3	62.05	3	66.11	3	37.58	20
银川	63.86	4	69.28	2	65.75	2	65.62	2	66.83	2	68.74	2	31.60	24
郑州	31.53	23	31.76	20	31.98	23	21.28	27	22.72	26	19.07	26	19.33	29

附表7　副省级及省会城市2016—2022年防灾减灾专题得分及排名

城市	2016 得分	2016 排名	2017 得分	2017 排名	2018 得分	2018 排名	2019 得分	2019 排名	2020 得分	2020 排名	2021 得分	2021 排名	2022 得分	2022 排名
长春	70.57	19	72.18	19	72.59	20	72.57	23	74.11	21	75.13	20	70.07	21
成都	76.08	11	79.02	7	79.52	5	80.23	9	81.53	7	85.23	2	86.02	2
长沙	78.09	6	79.61	3	78.88	7	80.43	8	75.36	18	81.50	8	79.03	13
大连	82.18	2	61.91	26	61.02	28	61.11	28	57.17	28	69.61	22	55.40	31
福州	78.31	4	79.18	5	85.76	3	85.81	4	89.35	2	77.81	14	79.90	10
贵阳	58.00	28	68.74	23	69.11	23	77.86	13	74.63	19	81.90	7	82.24	7
广州	71.16	18	71.27	20	72.95	19	73.73	21	62.00	27	80.23	12	74.34	19
哈尔滨	64.12	26	66.60	24	68.56	24	70.35	24	72.24	24	71.97	21	79.22	11
合肥	76.32	9	77.17	10	78.59	9	80.68	6	82.07	5	81.03	9	64.19	24
呼和浩特	51.35	30	59.41	27	65.66	26	52.82	29	50.29	30	59.86	27	80.54	9
海口	70.17	20	80.19	2	78.40	11	76.96	15	77.02	15	84.36	4	84.89	4
杭州	77.18	7	79.32	4	78.27	13	78.22	12	77.74	14	79.05	13	57.66	27
济南	60.90	27	58.74	28	61.56	27	61.72	27	63.61	26	61.89	26	67.05	23
昆明	74.28	15	74.41	16	73.86	17	74.56	19	74.10	22	81.98	6	57.52	28
拉萨	—	—	—	—	—	—	—	—	—	—	89.78	1	83.78	5
兰州	73.44	16	73.82	17	74.46	16	75.14	17	75.48	17	56.67	29	82.36	6
宁波	78.23	5	78.34	9	79.30	6	80.51	7	80.40	10	77.29	16	98.01	1
南昌	76.83	8	76.93	11	78.34	12	79.26	11	80.19	11	83.64	5	75.44	18
南京	79.05	3	79.09	6	84.54	4	86.42	3	86.46	4	80.43	11	79.15	12
南宁	75.54	13	75.76	14	75.27	15	74.57	18	74.61	20	76.49	18	77.30	16
青岛	65.48	25	65.14	25	71.75	22	73.94	20	75.69	16	77.04	17	78.08	15
石家庄	55.13	29	55.66	29	56.16	29	68.65	26	66.16	25	54.08	31	63.62	25
沈阳	65.78	24	51.73	30	52.02	30	52.14	30	51.71	29	56.33	30	58.24	26
深圳	69.74	21	72.30	18	72.56	21	76.34	16	81.75	6	77.60	15	56.33	29
太原	67.65	22	70.52	21	67.51	25	69.37	25	80.71	9	58.37	28	84.96	3
武汉	75.99	12	75.81	13	78.68	8	79.44	10	88.48	3	84.52	3	67.08	22
乌鲁木齐	73.38	17	76.04	12	78.53	10	83.73	5	78.92	12	61.90	25	78.99	14
西安	76.22	10	78.35	8	91.72	1	92.76	1	81.18	8	80.77	10	7.65	32
厦门	91.48	1	91.63	1	91.70	2	91.83	2	92.57	1	64.61	23	55.99	30
西宁	66.22	23	70.24	22	73.83	18	73.21	22	73.04	23	64.47	24	73.19	20
银川	39.35	31	42.53	31	39.86	31	38.30	31	32.55	31	7.30	32	80.89	8
郑州	75.37	14	74.90	15	76.91	14	77.06	14	77.88	13	75.86	19	75.51	17

附表8　副省级及省会城市2016—2022年环境改善专题得分及排名

城市	2016 得分	2016 排名	2017 得分	2017 排名	2018 得分	2018 排名	2019 得分	2019 排名	2020 得分	2020 排名	2021 得分	2021 排名	2022 得分	2022 排名
长春	55.77	21	57.12	21	58.54	23	64.06	21	76.15	18	69.75	25	83.87	8
成都	63.35	15	64.89	18	66.04	20	68.55	18	78.39	12	77.92	19	74.49	24
长沙	77.07	5	74.55	10	75.64	11	78.04	8	76.92	17	85.18	9	93.06	1
大连	73.01	10	74.43	11	69.01	16	73.15	11	78.77	10	84.37	10	79.25	18
福州	83.03	1	88.11	1	85.47	1	85.91	2	85.61	2	91.25	3	87.91	5
贵阳	74.39	7	77.00	7	79.30	8	78.36	7	81.15	7	81.34	15	92.81	2
广州	64.89	14	68.93	14	70.46	14	74.43	9	75.14	21	81.66	14	76.50	22
哈尔滨	50.61	23	55.76	22	54.50	24	62.74	23	71.77	22	72.10	24	83.48	10
合肥	69.90	13	71.90	13	72.07	12	71.94	14	78.49	11	78.52	17	71.45	27
呼和浩特	61.17	17	62.88	19	63.26	21	63.95	22	66.28	26	69.58	26	83.53	9
海口	78.57	4	79.35	4	79.54	7	90.10	1	93.78	1	93.06	1	80.31	15
杭州	74.38	8	77.21	6	78.67	9	81.31	4	83.45	5	89.40	4	74.18	25
济南	43.67	29	48.49	27	51.66	27	23.18	32	54.12	31	64.75	27	76.67	21
昆明	70.58	12	73.00	12	77.16	10	78.48	6	77.27	14	83.99	11	75.47	23
拉萨	59.54	18	55.72	23	72.00	13	72.56	12	79.31	9	85.89	7	81.16	13
兰州	44.30	28	49.33	26	67.22	19	70.64	17	82.32	6	78.39	18	79.71	16
宁波	72.54	11	74.85	9	80.06	5	70.81	16	75.71	20	88.98	5	82.95	11
南昌	73.79	9	75.31	8	79.79	6	81.20	5	77.39	13	79.56	16	86.85	6
南京	62.29	16	66.26	16	69.54	15	57.04	27	76.07	19	83.51	13	85.74	7
南宁	75.24	6	78.17	5	83.94	2	74.13	10	84.39	3	88.28	6	69.83	28
青岛	57.51	20	60.01	20	60.43	22	65.55	20	63.82	27	73.09	23	80.56	14
石家庄	45.46	27	45.87	30	50.15	29	52.22	30	58.12	28	58.34	31	67.39	31
沈阳	43.24	30	49.56	25	50.08	30	52.72	29	54.70	30	62.78	28	69.31	29
深圳	80.88	2	82.52	2	82.34	4	72.37	13	66.69	25	83.92	12	66.13	32
太原	42.17	31	42.52	32	47.73	31	45.47	31	49.96	32	40.23	32	78.17	19
武汉	47.90	26	67.94	15	67.76	18	71.35	15	77.10	15	77.28	20	88.78	3
乌鲁木齐	50.34	24	52.01	24	50.83	28	62.63	24	69.39	23	61.52	30	79.58	17
西安	58.99	19	48.13	28	53.98	26	59.63	25	66.83	24	76.12	21	81.47	12
厦门	80.42	3	79.52	3	82.97	3	83.24	3	83.89	4	92.55	2	71.77	26
西宁	47.93	25	46.62	29	54.24	25	54.90	28	79.48	8	85.69	8	77.08	20
银川	51.67	22	65.13	17	68.93	17	68.43	19	76.95	16	74.04	22	88.19	4
郑州	38.99	32	44.81	31	45.52	32	57.38	26	56.74	29	62.50	29	68.59	30

附表9　副省级及省会城市2016—2022年公共空间专题得分及排名

城市	2016 得分	2016 排名	2017 得分	2017 排名	2018 得分	2018 排名	2019 得分	2019 排名	2020 得分	2020 排名	2021 得分	2021 排名	2022 得分	2022 排名
长春	47.54	20	53.02	14	44.76	27	45.04	26	49.93	22	46.32	26	68.58	7
成都	50.31	16	51.48	15	51.08	16	48.82	20	55.23	14	65.81	5	61.65	14
长沙	39.11	28	41.20	27	36.18	29	43.46	27	53.27	17	40.78	29	65.81	9
大连	60.36	6	56.17	10	60.96	8	62.35	4	48.78	25	67.61	4	85.09	1
福州	55.81	7	59.41	7	62.07	6	63.52	2	63.97	6	71.51	2	71.71	5
贵阳	52.82	12	60.74	6	62.38	4	60.58	7	53.34	16	68.67	3	59.42	17
广州	64.92	2	66.71	1	69.22	1	62.73	3	74.73	1	86.75	1	37.17	32
哈尔滨	35.25	30	31.06	32	30.95	31	33.81	31	31.66	32	39.32	30	52.28	25
合肥	53.42	9	54.01	11	57.36	13	57.96	12	57.38	11	59.56	12	59.11	18
呼和浩特	52.31	13	59.40	8	61.96	7	58.03	11	61.56	9	64.86	6	64.64	11
海口	52.12	14	46.14	22	47.65	22	48.05	22	41.35	29	56.88	13	59.69	16
杭州	54.06	8	53.18	12	50.45	18	51.68	17	50.96	20	61.55	11	75.09	2
济南	41.47	26	44.21	26	45.03	26	47.45	24	50.09	21	56.43	14	48.88	30
昆明	45.75	22	49.33	18	49.64	19	49.66	18	48.94	24	52.31	20	57.29	20
拉萨	31.93	31	31.58	31	29.81	32	30.53	32	34.85	31	46.96	24	62.65	13
兰州	17.20	32	31.59	30	31.38	30	34.57	30	38.11	30	36.26	31	72.20	3
宁波	42.92	24	46.17	21	46.47	25	49.28	19	53.36	15	55.79	15	70.98	6
南昌	51.73	15	51.35	17	59.11	11	59.12	9	51.45	19	53.42	19	45.09	31
南京	60.85	5	61.54	4	62.30	5	62.19	5	62.92	8	63.07	7	66.47	8
南宁	49.71	17	47.09	20	47.21	23	47.20	25	42.22	28	44.91	28	71.92	4
青岛	53.04	10	58.61	9	57.51	12	54.97	13	56.07	13	62.94	8	61.15	15
石家庄	61.41	4	62.13	3	64.66	3	58.89	10	71.03	2	45.80	27	49.46	29
沈阳	52.96	11	36.44	29	48.01	21	48.37	21	45.85	27	55.62	16	55.00	23
深圳	61.98	3	61.09	5	60.15	9	59.15	8	51.60	18	54.67	18	51.94	26
太原	44.40	23	45.07	23	50.50	17	54.03	15	67.94	3	61.60	10	62.81	12
武汉	41.01	27	39.62	28	38.75	28	40.53	29	48.43	26	55.02	17	56.40	22
乌鲁木齐	46.28	21	48.28	19	51.68	15	51.88	16	59.83	10	50.71	21	51.36	27
西安	42.36	25	44.53	24	48.61	20	41.57	28	49.91	23	46.85	25	64.70	10
厦门	47.60	19	51.37	16	60.09	10	61.26	6	66.44	4	61.77	9	58.78	19
西宁	49.33	18	53.02	13	53.99	14	54.45	14	56.64	12	10.46	32	50.77	28
银川	66.11	1	66.07	2	66.19	2	66.70	1	65.22	5	49.69	23	56.95	21
郑州	35.78	29	44.34	25	46.93	24	47.61	23	63.45	7	50.46	22	53.94	24

附表10 一类地级市分专题得分及排名

参评城市	住房保障		公共交通		规划管理		遗产保护		防灾减灾		环境改善		公共空间	
	得分	排名	得分	排名	得分	排名	得分	排名	得分	排名	得分	排名	得分	排名
巴音郭楞蒙古自治州	95.98	1	—	—	59.65	91	67.72	7	15.57	102	25.8	107	—	—
包头	59.94	36	55.46	50	68.13	48	49.19	52	34.92	93	77.66	59	70.56	34
宝鸡	61.14	32	61.29	38	56.65	99	60.08	20	92.61	6	86.14	30	59.35	73
昌吉回族自治州	66.96	16	—	—	100	1	0	107	40.49	91	32.69	106	—	—
长治	41.25	83	67.93	17	63.64	78	52.57	45	52.1	86	72.37	77	63.98	60
常州	42.54	81	59.58	45	75.87	10	38.97	83	83.95	16	77.75	58	67.6	46
大庆	76.82	5	58.6	47	67.55	55	30.53	93	80.22	27	56.11	103	66.98	50
德阳	54.21	56	60.4	44	72.02	26	44.58	66	79.73	29	80.59	51	51.9	96
东莞	12.13	107	53.29	56	77.42	2	16	104	60.57	69	74.74	70	74.31	22
东营	56.64	49	64.27	29	64.6	74	74.08	6	69.48	58	53.74	104	79.26	12
鄂尔多斯	62.64	28	48.44	78	62.16	85	65.49	11	18.42	100	77.18	64	91.45	1
佛山	41.06	86	67.61	19	60.78	88	25.7	99	72.78	52	85.69	31	75.22	16
海西蒙古族藏族自治州	63.45	25	87.18	1	66.67	63	86.99	3	—	—	77.33	61	—	—
湖州	48.27	68	71.02	13	65.42	71	61.86	16	77.47	35	87.55	25	68.49	41
黄山	58.9	40	45.95	82	62.92	82	82.59	4	96.9	2	93.39	3	82.61	9
嘉兴	32.07	102	79.61	3	69.37	39	34.06	89	71.27	56	82.86	41	53.88	89
江门	52.03	64	61.28	39	68.49	45	24.03	100	73.24	51	84.18	35	81.35	10
金华	31.02	103	67.36	21	63.06	81	64.23	13	76.25	40	88.98	19	53.86	90
晋城	42.18	82	65.14	27	60.27	90	44.91	65	50.8	88	71.34	80	71.48	30
荆门	62.01	30	42.44	88	72.36	25	35.65	86	78.12	34	77.45	60	60.5	70
酒泉	64.25	22	40.77	91	58.56	93	78.36	5	74.46	47	73.25	74	66.63	52
克拉玛依	89.91	2	50.75	69	57.01	97	31.24	92	15.93	101	78.01	57	57.74	76
连云港	44.61	77	65.98	23	65.52	70	51.58	47	76.35	39	76.82	65	65.8	55
林芝	58.63	42	37.99	96	49.89	105	88.14	2	—	—	92.99	4	89.39	2
龙岩	52.59	61	50.01	73	67.63	53	59.55	24	89.13	9	86.94	26	75.65	15
洛阳	46.23	74	73.31	8	72.98	20	47.86	55	79.85	28	70.45	82	70.8	32
南平	55.58	53	48.61	76	62.54	84	59.36	27	88.88	10	92.57	6	65.54	56
南通	36.52	93	65.62	24	75.41	11	41.16	76	63.59	66	79.46	53	74.63	18
泉州	38.54	88	69.18	15	75.9	9	47.1	58	67.32	59	81.31	48	67.12	48
日照	38.47	89	63.94	32	69.81	35	59.39	25	49.03	89	68.14	87	66.65	51
三明	57.05	48	45.3	85	63.68	77	63.82	14	78.71	32	79.86	52	69.22	40
绍兴	32.8	99	69.44	14	68.31	46	41.28	75	75.27	44	86.62	27	53.72	91
朔州	60.12	35	44.2	86	56.32	100	20.56	101	36.36	92	58.93	100	58.54	75

续表

参评城市	住房保障		公共交通		规划管理		遗产保护		防灾减灾		环境改善		公共空间	
	得分	排名	得分	排名	得分	排名	得分	排名	得分	排名	得分	排名	得分	排名
苏州	30.4	104	63.72	34	74.56	15	46.27	61	55.58	82	76.6	66	61.58	66
宿迁	38.82	87	46.5	81	75.37	12	45.7	63	75.56	42	78.18	56	73.73	23
台州	41.15	84	66.48	22	68.52	44	61.01	17	74.86	46	88.9	20	57.66	77
唐山	27.63	106	65.39	26	72.98	19	28.13	96	27.95	95	65.37	91	69.88	36
铜陵	51.31	65	78.59	4	65.2	72	43.51	68	57.63	75	78.9	54	68.38	42
潍坊	46.58	73	50.2	71	74.35	16	41.02	77	58.41	72	68.6	86	67.24	47
无锡	44.44	78	62.05	37	76.19	8	48.52	53	64.4	63	81.02	49	67.01	49
湘潭	66.3	18	52.8	59	68.13	49	38.34	84	80.9	22	84.94	34	58.65	74
襄阳	69.92	10	50.83	68	68.99	41	51.17	50	80.68	25	78.79	55	72.08	26
徐州	32.3	101	64.14	30	71.35	27	51.29	48	82.95	20	71.77	79	71.75	28
许昌	60.83	34	65.49	25	76.55	5	14.82	105	72.59	54	73.53	73	65.46	58
烟台	47.94	69	72.26	12	73.6	18	56.86	35	75.44	43	77.21	63	66.08	53
盐城	45.92	75	48	79	72.59	23	42.78	71	90.74	8	85.46	32	69.67	37
宜昌	63.94	23	48.56	77	65.62	69	59.7	22	72.76	53	86.24	29	70.09	35
鹰潭	74.85	8	64.03	31	70.32	31	58.34	30	73.59	50	90.65	14	74.56	20
榆林	57.11	47	39.57	94	58.03	95	39	82	31.17	94	69.58	85	52.22	94
岳阳	68.91	11	51.72	64	69.2	40	60.21	19	88.71	11	87.56	24	62.81	61
漳州	35.27	96	62.31	36	72.52	24	44.93	64	80.88	23	82.43	44	71.1	31
株洲	68.88	12	54.9	52	70.21	32	54.1	40	92.22	7	83.39	37	56.27	83
淄博	47.33	72	52.82	58	67.53	56	40.88	78	58.3	73	68.1	88	68.32	43

附表11 二类地级市分专题得分及排名

参评城市	住房保障		公共交通		规划管理		遗产保护		防灾减灾		环境改善		公共空间	
	得分	排名	得分	排名	得分	排名	得分	排名	得分	排名	得分	排名	得分	排名
安阳	55.93	52	57.25	49	72.59	22	25.86	97	56.78	79	59.22	99	61.41	68
白山	52.08	63	49.05	74	67.13	59	51.29	49	65.42	62	89.11	17	40.48	99
本溪	59.4	39	52.33	61	64.76	73	67.53	8	4.99	103	88.53	22	67.64	45
郴州	76.44	6	50.94	67	66.72	62	60.26	18	83.8	18	88.41	23	71.78	27
承德	33.63	98	48.75	75	62.83	83	57.5	33	60.71	68	82.43	45	74.63	19
赤峰	41.08	85	41.64	89	58.85	92	59.38	26	46.42	90	85.22	33	71.62	29
德州	35.92	95	61.08	41	74.64	14	39.44	81	56.92	78	64.63	93	86.2	4
抚州	67.43	15	52.46	60	63.07	80	59.56	23	77.34	36	91.7	11	80.77	11
赣州	47.61	71	26.44	102	66.17	67	45.73	62	80.75	24	93.76	2	76.91	14
广安	53.65	58	52.87	57	67.25	58	40.06	79	78.18	33	83.34	38	61.94	64
桂林	66.59	17	57.6	48	55.53	101	42.61	72	94.59	5	92.61	5	59.51	72

续表

参评城市	住房保障		公共交通		规划管理		遗产保护		防灾减灾		环境改善		公共空间	
	得分	排名	得分	排名	得分	排名	得分	排名	得分	排名	得分	排名	得分	排名
海南藏族自治州	47.74	70	73.3	9	47.97	106	95.83	1	83.92	17	82.55	43	—	—
邯郸	34.52	97	74.67	5	71.06	28	41.84	73	54.47	84	65.21	92	74.42	21
鹤壁	61.31	31	73.69	7	77.37	3	35.69	85	86.72	13	63.16	95	85.3	6
呼伦贝尔	63.13	27	30.84	101	56.97	98	65.63	10	1.2	104	83.27	39	55.38	87
淮北	37.56	92	73.79	6	70.04	33	16.93	103	55.89	80	60.93	97	77.03	13
淮南	53.35	59	68.62	16	66.4	66	30.21	94	53.39	85	71.9	78	57.09	81
黄冈	62.54	29	45.54	84	58.26	94	50.36	51	80.62	26	70.41	83	62.68	62
吉安	65.52	19	15.38	105	67.3	57	53.87	41	76.86	38	91.91	8	83.43	7
焦作	75.5	7	63.8	33	73.81	17	53.28	42	65.48	61	59.84	98	69.28	38
晋中	48.9	66	53.99	54	69.67	37	39.98	80	54.99	83	67.25	89	55.8	84
廊坊	27.74	105	54.52	53	76.22	7	33.6	91	83.27	19	58.73	101	74.7	17
乐山	58.76	41	67.58	20	66.42	65	56.58	36	76.91	37	82.16	46	65.94	54
丽江	55.99	51	50.71	70	60.28	89	47.38	57	99.43	1	91.74	9	62.41	63
丽水	32.6	100	67.82	18	64.11	76	65.11	12	88.36	12	95.03	1	52.3	93
辽源	57.54	45	31.38	100	70.96	29	46.84	60	60.83	67	77.23	62	57.2	79
临沧	54.05	57	17.59	104	68.02	51	42.98	70	95.74	3	69.89	84	34.01	101
临沂	35.97	94	64.47	28	75.15	13	57.67	32	55.65	81	51.14	105	65.47	57
泸州	58.08	44	72.72	11	70.91	30	48.23	54	95.59	4	88.67	21	55.78	85
眉山	52.08	62	60.5	43	66.61	64	41.79	74	72.34	55	83.65	36	54.04	88
南阳	38.19	91	50.03	72	76.29	6	43.34	69	75.96	41	72.62	75	72.66	25
平顶山	59.71	38	72.74	10	72.79	21	34.56	88	64.29	64	74.95	69	61.12	69
濮阳	38.46	90	58.88	46	68.06	50	25.81	98	75.02	45	62.94	96	61.45	67
黔南布依族苗族自治州	82.84	3	51.21	66	63.3	79	58.36	29	84	15	91.23	12	—	—
曲靖	54.29	55	41.1	90	67.83	52	29.27	95	79.49	30	89.38	16	49.56	98
上饶	73.31	9	45.86	83	69.72	36	54.51	39	73.84	49	92.26	7	83.24	8
韶关	63.37	26	32.6	99	52.26	104	55.89	37	57	77	91.73	10	67.97	44
渭南	68.46	13	60.99	42	55.31	102	66.91	9	66.84	60	63.3	94	51.98	95
信阳	54.43	54	44	87	68.18	47	47.02	59	74.12	48	80.66	50	70.58	33
阳泉	61.07	33	61.14	40	68.69	42	59.89	21	58.2	74	58.27	102	56.55	82
营口	59.82	37	79.82	2	67.61	54	58.08	31	18.89	99	75.61	68	51.47	97
云浮	58.51	43	53.39	55	66.97	60	11.56	106	63.62	65	91.06	13	69.27	39
枣庄	43.43	79	55.15	51	76.82	4	33.61	90	51.73	87	65.58	90	57.16	80
中卫	45.33	76	51.74	63	46.51	107	53.17	44	21.94	98	74.23	71	85.91	5
遵义	56.43	50	40.62	92	70.03	34	47.57	56	59.27	71	72.58	76	59.77	71

附表12　三类地级市分专题得分及排名

参评城市	住房保障		公共交通		规划管理		遗产保护		防灾减灾		环境改善		公共空间	
	得分	排名	得分	排名	得分	排名	得分	排名	得分	排名	得分	排名	得分	排名
毕节	65.42	20	38.44	95	69.6	38	44.3	67	—	—	82.61	42	61.66	65
固原	43.1	80	47.19	80	53.54	103	57.39	34	60.1	70	83.11	40	87.82	3
梅州	64.51	21	51.23	65	57.94	96	34.62	87	57.04	76	89.96	15	73.51	24
牡丹江	53.14	60	52.08	62	61.68	87	55.83	38	81.57	21	89.03	18	30.62	102
邵阳	79.43	4	37.03	97	64.37	75	53.21	43	71.03	57	86.44	28	65.23	59
四平	57.3	46	25.3	103	68.64	43	19.32	102	27.75	97	76.02	67	53.27	92
绥化	67.48	14	36.85	98	66.8	61	51.76	46	85.18	14	71.01	81	35	100
天水	48.33	67	62.4	35	65.68	68	62.94	15	79	31	81.63	47	57.34	78
铁岭	63.67	24	40.52	93	62.12	86	59.09	28	27.9	96	73.67	72	55.48	86

附表13　一类地级市2016—2022年落实SDG11得分及排名

参评城市	2016		2017		2018		2019		2020		2021		2022	
	得分	排名	得分	排名	得分	排名	得分	排名	得分	排名	得分	排名	得分	排名
巴音郭楞蒙古自治州	38.48	106	37.48	106	36.07	106	37.54	106	42.72	107	40.02	106	52.94	100
包头	51.27	80	53.21	76	54.19	73	54.65	69	55.9	74	50.93	96	59.41	72
宝鸡	62.35	8	64.03	5	66	3	67.32	3	67.18	6	68.93	6	68.18	16
昌吉回族自治州	32.81	107	34.8	107	33.57	107	34.65	107	42.95	106	31.01	107	48.03	105
长治	54.22	63	52.85	78	51.19	89	51.05	89	57.66	58	51.92	95	59.12	77
常州	60.42	18	61.55	21	60.65	33	61.34	30	61.13	40	61.11	54	63.75	39
大庆	59.45	30	59.24	42	58.62	48	60.83	31	61.28	35	62.86	37	62.4	50
德阳	47.85	93	51.33	86	53.22	79	52.41	83	56.35	71	60.31	58	63.35	45
东莞	57.88	45	61.23	28	60.92	31	60.63	34	63.27	18	61.89	46	52.64	101
东营	61.91	10	63.12	12	64.78	5	64.49	11	66.49	7	62.21	44	66.01	25
鄂尔多斯	61.44	12	61.53	23	62.3	22	61.68	27	62.54	26	57.21	75	60.83	63
佛山	56.03	52	59.41	41	62.27	23	62.95	18	63.79	16	62.22	43	61.26	59
海西蒙古族藏族自治州	59.92	23	62.22	18	63.47	15	64.51	9	61.63	31	60	59	76.32	1
湖州	61.95	9	63.59	8	63.58	14	68.08	1	68.84	2	66.93	13	68.58	14
黄山	64.56	3	65.52	3	65.83	4	66.56	4	67.24	5	71.75	2	74.75	2
嘉兴	54.97	58	57.56	52	54.96	70	56	62	57.22	62	54.86	87	60.45	66
江门	54.56	60	55.15	64	56.8	63	56.6	57	58.92	54	62.95	36	63.51	42
金华	60.18	19	63.64	6	63.78	12	63.31	15	61.84	30	61.8	48	63.54	41
晋城	46.73	94	52.48	81	46.99	100	47.52	100	54.48	79	50.56	97	58.02	84
荆门	48.77	87	50.18	89	54.99	69	53.92	74	56.99	67	56.18	80	61.22	61

续表

参评城市	2016 得分	2016 排名	2017 得分	2017 排名	2018 得分	2018 排名	2019 得分	2019 排名	2020 得分	2020 排名	2021 得分	2021 排名	2022 得分	2022 排名
酒泉	54.2	64	54.92	68	54.12	74	54.34	71	59.04	52	66.55	15	65.18	32
克拉玛依	53.66	69	54.02	71	59.84	41	57.31	55	60.84	44	64.75	27	54.37	98
连云港	57.59	47	58.57	46	58.37	51	58.62	45	61.03	42	60	60	63.81	37
林芝	58.37	39	58.83	45	61.89	25	61.89	25	61.32	34	66.75	14	69.51	11
龙岩	59.79	26	60.69	31	60.87	32	60.1	40	62.11	29	71.59	3	68.79	13
洛阳	59.52	28	61.44	24	61.37	27	58.71	44	59.29	51	63.64	31	65.93	26
南平	58.27	41	57.87	48	57.2	57	57.42	54	57.46	60	68.83	7	67.58	18
南通	58.63	36	60.96	29	59.87	39	60.28	37	59.89	45	58.9	68	62.34	51
泉州	68.13	1	68.64	1	68.26	1	67.61	2	68.04	4	67.31	11	63.78	38
日照	57.92	44	57.01	55	59.91	38	60.13	39	57.16	66	54.57	88	59.35	73
三明	58.58	37	60.08	35	61.91	24	62.01	24	61.21	36	65.47	22	65.38	29
绍兴	59.47	29	62.67	15	63.84	10	62.58	20	68.45	3	63.12	35	61.06	62
朔州	50.67	81	51.51	84	48.41	96	50.07	95	49.19	97	42.09	105	47.86	106
苏州	56.61	51	57.85	49	57.54	55	57.87	50	59.04	53	55.7	83	58.39	81
宿迁	59.8	24	62.46	17	59.84	40	58.21	48	62.33	27	62.75	40	61.98	52
台州	57.17	49	59.12	43	60.11	35	61.38	29	65.45	11	64.91	25	65.51	28
唐山	52.47	74	52.81	79	53.45	77	52.88	79	52.73	86	48.74	101	51.05	102
铜陵	60.74	17	61.38	25	61.35	28	63.53	13	62.85	22	64.41	28	63.36	44
潍坊	54.85	59	56.01	59	58.45	50	58.43	47	61.5	33	56.26	79	58.06	82
无锡	59.37	33	60.22	34	58.91	46	58.53	46	61.14	39	59.87	63	63.38	43
湘潭	61.01	14	62.93	14	63.8	11	62.08	22	61.51	32	61.41	52	64.29	35
襄阳	61.52	11	63.13	11	62.42	21	61.82	26	60.87	43	65.56	19	67.49	19
徐州	60.15	20	60.93	30	59.72	42	59.71	41	59.77	48	60.48	56	63.65	40
许昌	49.05	85	51.68	83	53.01	80	54.3	72	55.07	77	61.45	51	61.33	57
烟台	64.34	4	63.59	7	63.09	17	65.56	5	66.47	8	63.59	32	67.06	20
盐城	60.08	21	61.81	19	60.37	34	61.52	28	62.65	24	66.35	16	65.02	33
宜昌	62.85	5	63.07	13	63.38	16	62.98	17	66.04	9	62.8	38	66.7	23
鹰潭	61.01	15	61.3	27	64.08	9	64.81	8	64.66	14	62.76	39	72.34	3
榆林	48.42	92	46.18	101	46.89	101	51.56	87	56.2	73	47.51	103	49.52	104
岳阳	59.38	32	61.34	26	59.67	44	62.08	23	63.63	17	65.49	20	69.87	10
漳州	58.33	40	59.62	37	56.38	64	56.76	56	58.68	55	66.13	17	64.21	36
株洲	66.32	2	67.51	2	67.58	2	65.2	6	65.42	12	68.17	10	68.57	15
淄博	58	43	60.43	32	61.22	29	58.97	43	59.86	46	55.16	85	57.61	88

附表14 二类地级市2016—2022年落实SDG11得分及排名

参评城市	2016 得分	2016 排名	2017 得分	2017 排名	2018 得分	2018 排名	2019 得分	2019 排名	2020 得分	2020 排名	2021 得分	2021 排名	2022 得分	2022 排名
安阳	48.47	91	50.87	87	52.41	83	50.68	91	50.36	95	53.67	92	55.58	94
白山	52.93	73	52.71	80	50.85	91	50.82	90	52.54	88	58.45	71	59.22	74
本溪	59.92	22	59.44	40	62.48	20	62.7	19	62.68	23	59.55	64	57.88	86
郴州	62.83	7	63.41	10	64.19	8	65.12	7	65.57	10	66.98	12	71.19	6
承德	53.73	67	57.64	51	55.62	67	55.03	66	53.58	84	58.16	72	60.07	69
赤峰	52.37	75	54.24	70	52.1	84	52.93	78	57.2	63	55.12	86	57.74	87
德州	56.78	50	57.41	53	57.7	53	56.35	60	52.3	89	52.78	94	59.83	70
抚州	61.1	13	61.81	20	64.52	6	63.37	14	65.04	13	69.5	5	70.33	8
赣州	55.14	56	58.19	47	60.06	36	59.42	42	63.05	21	65.48	21	62.48	48
广安	55.1	57	53.69	73	57.17	58	57.73	51	58.53	57	61.47	50	62.47	49
桂林	54.34	61	54.98	67	56.88	61	54.8	68	57.19	64	63.22	34	67	21
海南藏族自治州	62.84	6	64.59	4	63.7	13	64.5	10	61.17	37	64.81	26	71.89	4
邯郸	58.07	42	55.37	60	54.46	71	52.86	80	54.05	80	55.96	82	59.46	71
鹤壁	51.98	76	53.86	72	56.36	65	54.98	67	56.56	70	65.68	18	69.03	12
呼伦贝尔	51.51	78	53.1	77	53.28	78	52.37	84	51.82	90	54.22	90	50.92	103
淮北	53.46	71	53.68	74	54.19	72	52.48	82	53.74	82	56.53	78	56.03	91
淮南	53.71	68	55.22	63	57.04	59	57.45	53	57.3	61	56.04	81	57.28	90
黄冈	54.27	62	56.02	58	56.86	62	56.58	58	51.43	92	65.42	23	61.49	56
吉安	59.79	25	62.5	16	64.28	7	62.09	21	64.12	15	65.22	24	64.9	34
焦作	53.41	72	55.32	61	58.56	49	57.5	52	58.63	56	61.99	45	65.85	27
晋中	43.49	102	43.76	103	42.49	105	42.76	104	48.81	98	47.77	102	55.8	93
廊坊	43.66	100	49.94	90	48.57	95	47.65	99	49.66	96	58.62	70	58.4	80
乐山	49.81	82	55.07	64	56.98	60	55.32	64	62.58	25	64.37	29	67.76	17
丽江	61	16	61.54	22	62.92	18	60.46	36	59.8	47	71.17	4	66.85	22
丽水	57.43	48	58.94	44	59.32	45	60.76	32	61.15	38	61.75	49	66.47	24
辽源	55.51	55	55.14	65	55.19	68	54.51	70	55.8	75	54.36	89	57.43	89
临沧	55.76	53	56.39	56	59.99	37	60.14	38	57.59	59	62.73	41	54.61	97
临沂	54.08	65	55.24	62	53.7	76	56.05	61	56.74	69	54.08	91	57.93	85
泸州	59.74	27	63.49	9	61.67	26	63.1	16	71.12	1	68.49	8	70	9
眉山	48.66	90	51.41	85	51.4	88	49.78	96	57.17	65	59.92	62	61.57	55
南阳	48.77	86	49.57	92	51.64	87	50.51	92	54.58	78	59.97	61	61.3	58
平顶山	44.9	97	48.23	96	51.85	86	51.56	86	55.59	76	59.42	66	62.88	46
濮阳	44.12	99	46.08	102	48.76	94	48.21	98	48.01	99	55.47	84	55.8	92

续表

参评城市	2016 得分	2016 排名	2017 得分	2017 排名	2018 得分	2018 排名	2019 得分	2019 排名	2020 得分	2020 排名	2021 得分	2021 排名	2022 得分	2022 排名
黔南布依族苗族自治州	59.39	31	59.66	36	62.91	19	64.38	12	61.04	41	72.08	1	71.82	5
曲靖	57.84	46	57.65	50	58	52	53.73	75	59.55	50	61.11	53	58.7	79
上饶	59.05	34	60.23	33	61.17	30	60.47	35	62.21	28	68.37	9	70.39	7
韶关	58.88	35	59.49	39	58.7	47	58.14	49	63.11	20	63.36	33	60.12	68
渭南	48.74	88	49.91	91	48.29	97	51.7	85	56.31	72	56.77	76	61.97	53
信阳	49.73	83	50.71	88	53.76	75	52.48	81	50.55	94	60.56	55	62.71	47
阳泉	51.5	79	52.29	82	52.52	81	53.19	77	46.29	101	59.51	65	60.54	65
营口	53.59	70	48.58	95	51.97	85	50.4	93	53.6	83	48.87	100	58.76	78
云浮	43.55	101	49.12	94	50.06	92	50.19	94	52.62	87	57.42	73	59.2	75
枣庄	55.75	54	57.04	54	57.57	54	55.97	63	51.33	93	53.36	93	54.78	95
中卫	44.49	98	48.14	97	47.59	99	47.27	101	44.6	102	50.08	98	54.12	99
遵义	58.43	38	59.54	38	59.7	43	60.7	33	63.23	19	64.23	30	58.04	83

附表15 三类地级市2016—2022年落实SDG11得分及排名

参评城市	2016 得分	2016 排名	2017 得分	2017 排名	2018 得分	2018 排名	2019 得分	2019 排名	2020 得分	2020 排名	2021 得分	2021 排名	2022 得分	2022 排名
毕节	45.89	95	47.55	98	47.68	98	48.21	97	47.37	100	61.83	47	60.34	67
固原	42.26	104	49.3	93	51.09	90	51.24	88	53.83	81	62.6	42	61.75	54
梅州	51.81	77	54.56	69	55.89	66	55.27	65	56.85	68	58.71	69	61.26	60
牡丹江	49.18	84	53.26	75	52.5	82	54.06	73	53.04	85	59.26	67	60.56	64
邵阳	53.86	66	56.03	57	57.26	56	56.55	59	59.59	49	57.32	74	65.25	31
四平	42.32	103	43.38	104	42.98	104	42.21	105	43.5	105	46.6	104	46.8	107
绥化	40.44	105	42.94	105	44	103	45.44	103	44.32	104	56.55	77	59.15	76
天水	45.48	96	46.99	99	49.89	93	53.54	76	51.56	91	60.33	57	65.33	30
铁岭	48.69	89	46.4	100	45.92	102	46.59	102	44.35	103	48.91	99	54.63	96

附表16 一类地级市2016—2022年住房保障专题得分及排名

参评城市	2016 得分	2016 排名	2017 得分	2017 排名	2018 得分	2018 排名	2019 得分	2019 排名	2020 得分	2020 排名	2021 得分	2021 排名	2022 得分	2022 排名
巴音郭楞蒙古自治州	89.41	1	89.95	2	88.77	2	92.12	2	90.91	2	91.52	2	95.98	1
包头	58.68	65	59.9	66	58.02	62	57.53	53	54.37	70	60.89	51	59.94	36
宝鸡	86.62	3	88.13	4	86.8	3	81.29	3	81.31	4	84.43	5	61.14	32
昌吉回族自治州	55.52	83	71.46	20	73.98	12	75.48	7	74.27	8	78.13	8	66.96	16

续表

参评城市	2016 得分	排名	2017 得分	排名	2018 得分	排名	2019 得分	排名	2020 得分	排名	2021 得分	排名	2022 得分	排名
长治	60.97	52	57.76	80	54.19	82	53.36	76	46.77	95	43.06	90	41.25	83
常州	63.57	46	66.88	42	53.61	83	54.71	71	50.34	83	46.66	88	42.54	81
大庆	57.6	69	57.29	83	56.55	74	67.97	19	69.32	18	76.1	10	76.82	5
德阳	69.27	20	70.5	24	68.65	23	55.53	62	56.65	60	66.9	27	54.21	56
东莞	68.97	23	68.14	37	59.54	57	59.36	44	59.93	43	49.43	82	12.13	107
东营	56.34	76	57.86	78	57.11	69	49.11	89	52.4	80	54.45	70	56.64	49
鄂尔多斯	67.77	27	68.91	30	66.23	31	71.08	11	67.27	22	62.7	43	62.64	28
佛山	60.38	56	68.02	39	56.65	72	58.64	49	55.52	62	53.08	75	41.06	86
海西蒙古族藏族自治州	60.63	54	60.85	63	60.25	54	59.51	43	58.77	51	66.61	29	63.45	25
湖州	59.03	61	61.96	59	56.61	73	58.2	51	61.55	38	61.09	47	48.27	68
黄山	64.37	43	64.72	52	61.49	50	55.38	65	59.1	49	61.04	48	58.9	40
嘉兴	55.93	80	61.9	60	45.98	99	52.79	77	55.52	63	48.73	83	32.07	102
江门	58.92	62	60.8	64	55.66	76	51.69	82	53.82	74	52.79	77	52.03	64
金华	56.86	73	59.18	72	52.56	84	47.72	92	49.66	87	39.59	96	31.02	103
晋城	47.4	99	48.31	99	49.04	94	46.97	94	43.97	96	42.75	91	42.18	82
荆门	57.12	71	59.35	69	61.41	51	60.59	37	62.1	33	62.49	45	62.01	30
酒泉	57.96	66	59.21	71	57.49	65	58.92	46	61.06	40	65.69	31	64.25	22
克拉玛依	83.61	5	90.38	1	93.34	1	93.98	1	94.83	1	95.34	1	89.91	2
连云港	60.31	57	61.06	62	57.13	68	54.87	67	57.58	58	52.52	78	44.61	77
林芝	77.32	9	78.22	12	76.21	10	69.51	16	55	66	66.96	26	58.63	42
龙岩	66.93	31	70.05	27	63.1	46	57.03	56	65.73	23	68.13	22	52.59	61
洛阳	76.16	11	81.32	7	68.8	22	52.42	81	52.64	79	36.5	102	46.23	74
南平	57.83	67	58.48	76	52.04	88	52.52	79	53.44	76	63.21	38	55.58	53
南通	56.78	74	63.3	55	50.78	92	51.39	83	46.88	94	39.96	95	36.52	93
泉州	78.99	7	82.59	6	73.3	13	69.03	17	73.26	11	66.33	30	38.54	88
日照	51.47	94	52.3	95	52.16	87	43.9	98	36.54	103	38.58	98	38.47	89
三明	67.68	28	71.19	21	69.46	20	66.69	21	68.49	20	67.26	25	57.05	48
绍兴	60.71	53	62.8	56	60.85	52	62.01	29	58.33	54	58.01	59	32.8	99
朔州	74.72	12	75.18	14	75.85	11	75.42	8	74.19	9	74.7	12	60.12	35
苏州	47.76	98	45.73	102	44.04	101	45.78	95	40.24	101	36.87	100	30.4	104
宿迁	66.78	34	68.26	34	64.08	42	55.48	64	52.83	78	50.79	81	38.82	87
台州	59.69	59	57.16	84	57.38	66	60.97	34	58.12	55	60.16	53	41.15	84
唐山	52.03	93	56.83	85	48.85	96	39.29	103	35.16	104	23.1	105	27.63	106
铜陵	52.32	92	52.23	96	48.86	95	54.07	73	53.42	77	53.26	74	51.31	65

续表

参评城市	2016 得分	2016 排名	2017 得分	2017 排名	2018 得分	2018 排名	2019 得分	2019 排名	2020 得分	2020 排名	2021 得分	2021 排名	2022 得分	2022 排名
潍坊	63.02	49	65.34	49	60.3	53	54.84	69	54.5	69	58.03	58	46.58	73
无锡	65.17	38	68.1	38	59.48	58	57.08	54	54.68	68	47.59	86	44.44	78
湘潭	85.15	4	84.54	5	82.82	6	70.2	14	67.6	21	69.83	17	66.3	18
襄阳	72.9	14	75.24	13	65.21	35	63.56	26	62.55	32	62.78	40	69.92	10
徐州	55.88	81	57.83	79	54.63	81	54.96	66	50.18	84	48.57	84	32.3	101
许昌	69.15	21	72.77	17	64.58	40	60.49	38	65.55	24	63	39	60.83	34
烟台	50.53	96	52.97	93	51.93	89	51.29	84	51.76	81	53.59	71	47.94	69
盐城	58.85	63	63.84	53	55.03	79	56.16	61	55.53	61	57.38	61	45.92	75
宜昌	71.83	16	74.44	15	72.49	14	67.31	20	73.53	10	66.81	28	63.94	23
鹰潭	63.64	45	64.96	51	71.85	16	71.48	10	71.68	13	81.11	7	74.85	8
榆林	66.86	32	71.73	19	66.3	30	70.79	13	78.05	5	61	49	57.11	47
岳阳	57.74	68	68.18	36	61.59	49	76.5	5	65.45	25	70.72	14	68.91	11
漳州	44.31	101	52.04	97	29.36	105	31.19	104	41.3	100	54.72	67	35.27	96
株洲	87.31	2	88.48	3	86.32	4	69.76	15	70.09	16	69.14	20	68.88	12
淄博	69.08	22	72.47	18	62.94	47	50.5	86	54.81	67	53.52	73	47.33	72

附表17　二类地级市2016—2022年住房保障专题得分及排名

参评城市	2016 得分	2016 排名	2017 得分	2017 排名	2018 得分	2018 排名	2019 得分	2019 排名	2020 得分	2020 排名	2021 得分	2021 排名	2022 得分	2022 排名
安阳	69.35	19	70.76	23	67.36	26	54.78	70	58.4	53	56.22	63	55.93	52
白山	56.4	75	56.61	86	56.81	71	55.52	63	54.24	72	54.54	69	52.08	63
本溪	53.92	89	54.68	89	52.42	86	54.51	72	57.87	56	60.62	52	59.4	39
郴州	77.06	10	79.13	10	77.45	9	75.51	6	75.35	7	77.49	9	76.44	6
承德	38.09	104	43.73	104	26.56	106	22.67	106	33.53	105	22.47	106	33.63	98
赤峰	50.19	97	52.77	94	46.54	98	47.03	93	48.1	91	45.34	89	41.08	85
德州	54.35	87	57.36	82	50.34	93	41.23	102	37.85	102	40.73	94	35.92	95
抚州	55.77	82	58.34	77	51.78	90	51.29	85	50.03	86	70.03	16	67.43	15
赣州	60.61	55	63.75	54	54.86	80	56.97	58	59.52	45	67.76	23	47.61	71
广安	63.04	48	65.27	50	69.64	19	58.8	47	55.24	65	69.19	19	53.65	58
桂林	62.58	50	62.11	58	64.81	38	58.65	48	71.07	14	62.76	41	66.59	17
海南藏族自治州	57.36	70	59.22	70	55.5	77	56.99	57	49.24	90	47.74	85	47.74	70
邯郸	44.35	100	47.2	100	39.47	102	26.77	105	32.57	106	27.88	104	34.52	97
鹤壁	66.38	36	68.97	29	65.16	36	53.62	75	59.05	50	65.5	32	61.31	31
呼伦贝尔	64.46	42	65.58	47	63.35	45	65.58	23	65.29	26	64.04	36	63.13	27

续表

参评城市	2016		2017		2018		2019		2020		2021		2022	
	得分	排名	得分	排名	得分	排名	得分	排名	得分	排名	得分	排名	得分	排名
淮北	61.19	51	59.45	68	64.59	39	45.03	96	42.98	99	52.82	76	37.56	92
淮南	55.97	79	59	73	62.13	48	56.78	60	57.74	57	54.63	68	53.35	59
黄冈	67.46	29	68.33	33	69.41	21	62.78	27	61.61	37	60.96	50	62.54	29
吉安	64.87	41	69.61	28	63.49	44	61.51	30	61.88	34	65.15	33	65.52	19
焦作	65.89	37	66.79	43	66.48	29	60.97	35	64.76	29	64.37	35	75.5	7
晋中	51.11	95	51.09	98	52.5	85	50.39	87	47.74	92	51.52	79	48.9	66
廊坊	30.12	105	19.65	107	16.56	107	12.24	107	8.23	107	19.7	107	27.74	105
乐山	69.64	18	70.11	26	70.09	18	60.86	36	64.77	28	74.92	11	58.76	41
丽江	72.88	15	79.37	9	84.69	5	70.85	12	69.51	17	67.71	24	55.99	51
丽水	29.42	106	32.38	105	32.14	104	42.91	99	49.26	89	34.94	103	32.6	100
辽源	55.34	85	54.59	90	56.08	75	53.85	74	53.85	73	56.18	64	57.54	45
临沧	55.39	84	57.67	81	57.72	64	60	39	58.55	52	58.79	57	54.05	57
临沂	58.84	64	60.78	65	58.1	61	52.48	80	43.66	98	36.81	101	35.97	94
泸州	66.84	33	68.24	35	66.13	32	61.11	33	61.52	39	70.1	15	58.08	44
眉山	68.06	24	70.34	25	66.82	28	48.4	90	53.49	75	65.11	34	52.08	62
南阳	67.85	26	68.69	31	67.24	27	52.73	78	51.08	82	38.98	97	38.19	91
平顶山	55.22	86	67.96	40	71.39	17	64.5	24	72.36	12	62.74	42	59.71	38
濮阳	52.73	91	55.29	88	51.66	91	41.5	101	47.67	93	37.96	99	38.46	90
黔南布依族苗族自治州	77.91	8	78.34	11	79.96	8	80.98	4	83.52	3	85.5	4	82.84	3
曲靖	70.55	17	70.97	22	72.1	15	68.3	18	63.47	31	61.32	46	54.29	55
上饶	63.98	44	65.57	48	63.83	43	63.75	25	77.85	6	81.48	6	73.31	9
韶关	64.9	40	66.04	46	65.32	34	62.69	28	65.05	27	59.04	56	63.37	26
渭南	74.71	13	73.6	16	67.6	24	61.26	32	60.76	41	63.65	37	68.46	13
信阳	65.06	39	68.47	32	64.9	37	54.84	68	68.54	19	47.46	87	54.43	54
阳泉	63.5	47	62.76	57	56.87	70	57.61	52	57.31	59	56.77	62	61.07	33
营口	67.95	25	67.49	41	64.53	41	59.7	42	59.48	47	60.03	54	59.82	37
云浮	43.78	102	46.38	101	47.86	97	47.86	91	50.09	85	53.57	72	58.51	43
枣庄	59.9	58	61.47	61	59.57	56	50.19	88	43.87	97	41.96	93	43.43	79
中卫	56.25	77	58.72	75	58.96	59	59.94	40	61.67	36	59.31	55	45.33	76
遵义	66.99	30	66.18	45	65.43	33	61.42	31	59.59	44	68.55	21	56.43	50

附表18 三类地级市2016—2022年住房保障专题得分及排名

参评城市	2016		2017		2018		2019		2020		2021		2022	
	得分	排名	得分	排名	得分	排名	得分	排名	得分	排名	得分	排名	得分	排名
毕节	66.63	35	66.63	44	67.53	25	66.04	22	63.51	30	71.78	13	65.42	20
固原	53.71	90	54.49	91	58.63	60	58.29	50	60.19	42	54.84	66	43.1	80
梅州	40.97	103	43.99	103	45.18	100	44.28	97	54.32	71	51.09	80	64.51	21
牡丹江	56.88	72	59.89	67	57.93	63	59.92	41	59.33	48	57.8	60	53.14	60
邵阳	80.54	6	80.24	8	81.85	7	71.85	9	70.45	15	86.33	3	79.43	4
四平	55.98	78	56.09	87	57.31	67	57.05	55	55.3	64	55.82	65	57.3	46
绥化	59.37	60	58.99	74	59.74	55	58.99	45	61.79	35	69.53	18	67.48	14
天水	25.3	107	25.3	106	33.07	103	41.98	100	49.4	88	42.17	92	48.33	67
铁岭	54.06	88	54.23	92	55.42	78	56.79	59	59.48	46	62.69	44	63.67	24

附表19 一类地级市2016—2022年公共交通专题得分及排名

参评城市	2016		2017		2018		2019		2020		2021		2022	
	得分	排名	得分	排名	得分	排名	得分	排名	得分	排名	得分	排名	得分	排名
巴音郭楞蒙古自治州	0	105	0	106	0	107	0	107	0	107	—	—	—	—
包头	49.02	45	50.45	40	50.15	44	51.69	47	51.29	59	52.01	69	55.46	50
宝鸡	29.43	89	33.3	85	33.43	84	48.68	55	65.64	20	72.69	11	61.29	38
昌吉回族自治州	0	105	0.2	105	0.29	106	0.29	106	0.45	106	#N/A		#N/A	
长治	36.06	72	28.05	91	22.79	91	22.62	94	67.18	17	53.5	64	67.93	17
常州	69.64	5	69.91	4	70	5	69.45	6	69.36	9	69.37	20	59.58	45
大庆	52.86	31	55.8	25	55.07	28	54.75	35	54.46	49	59.64	50	58.6	47
德阳	28.4	91	39.9	66	45.6	57	53.55	38	53.58	54	56.3	59	60.4	44
东莞	69.48	6	69.69	5	77.02	4	77.35	4	72.78	6	73.84	10	53.29	56
东营	48.84	46	53.86	34	53.72	31	59.89	25	68.86	11	62.22	42	64.27	29
鄂尔多斯	45.63	49	40.41	63	44.35	61	46.11	63	47.43	66	48.27	80	48.44	78
佛山	52.14	35	55.02	29	69.82	6	71.79	5	72.93	5	74.61	9	67.61	19
海西蒙古族藏族自治州	77.68	3	77.68	3	77.68	3	77.68	3	61.23	31	84.12	1	87.18	1
湖州	36.36	71	36.76	76	37.52	77	58.56	28	67.94	14	70.72	18	71.02	13
黄山	31.11	85	31.56	88	33.59	83	43.19	70	39.98	81	43.63	93	45.95	82
嘉兴	35.21	76	35.43	80	35.75	82	35.89	83	43.54	74	45.63	88	79.61	3
江门	35.51	74	37.03	74	40.58	69	42.99	71	49.67	62	60.09	48	61.28	39
金华	47.94	47	54.14	31	56.48	25	59.3	27	64.02	28	67.25	28	67.36	21
晋城	14.92	97	39.27	69	15.33	98	18.54	98	61.09	33	44.47	91	65.14	27
荆门	42.85	52	42.14	61	47.98	50	40.63	74	46.61	69	43.09	95	42.44	88

续表

参评城市	2016 得分	2016 排名	2017 得分	2017 排名	2018 得分	2018 排名	2019 得分	2019 排名	2020 得分	2020 排名	2021 得分	2021 排名	2022 得分	2022 排名
酒泉	33.84	79	33.87	84	27.6	90	27.37	92	31.21	93	44.72	90	40.77	91
克拉玛依	54.73	26	54.08	33	55.43	27	53.4	39	54.86	47	67.99	24	50.75	69
连云港	61.5	17	62.81	17	64.72	14	64.8	14	64.11	27	65.62	35	65.98	23
林芝	0	105	0	106	2.83	103	3.58	104	1.89	103	24.62	103	37.99	96
龙岩	13.35	98	17.75	97	19.88	93	21.45	96	19.06	98	50.75	72	50.01	73
洛阳	54.73	25	55.24	26	56.73	24	53.2	42	57.51	43	75.47	7	73.31	8
南平	14.95	96	14.52	99	17.44	96	18.27	99	16.6	100	49.93	76	48.61	76
南通	62.39	15	63.64	15	63.86	17	65.88	10	60	37	64.63	39	65.62	24
泉州	56.51	22	57.05	21	63.82	18	63.09	20	60.46	35	71.98	15	69.18	15
日照	51.74	37	49.14	46	53.48	34	62.35	23	64.85	25	62.86	41	63.94	32
三明	12.96	99	14.13	100	14.42	99	15.21	100	14.16	101	46.67	83	45.3	85
绍兴	52.74	33	53.14	38	53.58	33	53.63	37	57.65	42	67.47	26	69.44	14
朔州	40.69	59	44.75	54	44.75	58	46.78	59	54.76	48	46.43	84	44.2	86
苏州	60.88	18	64.61	14	64.73	13	65.14	13	65.33	21	67.72	25	63.72	34
宿迁	56.56	21	68.53	6	58.2	21	58.17	29	68.6	12	59.39	51	46.5	81
台州	36.75	69	39.62	67	44.16	62	47.01	58	66.34	19	60.05	49	66.48	22
唐山	66	9	65.9	9	64.49	15	64.43	16	62.91	29	77.26	5	65.39	26
铜陵	58.27	19	57.47	20	57.33	22	62.43	21	65.13	23	81.59	2	78.59	4
潍坊	33.04	81	33.99	83	51.89	37	56.31	32	62.58	30	56.27	61	50.2	71
无锡	67.84	7	67.87	7	68.1	7	68.35	7	68.23	13	68.09	23	62.05	37
湘潭	64.59	11	64.93	13	65.42	11	65.21	11	65.19	22	65.76	33	52.8	59
襄阳	57.27	20	60.64	18	60.73	20	59.79	26	61.21	32	65.81	32	50.83	68
徐州	63.33	13	63.3	16	63.32	19	64.35	17	64.42	26	64.98	38	64.14	30
许昌	34.96	77	36.76	77	37.02	78	50.61	49	46.54	70	69.72	19	65.49	25
烟台	54.23	27	55.13	28	49.12	47	65.18	12	73.45	4	65.66	34	72.26	12
盐城	50.83	40	53.31	36	54.01	30	55.53	33	53.73	52	59.02	53	48	79
宜昌	52.82	32	49.25	44	47.96	52	48.73	54	51.38	58	50.24	74	48.56	77
鹰潭	33.79	80	43.27	59	43.81	63	52.24	45	60.84	34	46.14	85	64.03	31
榆林	12.26	100	18.61	96	18.66	94	46.43	61	56.88	44	56.3	60	39.57	94
岳阳	62.32	16	55.24	27	56.96	23	57.51	31	58.49	40	58.95	54	51.72	64
漳州	35.32	75	36.91	75	38.95	73	39.96	76	39.48	82	58.61	55	62.31	36
株洲	66.51	8	66.01	8	66.44	9	67.54	8	67.75	15	66.62	30	54.9	52
淄博	54.91	23	56.72	22	66.72	8	62.42	22	71.2	7	63.4	40	52.82	58

附表20　二类地级市2016—2022年公共交通专题得分及排名

参评城市	2016 得分	2016 排名	2017 得分	2017 排名	2018 得分	2018 排名	2019 得分	2019 排名	2020 得分	2020 排名	2021 得分	2021 排名	2022 得分	2022 排名
安阳	39.27	61	40.09	64	46.68	55	48.41	56	46.75	68	62.2	43	57.25	49
白山	49.78	42	50.7	39	50.15	43	50.46	50	49.71	61	49.94	75	49.05	74
本溪	70.67	4	65.03	12	64.8	12	64.33	18	60.24	36	65.49	36	52.33	61
郴州	52.58	34	50.34	41	49.75	45	52.14	46	50.83	60	50.78	71	50.94	67
承德	19.86	93	22.59	94	20.53	92	21.79	95	21.6	96	50.33	73	48.75	75
赤峰	40	60	39.51	68	39.33	72	39.84	77	41.01	78	40.81	99	41.64	89
德州	49.38	44	48.91	47	51.74	38	50.98	48	58.51	39	52.36	67	61.08	41
抚州	38.4	63	38.05	70	51.31	40	46.42	62	47.97	65	48.75	78	52.46	60
赣州	37.08	68	44.07	57	43.38	66	40.27	75	40.86	79	47.99	81	26.44	102
广安	42.34	53	25.31	92	32.91	85	45.23	68	43.32	75	59.23	52	52.87	57
桂林	41.8	55	43.4	58	43.48	64	33.98	86	34.23	88	45.64	87	57.6	48
海南藏族自治州	94.2	1	94.2	1	94.2	1	94.2	1	74.72	2	72.64	12	73.3	9
邯郸	64.71	10	65.4	11	64.46	16	64.44	15	65.08	24	68.98	22	74.67	5
鹤壁	44.6	51	48.52	49	49.34	46	50.28	51	48.84	64	76.73	6	73.69	7
呼伦贝尔	41.15	58	41.27	62	44.46	60	34.54	85	37.41	86	43.28	94	30.84	101
淮北	54.74	24	54.16	30	53.63	32	55.09	34	56.4	45	72.34	13	73.79	6
淮南	54.2	28	56.35	24	55.86	26	57.71	30	57.7	41	71.72	16	68.62	16
黄冈	35.62	73	35.69	79	36.09	80	37.13	81	36.37	87	79.85	3	45.54	84
吉安	34.09	78	36.54	78	44.57	59	35.15	84	33.59	90	40.92	98	15.38	105
焦作	41.48	57	42.82	60	48.65	49	45.35	67	44.85	72	69.16	21	63.8	33
晋中	8.71	101	9.2	101	9.65	100	14.12	101	52.51	57	34.7	102	53.99	54
廊坊	32.65	83	50.09	43	36.47	79	36.15	82	40.63	80	57.62	56	54.52	53
乐山	29.43	88	46.53	51	47.98	51	46.55	60	43.25	76	52.06	68	67.58	20
丽江	49.6	43	50.1	42	47.81	53	49.73	52	67.33	16	74.82	8	50.71	70
丽水	38.11	64	39.98	65	42.83	67	44.14	69	59.12	38	67.43	27	67.82	18
辽源	54.11	29	54.1	32	52.58	36	52.68	43	53.87	51	52.44	66	31.38	100
临沧	31.28	84	32.17	87	32.22	86	33.48	87	34.09	89	48.73	79	17.59	104
临沂	51.83	36	56.67	23	39.8	71	60.7	24	69.65	8	60.15	47	64.47	28
泸州	51.23	39	58.62	19	50.52	42	64.32	19	66.77	18	72.13	14	72.72	11
眉山	63.31	14	45.4	53	51.12	41	53.22	41	78.41	1	56.85	58	60.5	43
南阳	17.94	94	20.16	95	17.16	97	20.41	97	18.04	99	51.56	70	50.03	72
平顶山	24.72	92	23.33	93	30.29	89	30.95	89	32.44	92	65.97	31	72.74	10
濮阳	28.52	90	35.14	82	37.97	75	45.87	64	38.66	84	61.94	44	58.88	46

续表

参评城市	2016 得分	2016 排名	2017 得分	2017 排名	2018 得分	2018 排名	2019 得分	2019 排名	2020 得分	2020 排名	2021 得分	2021 排名	2022 得分	2022 排名
黔南布依族苗族自治州	92.16	2	92.16	2	92.16	2	92.16	2	46.08	71	71.68	17	51.21	66
曲靖	37.12	67	37.93	71	37.53	76	42.05	72	53.59	53	60.37	46	41.1	90
上饶	36.52	70	35.42	81	36.05	81	32.74	88	32.85	91	44.34	92	45.86	83
韶关	41.79	56	47.05	50	47.53	54	45.8	66	46.99	67	60.63	45	32.6	99
渭南	29.62	87	28.41	90	7.06	101	37.36	80	68.93	10	65.09	37	60.99	42
信阳	7.4	102	6.74	102	6.77	102	6.79	102	7.07	102	45.33	89	44	87
阳泉	47.86	48	48.71	48	48.78	48	49.45	53	48.87	63	79.51	4	61.14	40
营口	45.28	50	45.66	52	45.75	56	45.87	65	73.85	3	38.69	100	79.82	2
云浮	32.78	82	32.28	86	31.16	87	30.91	90	30.76	94	55.46	62	53.39	55
枣庄	64.4	12	65.59	10	66.23	10	66.79	9	42.45	77	66.87	29	55.15	51
中卫	51.37	38	49.2	45	51.71	39	47.61	57	54.93	46	24.37	104	51.74	63
遵义	39.17	62	44.32	56	43.45	65	52.24	44	53.18	55	57.08	57	40.62	92

附表21 三类地级市2016—2022年公共交通专题得分及排名

参评城市	2016 得分	2016 排名	2017 得分	2017 排名	2018 得分	2018 排名	2019 得分	2019 排名	2020 得分	2020 排名	2021 得分	2021 排名	2022 得分	2022 排名
毕节	1.38	103	1.21	104	1.12	105	1.33	105	1.63	104	42.29	96	38.44	95
固原	42.08	54	53.15	37	53.21	35	53.26	40	52.87	56	46.07	86	47.19	80
梅州	50.19	41	53.72	35	54.02	29	54.19	36	54.1	50	48.87	77	51.23	65
牡丹江	30.51	86	30.61	89	30.66	88	30.76	91	30.64	95	53.42	65	52.08	62
邵阳	37.13	66	37.2	73	38.88	74	39.7	79	37.45	85	5.7	105	37.03	97
四平	37.63	65	37.84	72	39.82	70	39.75	78	39.33	83	47.65	82	25.3	103
绥化	0.31	104	1.9	103	2.22	104	3.73	103	1.63	105	35.7	101	36.85	98
天水	15.87	95	17.7	98	18.31	95	26.97	93	20.03	97	55.36	63	62.4	35
铁岭	53.72	30	44.59	55	42.01	68	41.13	73	44.51	73	40.94	97	40.52	93

附表22 一类地级市2016—2022年规划管理专题得分及排名

参评城市	2016 得分	2016 排名	2017 得分	2017 排名	2018 得分	2018 排名	2019 得分	2019 排名	2020 得分	2020 排名	2021 得分	2021 排名	2022 得分	2022 排名
巴音郭楞蒙古自治州	31.35	107	31.35	107	31.35	107	33.25	107	42.57	105	0	107	59.65	91
包头	66.84	34	67.15	43	64.93	56	66.19	48	69.32	27	63.21	62	68.13	48
宝鸡	61.48	68	66.71	47	68.52	34	66.72	46	41.89	106	48.53	97	56.65	99
昌吉回族自治州	40.86	103	37.33	105	35.48	105	34.89	106	56.62	80	45.08	102	100	1

续表

参评城市	2016 得分	2016 排名	2017 得分	2017 排名	2018 得分	2018 排名	2019 得分	2019 排名	2020 得分	2020 排名	2021 得分	2021 排名	2022 得分	2022 排名
长治	59.26	76	61.83	68	63.03	69	62.19	74	61.59	68	56.65	88	63.64	78
常州	71.6	14	71.58	19	71.68	18	76.08	3	77.51	1	76.11	5	75.87	10
大庆	67.88	32	65.45	52	61.2	76	64.21	61	54.91	87	62.73	63	67.55	55
德阳	65.02	44	70.62	24	72.17	12	71.21	18	71.93	15	65.23	51	72.02	26
东莞	66.56	37	66.2	50	64.62	60	62.17	75	70.15	23	77.38	2	77.42	2
东营	68.9	25	74.47	8	72.48	11	71.61	14	73.42	11	60.51	75	64.6	74
鄂尔多斯	62.47	61	63.27	60	63.96	62	69.21	30	69.53	26	57.05	86	62.16	85
佛山	61.56	67	69.65	26	71.15	21	71.7	13	62.77	60	63.82	56	60.78	88
海西蒙古族藏族自治州	46.12	102	45.57	103	49.14	102	55.08	96	54.04	88	33.39	106	66.67	63
湖州	70.77	16	73.52	10	71.72	17	70.48	24	62.33	64	58.75	80	65.42	71
黄山	58.79	80	59.96	77	59.29	80	60.57	80	66.63	40	63.94	53	62.92	82
嘉兴	72.3	9	75.48	5	73.38	9	71.31	17	62.72	62	66.62	42	69.37	39
江门	66.09	40	66.79	46	68.58	33	68.44	40	71.04	18	69.01	29	68.49	45
金华	67.94	30	68.94	30	72.02	14	69.99	26	55.57	84	61.29	73	63.06	81
晋城	64.66	49	60.2	75	64.88	58	65.39	54	63.51	56	57.15	85	60.27	90
荆门	64.91	46	67.18	41	64.85	59	65.13	55	71.05	17	66.95	40	72.36	25
酒泉	59.29	75	62.96	64	59.78	78	59.59	84	60.33	72	54.13	92	58.56	93
克拉玛依	51	93	53.26	92	70.55	22	58.65	89	65.79	45	67.13	39	57.01	97
连云港	64.97	45	65.43	53	65.8	49	69.1	31	70.59	20	70.04	24	65.52	70
林芝	62.17	62	64.5	55	40.88	103	47.22	103	44.12	104	41.01	103	49.89	105
龙岩	63.03	58	60.46	72	62.12	71	60.78	78	52.62	94	68	33	67.63	53
洛阳	69.12	24	68.59	32	69.76	28	72.97	7	74.75	7	75.11	7	72.98	20
南平	60.96	70	60.27	74	59.11	82	58.96	88	50.85	97	61.86	69	62.54	84
南通	73.08	6	72.94	11	71.25	20	71	19	71.03	19	75	8	75.41	11
泉州	74.47	2	70.23	25	69.77	27	69.82	27	76.13	4	71.93	20	75.9	9
日照	70.32	20	71.55	20	74.1	6	74.09	6	65.59	47	63.83	55	69.81	35
三明	49.65	95	53.02	94	59.16	81	57.75	92	53.86	89	56.94	87	63.68	77
绍兴	73.44	4	75.06	6	72.5	10	72.02	11	77.06	2	67.74	35	68.31	46
朔州	60.58	72	56.91	85	53.66	96	62.87	66	52.61	95	45.75	101	56.32	100
苏州	64.23	52	66.03	51	66.26	47	66.24	47	67.2	39	75	9	74.56	15
宿迁	67.71	33	69.15	29	65.37	52	62.28	73	74.36	8	73.01	17	75.37	12
台州	70.67	17	70.92	23	68.68	32	70.78	22	67.75	37	67.96	34	68.52	44
唐山	65.32	43	59.89	78	63.93	63	69	32	65.39	49	65.61	46	72.98	19
铜陵	59.05	78	59.71	79	58.96	83	63.65	63	57.84	76	63.31	60	65.2	72

续表

参评城市	2016 得分	排名	2017 得分	排名	2018 得分	排名	2019 得分	排名	2020 得分	排名	2021 得分	排名	2022 得分	排名
潍坊	75.17	1	79.1	1	78.5	2	79.04	2	75.47	6	72.11	19	74.35	16
无锡	68.65	26	69.27	28	65.61	51	64.88	57	70.32	21	78.58	1	76.19	8
湘潭	66.41	38	72.59	13	68.07	40	68.93	34	70.19	22	66.24	44	68.13	49
襄阳	70.4	19	71.01	22	73.73	8	71.82	12	65.77	46	69.94	25	68.99	41
徐州	73.02	7	71.82	16	70.27	24	68.98	33	72.34	13	73.73	13	71.35	27
许昌	72.17	10	72.34	14	74.07	7	72.75	8	72.23	14	77.37	3	76.55	5
烟台	70.15	21	76.89	2	78.61	1	80.18	1	62.83	59	75.88	6	73.6	18
盐城	67.9	31	68.04	35	65.07	55	70.58	23	71.55	16	73.27	16	72.59	23
宜昌	66.74	35	63.5	59	63.49	65	64.67	58	66.07	43	61.5	71	65.62	69
鹰潭	73.81	3	75.74	3	71.5	19	68.55	39	72.5	12	70.77	21	70.32	31
榆林	70.56	18	67.59	38	67.65	41	67.03	44	61.29	70	50.43	96	58.03	95
岳阳	64.83	47	67.54	39	69.14	29	70.25	25	68.12	36	65.47	47	69.2	40
漳州	64.07	53	62.53	65	59.97	77	59.57	85	63.35	57	72.62	18	72.52	24
株洲	59.19	77	56.43	86	58.18	86	57.24	94	61.58	69	62.21	66	70.21	32
淄博	69.46	23	75.62	4	74.52	4	74.89	5	63.6	55	62.37	65	67.53	56

附表23 二类地级市2016—2022年规划管理专题得分及排名

参评城市	2016 得分	排名	2017 得分	排名	2018 得分	排名	2019 得分	排名	2020 得分	排名	2021 得分	排名	2022 得分	排名
安阳	64.05	54	64.18	56	66.06	48	65.79	51	68.36	34	68.03	31	72.59	22
白山	58.08	82	59.99	76	61.21	75	62.61	69	61.74	65	62.62	64	67.13	59
本溪	57.83	83	53.76	90	61.73	74	62.42	72	63.1	58	63.93	54	64.76	73
郴州	61.41	69	59.37	81	62.73	70	68.08	41	63.8	54	67.36	38	66.72	62
承德	61.75	66	60.41	73	59.67	79	58.53	90	60.23	73	61.47	72	62.83	83
赤峰	51.7	88	59.6	80	55.38	91	57.35	93	58.16	75	58.69	81	58.85	92
德州	72.13	11	75.01	7	72.03	13	72.14	10	61.66	67	73.97	11	74.64	14
抚州	59.6	74	64.74	54	68.22	38	65.45	53	62.62	63	64.37	52	63.07	80
赣州	65.58	42	66.51	48	66.71	44	62.74	67	69.07	29	68.03	32	66.17	67
广安	66.24	39	67.5	40	71.86	15	70.85	21	69.86	24	65.25	50	67.25	58
桂林	46.87	101	47.82	101	50.7	100	52.45	100	44.44	103	46.71	99	55.53	101
海南藏族自治州	51.21	91	51.21	99	53.71	95	57.76	91	57.66	78	38.91	104	47.97	106
邯郸	64.77	48	61.82	69	64.48	61	65.63	52	64.61	52	69.88	27	71.06	28
鹤壁	64.55	50	67.67	36	68.71	31	68.89	36	69.64	25	74.36	10	77.37	3
呼伦贝尔	49.5	97	56.19	87	55.1	93	56.59	95	57.81	77	56.21	90	56.97	98

续表

参评城市	2016 得分	2016 排名	2017 得分	2017 排名	2018 得分	2018 排名	2019 得分	2019 排名	2020 得分	2020 排名	2021 得分	2021 排名	2022 得分	2022 排名
淮北	68.03	29	68.04	34	68.39	35	69.38	29	60.93	71	65.27	49	70.04	33
淮南	63.03	59	63.95	57	64.92	57	64.58	60	58.19	74	67.74	36	66.4	66
黄冈	51.52	89	62.17	67	63.45	66	66.84	45	53.19	92	53.08	94	58.26	94
吉安	58.74	81	71.81	17	70.12	25	66.01	50	68.65	32	69.23	28	67.3	57
焦作	71.03	15	71.12	21	71.85	16	72.73	9	73.76	9	73.85	12	73.81	17
晋中	63.09	57	61.11	70	61.74	73	59.65	83	48.71	99	56.21	89	69.67	37
廊坊	59.83	73	67.17	42	68.38	36	66.04	49	68.45	33	73.61	14	76.22	7
乐山	61.89	65	63.02	63	63.7	64	62.61	68	64.81	50	59.43	79	66.42	65
丽江	51.49	90	53.34	91	58.21	85	53.37	99	56.24	81	59.73	76	60.28	89
丽水	64.32	51	63.08	62	63.18	68	61.35	77	51.75	96	45.81	100	64.11	76
辽源	72.09	12	72.77	12	69.78	26	68.72	38	73.62	10	63.67	58	70.96	29
临沧	50.85	94	57.04	84	57.1	87	60.22	82	55.74	83	53.79	93	68.02	51
临沂	73.2	5	74.29	9	75.5	3	75.88	4	64.65	51	65.43	48	75.15	13
泸州	65.88	41	69.37	27	67.59	42	68.87	37	69.27	28	66.53	43	70.91	30
眉山	61.96	63	66.39	49	68.08	39	68.92	35	66.42	42	61.99	68	66.61	64
南阳	66.62	36	66.92	45	68.36	37	71.37	16	75.57	5	76.35	4	76.29	6
平顶山	70.08	22	68.62	31	66.55	45	69.8	28	76.59	3	73.37	15	72.79	21
濮阳	62.96	60	59.25	82	65.28	53	65.07	56	68.68	31	69.93	26	68.06	50
黔南布依族苗族自治州	34.62	105	35.25	106	35.34	106	43.49	104	55.16	86	61.7	70	63.3	79
曲靖	63.35	56	63.56	58	65.72	50	59.55	86	47.46	102	63.44	59	67.83	52
上饶	63.6	55	66.96	44	65.11	54	63.18	64	65.83	44	66.88	41	69.72	36
韶关	48.09	100	46.29	102	50.33	101	50.3	102	53.53	91	52.15	95	52.26	104
渭南	54.17	85	51.24	98	54.49	94	53.93	97	48.67	100	37.15	105	55.31	102
信阳	61.93	64	63.12	61	67.32	43	67.56	42	67.47	38	70.31	22	68.18	47
阳泉	68.18	28	67.66	37	69.02	30	70.95	20	55.93	82	60.66	74	68.69	42
营口	72.3	8	71.62	18	70.43	23	63.99	62	66.43	41	57.22	84	67.61	54
云浮	60.83	71	60.49	71	61.92	72	62.53	70	62.76	61	62.07	67	66.97	60
枣庄	71.68	13	71.85	15	74.44	5	71.52	15	68.28	35	70.17	23	76.82	4
中卫	32.86	106	37.91	104	40.16	104	42.83	105	30.94	107	47.62	98	46.51	107
遵义	59.05	79	62.28	66	63.28	67	64.66	59	65.5	48	68.86	30	70.03	34

附表24 三类地级市2016—2022年规划管理专题得分及排名

参评城市	2016		2017		2018		2019		2020		2021		2022	
	得分	排名	得分	排名	得分	排名	得分	排名	得分	排名	得分	排名	得分	排名
毕节	51.08	92	53.19	93	58.62	84	63.08	65	55.34	85	66.03	45	69.6	38
固原	40.67	104	48.1	100	51.17	99	53.65	98	52.98	93	58.43	82	53.54	103
梅州	49.28	98	51.48	95	55.69	90	52.16	101	49.35	98	54.44	91	57.94	96
牡丹江	52.22	87	51.29	97	51.98	98	60.67	79	53.71	90	59.57	78	61.68	87
邵阳	49.16	99	54.53	89	56.24	89	60.23	81	68.94	30	59.72	77	64.37	75
四平	68.34	27	68.25	33	66.47	46	67.27	43	63.92	53	67.57	37	68.64	43
绥化	53.17	86	51.38	96	53	97	61.5	76	48.04	101	63.76	57	66.8	61
天水	49.63	96	54.95	88	55.2	92	62.43	71	57.47	79	57.42	83	65.68	68
铁岭	54.99	84	58.18	83	56.89	88	59.15	87	61.72	66	63.26	61	62.12	86

附表25 一类地级市2016—2022年遗产保护专题得分及排名

参评城市	2016		2017		2018		2019		2020		2021		2022	
	得分	排名	得分	排名	得分	排名	得分	排名	得分	排名	得分	排名	得分	排名
巴音郭楞蒙古自治州	33.86	68	33.86	69	33.86	70	33.86	69	64.97	7	67.72	8	67.72	7
包头	16.53	98	19.4	95	23.8	90	23.8	90	26.9	81	26.15	85	49.19	52
宝鸡	58.4	11	58.53	11	58.53	11	58.98	11	58.93	14	59.89	20	60.08	20
昌吉回族自治州	0	107	0	107	0	107	0	107	35.34	69	0	107	0	107
长治	43.64	37	43.58	40	43.51	39	43.46	37	47.96	33	46.01	45	52.57	45
常州	20.52	92	20.48	92	20.44	93	20.44	93	20.35	96	18.03	98	38.97	83
大庆	26.79	79	26.96	80	26.96	80	26.96	80	27.13	80	27.53	83	30.53	93
德阳	17.41	97	20.26	93	20.25	94	20.22	94	21.43	93	38.86	66	44.58	66
东莞	13.67	99	14.44	99	15.07	99	15.07	99	15.34	100	14.44	102	16	104
东营	71.52	5	71.39	5	71.4	5	71.39	5	64.68	9	74.08	4	74.08	6
鄂尔多斯	61.3	9	63.01	7	63.16	8	63.16	8	64.77	8	61.03	15	65.49	11
佛山	21.53	89	22.43	90	27.71	77	27.71	77	23.85	90	24.98	88	25.7	99
海西蒙古族藏族自治州	64.08	6	67.83	6	69.67	6	69.67	6	67.9	5	59.13	22	86.99	3
湖州	53.18	19	54.54	17	54.5	19	63.13	9	64.45	10	61.13	14	61.86	16
黄山	78.59	2	78.46	2	78.32	2	78.08	2	77.59	2	81.24	2	82.59	4
嘉兴	35.04	66	36.05	67	35.77	69	35.5	68	35.5	68	33.14	77	34.06	89
江门	12.74	100	12.66	100	12.6	101	12.6	101	14.74	101	20.98	93	24.03	100
金华	58.59	10	59.15	10	59.01	10	58.91	12	58.91	15	62.39	13	64.23	13
晋城	42.33	42	42.35	44	42.35	44	42.29	43	38.26	58	42.9	51	44.91	65
荆门	10.38	102	10.36	102	10.36	102	10.36	102	10.38	104	12.99	104	35.65	86

续表

参评城市	2016		2017		2018		2019		2020		2021		2022	
	得分	排名	得分	排名	得分	排名	得分	排名	得分	排名	得分	排名	得分	排名
酒泉	72.9	3	72.83	3	74.28	3	74.23	3	74.22	4	73.5	5	78.36	5
克拉玛依	47.97	28	46.93	31	49.26	30	44.8	33	43.81	45	47.22	40	31.24	92
连云港	27.32	77	27.54	78	27.47	78	27.47	78	27.49	79	27.33	84	51.58	47
林芝	87.17	1	88.07	1	87.61	1	87.25	1	86.89	1	87.08	1	88.14	2
龙岩	53.21	18	53.55	20	53.72	21	53.72	20	58.47	16	58.25	25	59.55	24
洛阳	49.54	24	49.36	26	49.31	29	49.31	26	49.02	32	35.9	71	47.86	55
南平	52.79	20	52.93	21	56.77	13	56.77	14	59.84	12	59.89	19	59.36	27
南通	24.04	87	24.04	88	24.03	89	24.03	89	23.98	89	22.01	90	41.16	76
泉州	48.18	27	48.54	29	48.4	32	48.4	29	50.8	30	46.58	43	47.1	58
日照	41.04	45	40.99	47	41.68	46	41.61	45	40.24	55	60.39	16	59.39	25
三明	47.32	29	47.44	30	53.27	23	56.69	16	59.47	13	60.16	18	63.82	14
绍兴	42.55	40	42.97	41	53.29	22	42.88	40	42.88	46	40.96	57	41.28	75
朔州	18.37	94	19.59	94	19.58	95	19.56	95	20.78	95	15.57	99	20.56	101
苏州	26.53	81	26.69	81	26.65	83	26.65	83	26.57	84	24.29	89	46.27	61
宿迁	37.45	59	37.42	61	37.38	64	37.38	63	37.35	64	36.88	70	45.7	63
台州	43.16	38	44.22	37	44.22	38	44.17	36	44.35	42	60.36	17	61.01	17
唐山	25.09	85	24.95	85	24.76	87	24.76	87	24.54	88	25.35	87	28.13	96
铜陵	49.07	26	39.93	53	39.91	53	39.91	53	39.81	56	42.03	54	43.51	68
潍坊	40.88	46	40.87	48	40.97	47	40.95	46	41.69	49	40.94	58	41.02	77
无锡	28.41	75	28.33	77	28.22	76	28.22	76	28.04	77	21.87	92	48.52	53
湘潭	12.57	101	12.5	101	13.19	100	13.19	100	14.54	102	13.87	103	38.34	84
襄阳	37.27	60	37.17	62	37.72	61	37.72	60	37.62	62	43.94	48	51.17	50
徐州	21.42	90	21.56	91	21.42	92	21.42	92	21.25	94	20.34	96	51.29	48
许昌	17.78	96	17.6	98	17.47	98	17.47	98	17.25	99	10.98	105	14.82	105
烟台	56.69	13	56.68	13	56.69	14	56.71	15	57.51	17	56.57	29	56.86	35
盐城	42.46	41	42.44	43	42.42	43	42.42	42	42.51	47	43.32	49	42.78	71
宜昌	54.75	16	54.71	16	55.45	17	55.45	18	55.44	20	56.75	27	59.7	22
鹰潭	29.08	73	28.99	75	28.87	75	28.87	75	28.67	76	28.61	82	58.34	30
榆林	38.38	57	38.44	59	38.37	59	38.63	57	35.28	70	37.95	67	39	82
岳阳	43.8	35	43.6	39	43.4	40	43.4	38	44.39	41	46.82	42	60.21	19
漳州	39.93	50	40.24	51	40.14	52	40.14	52	41.7	48	40.79	59	44.93	64
株洲	39.34	52	39.24	55	38.2	60	38.2	59	38.16	59	40.57	60	54.1	40
淄博	38.78	55	38.75	57	38.75	56	38.87	55	37.77	60	40.23	61	40.88	78

附表26 二类地级市2016—2022年遗产保护专题得分及排名

参评城市	2016 得分	2016 排名	2017 得分	2017 排名	2018 得分	2018 排名	2019 得分	2019 排名	2020 得分	2020 排名	2021 得分	2021 排名	2022 得分	2022 排名
安阳	27.1	78	27	79	27.03	79	27.03	79	26.69	82	20.98	93	25.86	97
白山	43.71	36	44.07	38	44.28	37	44.28	35	44.6	39	45.79	47	51.29	49
本溪	52.44	22	52.49	23	52.58	25	52.58	22	53.86	25	68.65	7	67.53	8
郴州	42.6	39	42.71	42	42.61	41	42.61	41	44.5	40	39.62	63	60.26	18
承德	55.06	15	55.06	15	54.97	18	54.97	19	54.93	21	56.57	30	57.5	33
赤峰	46	32	50.02	25	50.45	28	50.45	25	52.41	28	54.17	33	59.38	26
德州	26.17	82	26.1	84	26.1	85	26.1	85	26.3	86	21.92	91	39.44	81
抚州	57.2	12	57.17	12	57.21	12	57.21	13	57.12	18	58.52	23	59.56	23
赣州	39.19	53	39.08	56	38.94	55	38.94	54	38.74	57	34.84	75	45.73	62
广安	0.58	106	3.9	106	1.25	106	4.62	106	10.76	103	34.01	76	40.06	79
桂林	33.84	69	33.66	70	38.66	57	38.66	56	40.48	52	38.98	64	42.61	72
海南藏族自治州	72.21	4	72.07	4	71.82	4	71.82	4	74.77	3	80.5	3	95.83	1
邯郸	40.18	49	40.12	52	40.33	51	40.33	50	40.29	54	42.09	53	41.84	73
鹤壁	36.14	64	36.1	66	36.06	68	36.06	67	36.01	66	35.74	72	35.69	85
呼伦贝尔	62.07	7	62.89	8	63.7	7	63.7	7	65.11	6	64.74	10	65.63	10
淮北	19.5	93	19.22	96	19.03	96	19.03	96	18.64	97	15.34	100	16.93	103
淮南	32.32	70	32.17	71	31.99	72	31.99	71	31.98	72	31.15	79	30.21	94
黄冈	44.79	34	44.72	36	44.67	36	44.67	34	44.69	38	48.33	39	50.36	51
吉安	35.07	65	35.04	68	51.68	26	51.68	23	51.65	29	51.77	35	53.87	41
焦作	52.69	21	52.66	22	52.63	24	52.63	21	52.55	27	48.96	38	53.28	42
晋中	38.64	56	38.6	58	38.54	58	38.49	58	37.73	61	38.87	65	39.98	80
廊坊	36.87	61	36.76	63	36.23	67	36.23	66	35.78	67	35.64	73	33.6	91
乐山	39.12	54	53.82	19	40.46	50	40.47	49	54.55	23	55.58	32	56.58	36
丽江	29.13	72	29.23	74	29.19	73	29.14	73	29.14	74	70.38	6	47.38	57
丽水	61.62	8	62.49	9	62.22	9	62.35	10	62.55	11	63.11	12	65.11	12
辽源	18.22	95	18.28	97	18.37	97	18.37	97	18.45	98	20.01	97	46.84	60
临沧	53.82	17	54.13	18	54.11	20	48.51	28	54.38	24	63.71	11	42.98	70
临沂	36.53	62	36.62	64	37.07	66	36.93	65	37.43	63	56.59	28	57.67	32
泸州	34.82	67	46.9	32	37.27	65	37.26	64	46.91	35	49.14	37	48.23	54
眉山	0.8	105	9.52	104	3.02	105	7.39	105	10.33	105	41.96	55	41.79	74
南阳	40.73	48	40.63	50	40.67	48	40.67	47	40.71	50	37.5	68	43.34	69
平顶山	26.74	80	26.67	82	26.62	84	26.62	84	26.53	85	20.98	93	34.56	88
濮阳	23.26	88	23.21	89	23.18	91	23.18	91	23.26	92	26.1	86	25.81	98

续表

参评城市	2016 得分	2016 排名	2017 得分	2017 排名	2018 得分	2018 排名	2019 得分	2019 排名	2020 得分	2020 排名	2021 得分	2021 排名	2022 得分	2022 排名
黔南布依族苗族自治州	55.42	14	56.16	14	56.09	16	56.09	17	55.93	19	59.31	21	58.36	29
曲靖	28.4	76	32.09	72	56.26	15	31.97	72	31.97	73	43.27	50	29.27	95
上饶	46.74	30	46.9	33	47.07	34	47.07	31	47.17	34	46.44	44	54.51	39
韶关	50.61	23	50.33	24	51.54	27	51.54	24	52.97	26	50.34	36	55.89	37
渭南	39.75	51	39.75	54	39.74	54	40.16	51	36.89	65	66.61	9	66.91	9
信阳	40.83	47	40.66	49	40.64	49	40.64	48	40.6	51	37.42	69	47.02	59
阳泉	37.68	58	37.68	60	37.68	62	37.64	61	34.82	71	57.95	26	59.89	21
营口	25.34	84	49.32	27	25.35	86	25.38	86	25.36	87	58.26	24	58.08	31
云浮	8.53	104	8.44	105	8.34	104	8.34	104	8.18	107	8.8	106	11.56	106
枣庄	28.89	74	28.87	76	28.92	74	28.89	74	28.79	75	32.61	78	33.61	90
中卫	21.19	91	24.91	86	26.76	82	26.76	82	26.6	83	35.11	74	53.17	44
遵义	41.43	44	41.98	46	42.59	42	43.1	39	49.81	31	45.88	46	47.57	56

附表27　三类地级市2016—2022年遗产保护专题得分及排名

参评城市	2016 得分	2016 排名	2017 得分	2017 排名	2018 得分	2018 排名	2019 得分	2019 排名	2020 得分	2020 排名	2021 得分	2021 排名	2022 得分	2022 排名
毕节	31.46	71	31.69	73	32.04	71	32.04	70	40.34	53	41.77	56	44.3	67
固原	49.24	25	49.12	28	49.01	31	49.01	27	54.87	22	55.72	31	57.39	34
梅州	25.5	83	26.37	83	26.78	81	26.78	81	27.72	78	30.1	80	34.62	87
牡丹江	46.67	31	46.86	34	47.16	33	47.16	30	46.31	36	51.85	34	55.83	38
邵阳	41.87	43	42.08	45	42	45	42	44	44.2	43	40.05	62	53.21	43
四平	9.76	103	9.8	103	9.8	103	9.8	103	9.94	106	15.13	101	19.32	102
绥化	36.21	63	36.42	65	37.47	63	37.47	62	44.13	44	47.05	41	51.76	46
天水	45.12	33	45.09	35	45.05	35	45.05	32	44.97	37	42.78	52	62.94	15
铁岭	24.56	86	24.58	87	24.63	88	24.63	88	23.63	91	29.55	81	59.09	28

附表28　一类地级市2016—2022年防灾减灾专题得分及排名

参评城市	2016 得分	2016 排名	2017 得分	2017 排名	2018 得分	2018 排名	2019 得分	2019 排名	2020 得分	2020 排名	2021 得分	2021 排名	2022 得分	2022 排名
巴音郭楞蒙古自治州	26.2	102	19.65	102	13.1	103	11.74	103	11.36	103	—	—	15.57	102
包头	57.59	82	63.19	64	64.52	71	65.46	69	68.67	62	28.25	98	34.92	93
宝鸡	80.87	13	85.99	7	91.44	3	92.26	2	91.75	3	93.55	7	92.61	6
昌吉回族自治州	42.72	98	42.29	98	35.49	99	41.1	97	36.36	98	—	—	40.49	91

续表

参评城市	2016 得分	2016 排名	2017 得分	2017 排名	2018 得分	2018 排名	2019 得分	2019 排名	2020 得分	2020 排名	2021 得分	2021 排名	2022 得分	2022 排名
长治	61.41	70	61.79	70	51.38	88	52.32	88	53.03	88	39.98	93	52.1	86
常州	84.44	8	84.4	10	85.47	9	85.37	10	85.54	12	83.13	20	83.95	16
大庆	74.56	31	71.06	49	76.43	34	77.76	29	79.25	28	73.03	51	80.22	27
德阳	69.05	51	69.35	53	69.87	59	70.37	56	70.42	59	78.71	30	79.73	29
东莞	60.21	76	60.36	74	61.58	78	61.9	79	64.91	72	59	73	60.57	69
东营	61.87	69	60.98	71	62.05	76	62.75	76	63.63	76	66.07	65	69.48	58
鄂尔多斯	48.28	95	48.82	94	49.56	90	33.37	99	33.71	99	15.12	103	18.42	100
佛山	70.51	46	70.48	51	76.87	32	77.11	32	75.48	42	71.81	56	72.78	52
海西蒙古族藏族自治州	—		—		—		—		—		46.04	89	—	—
湖州	72.74	38	72.9	42	75.52	37	76.93	33	74.88	46	75.85	37	77.47	35
黄山	73.12	35	76.46	30	79.44	22	80.02	22	81.18	21	96.18	4	96.9	2
嘉兴	70.33	47	72.09	45	74.03	47	76.69	34	72.38	52	69.51	60	71.27	56
江门	60.65	73	59.66	75	61.86	77	62.2	78	66.99	68	72.77	53	73.24	51
金华	74.88	29	74.42	36	74.91	42	75.71	41	76	38	74.93	43	76.25	40
晋城	58.57	80	57.69	83	45.91	93	48.05	91	51.14	91	49.65	87	50.8	88
荆门	71.41	41	77.13	28	80.35	20	80.78	19	82.62	18	75.42	40	78.12	34
酒泉	62.29	67	62.62	68	59.51	81	60.15	82	59.59	81	82.81	21	74.46	47
克拉玛依	15.53	103	10.62	104	42.08	98	42.08	96	51.52	89	39.49	94	15.93	101
连云港	81.01	11	81.52	15	81.74	15	82.36	15	82.63	17	75.05	42	76.35	39
林芝	—		—		—		—		—		100	1	—	—
龙岩	87.05	5	87.46	5	88.44	6	88.93	5	89.46	6	87.09	12	89.13	9
洛阳	73.05	36	75.6	32	77.19	30	77.74	30	84.75	14	79.27	28	79.85	28
南平	79.72	18	82.36	13	85.89	8	86.31	8	89.3	7	88.12	11	88.88	10
南通	71.32	44	71.68	47	73.77	48	74.32	49	74.9	45	62.73	68	63.59	66
泉州	75.36	28	75.57	33	76.12	36	76.47	36	75.98	40	66.21	64	67.32	59
日照	55.69	88	55.81	86	73.34	49	74.36	48	66.44	70	44.76	90	49.03	89
三明	89.89	2	90.43	2	91.49	2	92.16	3	92.75	2	74.11	46	78.71	32
绍兴	69.48	49	77.98	25	78.52	24	79.36	23	79.52	27	74.16	45	75.27	44
朔州	59.89	78	59.52	76	44.28	95	45.13	94	46.28	93	37.78	95	36.36	92
苏州	79.92	17	79.94	18	81.1	17	81.25	17	81.5	19	53.93	82	55.58	82
宿迁	69.08	50	69.39	52	69.99	57	70.24	57	70.44	58	74.75	44	75.56	42
台州	63.9	64	67.41	55	75.15	40	75.54	42	72.82	51	73.22	50	74.86	46
唐山	60.6	74	62.45	69	65.76	68	66.35	68	67.64	64	19.34	101	27.95	95
铜陵	67.66	55	75.4	34	80.41	19	80.68	20	81.29	20	53.47	83	57.63	75

续表

参评城市	2016 得分	2016 排名	2017 得分	2017 排名	2018 得分	2018 排名	2019 得分	2019 排名	2020 得分	2020 排名	2021 得分	2021 排名	2022 得分	2022 排名
潍坊	63.64	65	60.62	72	62.2	75	62.61	77	57.07	84	57.13	77	58.41	72
无锡	66.06	58	66.2	59	66.84	66	67.02	66	67.21	66	62.7	69	64.4	63
湘潭	79.94	15	82.66	12	84.28	13	84.24	13	86.21	11	78.67	31	80.9	22
襄阳	87.92	4	88.52	4	89.28	4	89.58	4	90.25	4	82.39	23	80.68	25
徐州	86.38	6	86.71	6	87.81	7	87.67	7	87.95	9	81.88	24	82.95	20
许昌	64.15	63	62.66	67	68.55	63	69.39	59	71.83	54	70.92	58	72.59	54
烟台	74.3	32	74.27	37	74.64	44	75	45	74.77	47	76.25	36	75.44	43
盐城	82.92	9	82.98	11	83.94	14	83.84	14	83.89	16	91.57	9	90.74	8
宜昌	78.17	23	78.67	23	76.74	33	77.19	31	76.7	36	72.73	54	72.76	53
鹰潭	76.47	25	76.78	29	67.66	64	67.61	65	71.9	53	73.67	47	73.59	50
榆林	45.88	96	48.24	95	50.71	89	51.51	90	56.02	85	29.56	96	31.17	94
岳阳	71.35	42	78.88	22	81.46	16	81.75	16	85.36	13	87.04	13	88.71	11
漳州	79.34	19	79.69	19	79.92	21	80.13	21	76.74	35	79.03	29	80.88	23
株洲	80.32	14	84.75	9	85.26	11	84.98	12	88.01	8	92.85	8	92.22	7
淄博	65.52	61	65.6	60	65.97	67	66.48	67	64.35	73	58.3	75	58.3	73

附表29　二类地级市2016—2022年防灾减灾专题得分及排名

参评城市	2016 得分	2016 排名	2017 得分	2017 排名	2018 得分	2018 排名	2019 得分	2019 排名	2020 得分	2020 排名	2021 得分	2021 排名	2022 得分	2022 排名
安阳	55.95	85	66.65	56	70.14	56	69.15	61	59.32	82	53.96	81	56.78	79
白山	73.31	34	73.01	40	71.13	54	70.53	55	63.77	75	77.89	34	65.42	62
本溪	60.35	75	54.74	88	54.9	86	54.18	87	44.59	94	2.83	105	4.99	103
郴州	72.67	39	73.01	41	74.59	45	75.3	44	75.98	39	84.06	18	83.8	18
承德	69.02	52	73.54	38	74.75	43	74.39	47	72.93	50	60.98	71	60.71	68
赤峰	59.25	79	59.48	77	49.13	91	51.91	89	54.6	86	51.08	86	46.42	90
德州	79.93	16	80.29	17	80.72	18	81.07	18	78.91	29	58.78	74	56.92	78
抚州	66.07	57	66.55	57	72.29	52	72.43	51	75.37	43	77.39	35	77.34	36
赣州	71.33	43	71.93	46	74.53	46	74.99	46	75.22	44	80.59	25	80.75	24
广安	78.18	22	78.27	24	78.48	25	78.54	26	79.83	25	78.41	32	78.18	33
桂林	77.27	24	77.3	27	77.14	31	76.47	37	76.31	37	98	2	94.59	5
海南藏族自治州	49.6	92	50.04	91	43.81	96	43.1	95	42.17	96	83.75	19	83.92	17
邯郸	74.78	30	55.5	87	59.58	80	59.96	83	62.46	77	52.78	85	54.47	84
鹤壁	57.4	83	57.94	82	70.9	55	71.67	54	75.71	41	80.12	26	86.72	13
呼伦贝尔	11.23	104	11.07	103	7.89	104	7.72	104	7.64	104	12.43	104	1.2	104

续表

参评城市	2016 得分	2016 排名	2017 得分	2017 排名	2018 得分	2018 排名	2019 得分	2019 排名	2020 得分	2020 排名	2021 得分	2021 排名	2022 得分	2022 排名
淮北	48.67	94	49.65	92	54.83	87	59.93	84	71.74	55	47.89	88	55.89	80
淮南	51.17	90	54.46	89	57.71	85	64.48	72	68.63	63	42.15	92	53.39	85
黄冈	70.87	45	71.36	48	72.39	50	72.65	50	73.58	49	79.4	27	80.62	26
吉安	75.77	27	76.26	31	75.32	38	75.5	43	76.98	33	75.62	38	76.86	38
焦作	55.95	86	59	80	67.52	65	68.05	64	70.47	57	63.12	66	65.48	61
晋中	43.38	97	43.45	97	43.81	97	45.44	93	51.41	90	44.16	91	54.99	83
廊坊	62.38	66	63.04	65	64.75	70	65.26	71	65.74	71	85.01	16	83.27	19
乐山	78.86	20	78.98	21	79.11	23	79.18	24	79.6	26	75.4	41	76.91	37
丽江	71.62	40	72.49	43	72.34	51	71.94	53	76.81	34	95.89	5	99.43	1
丽水	75.82	26	77.38	26	78.43	26	78.14	28	84.63	15	85.75	15	88.36	12
辽源	80.88	12	80.58	16	78.15	27	76.54	35	66.99	69	72.18	55	60.83	67
临沧	88.1	3	88.88	3	88.88	5	88.82	6	90.17	5	96.75	3	95.74	3
临沂	58.04	81	58.26	81	58.11	84	59.09	86	54.23	87	54.63	79	55.65	81
泸州	96.11	1	96.06	1	96.23	1	96.14	1	96.77	1	94.76	6	95.59	4
眉山	69.58	48	69.28	54	69.27	61	69.05	62	69.11	61	71.55	57	72.34	55
南阳	59.99	77	56.45	84	69.51	60	69.86	58	74.6	48	75.56	39	75.96	41
平顶山	53.96	89	51.68	90	63.11	73	64.08	74	67.15	67	61.43	70	64.29	64
濮阳	61.25	71	64.64	61	69.9	58	68.5	63	61.02	79	73.39	48	75.02	45
黔南布依族苗族自治州	73.01	37	74.85	35	75.09	41	76.22	39	78.14	31	86.54	14	84	15
曲靖	84.92	7	85.47	8	85.24	12	85.01	11	87.37	10	78.3	33	79.49	30
上饶	66.05	59	66.55	58	68.96	62	69.36	60	69.83	60	73.33	49	73.84	49
韶关	64.3	62	62.71	66	64.02	72	64.45	73	71.14	56	53.33	84	57	77
渭南	67.94	54	71.01	50	76.41	35	76.43	38	80.14	24	66.98	63	66.84	60
信阳	65.57	60	60.56	73	75.31	39	76.13	40	80.53	23	72.9	52	74.12	48
阳泉	55.83	87	56.21	85	59.25	82	60.65	81	44.21	95	56.41	78	58.2	74
营口	49.44	93	45.52	96	46.89	92	47.01	92	46.48	92	15.76	102	18.89	99
云浮	61.01	72	63.61	63	62.85	74	63.03	75	64.06	74	62.89	67	63.62	65
枣庄	68.21	53	72.34	44	71.47	53	72.03	52	59.95	80	54.15	80	51.73	87
中卫	29.09	101	28.76	101	23.76	102	21.97	102	19.34	102	27.99	99	21.94	98
遵义	66.25	56	59.47	78	59.23	83	59.59	85	57.72	83	59.67	72	59.27	71

附表30 三类地级市2016—2022年防灾减灾专题得分及排名

参评城市	2016		2017		2018		2019		2020		2021		2022	
	得分	排名	得分	排名	得分	排名	得分	排名	得分	排名	得分	排名	得分	排名
毕节	—	—	—	—	—	—	—	—	—	—	67.07	62	—	—
固原	36.04	100	35.78	99	32.45	100	31.3	101	29.57	100	67.25	61	60.1	70
梅州	56.43	84	59.07	79	61.1	79	61.03	80	61.47	78	57.31	76	57.04	76
牡丹江	82.05	10	81.54	14	85.47	10	85.65	9	81.09	22	82.49	22	81.57	21
邵阳	61.89	68	63.84	62	65.08	69	65.31	70	67.48	65	69.83	59	71.03	57
四平	50.55	91	49.62	93	45.2	94	39.36	98	40.48	97	29.14	97	27.75	97
绥化	74.05	33	73.36	39	77.45	29	78.28	27	78.84	30	84.75	17	85.18	14
天水	78.85	21	79.26	20	78.12	28	78.84	25	77.16	32	90.53	10	79	31
铁岭	37.07	99	29.36	100	30.21	101	32.12	100	28.6	101	26.09	100	27.9	96

附表31 一类地级市2016—2022年环境改善专题得分及排名

参评城市	2016		2017		2018		2019		2020		2021		2022	
	得分	排名	得分	排名	得分	排名	得分	排名	得分	排名	得分	排名	得分	排名
巴音郭楞蒙古自治州	50.05	83	50.05	88	49.37	95	54.28	88	46.5	105	0.82	106	25.8	107
包头	53.94	77	54.93	81	58.29	81	58.29	81	62.05	83	65.27	87	77.66	59
宝鸡	69.03	41	64.19	57	71.42	40	71.42	40	75.11	45	82.89	35	86.14	30
昌吉回族自治州	57.74	68	57.5	78	56.17	85	56.17	85	54.69	97	0.82	106	32.69	106
长治	59.97	59	58.4	76	63.63	69	63.63	69	65.38	75	71.15	76	72.37	77
常州	57.26	71	60.53	71	65.48	60	65.48	60	69.45	62	77.11	55	77.75	58
大庆	76.16	22	77.17	26	76.07	33	76.07	33	79.51	35	73.2	68	56.11	103
德阳	46.21	86	47.02	97	51.46	91	51.46	92	79.94	31	73.99	61	80.59	51
东莞	54.82	74	68.43	46	66.31	55	66.31	55	75.2	43	81.79	38	74.74	70
东营	43.66	95	47.12	96	55.91	86	55.91	86	64.84	77	59.12	97	53.74	104
鄂尔多斯	61.79	53	63.45	61	65.21	63	65.21	63	67.79	68	72.09	75	77.18	64
佛山	71.03	35	75.23	29	70.04	44	70.04	44	86.79	13	85.06	28	85.69	31
海西蒙古族藏族自治州	51.08	82	59.16	74	60.63	76	60.63	75	66.22	71	70.73	78	77.33	61
湖州	70.16	37	73.94	31	79.42	23	79.42	23	81.22	23	86.61	26	87.55	25
黄山	87.64	1	90.44	1	91.35	1	91.35	1	91.5	3	92.92	5	93.39	3
嘉兴	57.69	69	62.91	63	70.18	43	70.18	43	76.28	39	82.28	37	82.86	41
江门	79.37	15	79.66	18	78.28	29	78.28	29	76.03	41	83.65	31	84.18	35
金华	63.34	49	79.72	17	81	15	81	15	81.8	22	88.8	14	88.98	19
晋城	61.57	55	58.71	75	58.86	80	58.86	80	68.76	64	68.44	80	71.34	80
荆门	53.56	78	57.31	79	69	47	69	47	74.7	46	79.28	51	77.45	60

续表

参评城市	2016 得分	2016 排名	2017 得分	2017 排名	2018 得分	2018 排名	2019 得分	2019 排名	2020 得分	2020 排名	2021 得分	2021 排名	2022 得分	2022 排名
酒泉	58.24	66	60.29	72	66.88	53	66.88	53	69.52	61	74.65	58	73.25	74
克拉玛依	71.39	33	71.48	38	56.43	84	56.43	84	68.28	66	73.04	69	78.01	57
连云港	54.26	76	57.1	80	60.07	77	60.07	76	64.73	78	72.87	70	76.82	65
林芝	79.15	16	78.92	20	80.69	17	80.69	17	91.38	4	80.82	42	92.99	4
龙岩	82.5	10	83.03	11	84.6	7	84.6	7	89.86	6	92.05	6	86.94	26
洛阳	58.44	65	58.12	77	61.54	75	59.03	78	55.49	95	72.46	72	70.45	82
南平	83.84	6	82.37	14	82.14	13	82.14	13	91.08	5	93.34	4	92.57	6
南通	59.24	62	63.73	60	66.3	56	66.3	56	69.89	59	79.88	48	79.46	53
泉州	84.57	5	87.45	3	87.01	3	87.01	3	80.07	30	81.56	39	81.31	48
日照	55.04	73	52.72	86	44.56	106	44.56	106	65.68	74	63.95	92	68.14	87
三明	82.37	11	83.72	10	84.54	8	84.54	8	80.67	26	84.65	29	79.86	52
绍兴	66.69	45	74.89	30	79.53	22	79.53	22	80.34	28	84.56	30	86.62	27
朔州	51.73	81	52.66	87	48.95	96	48.95	96	60.97	87	64.91	89	58.93	100
苏州	60.21	58	66.68	52	67.51	51	67.51	51	73.58	48	79.85	49	76.6	66
宿迁	61.58	54	64.09	58	61.91	73	61.91	73	71.97	52	76.29	56	78.18	56
台州	73.51	26	78.61	21	76.82	31	76.82	31	79.66	34	88.3	16	88.9	20
唐山	40.78	103	47.74	95	49.6	93	49.6	94	54.45	98	64.45	91	65.37	91
铜陵	73.79	25	75.67	28	72.68	39	72.68	39	69.87	60	80.14	46	78.9	54
潍坊	42.88	98	46.56	98	47.15	100	47.15	100	57.27	93	66.28	84	68.6	86
无锡	59.96	60	62.3	64	64.62	66	64.62	66	73.17	50	79.7	50	81.02	49
湘潭	74.38	24	77.96	24	77.41	30	77.41	30	75.6	42	82.98	34	84.94	34
襄阳	62.81	51	66.9	51	67.91	50	67.91	50	66.17	72	74.28	60	78.79	55
徐州	58.65	63	61.92	66	59.13	78	59.13	77	61.6	86	69	79	71.77	79
许昌	46.09	88	52.84	85	61.88	74	61.88	74	57.84	92	72.34	73	73.53	73
烟台	73.25	28	73.84	32	68.45	49	68.45	49	85.39	16	75.23	57	77.21	63
盐城	66.14	46	69.05	40	65.93	58	65.93	58	66.69	70	78.15	54	85.46	32
宜昌	63.41	48	67.74	50	73.29	38	73.29	38	79.78	33	83.39	32	86.24	29
鹰潭	86.83	2	87.01	4	85.57	5	85.57	5	85.74	15	81.22	41	90.65	14
榆林	53.34	79	46.04	100	46.47	102	46.47	102	60.93	88	64.65	90	69.58	85
岳阳	67.73	44	68.58	45	57.05	82	57.05	82	70.48	56	73.87	62	87.56	24
漳州	86.61	3	86.92	5	85.17	6	85.17	6	86.83	12	89.09	13	82.43	44
株洲	79.58	13	82.53	13	80.87	16	80.87	16	83.37	18	87.36	22	83.39	37
淄博	42.91	97	46.13	99	48.9	97	48.9	97	58.47	91	52.42	104	68.1	88

附表32 二类地级市2016—2022年环境改善专题得分及排名

参评城市	2016		2017		2018		2019		2020		2021		2022	
	得分	排名	得分	排名	得分	排名	得分	排名	得分	排名	得分	排名	得分	排名
安阳	43.15	96	45.22	101	44.81	105	44.81	105	45.53	106	55.06	102	59.22	99
白山	73.36	27	68.11	47	58.92	79	58.92	79	71.94	53	88.17	18	89.11	17
本溪	57.52	70	68.67	44	82.79	12	82.79	12	92.18	2	86.98	24	88.53	22
郴州	77.55	18	81.39	16	83.1	11	83.1	11	87.64	11	88.37	15	88.41	23
承德	57.77	67	71.42	39	75.85	34	75.85	34	80.19	29	79.96	47	82.43	45
赤峰	60.42	56	63.76	59	66.88	52	66.88	52	74.48	47	73.7	63	85.22	33
德州	40.9	101	41.84	106	56.86	83	56.86	83	55.52	94	56.14	100	64.63	93
抚州	83.76	7	84.3	9	84.32	9	84.32	9	88.76	7	89.74	10	91.7	11
赣州	71.08	34	77.17	25	79.36	25	79.36	25	86.6	14	87.45	21	93.76	2
广安	77.13	19	79.38	19	79.38	24	79.38	24	79.79	32	83.1	33	83.34	38
桂林	71.84	31	73.39	33	76.49	32	76.49	32	83.11	20	90.24	9	92.61	5
海南藏族自治州	52.47	80	60.82	70	63.14	70	63.14	70	68.43	65	65.32	86	82.55	43
邯郸	44.23	92	48.67	91	45.89	103	45.89	103	49.58	103	56.96	99	65.21	92
鹤壁	44.74	90	47.91	93	54.61	87	54.61	87	52.52	100	53.02	103	63.16	95
呼伦贝尔	73.19	30	77.15	27	80.64	18	80.64	18	76.19	40	88.19	17	83.27	39
淮北	54.59	75	54.54	82	49.37	94	49.37	95	51.37	101	65.02	88	60.93	97
淮南	70.58	36	68.9	41	64.97	64	64.97	64	67.07	69	67.58	81	71.9	78
黄冈	68.34	43	68.88	42	71.03	41	71.03	41	67.9	67	73.69	64	70.41	83
吉安	83.54	8	81.73	15	78.31	28	78.31	28	88.29	8	86.04	27	91.91	8
焦作	44.87	89	48.83	90	53.93	88	53.93	89	50.7	102	51.65	105	59.84	98
晋中	48.81	84	54.23	83	47.97	98	47.97	98	59.18	89	67.05	83	67.25	89
廊坊	22.33	107	49.53	89	53.3	90	53.3	91	61.64	85	61.31	94	58.73	101
乐山	46.19	87	48.64	92	65.27	62	65.27	62	72.72	51	89.61	11	82.16	46
丽江	76.64	21	73.16	34	75.3	35	75.3	35	80.74	25	91.94	7	91.74	9
丽水	79.5	14	84.5	7	86.16	4	86.16	4	88.13	10	94.26	3	95.03	1
辽源	60.37	57	68.79	43	74.02	36	74.02	36	78.94	37	73.38	67	77.23	62
临沧	69.04	40	61.73	67	83.87	10	83.87	10	80.94	24	87.25	23	69.89	84
临沂	39.68	104	42.85	104	45.04	104	45.04	104	54.69	96	61.12	95	51.14	105
泸州	63.1	50	61.08	68	66.61	54	66.61	54	77.36	38	80.32	45	88.67	21
眉山	41.72	100	62.07	65	62.09	72	62.09	72	70.76	55	81.31	40	83.65	36
南阳	48.34	85	61.03	69	64.22	68	64.22	68	70.02	58	73.46	65	72.62	75
平顶山	43.9	94	59.37	73	62.14	71	62.14	71	61.65	84	72.3	74	74.95	69
濮阳	35.1	105	37.65	107	41.47	107	41.47	107	44.81	107	57.83	98	62.94	96

参评城市	2016 得分	2016 排名	2017 得分	2017 排名	2018 得分	2018 排名	2019 得分	2019 排名	2020 得分	2020 排名	2021 得分	2021 排名	2022 得分	2022 排名
黔南布依族苗族自治州	71.44	32	64.7	56	64.54	67	64.54	67	62.99	81	89.24	12	91.23	12
曲靖	85.63	4	84.34	8	78.34	27	78.34	27	83.62	17	87.97	19	89.38	16
上饶	73.22	29	72.02	36	78.59	26	78.59	26	79.06	36	91.37	8	92.26	7
韶关	81.44	12	82.88	12	68.5	48	68.5	48	88.27	9	95.2	1	91.73	10
渭南	33.13	106	44.04	102	47.71	99	47.71	99	53.14	99	60.53	96	63.3	94
信阳	55.04	72	63.13	62	69.09	46	69.09	46	62.67	82	79.02	52	80.66	50
阳泉	43.94	93	47.83	94	53.43	89	53.43	90	48.8	104	55.7	101	58.27	102
营口	69.38	39	41.86	105	64.67	65	64.67	65	65.24	76	70.92	77	75.61	68
云浮	77.56	17	68.02	49	81.43	14	81.8	14	75.19	44	86.87	25	91.06	13
枣庄	40.84	102	42.97	103	46.78	101	46.78	101	63.88	79	63.48	93	65.58	90
中卫	58.65	64	65.64	54	65.35	61	65.35	61	68.94	63	78.37	53	74.23	71
遵义	75.39	23	77.99	23	80.46	19	80.46	19	83.24	19	73.39	66	72.58	76

附表33 三类地级市2016—2022年环境改善专题得分及排名

参评城市	2016 得分	2016 排名	2017 得分	2017 排名	2018 得分	2018 排名	2019 得分	2019 排名	2020 得分	2020 排名	2021 得分	2021 排名	2022 得分	2022 排名
毕节	76.72	20	78.13	22	79.94	21	79.94	21	82.87	21	80.44	44	82.61	42
固原	61.93	52	65.63	55	66.29	57	66.29	57	70.05	57	74.56	59	83.11	40
梅州	83.04	9	89.41	2	90.39	2	90.39	2	93.03	1	94.56	2	89.96	15
牡丹江	59.5	61	86.2	6	69.71	45	69.71	45	73.35	49	82.39	36	89.03	18
邵阳	69	42	72.88	35	73.35	37	73.35	37	80.67	27	87.83	20	86.44	28
四平	44.36	91	52.94	84	51.14	92	51.14	93	58.58	90	72.6	71	76.02	67
绥化	42.24	99	66.04	53	65.62	59	65.62	59	63.35	80	66.13	85	71.01	81
天水	65.78	47	68.1	48	80.45	20	80.45	20	70.83	54	80.44	43	81.63	47
铁岭	69.53	38	71.86	37	70.58	42	70.58	42	66.06	73	67.29	82	73.67	72

附表34 一类地级市2016—2022年公共空间专题得分及排名

参评城市	2016 得分	2016 排名	2017 得分	2017 排名	2018 得分	2018 排名	2019 得分	2019 排名	2020 得分	2020 排名	2021 得分	2021 排名	2022 得分	2022 排名
巴音郭楞蒙古自治州	—	—	—	—	—	—	—	—	—	—	—	—	—	—
包头	56.3	45	57.44	38	59.59	37	59.59	37	58.68	48	60.76	46	70.56	34
宝鸡	50.61	62	51.34	64	51.89	60	51.89	60	55.67	53	40.52	89	59.35	73
昌吉回族自治州	—	—	—	—	—	—	—	—	—	—	—	—	—	—

续表

参评城市	2016 得分	2016 排名	2017 得分	2017 排名	2018 得分	2018 排名	2019 得分	2019 排名	2020 得分	2020 排名	2021 得分	2021 排名	2022 得分	2022 排名
长治	58.23	38	58.54	34	59.8	36	59.8	36	61.73	32	53.1	62	63.98	60
常州	55.95	46	57.1	40	57.87	43	57.87	43	55.32	54	57.35	55	67.6	46
大庆	60.28	28	60.96	26	58.06	42	58.06	42	64.35	28	67.8	28	66.98	50
德阳	39.63	87	41.66	83	44.51	83	44.51	83	40.49	90	42.17	82	51.9	96
东莞	71.44	8	81.38	2	82.28	3	82.28	3	84.56	3	77.31	7	74.31	22
东营	82.23	2	76.16	5	80.78	4	80.78	4	77.59	8	59.02	52	79.26	12
鄂尔多斯	82.85	1	82.85	1	83.6	1	83.6	1	87.3	2	84.22	1	91.45	1
佛山	55.05	48	55.06	48	63.68	25	63.68	25	69.21	20	—	—	75.22	16
海西蒙古族藏族自治州	—	—	—	—	—	—	—	—	—	—	—	—	—	—
湖州	71.39	9	71.51	9	69.8	12	69.8	12	69.54	19	54.34	60	68.49	41
黄山	58.26	37	57.07	41	57.33	46	57.33	46	54.73	55	63.31	38	82.61	9
嘉兴	58.29	36	59.05	31	49.6	68	49.6	68	54.58	57	38.12	92	53.88	89
江门	68.65	11	69.44	11	80.01	6	80.01	6	80.13	6	81.36	2	81.35	10
金华	51.72	56	49.95	65	50.52	65	50.52	65	46.93	78	38.34	90	53.86	90
晋城	37.68	90	60.87	27	52.56	56	52.56	56	54.64	56	48.56	72	71.48	30
荆门	41.17	81	37.8	90	50.97	64	50.97	64	51.45	69	53.03	63	60.5	70
酒泉	34.91	95	32.68	94	33.28	97	33.28	97	57.37	51	70.37	22	66.63	52
克拉玛依	51.37	59	51.37	63	51.81	61	51.81	61	46.76	79	63.06	39	57.74	76
连云港	53.78	49	54.51	50	51.69	63	51.69	63	60.07	39	56.57	57	65.8	55
林芝	44.39	73	43.27	77	83.12	2	83.12	2	88.62	1	—	—	89.39	2
龙岩	52.46	52	52.52	56	54.22	54	54.22	54	59.54	43	76.83	10	75.65	15
洛阳	35.61	92	41.85	82	46.29	78	46.29	78	40.9	88	70.76	21	70.8	32
南平	57.83	40	54.14	52	46.97	74	46.97	74	41.14	86	65.43	35	65.54	56
南通	63.53	19	67.36	16	69.08	14	69.08	14	72.55	15	68.07	26	74.63	18
泉州	58.81	34	59.05	32	59.43	39	59.43	39	59.6	41	66.55	30	67.12	48
日照	80.14	3	76.56	4	80.03	5	80.03	5	60.81	36	47.64	74	66.65	51
三明	60.19	29	60.65	28	61	35	61	35	59.08	45	68.47	23	69.22	40
绍兴	50.66	61	51.82	61	48.65	70	48.65	70	83.33	4	48.9	71	53.72	91
朔州	48.69	65	51.91	60	51.78	62	51.78	62	34.73	94	9.5	101	58.54	75
苏州	56.72	43	55.29	46	52.52	57	52.52	57	58.87	47	52.27	66	61.58	66
宿迁	59.42	31	60.41	29	61.99	31	61.99	31	60.72	37	68.16	25	73.73	23
台州	52.47	51	55.91	44	54.34	53	54.34	53	69.1	21	44.32	76	57.66	77
唐山	57.43	41	51.93	59	56.73	49	56.73	49	59.03	46	66.1	32	69.88	36
铜陵	65	18	69.24	12	71.32	10	71.32	10	72.63	14	77.03	8	68.38	42

续表

参评城市	2016 得分	2016 排名	2017 得分	2017 排名	2018 得分	2018 排名	2019 得分	2019 排名	2020 得分	2020 排名	2021 得分	2021 排名	2022 得分	2022 排名
潍坊	65.29	17	65.6	19	68.14	16	68.14	16	81.95	5	43.08	80	67.24	47
无锡	59.51	30	59.51	30	59.51	38	59.51	38	66.32	26	60.59	47	67.01	49
湘潭	44.01	74	45.29	73	55.43	52	55.43	52	51.2	70	52.5	65	58.65	74
襄阳	42.09	76	42.4	79	42.38	88	42.38	88	42.52	85	59.78	49	72.08	26
徐州	62.37	22	63.36	23	61.46	33	61.46	33	60.64	38	64.89	36	71.75	28
许昌	39.04	88	46.84	71	47.51	72	47.51	72	54.26	58	65.82	33	65.46	58
烟台	71.25	10	55.38	45	62.14	30	62.14	30	59.6	42	41.95	83	66.08	53
盐城	51.47	58	53	54	56.15	50	56.15	50	64.62	27	61.74	43	69.67	37
宜昌	52.21	54	53.2	53	54.21	55	54.21	55	59.37	44	48.17	73	70.09	35
鹰潭	63.42	20	52.33	57	79.32	7	79.32	7	61.29	34	57.78	54	74.56	20
榆林	51.67	57	32.61	95	40.05	91	40.05	91	44.97	82	32.71	96	52.22	94
岳阳	47.89	67	47.36	68	48.1	71	48.1	71	53.14	62	55.56	59	62.81	61
漳州	58.77	35	58.98	33	61.17	34	61.17	34	61.4	33	68.04	27	71.1	31
株洲	52.01	55	55.15	47	57.8	44	57.8	44	48.97	74	58.46	53	56.27	83
淄博	65.33	16	67.77	15	70.7	11	70.7	11	68.86	22	55.9	58	68.32	43

附表35 二类地级市2016—2022年公共空间专题得分及排名

参评城市	2016 得分	2016 排名	2017 得分	2017 排名	2018 得分	2018 排名	2019 得分	2019 排名	2020 得分	2020 排名	2021 得分	2021 排名	2022 得分	2022 排名
安阳	40.44	83	42.22	80	44.81	82	44.81	82	47.48	76	59.23	50	61.41	68
白山	15.85	101	16.48	100	13.42	101	13.42	101	21.76	102	30.17	97	40.48	99
本溪	66.69	14	66.69	17	68.11	17	68.11	17	66.93	25	68.36	24	67.64	45
郴州	55.91	47	57.9	35	59.11	40	59.11	40	60.87	35	61.21	44	71.78	27
承德	74.58	6	76.75	3	77.02	8	77.02	8	51.63	68	75.35	12	74.63	19
赤峰	59.03	32	54.57	49	57	47	57	47	71.64	16	62.06	42	71.62	29
德州	74.6	5	72.35	7	66.09	23	66.09	23	47.35	77	65.57	34	86.2	4
抚州	66.87	13	63.48	22	66.49	21	66.49	21	73.41	12	77.68	5	80.77	11
赣州	41.1	82	44.86	75	62.66	28	62.66	28	71.35	17	71.7	19	76.91	14
广安	58.14	39	56.16	43	66.66	19	66.66	19	70.92	18	41.12	86	61.94	64
桂林	46.17	70	47.17	70	46.89	75	46.89	75	50.72	71	60.19	48	59.51	72
海南藏族自治州	—		—		—		—		—		—		—	
邯郸	73.45	7	68.85	13	67.02	18	67.02	18	63.72	30	73.15	16	74.42	21
鹤壁	50.05	63	49.91	66	49.74	67	49.74	67	54.17	59	74.32	15	85.3	6
呼伦贝尔	58.95	33	57.54	37	57.79	45	57.79	45	53.25	61	50.66	68	55.38	87

续表

参评城市	2016 得分	2016 排名	2017 得分	2017 排名	2018 得分	2018 排名	2019 得分	2019 排名	2020 得分	2020 排名	2021 得分	2021 排名	2022 得分	2022 排名
淮北	67.49	12	70.73	10	69.51	13	69.51	13	74.13	10	77.03	9	77.03	13
淮南	48.7	64	51.71	62	61.68	32	61.68	32	59.83	40	57.3	56	57.09	81
黄冈	41.29	80	40.96	86	40.95	90	40.95	90	22.65	101	62.63	41	62.68	62
吉安	66.44	15	66.48	18	66.5	20	66.5	20	67.79	23	67.79	29	83.43	7
焦作	41.98	77	46.03	72	48.82	69	48.82	69	53.34	60	62.84	40	69.28	38
晋中	50.71	60	48.65	67	43.24	85	43.24	85	44.35	84	41.9	84	55.8	84
廊坊	61.47	24	63.33	24	64.32	24	64.32	24	67.17	24	77.45	6	74.7	17
乐山	23.57	97	24.42	98	32.27	98	32.27	98	58.34	49	43.56	79	65.94	54
丽江	75.67	4	73.08	6	72.89	9	72.89	9	38.83	91	37.74	93	62.41	63
丽水	53.2	50	52.75	55	50.29	66	50.29	66	32.62	96	40.91	87	52.3	93
辽源	47.58	68	36.86	92	37.39	94	37.39	94	44.88	83	42.67	81	57.2	79
临沧	41.86	78	43.12	78	46.06	80	46.06	80	29.27	97	30.09	98	34.01	101
临沂	60.46	27	57.18	39	62.25	29	62.25	29	72.84	13	43.86	78	65.47	57
泸州	40.22	84	44.19	76	47.36	73	47.36	73	79.22	7	46.48	75	55.78	85
眉山	35.19	93	36.88	91	39.41	92	39.41	92	51.67	67	40.67	88	54.04	88
南阳	39.93	85	33.1	93	34.3	96	34.3	96	52.03	65	66.39	31	72.66	25
平顶山	39.72	86	39.94	87	42.83	86	42.83	86	52.37	63	59.14	51	61.12	69
濮阳	45.04	72	47.36	69	51.89	59	51.89	59	51.97	66	61.14	45	61.45	67
黔南布依族苗族自治州	11.17	103	16.14	102	37.19	95	37.19	95	45.43	81	50.6	69	—	—
曲靖	34.95	94	29.21	96	10.85	103	10.85	103	49.35	73	33.11	95	49.56	98
上饶	63.23	21	68.19	14	68.59	15	68.59	15	62.91	31	74.79	13	83.24	8
韶关	61.06	25	61.12	25	63.67	26	63.67	26	63.79	29	72.8	17	67.97	44
渭南	41.85	79	41.29	85	45.01	81	45.01	81	45.66	80	37.4	94	51.98	95
信阳	52.31	53	52.31	58	52.31	58	52.31	58	26.97	98	71.5	20	70.58	33
阳泉	43.54	75	45.19	74	42.63	87	42.63	87	34.08	95	49.58	70	56.55	82
营口	45.41	71	18.58	99	46.21	79	46.21	79	38.38	92	41.17	85	51.47	97
云浮	20.37	98	64.58	20	56.85	48	56.85	48	77.3	9	72.28	18	69.27	39
枣庄	56.31	44	56.22	42	55.56	51	55.56	51	52.07	64	44.28	77	57.16	80
中卫	62	23	71.87	8	66.42	22	66.42	22	49.75	72	77.79	4	85.91	5
遵义	60.74	26	64.58	21	63.46	27	63.46	27	73.59	11	76.18	11	59.77	71

附表36 三类地级市2016—2022年公共空间专题得分及排名

参评城市	2016		2017		2018		2019		2020		2021		2022	
	得分	排名	得分	排名	得分	排名	得分	排名	得分	排名	得分	排名	得分	排名
毕节	48.08	66	54.43	51	46.85	77	46.85	77	40.54	89	63.46	37	61.66	65
固原	12.17	102	38.83	88	46.88	76	46.88	76	56.29	52	81.3	3	87.82	3
梅州	57.29	42	57.88	36	58.09	41	58.09	41	57.97	50	74.58	14	73.51	24
牡丹江	16.43	100	16.43	101	24.57	100	24.57	100	26.85	99	27.3	100	30.62	102
邵阳	37.44	91	41.44	84	43.41	84	43.41	84	47.92	75	51.77	67	65.23	59
四平	29.64	96	29.09	97	31.1	99	31.1	99	36.98	93	38.3	91	53.27	92
绥化	17.7	99	12.51	103	12.51	102	12.51	102	12.46	103	28.96	99	35	100
天水	37.82	89	38.53	89	39.07	93	39.07	93	41.03	87	53.62	61	57.34	78
铁岭	46.9	69	42.03	81	41.71	89	41.71	89	26.43	100	52.54	64	55.48	86